스포츠교육학

# 스포츠교육학

저자 / 한국스포츠교육학회

초판 4쇄 발행 / 2020년 3월 10일

발행인 / 이광호
발행처 / 도서출판 대한미디어
등록번호 / 제2-4035호
전화 / (02)2267-9731 팩스 / (02)2271-1469
홈페이지 / www.daehanmedia.com

ISBN 978-89-5654-346-8 93690
정가 16,000원

※ 이 책은 저작권법에 의하여 보호받는 저작물이므로 무단으로 전재하거나 복제하여 사용할 수 없습니다.
※ 교재 구성상 문헌이 인용되는 부분마다 각주를 달지 못하고, 책 말미에 참고문헌으로 일괄 게재하였습니다.
　참고문헌 편저자 여러분의 양해를 구합니다.
※ 잘못 만들어진 책은 구입처 및 대한미디어 본사에서 교환해 드립니다.

스포츠지도사 2급

스포츠
교육학

머리말

스포츠지도사는 학교체육을 비롯하여 생활체육과 엘리트체육 현장에서 가장 많은 사람들과 접촉하며 건강과 여가를 위한 활동, 최고의 기량을 발휘할 수 있도록 지도하는 체육전문가입니다. 체육전문가로서 다양한 지식과 기능, 인격을 갖춘 스포츠지도사를 양성하기 위해 체육지도자 자격검정 제도가 새롭게 바뀌었습니다.

스포츠교육학은 스포츠지도사들이 스포츠를 가르치는 각 분야에서 필요한 교육적 지식과 실천, 평가 등에 대한 이론적 지식과 교육적 소양을 갖추도록 하는 데 목적이 있습니다. 생활스포츠지도사, 전문스포츠지도사, 노인스포츠지도사, 유소년스포츠지도사, 장애인스포츠지도사 등 각 분야의 체육 현장에서 운동을 가르치고 배우는 일에 대해 무엇을, 어떻게 가르쳐야 할지에 대해 안내하게 될 것입니다.

이 책은 자격검정시험 준비뿐만 아니라 스포츠 현장에서 가르치는 일을 하는 모든 지도자들에게 필요한 기본적인 사항을 정리해서 모아놓은 이론서로 교육적 전문 지식을 갖추는 데 도움이 되고자 발간하게 되었습니다.

이 책을 집필하는 데 많은 분들이 함께 참여하였습니다. 짧은 기간에 걸쳐 집필하시느라 애쓰신 한국스포츠교육학회의 회원 및 임원 여러분께 진심으로 감사한 마음을 전하고자 합니다. 간혹 부분적으로 현장에서 필요로 하는 다채로운 경험과 지식이 누락되었을 수도 있지만, 이에 대해서는 향후 집필진들이 관심을 갖고 지속적으로 수정·보완해나갈 것입니다.

끝으로 이 책을 통해 자격검정을 준비하시는 모든 분들이 스포츠교육학에 대한 이해를 높이고 필요한 지식을 습득하여 스포츠지도사로서의 뜻하는 바를 이룸과 동시에 스포츠교육 현장에서 최고의 역량을 발휘하고 존경 받는 지도자로 성장할 수 있기를 기대합니다.

2015. 2.
집필자를 대표하여
한국스포츠교육학회 회장 김경숙

| 머리말 5

I부. 스포츠교육학 개관
1장 _ 스포츠교육의 이해   10
2장 _ 스포츠교육의 역사   22
3장 _ 스포츠교육의 영역   29

II부. 스포츠교육의 정책과 제도
1장 _ 학교체육   38
2장 _ 생활체육   45
3장 _ 전문체육   54

III부. 스포츠교육의 참여자 이해론
1장 _ 스포츠교육 지도자   64
2장 _ 스포츠교육 학습자   72
3장 _ 스포츠교육 행정가   83

IV부. 스포츠교육의 프로그램론
1장 _ 학교체육 프로그램 개발 및 실천   96
2장 _ 생활체육 프로그램 개발 및 실천   107
3장 _ 전문체육 프로그램 개발 및 실천   136

V부. 스포츠교육의 지도방법론

1장 _ 스포츠 지도를 위한 교육모형 **148**
2장 _ 스포츠 지도를 위한 교수기법 **173**
3장 _ 세부지도 목적에 따른 교수기법 **203**

VI부. 스포츠교육의 평가론

1장 _ 평가의 이론적 측면 **232**
2장 _ 평가의 실천적 측면 **247**

VII부. 스포츠교육자의 전문적 성장

1장 _ 스포츠교육 전문인의 전문적 자질 **262**
2장 _ 장기적 전문인으로서의 성장 및 발달 **283**

| 참고문헌 **287**
| 찾아보기 **294**
| 저자소개 **298**

I부
스포츠교육학 개관

　이 단원은 스포츠교육학에 대한 기본적인 지식을 탐색하기 위해 스포츠교육의 이해, 스포츠교육의 역사, 스포츠교육의 영역이라는 세 부분으로 구성되었다.
　1장 스포츠교육의 이해에서는 스포츠교육의 정의, 체육교육과의 관계 등 스포츠교육의 의미와 가치를 살펴본다.
　2장 스포츠교육의 역사에서는 근대 이후 스포츠교육의 발전과정과 체육학의 하위 학문 영역으로서 스포츠교육학의 형성과 발전과정, 스포츠교육의 최근 동향에 대해 살펴본다.
　3장 스포츠교육의 영역에서는 스포츠교육학의 이론과 실천이 적용되는 학교체육, 생활체육, 전문체육 분야별로 스포츠교육학의 역할과 방향에 대해 살펴본다.

1장 스포츠교육의 이해

학습목표

- 스포츠교육의 의미를 이해한다.
- 스포츠교육과 다른 유사 개념의 관계를 이해한다.
- 스포츠교육의 목적과 내용을 파악한다.

1. 스포츠교육의 의미

가. 스포츠교육의 정의

스포츠 활동은 인류에게 그 역사만큼 오랜 관심의 대상이었다. 사람들은 자신들의 문명과 역사를 기록하기 훨씬 전부터 생존의 수단으로서뿐만 아니라 제례의식에서 춤을 추는 것처럼 유희적이고 의례적인 신체활동을 해왔다. 스포츠 활동에 대한 인간의 열망은 현대에 이르러 더욱 고조되고 있으며, 정치·경제·교육·미디어·예술·산업 등 다양한 분야에서 그 내용과 활동 방식이 더욱 다양화·첨단화되고 있다. 많은 사람들이 건강과 자기관리를 위해 규칙적으로 운동하고 있으며, 여가 활동으로 다양한 스포츠 활동을 즐기고 있다. 스포츠는 방송과 신문의 중요한 콘텐츠이며, 산업과 엔터테인먼트의 핵심 영역으로 인정받고 있다. 올림픽과 월드컵 등의 다양한 스포츠 이벤트들은 이러한 스포츠 문화가 총체적으로 어우러지는 축제의 마당이라고 할 수 있다. 스포츠는 인간의 삶 전반에 걸쳐 활용되는 범위와 강도가 더욱 넓어지고 있으며, 건강하고 행복한 삶의 필수 조건이자, 인류의 독창적인 문화유산으로서 우리의 삶에 깊숙이 자리 잡아가고 있다(최의창, 2013).

오늘날 스포츠는 보다 다양한 방식으로 실천되고 있다. 스포츠 활동에 직접 참여하는 것뿐 아니라 스포츠 소설을 읽고, 영화를 보고, 스포츠 의류를 입고, 스포츠 음료를 마시며, 스포츠인의 삶을 함께 이야기하기도 한다. 하지만 이 모든 스포츠 문화의 근원은 결국 스포츠를 행하는 것에서 출발한다. 스포츠를 실천해야만 스포츠의 묘미를 느끼고 그 의미를 깨닫게 되는 것이다. 사람들의 몸과

> 여기서 스포츠교육은 체육교육과 동일한 의미이다. 스포츠교육의 역사는 대부분 학교체육으로부터 기인하지만, 본서에서는 체육이라는 용어를 보다 포괄적인 의미의 스포츠로 대체하여 사용한다. 따라서 스포츠교육은 일반적으로 인식되는 체육교육과 동일하되, 이의 적용 범위를 생활체육과 전문체육으로 확장하여 사용하였다.

마음으로 스포츠를 실천하는 것이 없다면, 스포츠로 만들어지는 이 모든 문화들은 근본적으로 이루어질 수 없다.

스포츠교육은 스포츠를 지도하는 활동으로서, 사람들이 삶 속에서 스포츠를 체험하고 문화 활동으로 즐길 수 있도록 가르치고 전수하는 것이라고 할 수 있다. 스포츠교육(sport teaching)은 다른 말로 스포츠 코칭(sport coaching)이라고 부를 수 있다. 사람들은 스포츠교육을 통해 스포츠의 다양한 기술과 전술, 경기 방법과 규칙뿐만 아니라 배우는 과정에서 어려움을 극복하는 방법, 다른 사람들과 함께 상호작용하며 멋진 팀워크를 만들어가는 법을 배울 수 있다.

나. 스포츠교육과 체육교육

교육(敎育)은 '가르치다[敎]'와 '기르다[育]'라는 뜻이 합쳐진 한자어이다. 즉, 지식이나 기술을 가르치며 온전한 사람으로 성장할 수 있도록 기르는 일을 '교육'이라고 부른다. 영어로는 'education' 또는 'pedagogy'라고 표현하는데, education은 원래 라틴어의 'educare'에서 유래하였으며, 이는 'e(밖으로)'와 'ducere(끌어내다)'라는 의미의 합성어로, '어린이 속에 잠재되어 있는 것을 밖으로 끌어내다'라는 의미이다. 한편 'pedagogy'는 그리스어의 'paidos(어린이)'와 'agoge(이끌다)'의 합성어로 education과 같은 의미라고 할 수 있다.

'스포츠'는 영어로 복수형의 'sports' 또는 단수형의 'sport'라는 두 가지 의미를 내포하고 있다(신현규, 2011). 'sports'는 주로 제도화된 스포츠종목을 의미하며, 하남길(2004)은 "스포츠는 놀이나 게임보다 한층 체계가 잡혀 고도로 조직화된 경쟁적인 신체활동의 총체"라고 정의하였다. 즉, 'sports'는 경쟁, 규칙, 제도의 성격이 포함된 신체활동을 가리킨다. 반면에 'sport'는 제도화된 스포츠종목뿐만 아니라 그 외에 놀이, 야외활동, 여가 및 레크리에이션 등 비경쟁적·탈규칙적·무제도적인 신체활동을 포함하는 광범위한 의미로 사용된다. 특히 최근에는 'sport'가 경기, 신체활동 자체를 넘어서 그와 관련된 정치, 경제, 사회, 문화적 현상을 총칭하는 의미로 사용되고 있다(강준호, 2005). 스포츠교육은 '스포츠'와 '교육'이 합쳐진 말이다. '스포츠를 교육하다'라는 뜻이다. 국어교육에서 교육 내용으로 국어를 가르치는 것처럼 스포츠교육은 사람들에게 스포츠를 가르치는 일이다. 따라서 스포츠교육은 축구, 농구, 야구처럼 오늘날 보편적으로 행해지고 있는 경쟁적이고 제도화된 신체활동 자체를 가르친다는 좁은 의미도 있지만, 일상생활에서의 건강 활동, 댄스, 무예, 캠핑 등 보다 다양한 신체활동을 포함하여 이에 대한 지식과 문화를 포괄적으로 가르친다는 넓은 의미로 이해할 수 있다.

하지만 우리에게는 스포츠교육보다는 체육교육이라는 말이 더 친근하다. 학교에서 가르치는 교과목을 '체육'이라고 부르고, 체육대회, 대한체육회, 한국체육과학연구원처럼 '신체활동과 관련된 모든 일'을 우리는 흔히 '체육'이라고 불러왔다. 체육은 '體(physical)'와 '育(education)'의 합성어로, 김종선·정청희(1981)는 "체육이란 계획적인 신체활동을 통해 인간 행동을 계획적으로 변화시키는 것"이라고 하였다. 여기에는 건강, 체력, 운동기능 등의 '신체적인 것(the physical)'을 가르친다는 '신체의 교육(education of the physical)'이라는 의미와 그러한 신체적인 것을 통해 지적·정서적·사회적 발달을 도모하는 '신체를 통한 교육(education through the physical)'이라는 두 가지 의미가 내포되어 있다(최의창, 2009). 체육은 학교교육에서 가르치는 교과명으로서 출발했지만, 현재 우리 사회에서는 학교체육이라는 의미를 넘어 이를 포함한 광범위한 신체활동 문화를 가리키는 말로 통용되고 있다. 즉, 체육은 단순히 교육하는 행위로서뿐만 아니라 신체활동 문화 전반을 가리키는 고유명사처럼 인식되고 있다. 특히 최근에 한국체육과학연구원의 이름이 '한국스포츠개발원'으로 바뀐 것처럼 사회가 점차 발전하면서 주로 학교교육의 대상이었던 '체육'은 그 적용 대상과 범위도 학생과 지도를 넘어 산업, 언론, 행정, 생활 전반에 걸쳐 광범위해지고 있으며, 더 이상 '체육'이라는 작은 그릇(적어도 언어적 의미로는) 안에 우리가 하는 이 모든 일을 담아내기가 벅차게 되었다. 즉, '체육'이라는 교과로서의 의미가 강한 용어보다는 신체활동과 관련된 다양한 사회·문화적 현상을 포괄하는 의미로서 '스포츠'라는 말이 대안적인 용어로 사용되고 있는 것이다. 따라서 신체활동이 가르쳐지는 환경의 측면에서 협의의 스포츠교육은 주로 학교에서 학생들의 건강한 심신을 함양하는 교과 활동으로서 '학교체육'을 의미하며, 광의의 스포츠교육은 학교 외에 지역사회에서 자율적으로 이루어지는 생활체육, 전문 운동선수를 가르치고 기르는(그동안 우리는 이를 주로 '코칭'이라고 불러왔다) 일까지 포함한다고 할 수 있다.

2. 스포츠교육의 가치

스포츠는 우리 삶과 어떠한 관련이 있을까? 스포츠를 체험하고 배우는 사람들은 어떤 변화를 겪게 되는 걸까? 스포츠를 가르치고 배우는 일은 개인과 사회에 긍정적인 영향을 미치고 있는 것일까? 스포츠가 개인에게 미치는 부정적 영향과 경기장 폭력, 약물복용, 승부조작 등 다양한 일탈 현상에도 불구하고 많은 사람들은 스포츠 활동을 시대마다 다양한 형식으로 발전시켜왔으며, 근대

스포츠교육과 관련된 용어의 개념
- **신체활동(physical activity)**: 골격근에 의해 에너지를 배출하는 신체의 움직임으로, 스포츠(sports), 운동(exercise), 놀이, 게임, 무용, 레크리에이션을 포함하여 걷기, 달리기, 자전거 타기 등 일상생활에서 계획적으로 수행되는 자발적 활동(Hoffman, 2005)
- **훈련(training)**: 인간의 행동을 규칙적으로 자동화된 수준으로 이끄는 실천적 활동. 인간의 특성 중 일부의 변화에 중점을 두며, 훈련 자체에 지나치게 매몰되면 고차적인 학습이 어려워질 수 있다.
- **훈육(discipline)**: 의지나 감정, 인격 등 주로 정신적인 측면에서 변화를 목적으로 하는 교육 활동. 사회나 조직의 바람직한 규율이나 관습을 지킬 수 있도록 교정하는 데 중점을 둔다.

학교교육은 물론 오래전부터 교육활동의 필수적인 내용으로 그 가치를 인정해왔다. 학교 체육교육에서는 전통적으로 신체활동을 통해 인지적·정의적·신체적 가치를 얻을 수 있다고 주장해왔으며, 그 교육적·사회적 가치가 점점 커지고 있다. 특히 지난 수십 년 동안 학자들은 스포츠 참여를 통해 인성을 발달시킬 수 있다고 주장해왔으며, 최근에는 '웰니스(wellness)', '홀니스(wholeness)' 같은 말처럼 신체활동이 신체적 측면뿐 아니라 정서적 안정을 통한 마음의 건강, 사회적·도덕적 인격을 함양시킨다는 정신적 측면의 가치에 대해 주목하는 사회적 분위기가 점차 확산되고 있다(Sage, 1988). 따라서 이 절에서는 스포츠교육의 목적과 시대별 변화과정을 통해 스포츠교육이 지니는 가치를 탐색해보고, 이를 성취하기 위한 스포츠교육의 내용에 대해 살펴본다.

가. 스포츠교육의 목적

1) 스포츠교육 목적의 변화

① 신체의 교육(education of the physical)

스포츠교육의 목적(또는 목표)은 각 시대적 상황에 따라 달라져왔으며, 신체적 발달, 정신적 발달, 사회적 발달 등 다양하게 확대되었다. 20세기 초까지의 스포츠교육은 당시 학교교육의 이론적 기반이었던 '형식도야론'에 근거한 '신체의 교육'에 바탕을 두고, 신체의 발달과 건강을 위한 '신체 기능 교육'을 위한 교과로서 그 정체성을 인정받으려 하였다. 인간은 태어나면서부터 본능적으로 신체를 움직이며 살아가게 된다. 사람들의 움직임을 보다 정교하고 완전하게 만들어주는 것이 스포츠교육의 가장 기본적인 역할이라고 할 수 있다. 오늘날의 많은 스포츠교육 프로그램의 기본적인 목표는 신체가 효율적으로 기능하고 건강한 습관을 얻도록 도와주는 것이라고 할 수 있다. 즉, 신체의 교육은 20세기 초까지 체육학의 주류를 이루었던 패러다임으로, 스포츠교육의 범위를 '신체', 엄격히 말하면 '신체적인 것(the physical)'에 국한시킴으로써 강하고 튼튼한 몸, 아름다운 신체 움직임 등 주로 신체의 외적인 건강과 기능 발달이라는 차원으로 체육과 스포츠교육의 의미를 제한한다고 할 수 있다.

신체의 교육 패러다임을 바탕으로 20세기 초까지 유럽의 체육은 주로 독일의 Jahn, 스웨덴의 Ling 등에 의해 고안된 체조시스템이 주된 내용이었다. 각 시스템은 '개인적 발달'을 목표로 했지만, 궁극적으로는 '민족주의'를 바탕으로 '집단적 단결'을 강조하며 강하고 충성스러운 국민을 양성하는 데 주안점을 두었다.

신체의 교육에 바탕을 둔 체육의 목표
- "체육은 건강한 신체와 강한 체력을 육성하는 것"(McCloy)
- "체육은 매일매일의 생활에서 피곤함을 느끼지 않고 왕성한 에너지를 가지고 생활하게 만드는 것"(Bud Getchell)

② 신체를 통한 교육(education through the physical)

미국의 Thomas Wood는 1893년 시카고에서 개최된 국제교육학회에서 '신체육(new physical education)'에 대한 견해를 발표하였다. 그는 "체육에 있어 가장 중요한 것은 신체를 위한 교육에 있는 것이 아니라, 신체 훈련이 교육을 완성시키는 데 차지하는 역할에 있다."고 하였다. 우드는 '체조 중심의 체육'으로부터 '신체를 통한 체육'의 패러다임으로 전환되는 계기를 마련하였다. 이 철학은 20세기 체육계의 지배적인 사상이 되었으며, 교육철학자인 John Dewey의 '진보주의 교육이론'이 철학적 바탕이 되었다. 듀이는 인간의 총체성(unity of man)을 강력하게 믿었고, 신체와 정신은 분리될 수 없으며, 모든 교육적 활동은 지적·도덕적·신체적 결과를 동시에 가져다준다고 주장하였다. 이러한 진보주의 교육사조의 영향을 받아 체육 및 스포츠 분야에서도 놀이, 게임, 스포츠, 레크리에이션 같은 다양한 활동이 교육내용으로 채택되기 시작하였다.

우드의 뒤를 이어 1910년 Clark Hetherington은 「근본적 교육」이라는 논문을 통해 '신체를 통한 교육'의 관점을 체계적이고 분명하게 제시하였다. 그는 최초로 체육에 있어 교육을 '신체적 교육(organic education)', '심동적 교육(psychomotor education)', '정의적 교육(character education)', '인지적 교육(intellectual education)'의 4개 영역으로 구분하였으며, 많은 체육 전문가들이 그의 구분 방식으로 체육의 목표를 강조하면서 '미국 근대 체육의 아버지'라는 호칭을 얻게 되었다. 1910년 헤더링턴에 의해 주장된 체육의 목표들은 1918년 미국교육협회가 발표한 '미국 교육의 7대 기본원리'와 깊은 관련이 있다. 이 기본원리에는 건강, 기본적 과정의 숙달, 훌륭한 가정 구성원, 직업, 시민정신, 여가 선용, 윤리적 인격이 있는데, 이 가운데 건강, 여가 선용, 윤리적 인격의 3가지가 체육교육에 가장 적합한 목적으로 여겨졌다. 이후 Bookwalter는 이러한 내용을 종합하여 신체를 통한 교육의 아이디어가 학교체육 프로그램으로 적용되는 데 필요한 개념 틀을 제공하였다(그림 1-1 참조).

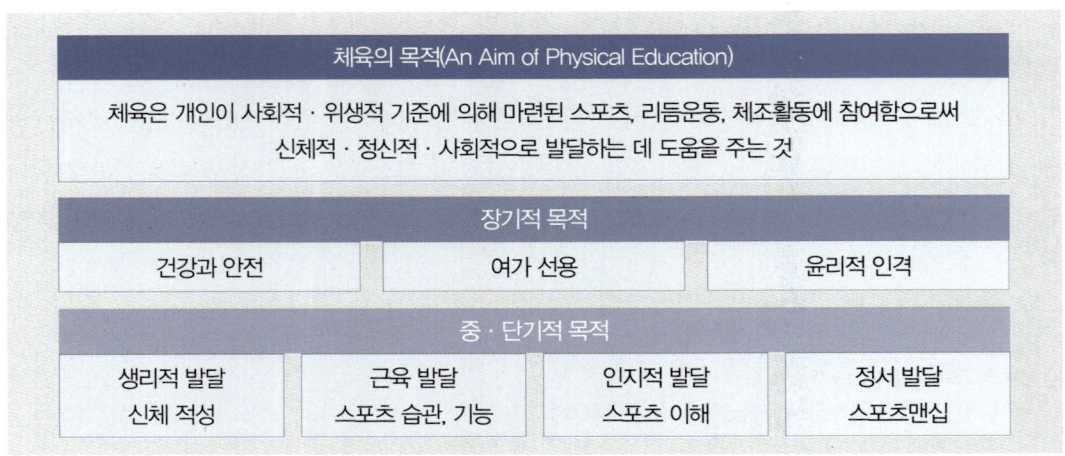

그림 1-1. Bookwalter가 주장한 체육의 목적과 내용 개념 틀

신체육을 통해 주창된 체육의 목적과 목표는 오늘날 세계 여러 나라에서 강조하는 체육 및 스포츠교육 목적을 설정하는 데 기반이 되고 있으며, 이는 각 나라의 학교체육의 목적을 살펴보면 분명하게 알 수 있다.

2) 스포츠교육의 가치

오늘날 많은 나라들이 스포츠를 국민에게 적극적으로 보급하고 있는 이유는 체력과 건강의 증진뿐만 아니라 규칙 준수, 공동체의식 등 사회성과 시민의식 고취에 도움이 되기 때문이다. 현대사회는 고도 성장에 따른 자연환경의 파괴, 과학기술의 발달에 따른 신체활동의 감소 등 다양한 사회적 문제가 발생하고 있으며, 이를 해소하는 수단으로 스포츠의 역할이 중요시되고 있다. 최근의 스포츠교육은 다음과 같은 새로운 변화를 겪고 있다. 첫째, 스포츠 활동을 통한 인간교육이 강조된다. 스포츠 활동은 학교폭력 등에 노출된 비행청소년의 선도와 처방뿐만 아니라, 학교스포츠클럽 등 학생들이 학교 내 다양한 생활체육 프로그램에 참여함으로써 정서적 안정과 사회적 기술을 함양하는 데 총력을 기울이고 있다. 둘째, 학생 및 청소년의 건강 체력 향상과 관리, 활동적이고 건강한 여가 생활을 만들어주는 데 노력하고 있다. 이처럼 스포츠교육이 점점 학교와 사회에서 그 영향력이 확대되고 있는 이유는 본래 스포츠 활동이 지닌 내재적인 가치와 이를 교육함으로써 얻게 되는 개인적·사회적 이득이 풍부하기 때문이다. 즉, 스포츠를 체계적으로 교육하는 것은 개인의 성장, 발달뿐만 아니라 사회의 존속과 통합에 커다란 영향을 미칠 수밖에 없다(김대진, 2012).

이러한 스포츠교육의 가치에 대해 Bailey 등(2009)은 신체활동 및 스포츠 활동이 개인에게 미치는 영향에 관한 그간의 연구를 분석하여 이를 신체적·정의적·인지적 가치로 제시하고 있다(표 1-1 참조). 이를 살펴보면, 신체활동 혹은 스포츠 활동은 건강 및 체력 증진 같은 신체적 효과뿐만 아니라 학업성적, 지적 기능, 문해력 및 수리력 향상 등의 인지적 효과와 심리적 건강, 사회적 기술, 도덕적 인격 함양 등의 정의적 영역에도 영향을 미친다는 사실들이 주장되어왔음을 알 수 있다. 하지만 이들은 스포츠 활동이 신체기능을 향상시킨다거나 사회적 기술을 함양시킨다는 것에 대해서는 어느 정도 합의된 이론적·경험적 증거들이 제시되고 있지만, 인지적·정의적 영역, 즉

표 1-1. 체육 및 스포츠 활동의 가치

	신체적 가치	정의적 가치	인지적 가치
내용	• 건강 및 체력 (physical fitness, health) • 스포츠 기능(sports skills)	• 심리적 건강 (psychological health) • 사회적 기술(social skills) • 도덕적 인격(moral character)	• 학업 성적 (academic performance) • 지적 기능 (cognitive function) • 문해력과 수리력 (literacy, numeracy)

정신적 가치에 대해서는 보다 명확하고 체계적인 과정과 맥락에 대한 과학적 증거들이 필요하다고 주장하고 있다.

① 신체적 가치

인간은 신체활동을 통해 근육이 발달하며, 근력 · 근지구력 · 순발력 · 유연성 · 민첩성 등 체력뿐만 아니라 혈액순환 개선으로 인한 내장 기능과 신진대사 기능이 강화된다. 특히 체지방 감소를 통해 비만을 예방하고, 적절한 체중과 체격을 유지할 수 있는 바탕이 된다. 또한 다양한 게임, 스포츠 활동을 통해 달리기, 뛰기, 던지기 등의 기본 움직임 기능과 공이나 도구를 다루고 조작할 수 있는 조절 능력과 협응 기능이 향상될 수 있다. 즉, 스포츠 활동은 인간의 생리적 기능 향상뿐만 아니라 신진대사, 호르몬 분비, 활동적인 세포 활동을 통한 근육 조직의 강화와 운동수행 능력의 향상을 가져오는데, 이는 인간이 건강하고 행복한 삶을 영위하기 위해 기본적으로 필요한 요인이라고 할 수 있다. 운동이나 스포츠 활동을 하게 되면 스트레스나 긴장을 풀 수 있고, 피로와 질병에 대한 저항력도 높여준다. 이를 통해 공부를 하거나 일을 할 때 힘들어하지 않고 오랫동안 지속할 수 있는 힘을 얻게 되며, 활기차고 열정적인 생활을 할 수 있게 된다. 하지만 체력이 약화되면 신체기능이 떨어지고, 질병에 쉽게 노출되며, 생활의 활력을 잃게 되고, 신체적 기능이 약화될 경우 정신적 질병까지 유발할 수 있다.

② 정의적 가치

운동이나 스포츠 등 신체활동을 하게 되면 스트레스와 긴장을 완화시킬 수 있다. 스포츠는 인간에게 내재된 공격성 · 파괴성 · 경쟁성 같은 근원적 성향을 합법적인 절차와 방법을 통해 배출함으로써 심리적 · 정서적 안정을 가져다줄 수 있다. 인간은 생활의 긴장감, 스트레스, 불안감, 욕구불만을 방치할 경우 노이로제 등의 정신적 이상 현상을 겪을 수 있는데, 이러한 증상은 신체적 질병으로까지 이어질 수 있다.

또한 스포츠 활동은 타인과의 의사소통과 상호작용 능력과 관련된 사회적 기술을 향상시켜주고, 도덕적 판단 능력과 행동의 실천에도 도움이 될 수 있다. 인간은 사회적 동물로 가정, 학교, 직장, 국가라는 다양한 집단과 사회 속에서 한 사람의 구성원으로서 역할을 하며 다른 사람들과 조화롭게 생활하는 것이 중요하다. '스포츠는 사회의 축소판'이라는 말처럼 스포츠 활동은 경기 방법과 규칙, 절차와 의식(ritual)을 통해 부정적인 행동을 방지하고 성실과 정직, 협동심과 배려심 등의 사회적 · 도덕적 기술과 인격을 길러줄 수 있다. 최근 국내외의 학교체육과 스포츠 활동에서는 이러한 가치를 강조하면서 유아 및 청소년들의 스포츠 활동 시간을 점점 확대하고 있으며, 노인과 장애인의 여가 활동 측면에서도 그 영향력이 점점 증가하고 있다.

그림 1-2. 정서 및 사회적·도덕적 인성을 강조하는 체육수업 내용(KBS, 2010)

③ 인지적 가치

"건강한 몸에 건전한 정신이 깃든다."는 말처럼 신체활동이 인지발달에 영향을 미친다는 사실은 오래전부터 사람들에게 회자되었다. 플라톤, 아리스토텔레스 같은 고대의 학자들부터 근대 교육학자인 루소에 이르기까지 저명한 학자들은 지적·정신적 발달은 반드시 신체발달과의 균형이 필요함을 강조하고 있다(Hills, 1998). 근대의 Piaget와 Guilford 같은 인지심리학자들은 유아기의 신체활동을 통한 적절한 감각과 지각(perception)의 발달을 통한 운동능력의 발달이 전반적인 인지(cognition) 발달의 중요한 요인이 됨을 강조하고 있으며, 최근에는 신체활동이 인지 또는 학습기술의 발달에 미치는 효과와 그 기전(mechanism)에 관한 연구들이 활발하게 이루어지고 있다. 뇌인지과학(혹은 뇌신경과학)의 발달로 뇌의 특정 구조물 혹은 신경 네트워크의 관찰이 가능해짐에 따라 운동에 의한 뇌 변화뿐만 아니라 인지기능에 미치는 영향에 대한 근본적인 기전을 규명하기 위한 연구가 이루어질 수 있는 것이다.

체육과 스포츠 활동은 어린이, 성인뿐만 아니라 특히 유아와 노인, 치매 환자의 주의력·집중력 등의 인지기능 향상에 도움이 되며, 신체활동의 다양한 동작을 활용한 문제해결과정은 창의적이고 분석적인 사고 기술 발달에도 도움이 될 수 있다. 또한 최근 들어 신체활동에 참여하는 시간이 많을수록 아동들의 학업성취 수준이 향상되었으며, 학업 성취도가 높은 학교가 그렇지 않은 학교에 비해 신체활동 수준이 더 높다는 연구 결과가 보고되고 있다

(Lindner, 2002). Getman(1962)은 신체활동이 지능 발달과 학습 준비도 향상에 기여한다고 하였으며, 직접 개발한 시-지각운동학습 프로그램을 6세 아동에게 10개월간 실시한 후, IQ에서 7.5점, 읽기 속도에서 2.1년, 이해력에서 2.8년의 기간에 해당하는 능력이 향상되었음을 보고하였다. 〈그림 1-4〉는 스포츠교육의 가치를 정리한 것이다.

그림 1-3. 체육 및 스포츠 활동의 인지적 효과에 대한 사례(조선일보, 2011.8.19)

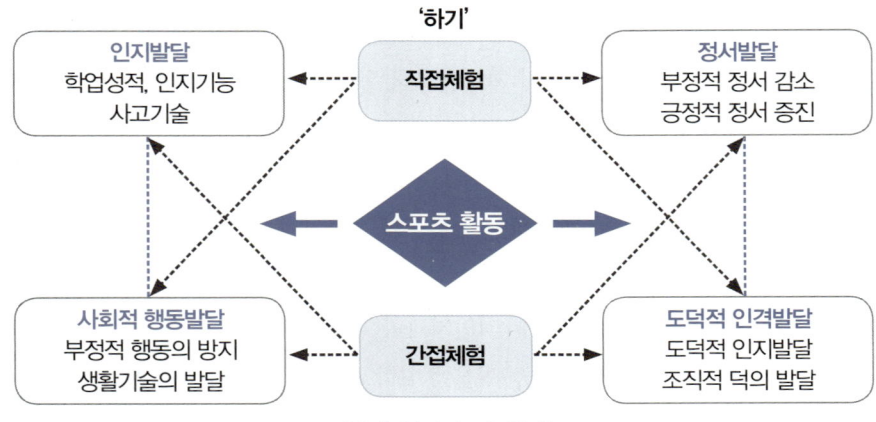

그림 1-4. 체육 및 스포츠 활동의 가치(박정준, 2011)

나. 스포츠교육의 내용

체육 또는 스포츠교육은 유아, 어린이, 청소년, 노인, 장애인에 이르기까지 전 생애에 걸쳐 인간의 신체적·정신적·사회적 발달에 기여할 수 있으며, 또한 그렇게 해야만 학교에서는 하나의 독립적인 교과(subject-matter)로서, 사회에서는 유의미한 문화로서 그 정체성을 유지할 수 있다. 그렇다면 스포츠교육을 하려면 어떤 내용을 가르쳐야 할까? 물론 학교체육, 생활체육, 전문체육 분야별로 가르치는 성격과 방향은 달라도 스포츠교육은 신체활동 지식(physical activity knowledge)을 공통적인 핵심내용으로 삼고 있다. 예를 들어, 국어는 언어를 매개로 하여 국어의 지식과 언어생활을 교육하는 일을 하고 있으며, 수학은 수(數)를 매개로 하여 논리적 사고가 길러질 수 있도록 한다. 사회교과는 사회 현상에 대한 지식을 통해 시민적 자질을 향상시키는 교과라고 할 수 있다. 이렇게 본다면 체육 및 스포츠교육은 신체활동 또는 스포츠를 매개로 하여 이에 대한 개념과 이론, 기능과 수행, 정신적 전통을 통해 건강과 체력을 향상시키고, 다양한 스포츠 기능을 키우며, 사회성과 도덕성을 발달시키는 교과 또는 사회적 활동이라고 할 수 있다(유정애, 2007). 학교체육에서 다루어졌던 교육내용으로서 신체활동은 시대마다 차이가 있지만, 2009 개정교육과정에 따른 체육과 교육과정을 살펴보면, 스포츠교육에서 다루어지는 교육내용이 무엇인지 가늠해 볼 수 있다(표 1-2 참조).

표 1-2. 현행 체육과 교육과정의 신체활동 가치와 내용(일부 발췌)

신체활동 가치와 내용	주안점 및 내용 구성
건강 활동	'건강 활동'은 건강에 관한 지식을 탐구하고, 이를 토대로 심신의 건강을 증진하고 관리하며, 건강의 제 문제를 해결할 수 있는 합리적인 의사 결정 능력을 함양하는 데 초점을 둔다. 건강의 실천 내용과 방법에 따라 체력 증진 및 관리, 보건과 안전, 건강관리로 구분한다.
도전 활동	'도전 활동'은 개인의 신체적 수월성과 타인의 신체적 기량에 도전하면서 자신의 잠재력을 발견하고, 자신의 한계에 능동적으로 도전할 수 있는 능력 계발에 초점을 둔다. 도전의 대상을 기준으로 하여 기록도전, 동작도전, 표적 및 투기도전으로 구분한다.
경쟁 활동	'경쟁 활동'은 신체활동에 존재하는 경쟁과 협동의 원리를 인식하고, 선의의 경쟁과 상호 이해를 바탕으로 기본적인 경기 수행 능력과 다양한 인지 전략을 습득하는 데 초점을 둔다. 경쟁의 유형에 따라 피하기형 경쟁, 영역형 경쟁, 필드형 경쟁, 네트형 경쟁으로 구분한다.
표현 활동	'표현 활동'은 신체활동의 심미적 요소를 이해하고, 창의적으로 표현하며, 다양한 표현 유형과 문화적 특성을 감상하는 데 초점을 둔다. 표현의 대상을 기준으로 움직임 표현, 리듬 표현, 민속 표현, 주제 및 창작 표현으로 구분한다.

신체활동 지식(physical activity knowledge)
- Carr(1981): 아리스토텔레스의 이론적 앎, 실천적 앎의 개념에 근거하여 체육교육과 관련된 지식은 명제적 지식과는 다른 방법적 지식으로서, '실천적 지식(practical knowledge)'이라고 하였다.
- Ross(2001): 체육적 지식으로서의 '신체 행위 지식(physical action knowledge)'은 운동기능을 통해 발휘된다.
- Arnold(1979): 체육을 통해 얻는 신체적 지식을 '운동감각(kinaesthesis)'이라고 하였다.

표 1-3. 현행 체육과 교육과정의 내용체계(중학교, 일부 발췌)

영역	중학교 1~3학년군		
건강 활동	(가) 건강과 환경 • 건강의 이해 및 증진 • 약물과 기호품 • 환경오염과 건강 • 자기조절	(나) 건강과 체력 • 체력의 이해 및 증진 • 성(性)의 이해와 성폭력 • 안전사고와 예방 • 자기존중	(다) 건강과 안전 • 운동처방 • 구급처치 및 운동 상해 • 재난과 안전 • 실천의지력
도전 활동	(가) 기록도전 • 역사 및 과학적 원리 • 경기 방법과 기능 • 스포츠의 비교 및 감상 • 인내심	(나) 동작도전 • 역사 및 과학적 원리 • 경기 방법과 기능 • 스포츠의 비교 및 감상 • 자신감	(다) 표적/투기도전 • 역사 및 과학적 원리 • 경기 방법과 기능 • 스포츠의 비교 및 감상 • 문제해결력
경쟁 활동	(가) 영역형 경쟁 • 역사 및 과학적 원리 • 경기의 수행 및 창의적 전략 • 스포츠의 비교 및 감상 • 페어플레이	(나) 필드형 경쟁 • 역사 및 과학적 원리 • 경기의 수행 및 창의적 전략 • 스포츠의 비교 및 감상 • 팀워크	(다) 네트형 경쟁 • 역사 및 과학적 원리 • 경기의 수행 및 창의적 전략 • 스포츠의 비교 및 감상 • 배려와 존중
표현 활동	(가) 심미 표현 • 특성과 유형 • 표현 방법 • 창의적 표현 및 감상 • 독창성	(나) 현대 표현 • 역사와 유형 • 표현 방법 • 창의적 표현 및 감상 • 열정	(다) 전통 표현 • 역사와 유형 • 표현 방법 • 창의적 표현 및 감상 • 다문화 존중

이상에서 스포츠교육 내용으로서 신체활동 지식의 범주는 크게 다음과 같이 3가지 영역으로 분류할 수 있다.

1) 건강(health) 활동

건강 활동은 신체활동을 통해 인간의 생명 유지와 활기찬 생활에 필요한 기본 능력을 향상시켜 주는 활동 내용으로, 크게 체력, 보건, 안전이라는 3가지 하위 내용 영역으로 구성된다. 체력 영역은 활동적인 삶을 위한 체력의 측정과 평가, 체력의 증진과 관리, 운동처방 등의 내용으로 구성된다. 보건은 건강한 생활의 기초가 되는 신체 관리(자세, 움직임 습관 등), 생활 관리(위생, 질병, 영양 등), 환경 관리(공중위생), 그리고 안전 영역은 생명 유지의 기초로서 운동 안전(운동 시 발생하는 안전사고에 대한 예방과 대처), 생활 안전(가정, 학교, 직장에서 발생하는 안전사고에 대한 예방과 대처), 재난 안전(지진, 화재, 수해, 전쟁 등 대규모 재난에 대비한 예방과 대처)으로 구성된다.

2) 스포츠 및 신체 움직임(sports & skilled movement) 활동

신체 움직임 활동은 인류의 역사와 문화 속에서 이어져온 놀이(play), 게임(game), 무예(martial arts), 스포츠(sports) 활동을 통해 다양한 신체 움직임 지식과 기능, 태도를 길러주는 활동 내용이다. 여기에는 인간의 생존을 위한 수렵, 전쟁기술로부터 유래한 다양한 도전 활동(달리기, 수영 등의 기록도전, 체조 등의 동작도전, 태권도·유도 등의 무예 등의 투기도전, 야영·클라이밍 등의 모험도전 등이 있음)과 인간의 유희적 본능에 의해 발생한 경쟁 활동(축구·농구 같은 영역형 경쟁, 야구 같은 필드형 경쟁, 배구·테니스 같은 네트형 경쟁) 등이 있다.

3) 표현(expression) 활동

표현 활동은 인간의 예술적 아름다움을 신체 움직임으로 표현할 수 있는 능력을 함양시켜주는 활동내용이다. 여기에는 탈춤, 강강수월래 등 우리나라와 세계 여러 나라의 민속무용과 발레, 라틴댄스, 힙합댄스 등의 현대적 표현 예술, 피겨스케이팅, 싱크로나이즈드스위밍, 리듬체조 등 스포츠 움직임 기술 표현 활동 등이 포함된다.

2장 스포츠교육의 역사

 학습목표

- 스포츠교육의 역사와 발전과정을 이해한다.
- 스포츠교육학의 태동과 연구 영역에 대해 이해한다.
- 스포츠교육의 최근 동향을 이해한다.

    스포츠 활동은 인류의 시작과 더불어 자연스럽게 발전하였으며, 시대와 지역별로 다양하고 독특한 스포츠문화를 형성하였다. 어느 나라, 어느 지역을 막론하고 신체활동 중심의 놀이, 게임문화가 존재하지만, 스포츠를 교육의 주요 내용으로 배우는 것은 특정 계층에 한정되어 있었다. 근대 이전까지 공식적인 스포츠교육은 주로 군사훈련 등의 목적으로 행해졌으며, 17~18세기 근대 학교의 성립과 더불어 신체활동은 학교의 공식적인 교육내용으로 부분적으로 채택되기 시작하였다. 19세기에 들어서면서 귀족이나 특정 계층만이 아닌 일반인을 대상으로 한 대규모의 보통교육이 보편화되었으며, 체육 또는 스포츠는 학교교육의 공식적인 교과로서 자리매김하기 시작하였다. 이 장에서는 19세기부터 학교를 중심으로 본격적으로 이루어진 스포츠교육의 발전과정과 흐름을 살펴보고, 그 속에서 스포츠교육학이라는 학문 영역의 성립과 현황을 살펴본다.

1. 스포츠교육의 발전 과정

가. 근대 스포츠교육의 역사

1) 19세기 초·중반

① 체조 중심의 체육: 독일, 스웨덴, 덴마크(민족주의), 미국(건강)
② 건강 중심적 기독교주의(Muscular Christianity): 청교도주의와 스포츠의 타협
③ 이상적인 남성상(강함, 활달함), 여성상(순종, 순결): 여성 차별
④ 아마추어리즘과 페어플레이 정신: 제1회 근대올림픽 개최에 영향

2) 19세기 말~20세기 초

① 신(新)체육: 신체를 통한 교육으로서의 체육. 루소, 존 듀이 사상의 영향으로 놀이, 게임, 레

크리에이션의 의미가 부각되었다.

"체육활동에 참여하는 것은 지적·신체적·사회적·도덕적 발달을 가져온다."
(Hetherington, Cassidy, Williams, Nash)

3) 1950년대 이후
① 휴먼 무브먼트(human movement)와 움직임 교육
  ㉠ Rudolph Laban(1930년대), Rosiland Cassidy(1940년대)
  ㉡ 체육 학문화 운동(the disciplinary movement)의 이론적 모티프를 제공하였다.
  ㉢ 교육내용은 기존의 육상, 체조, 농구, 배구처럼 특정 종목이나 활동 자체를 배우기보다는 각 활동 속에 내재된 움직임의 보편적 원리로서 운동생리학, 운동역학, 스포츠심리학 등의 학문적 개념이나 과학적 원리를 바탕으로 움직임을 효율적이고 아름답게 수행할 수 있는 교육무용, 교육체조, 교육게임 등을 탐색하고 학습하는 데 중점을 두었다.

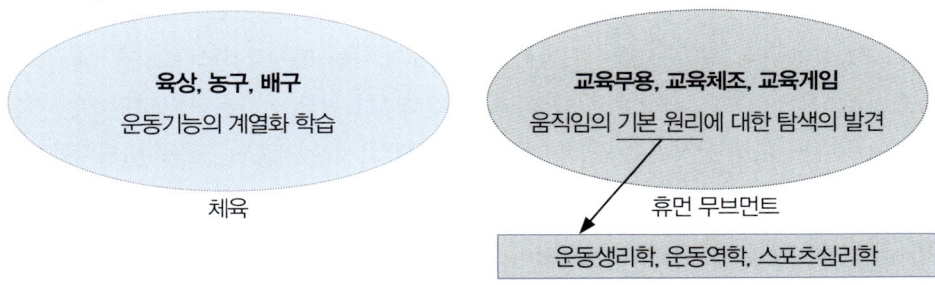

그림 1-5. 휴먼 무브먼트의 교육내용

② 인간주의 스포츠(체육교육)
  ㉠ 1960~70년대 '인간주의 철학 사조들(humanistic philosophies)'의 영향
  ㉡ 자아발달, 열린 교육, 정서교육 중시: 경쟁 배제
  ㉢ 체육 분야에서 Donald Hellison(1973)의 「인간주의적 체육교육」: 학교체육의 1차적 목표는 인성발달, 자기표현력 함양, 대인관계 향상임을 주장함
③ 놀이교육과 스포츠교육(1970년대 이후)
  ㉠ 놀이라는 문화 활동의 내재적 가치 강조
  ㉡ Daryl Siedentop의 '스포츠교육 모형': 스포츠의 기능, 지식, 태도를 교육시켜서 아이들 스스로 스포츠를 즐기고, 참여하며, 건전한 스포츠문화 형성에 공헌하는 사람이 되게 하는 것

④ 신체운동학(kinesiology, 1990년대 이후)
  ㉠ "신체운동학은 신체활동을 다루는 학문 영역이자 지식체계이다"(Hoffman, 2005)
  ㉡ 신체활동을 교육내용으로 하는 오늘날의 스포츠교육과 관계가 깊으며, 스포츠 교육의 목적과 내용을 보다 확장하는 데 기여함

나. 스포츠교육의 과학화와 영역 확장

1) 체육 학문화 운동

1960년대 중반, 미국을 중심으로 시작된 체육 학문화 운동(the disciplinary movement)은 주로 대학과 대학원 체육 전공 프로그램의 성격을 바꾸는 데 촉매제 역할을 하였다. 1957년, 소련의 인공위성 스푸트니크(Sputnik)호 발사에 위협을 느낀 미국의 정치가와 교육자들은 기존의 경험 중심 교육과정의 문제점에 대해 심각하게 반성하였고, 학문 중심 교육과정을 새로이 채택하였다. 특히 수학과 과학을 중심으로 교육적 투자를 증대하였다. 이러한 미국의 교육개혁운동은 보다 많은 과학자를 길러내고, 모든 교육기관의 수준을 향상시키는 것을 목적으로 하였다. 이런 상황에서 1961년 캘리포니아 주 정부는 주 내에 속한 모든 대학의 학과들로 하여금 학문적 근거를 마련하도록 피셔(Fisher) 법안을 통과시켰다. 그 당시에는 체육이 학문 분야라기보다는 초·중·고등학교의 교육을 담당하는 분야로, 대학에서는 지도자를 길러내기 위한 직업훈련을 담당하는 전문 분야(profession practice)로 인정되고 있었기 때문에 체육과로서는 기존의 '교육' 이미지를 탈피하여 학문적 정체성을 새롭게 마련해야 하는 상황에 처하게 되었다.

이러한 상황에서 체육 및 스포츠교육 분야에 심각한 위협이 된 것은 하버드 대학 총장을 역임한 James Conant(1963)의 다음과 같은 발언이었다.

> "저는 체육 분야의 대학원 과정에서 행해지고 있는 연구 내용을 읽어봐도 인상 깊은 내용이 하나도 없습니다. 만약 교사교육 내용 중에 가장 형편없는 분야가 있다면, 저는 체육 분야의 대학원 강좌 수업이라고 주장할 수 있습니다. 어떤 대학이든지 이 분야의 대학원 프로그램을 폐지해야 합니다."(Conant, 1963)

이에 미국대학체육교육협회의 Franklin Henry 등은 체육을 하나의 학문영역으로 변화시키려 노력하였다. 그는 체육학이 학문성을 인정받으려면 첫째, 학문의 대상이 분명해야 하고, 둘째, 연구 방법이 체계적으로 확립되어야 하며, 셋째, 그 분야만의 독특하고 축적된 지식체계가 존재해야 한다고 하였다.

1960년대와 1970년대를 거쳐 많은 체육학자들이 체육학의 성격에 관해 연구를 진행하였는데, Fraleigh(1960)는 체육학 분야에 어떤 통합된 개념체계가 존재하지 않는다고 주장하며, 체육

학의 기반은 '인간 움직임'이라는 개념임을 강조하였다. 최근에는 학문적 대상의 개념을 '스포츠(sport)'라고 하는 주장도 제기되고 있다. 체육학의 연구대상이자 핵심 개념이 무엇이냐에 대한 논쟁은 여전히 진행 중이다. 특히 전통적으로 교육의 이미지가 강했던 우리 분야에서 많은 사람들에게 고유명사화되어 있는 '체육'이라는 명칭을 바꾸는 것은 여러 가지 어려움이 있을 수밖에 없지만, 현재 다양한 이름들이 다양한 근거를 가지고 제시되고 있다. 그중에서 kinesiology, human movement studies, sport studies가 가장 널리 인정받고 있다.

헨리의 주장이 있은 후 25년이 지나는 동안 체육의 성격은 '신체를 통한 교육' 또는 '신체의 교육'이라는 교육의 이미지에서 이론적 연구를 주된 목적으로 하는 학문의 이미지로 탈바꿈하였다. 이러한 학문적 이미지에 담겨 있는 기본적인 가정은 체육이 다양한 학문적 관점들로 탐구될 수 있는 분야이며, 그에 따라 대학과 대학원교육에서 운동역학, 운동생리학, 운동학습 같은 하위 학문 영역들이 점차 개발되었다. 체육학의 학문적 변화 노력은 운동 및 스포츠 기능을 중심으로 이루어진 기존의 학교체육 프로그램에 '체육의 기초 개념 시리즈(Basic Stuff)' 등 과학적 개념과 원리를 활용한 교육내용을 적용하려는 노력으로 이어졌지만, 실제 학교체육이 이러한 학문적 성격을 적극적으로 반영하는 데는 많은 문제점이 있을 수밖에 없었다(최의창, 2003).

2) 스포츠교육학의 성립과 발전

스포츠교육학은 영어로 'sport pedagogy'이며, 체육학의 하위 학문 영역의 하나로서 스포츠에 관한 기능, 지식, 정서, 문화 등을 포함한 내용을 가르치는 것과 관련하여 스포츠교육 현장에 유용한 정보를 제공하고 이를 개선하기 위해 다양한 맥락 안에서 이루어지는 교수와 코칭을 탐구하는 학문 영역이라고 할 수 있다(강신복, 2009).

1960년대와 1970년대 체육 학문화 운동으로 이루어진 체육학의 학문적 체계화 흐름 속에서 초기에는 운동생리학, 운동역학, 운동학습, 스포츠사회학 등을 중심으로 하위 학문 영역이 만들어지기 시작하였다. 하지만 여전히 체육 분야의 대부분의 관심과 실천 분야는 학교체육과 교사 양성에 있었으며, 일부 학자들은 그동안 소홀히 해왔던 수업과 교육과정, 교사교육을 중심으로 하는 '체육교육의 학문적 연구 분야'를 만들기 시작하였으며, 이를 '스포츠교육학'이라고 명명하였다. Kirk(1990)에 의하면, 스포츠교육학은 교사양성과 수업방법을 주로 다룬 전통적 영역을 체육 학문화 추세에 발맞추어 체육학의 하위 학문 영역으로 인정받을 수 있도록 새로이 개념화한 것이라고 할 수 있다. 비록 대학과 대학원에서 체육교육과 학교체육을 연구한 역사는 20세기 초반 무렵까지 거슬러 올라가지만, 체육학의 공식적인 하위 학문 영역으로서의 스포츠교육학은 1970년 후반에 와서야 그 모습이 뚜렷해지기 시작하였다. Locke(1977)의 「Research on Teaching Physical Education: New Hope for a Dismal Science」나 Jewett과 Mullan(1977)의 「Curriculum Design: Purposes and Processes in Physical Education Teaching-Learning」, Hagg(1978)의 「Sport Pedagogy: Content and Methodology」 등의 연구를 시작으로 교육적 상황에서 체육 현상을 이해하고 연구하는 스포츠교육학의 독자적인 연구 지식들이 계속해서 증가하게 되었다(최의창, 2003). 이러한 연구 결과를 바탕으로 2000년대 초기까지 스포츠교육학 연구는 실증적 패러다임을 적용한 과학적·효율적 연구가 주류를 이루었으며, '체육수업에서 운동기술의 효과적 습득 방법에 관한 연구', '수업활동 기술 분석 연구', 수업의 효율성을 평가하는 '과정-결과 연구', '실제 학습시간 연구' 등이 활발하게 탐색되었다. 이후 해석적·비판적 패러다임을 적용한 질적 연구 차원에서 '교사 사회화 연구', '교육과정 연구와 이론' 등 다양한 연구 주제와 방법을 이용한 연구 업적들이 생산되었으며, 최근에는 '체육활동의 인지적·정서적·사회적 발달과 관련된 이론적·실천적 연구', '체육과 교육과정의 체계화 연구' 등 스포츠교육학 분야의 양적·질적 연구가 지속적으로 축적되면서 학문으로서의 지식체계(body of knowledge)가 보다 탄탄하게 쌓여가고 있다.

3) 스포츠교육학의 연구 영역

스포츠교육학의 연구 영역은 다음과 같이 수업, 교육과정, 지도자교육의 3가지로 구분할 수 있다.

① 수업(teaching and coaching)

이 분야는 체육과 스포츠교육에 관한 지도 계획, 지도자-학생의 상호작용 기능, 학습의 효율성을 높이는 학생과 선수들의 활동, 다양한 지도(teaching) 방법과 코칭(coaching) 방법의 비교 등을 연구하는 분야이다.

② 교육과정(curriculum)

이 분야는 체육, 스포츠 프로그램의 목적과 내용, 효과적인 프로그램 실행 방법, 프로그램의 결과에 대한 평가에 초점을 두고 연구하는 분야이다.

③ 지도자교육(teacher and coach education)

이 분야는 학교 체육교사 양성과 전문성 개발을 비롯하여 생활체육과 전문체육 분야의 강사, 코치 등 지도자들의 성장과 발달 방법을 연구하고 그 효과를 탐구하는 분야이다.

이 3가지 분야는 연구 내용과 방법에 분명한 차이가 있지만, 연구에 따라 두세 가지 분야가 합쳐질 수 있다. 또한 각 분야에 종사하는 사람들은 연구(research) 측면과 적용(application) 또는 실천(practice) 측면을 함께 숙지해야 한다. 예를 들어, 대학에서 지도자교육과 교육과정 개발 연구를 하는 교사교육자는 이론 중심의 활동을 하면서도 대학생들을 대상으로 지도와 코칭을 병행하는 실천을 함께 수행해야 하며, 운동과 스포츠를 직접 가르치는 체육교사, 코치, 트레이너들도 관련 이론에 대한 탐색을 통해 보다 전문적인 실천 능력을 발휘해야 한다.

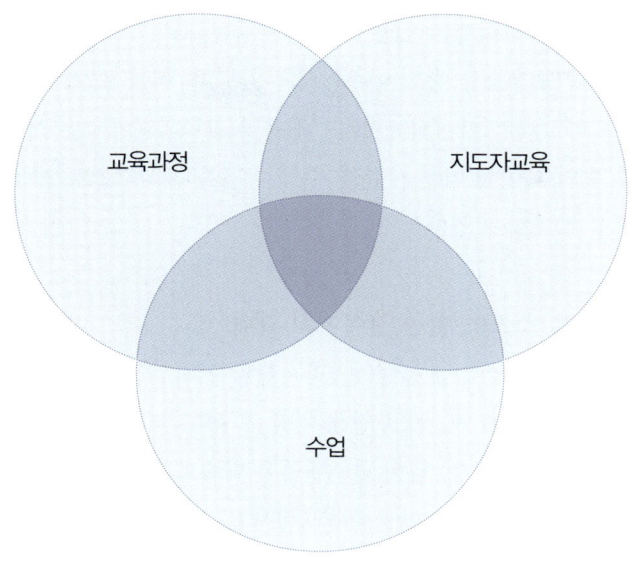

그림 1-6. 스포츠교육의 실천 및 연구 영역

2. 스포츠교육의 최근 동향

현대사회는 인간의 삶의 질이 중시되고, 건강과 여가활동에 대한 관심과 수요가 증가하면서 스포츠 활동은 일상생활의 친숙한 동반자가 되고 있다. 그야말로 스포츠 친화적인 사회에서 스포츠 지도와 코칭 등 스포츠교육을 실천하는 일과 이를 연구하는 스포츠교육학 분야는 점점 더 다양한 역할과 책임을 맡을 수밖에 없다. 이전과는 다른 양상과 변화의 속도를 보이고 있는 스포츠교육 분야의 이슈를 살펴보면 다음과 같다.

가. 체력에 대한 관심과 개념의 변화

오늘날 체력은 '운동능력을 향상시키는 체력(motor performance related fitness)' 위주에서 '건강한 생활과 관련된 체력(health related fitness)'으로 그 관심이 변화하고 있다. 운동체력이란 운동을 효율적으로 수행하게 해주는 민첩성, 평형성, 협응성, 순발력, 반응시간, 속도 등을 가리키며, 건강체력은 생명 유지와 질병의 예방과 치료, 활동적인 삶에 영향을 미치는 것으로 신체조성, 심폐능력, 유연성, 근력 및 근지구력을 가리킨다.

나. 체육 및 스포츠교육에서 인권과 평등의 강조

성차, 개인의 신체기능, 문화적 차이 등에 의한 불평등한 학생 교육의 문제를 해소하기 위한 각종 방안이 마련되고 있다. 선수나 학생의 인권 보장과 평등(equity)에 관한 지도자들의 인식을 제고하기 위한 연수나 세미나, 강의 등을 통해 이루어지고 있으며, 이를 보장하기 위해 학교체육진흥법 등 각종 법률적·제도적 장치가 마련되고 있다. 체육과 교육과정에서는 개인의 성차, 체력, 운동기능, 흥미, 학습방법 등의 차이에 따른 수준별 수업 방법을 공식적으로 제시하고 있으며, 특히 장애인에 대한 통합교육을 강조하고 있다.

다. 체육수업의 필수화 및 스포츠 활동 참여기회 확대

오늘날은 과학기술의 발달, 주요 산업 유형의 변화, 생활 편의시설의 확대로 좌식생활이 늘면서 신체활동 시간은 점점 줄어들고 있으며, 이로 인해 비만 인구의 급증과 각종 성인병의 발병률이 높아지면서 심각한 사회문제가 되고 있다. 특히 청소년들은 학습량의 증가와 운동 부족, 인터넷과 게임중독 등 각종 유해 요인에 노출되면서 학교폭력과 위험(at-risk) 청소년의 문제가 점점 심각해지고 있다. 이를 해소하기 위해 국가에서는 지난 2012년 '학교폭력근절종합대책'을 발표하고 청소년들의 건강과 폭력 예방을 위한 각종 정책을 시행하고 있다. 그중 가장 대표적인 내용이 학교에서의 체육 활동의 확대를 통한 학생들의 인성 함양과 공동체 교육을 강화하는 것이다. 2013년부터 중학교에서는 체육수업 외에 '학교스포츠클럽 활동'을 학년당 연간 34~68시간 의무적으로 시행해야 하며, 체육교사뿐만 아니라 일반교과교사, 스포츠강사가 축구, 농구, 배드민턴 등의 다양한 스포츠활동을 가르치고 있다. 고등학교에서도 기본 수업시수가 5단위(1단위는 한 학기 동안 주당 1시간의 수업)에서 10단위로 늘면서 청소년들의 스포츠 활동시간이 확대되고 있다. 또한 0교시 체육활동, 점심시간과 쉬는 시간을 활용한 각종 틈새 체육활동, 방과 후 특기적성교육, 토요 스포츠데이 활동, 학교스포츠클럽(동아리) 교내 리그전과 학교 간 경기 등을 통해 학생과 청소년들의 스포츠 활동 및 교육 기회가 점차 확산되고 있다.

3장 스포츠교육의 영역

 학습목표

- 학교체육에서의 스포츠교육의 역할과 방향에 대해 이해한다.
- 생활체육에서의 스포츠교육의 역할과 방향에 대해 이해한다.
- 전문체육에서의 스포츠교육의 역할과 방향에 대해 이해한다.

현대인에게 스포츠 활동은 개인의 건강 증진과 여가 선용뿐만 아니라, 사회적으로는 가정, 학교, 지역사회 및 국가의 통합과 발전에 중요한 영향을 미치고 있다. 과거에 스포츠가 단순히 체력 증진과 기능 발달을 목적으로 활용된 시대를 지나 이제 웰빙(welling)과 홀링(wholing)과 같이 신체적·정신적 건강의 통합을 추구하고 있으며, 학교뿐만 아니라 스포츠센터, 지역 스포츠클럽 등 다양한 장소와 프로그램을 통해 보다 많은 사람들이 스포츠를 일상에서 즐기고 경험할 수 있는 스포츠 지향 사회가 도래하고 있다. 사람들의 지적·경제적 수준이 향상되고, 스포츠에 대한 체험 욕구와 기대 수준이 향상되는 것만큼 스포츠를 보다 체계적으로 배우고, 경험할 수 있도록 하는 일의 중요성이 점점 커지고 있다. 엘리트(전문)체육 분야 역시 경기력 향상을 위한 첨단 과학의 체계적인 적용과 더불어 훈련 방식과 선수 육성 시스템에 있어 선수의 인권과 전 생애적 진로를 고려한 교육적 접근이 요구되고 있다. 스포츠교육은 이처럼 학교체육, 생활체육, 전문체육의 모든 곳에서 학생, 회원, 선수의 전문적 성장과 발달에 기여할 수 있는 새로운 교육 내용과 방법을 제공해야 하며, 이전과는 달리 각 분야별로 보다 고도로 훈련된 전문지도자를 양성해야 할 상황에 처해 있다. 이 장에서는 스포츠 활동이 이루어지고 있는 세 영역별로 스포츠교육의 역할과 방향에 대해 제시한다.

1. 학교체육으로서 스포츠교육

우리나라 초·중·고등학교 학생들이 경험하는 스포츠 활동은 크게 '체육교과' 활동과 비교과 활동으로서 '창의적 체험활동(과거에는 특별활동 또는 재량활동 등으로 불리기도 했다)'으로 구분된다. 체육 교과는 국가수준 체육과 교육과정에서 활동의 목표와 내용, 방법과 평가가 마련되며, 모든 학생들은 체육을 통해 국가 사회적으로 요구되는 건강, 스포츠, 표현, 여가 활동에 대한 기본

지식과 기능, 태도에 대해 다양한 학습 경험을 하게 된다. 창의적 체험활동에서는 학생들이 특정 스포츠 활동을 선택하여 다양한 스포츠클럽 활동을 하게 되며, 학교체육이 생활체육의 평생스포츠 활동으로 전이될 수 있도록 교육하고 있다. 이 밖에도 학교에서의 스포츠교육 프로그램은 최근 들어 보다 다양화되고 있다(표 1-4 참조). 방과 후 특기적성교육, 토요 스포츠데이 활동 등 어린이, 청소년들이 다양한 스포츠 활동을 경험하고 이를 통해 건강한 신체뿐만 아니라 정서와 인격 등 인성적 측면의 발달을 도모할 수 있는 교육 프로그램이 초·중·고등학교에서 시행되고 있다.

표 1-4. 학교의 체육 및 스포츠 활동 프로그램의 종류

구분	체육교과	학교스포츠클럽 활동	학교스포츠클럽	방과 후 특기적성 교육	토요 스포츠데이 활동	틈새체육
대상	전체 학생	전체 학생 (중학생만)	일부 학생	일부 학생	일부 학생	전체 또는 일부 학생
시간	주당 2~3시간	연간 34~68시간	비정기	비정기	연간 34시간	비정기

학교 스포츠교육의 주요 추진 과제는 크게 3가지로 나눌 수 있다.

첫째, 체육 교육과정 및 자율 체육활동 활성화이다. 초등학교 수영교육을 의무화하고, 스포츠강사 지원과 자율체육활동 활성화 지원, 융합형 스포츠교육 콘텐츠 개발을 통해 스포츠교육의 역할을 강화하고 있다.

둘째, 학생 건강 체력증진을 위한 신체활동을 강화하고 있다. 저체력 학생 건강체력교실 운영, 아침 운동 및 달리기 등 운동처방교실을 확대 운영하고 있다.

셋째, 학교스포츠클럽의 확대와 지역 연계를 강화하고 있다. 가족과 함께하는 스포츠클럽 대회, 상시 리그제, 여학생 참여 확대를 위한 스포츠 한마당 개최, 지역사회 스포츠 시설과 연계한 체육 프로그램을 운영하고 있다.

현재 학교 스포츠교육은 활동목표와 내용, 방법에 있어 통합화와 다양화를 추진하고 있다. 스포츠 활동을 경험하되, 스포츠 속에 내재된 역사, 철학, 문학 등의 인문적 측면과 움직임의 과학적 원리와 법칙을 적용하는 과학적 측면, 움직임의 심미성을 강조하는 예술적 측면을 통합하여 학생들이 스포츠를 단순한 기능과 경기 활동으로만 인식하지 않고 인문성·과학성·예술성을 총체적으로 경험함으로써 스포츠를 통해 온전한 사람(전인)으로 성장, 발달할 수 있는 체제를 마련하고 있다. 이를 위해 학생들은 건강을 위한 신체활동, 도전과 경쟁을 위한 스포츠 활동, 창의적 표현활동 등 보다 다양한 영역의 스포츠문화를 경험하게 된다.

2. 생활체육으로서 스포츠교육

1970년대 이후 전 세계적으로 사회·경제적인 여건의 변화로 인한 생활양식과 질병 구조의 변화, 그리고 여가생활의 확대로 인해 스포츠 활동은 질병의 예방과 치료, 삶의 질을 향상시키는 데 필수요소라는 인식이 확산되어왔다. 체육 또는 스포츠교육은 더 이상 학교 교과목으로서뿐만 아니라, 전 연령과 생애에 걸친 문화 활동으로의 역할을 요구받고 있으며, 스포츠교육의 범위와 적용 범위도 생활체육과 전문체육을 포괄하는 광의의 학문 및 실천 영역으로 재개념화(再槪念化, re-conceptualization)되어야 하는 상황에 처해 있다(최의창, 2014).

지금까지 스포츠교육학의 연구 영역도 학교체육을 중심으로 스포츠 활동 및 건강, 표현 활동 전반을 가르치는 현상에 대한 탐구의 성격이 강했지만, 이제 스포츠 교육은 학교 밖의 국공립 사회체육센터, 사설 피트니스센터를 포함한 다양한 장소에서 이루어지며, 학령기의 어린이, 청소년뿐만 아니라 유아, 성인, 노인, 장애인 등 다양한 학습자를 대상으로 스포츠교육이 실천되고 연구되어야 한다.

특히 우리나라는 학교체육 내에서 생활체육과 전문체육이 공존하며, 학교-생활·전문체육을 연계적으로 발전시켜야 하는 과제를 안고 있다(권민정, 2012). 따라서 궁극적으로 스포츠교육의 목표가 평생스포츠를 지향하며 일생에 걸친 스포츠 활동에 필요한 기초 학습의 장을 마련해주고, 자립할 수 있는 생활체육인으로 성장하게 하는 데 있다면, 스포츠교육의 범위는 학교체육뿐만 아니라 각 생애단계에 따른 적절한 신체활동을 권장하기 위한 평생스포츠교육 시스템으로 전환해야 한다. 따라서 생활체육을 위한 스포츠교육의 역할을 구성요소별로 살펴보면 다음과 같다(김경숙, 2003).

가. 생활체육의 목표

생활체육이 개인적·사회적으로 다양한 활동 목표를 지향함에도 불구하고 생활체육은 학교체육과는 달리 교육적인 의미보다는 건강 증진 또는 레크리에이션이나 경기 활동 측면으로 인식되는 경향이 있다. 하지만 생활체육 역시 사회적·교육적으로 인정받는 활동일 때 존재 의미가 성립할 수 있으며, 최근 개인의 생활체육 요구 수준이나 사회적 필요성은 교육적 의미를 내포하는 생활체육 활동의 의미를 더욱 강조하고 있는 추세이다. 따라서 생활체육은 개인의 선택에 의한 활동이기는 하지만, 스포츠에 내재되어 있는 교육적 의미와 목표가 스포츠를 통해 개인에게 전달되고, 긍정적인 경험으로 각인되어 현실 생활로 전이되며, 또한 사회적으로 의미 있는 활동으로 확대될 수 있도록 목표를 설정해야 한다.

나. 생활체육지도자(스포츠지도사)의 역할

스포츠에 대한 일반인들의 활동 경험이 확산되고, 활동 내용과 방법에 대한 기대 수준이 다양화·전문화되면서 이를 체계적으로 지도할 수 있는 역량 있는 생활체육지도자에 대한 필요성이 높아지고 있다. 생활체육지도자 양성을 위해 지난 1985년 4년제 대학에 사회체육학과가 신설된 이후 30년 동안 매년 수만 명의 생활체육지도자를 양성하고 있다. 생활체육지도자는 유아, 아동, 청소년, 성인, 노인, 장애인 등 다양한 연령층을 대상으로 다양한 프로그램을 구성하고 지도할 수 있어야 하며, 사회·문화적인 책임감을 갖고 스포츠 활동이 구현하고자 하는 문화적 의미의 전수를 통해 가치 있는 삶을 영위할 수 있는 능력을 참여자들에게 가르치고, 이를 통해 지역사회에 건전한 스포츠문화를 이끌고 창출하는 매개자로서의 역할을 수행해야 한다. 특히 생활체육에 참여하는 사람들은 자유의지에 의해 별도의 비용을 지불하고 활동에 참여하기 때문에 스포츠지도사는 다양한 요구에 따른 역할을 수행하고, 스포츠에 대한 흥미와 관심을 불러일으키며, 사람들이 지속적으로 스포츠 활동에 참여할 수 있도록 하는 전문 서비스로서의 교육 활동 지식과 실천 능력이 필요하다. 즉, 운동을 잘하는 것만으로는 좋은 생활체육지도자가 될 수 없다. 예를 들어 운동 트레이너(athletic trainer)나 개인 체력 트레이너(personal trainer)의 경우도 과거에는 보디빌더처럼 단순히 근육을 키우고, 외형적으로 몸 좋은 사람, 멋진 몸매를 만드는 일을 돕는 정도의 역할을 기대하였다면, 현재는 개인의 신체 특성과 취향에 맞는 전문화된 처방과 지도를 필요로 하며, 트레이너의 활동 분야도 선수 트레이닝, 재활(rehabilitation), 근력 및 컨디셔닝(conditioning), 다이어트, 체형 및 체격 교정(body shaping) 등 보다 다양화되고 있다. 이를 위해서는 단지 체력 운동을 잘할 수 있는 능력이 아니라 기능해부학, 운동손상학, 관절역학, 운동생리학, 병리학 등의 학문을 공부해야 하며, 실제 현장에서도 개인에 대한 신체검사, 자세 분석, 생리적 특성 등을 처방할 수 있는 임상적 경험도 지속적으로 쌓아가야 한다.

다. 생활체육 프로그램

생활체육지도자가 신체활동을 효과적으로 지도하여 참여자들의 삶의 질을 향상시키는 데 기여하는 것을 목적으로 할 때, 교육 프로그램은 이러한 목적을 달성하기 위한 수단이자 핵심 매개체가 된다. 생활체육 프로그램에는 활동 목적과 목표, 대상자, 활동과정과 방법, 장소와 시기 등의 제반 활동을 포함해야 한다.

생활체육 프로그램은 학교에서 제공하는 활동내용에 비해 적용 대상의 연령 폭이 넓고, 개별화된 프로그램 처치가 다양하다. 유아기부터 노인기까지의 전 생애와 일반인, 여성, 장애인 등 특정 부류를 대상으로 한 프로그램 개발이 필요하다. 구체적으로 유아 및 아동 전기에는 움직임교육을 중심으로 하면서 신체의 움직임에 대한 즐거움을 추구하고, 아동 후기와 청소년기는 스포츠 활동을 중심으로 하면서 기초 기능과 응용 기능을 익히며, 스포츠 활동에 대한 다양한 경험을 할 수 있도록 해야 한다. 또한 성인기에는 건강 유지를 위해 자신에게 맞는 종목을 선택하여 지속적으로 즐김과 동시에 고도의 스포츠 기술에 도전하며 성취감을 경험하고, 노인들은 자신의 신체 조건에 적합한 활동을 선택하여 타인과 교류하며 건강을 유지할 수 있도록 프로그램을 개발해야 할 것이다. 따라서 생활체육 프로그램은 제공 기관과 실시 장소, 참여자의 특성, 교육 시설 환경에 따라 융통성 있게 구성되어야 하며, 이러한 전문 역량이 현대의 생활체육지도자에게 요구되는 스포츠교육적 전문성이라고 할 수 있다.

3. 전문체육으로서 스포츠교육

우리나라는 동·하계올림픽에서 세계 10위권의 성적을 유지하는 등 엘리트(전문)체육 분야에 있어서는 스포츠 선진국에 못지않은 세계적인 강국이다. 이러한 성과는 국가 이미지 제고, 위상 강화, 국민 통합 및 자긍심 고취, 생활체육 활성화의 선도적 역할을 하는 등 긍정적인 효과가 크다. 하지만 최근 체육단체의 비리, 승부조작, 선수의 인권 문제 등 불합리하고 부조리한 면으로 인해 개선의 필요성이 강력하게 제기되어왔다. 이는 그동안 전문체육의 목적과 방향이 학교체육이나 생활체육의 그것과는 너무도 극명한 차이를 보이고 있기 때문이다. 우리나라의 엘리트스포츠는 1964년 도쿄올림픽 이후 학교체육을 통해 전문 운동선수가 양성되고, 1972년 체육특기자제도가 마련되면서 아마추어리즘으로서 학원 스포츠의 모습은 사라지고, 상급학교 진학, 포상금과 연금제 등의 상업화, 프로스포츠로의 취업을 목적으로 학생으로서보다는 경기에서 승리와 금메달을 좇는 운동 기계로서의 정체성을 형성해왔다. 이 과정에서 중도에 운동을 포기한 많은 운동선수들은 보호받지 못한 채 방치되어왔으며, 지나치게 상업화되고, 교육적 목적과는 분리된 운영 시스템으로 인해 스포츠계는 각종 비리와 부조리의 온상처럼 곪아가고 있다.

전문체육에 입문하여 운동선수로서의 삶을 살고 있는 학생들은 선수이기 전에 학생으로서 기본적인 교육을 받을 권리와 의무가 있으며, 특히 선수생활 마감 후의 진로를 효과적으로 개척하기 위해서는 이들이 운동을 하며 기본 학습을 병행할 수 있는 교육적 처방이 필요하다. 이를 위해 교육부는 '학교운동부 선진화 방안'의 시행을 통해 전문체육 분야의 학생선수에 대한 교육적 접근을 강화하고 있는 등 다양한 개선 방안이 마련되고 있으며, 구체적인 방향은 다음과 같다.

가. 체계적이고 과학적인 지도

그동안 경기력 향상을 위한 경기 지도자의 역할은 체육학의 다른 하위 학문 분야에서 다각도로 이루어졌다. 특히 운동생리학, 운동역학, 스포츠심리학 등의 연구와 적용이 주로 이루어졌다. 하지만 스포츠교육적인 측면에서도 경기지도자의 전문성이 개선될 필요가 있다. 아직까지 학교운동부 지도자들이나 실업팀과 프로스포츠지도자들 중에는 체계적이고 과학적인 방법을 적용하여 훈련하기보다는 자신의 경험이나 직관에 근거한 비체계적이고 비과학적인 방법으로 지도하는 경우가 있다. 이러한 지도자들이 자신의 경험을 바탕으로 하되, 보다 선수 수준과 객관적 데이터에 근거하여 체계적인 지도를 할 수 있도록 경기지도자를 대상으로 한 교육과 연수가 이루어져야 한다. 2014 브라질월드컵에서 우승한 독일 팀의 경우에서 보듯이 첨단 과학을 활용한 경기 분석과 선수 개개인의 특성과 수준에 맞게 이를 효과적으로 교육하고, 팀 전체의 경기력을 극대화할 수 있는 맞춤형 전략, 프로그램을 개발하는 데 스포츠교육이 기여할 수 있도록 방안을 마련해야 할 것이다.

나. 학생선수의 학습권과 인권의 보호

전문 운동선수들의 인권에 대한 인식과 감독, 코치에 대한 사회적 기대 수준이 높아짐에 따라 경기지도자 역시 그들이 지도하는 선수들의 인권과 기본적인 학습권을 보호할 수 있어야 한다. 전문체육 영역의 목적은 학교체육과 생활체육보다는 경기력 향상과 전문 운동선수로의 진로 선택이라는 부분이 강하지만, 이를 성취하는 과정은 사회적으로 용납되고 교육적으로 바람직해야 한다. 폭력, 승부조작, 약물복용 등 비교육적인 방식으로 전문 스포츠 선수생활을 경험한 학생은 결국 결과를 얻기 위해 수단과 방법을 가리지 않는 비도덕적인 성향을 갖게 되며, 일상생활에서도 그러한 반사회적이고 비인격적인 습성이 나타날 수밖에 없다. 따라서 전문체육 역시 스포츠교육이 추구하는 전인 양성의 관점에서 보다 도덕적이고 양심적인 스포츠 지도가 이루어질 수 있도록 해야 한다.

II부
스포츠교육의 정책과 제도

이 단원은 스포츠교육과 관련된 국가 정책의 유형과 특징을 크게 학교체육, 생활체육, 전문체육으로 나누어 다루게 된다.

이들 각각의 독립적인 내용과 특징을 다룸은 물론, 연동되어 있는 정책적 내용들을 함께 제시함으로써 세 분야의 스포츠교육 정책이 상호 간에 긴밀한 관련성을 맺고 있음을 살펴본다.

1장 학교체육

 학습목표

- 국가수준 체육과 교육과정의 개념 및 특징을 알아본다.
- 학교체육진흥법의 도입취지 및 발전 경과 등을 알아본다.
- 체육교사와 관련된 국가 정책의 종류와 특징을 알아본다.
- 학교스포츠클럽 활동의 도입취지, 운영성과 및 개선방안 등을 알아본다.

1. 국가수준 체육과 교육과정

국가수준 체육과 교육과정은 초·중·고등학교 체육수업을 위해 필요한 교육내용, 교수·학습 및 평가의 방법 등을 포함하고 있는 국가 발행 공식 문서를 뜻한다.

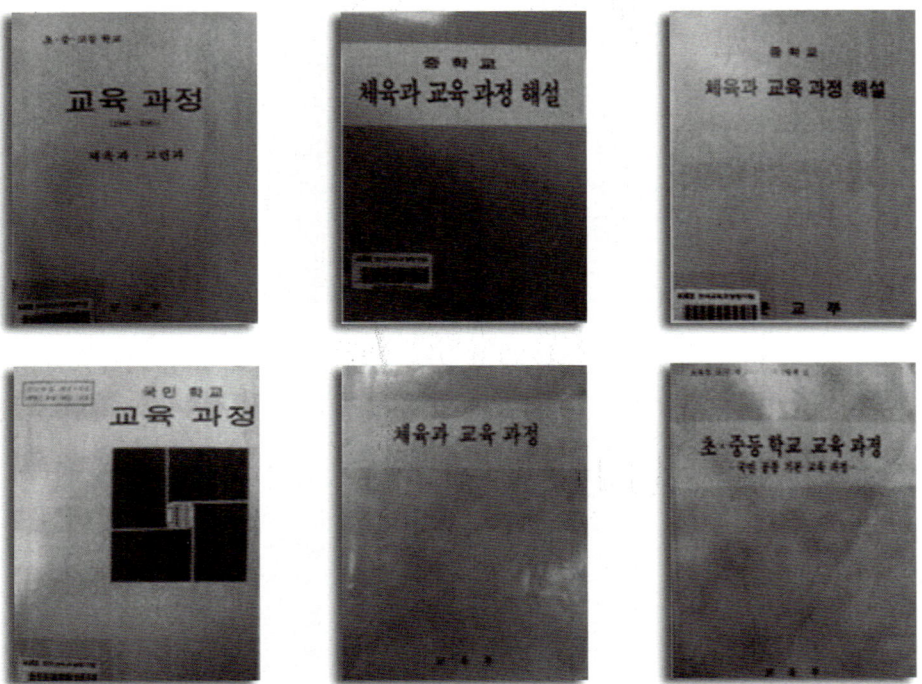

그림 2-1. 체육과 교육과정 문서(조미혜·오수학, 2004)

가. 체육과 교육과정의 변천

우리나라의 체육과 교육과정은 지금까지 총 9회의 개정과정을 거쳐 지금에 이르고 있다. 개정 시기별 적용 기간 및 주요 특징은 다음과 같다(표 2-1 참조).

표 2-1. 체육과 교육과정의 변천과정 및 특징(교육인적자원부, 2007; 유정애 외, 2007)

구분	적용 기간	주요 특징
교수요목기	1946 ~ 1954	식민지 교육에서 민주주의 자유교육으로의 전환기
1차 개정	1955 ~ 1963	우리나라가 만든 최초의 체계적인 교육과정
2차 개정	1963 ~ 1973	체육과의 명칭이 초·중등 모두 '체육'으로 통일
3차 개정	1973 ~ 1981	국민학교에 '놀이' 대신 '운동' 개념 도입
4차 개정	1981 ~ 1987	움직임 교육과정의 영향으로 '기본 운동' 개념 도입
5차 개정	1987 ~ 1992	교육내용을 심동·인지·정의 영역으로 나누어 제시
6차 개정	1992 ~ 1997	구성 체제에서 '성격' 항목이 새롭게 추가됨
7차 개정	1997 ~ 2007	교육내용이 '필수'와 '선택'으로 나누어 제시됨
2007년 개정	2007 ~ 2013	'신체활동 가치'의 개념이 새롭게 도입됨
2009년 개정	2013 ~ 현재	창의·인성 강조와 학년군 제도 도입

나. 체육과 교육과정의 구성 체제

우리나라의 현행 체육과 교육과정은 '2009 개정 교육과정에 따른 체육과 교육과정'으로서 다음과 같은 구성 체제를 갖고 있으며, 구성요소별 주요 내용은 다음과 같다.

표 2-2. 체육과 교육과정의 구성 체제 및 요소별 주요 내용(교육과학기술부, 2011)

구성 체제	구성요소	주요 내용
체육 과목 목표	체육과의 방향과 역할	체육의 교과적 특수성 및 정체성 설명
	체육과에서 추구하는 인간상	신체문화를 계승·발전시킬 수 있는 사람
	5가지 신체활동 가치 영역	건강, 도전, 경쟁, 표현, 여가의 개념 정의
	체육과의 목표	총괄 및 학교급별 목표 제시
내용의 영역과 기준	내용 체계	내용을 대영역, 중영역 내용요소로 구분 제시
	성취 기준	학년군, 영역, 내용별로 나누어서 제시
교수·학습 방법	교수·학습의 방향	체육과 교수·학습의 기본적 전제와 지침
	교수·학습의 계획	체육과 교수·학습을 위한 준비 사항
	내용 영역별 지도	건강, 도전, 경쟁, 표현, 여가 영역별 내용지도법
평가	평가의 방향	체육과 평가의 기본적 전제와 지침
	평가의 계획	체육과 평가를 위한 준비 사항
	내용 영역별 평가	건강, 도전, 경쟁, 표현, 여가 영역별 평가방법

2. 학교체육진흥법

이 법은 학교 체육활동 강화 및 운동부 육성 등과 같은 학교체육 활성화에 필요한 내용들을 법률로 정함으로써 학생들이 건강하고 균형 잡힌 신체 및 정신을 형성할 수 있도록 하는 것을 목적으로 2013년 3월 제정되었으며, 다음과 같은 주요 내용으로 구성되어 있다.

표 2-3. 학교체육진흥법의 주요 구성 항목 및 내용

구성 항목	주요 내용
제3조 (학교체육 진흥 시책과 권장)	국가 및 지방자치단체(교육감을 포함한다)는 학교체육 진흥에 필요한 시책을 마련하고 학생의 자발적인 체육활동을 권장·보호 및 육성하여야 한다.
제4조 (기본 시책의 수립 등)	교육부장관은 문화체육관광부장관과 협의하여 학교체육 진흥에 관한 기본 시책을 5년마다 수립·시행한다.
제5조(협조)	교육부장관과 문화체육관광부장관은 제4조에 따른 시책을 수립·시행하기 위하여 필요한 경우 지방자치단체의 장, 교육감 및 관계 기관 또는 단체의 장에게 협조를 요청할 수 있다.
제6조 (학교체육 진흥의 조치 등)	학교의 장은 학생의 체력증진과 체육활동 활성화를 위하여 다음 각 호의 조치를 취하여야 한다. 1. 체육교육과정 운영 충실 및 체육수업의 질 제고 2. 제8조에 따른 학생건강체력평가 및 제9조에 따라 비만 판정을 받은 학생에 대한 대책 3. 제10조에 따른 학교스포츠클럽 및 제11조에 따른 학교운동부 운영 4. 학생선수의 학습권 보장 및 인권보호 5. 여학생 체육활동 활성화 6. 유아 및 장애학생의 체육활동 활성화 7. 학교체육행사의 정기적 개최 8. 학교 간 경기대회 등 체육 교류활동 활성화 9. 교원의 체육 관련 직무연수 강화 및 장려 10. 그 밖에 학교체육 활성화를 위하여 필요한 사항
제7조 (학교 체육시설 설치 등)	국가 및 지방자치단체는 학생의 체육활동에 필요한 운동장, 체육관 등 기반 시설을 확충하여야 한다.
제8조 (학생건강체력평가 실시계획의 수립 및 실시)	국가는 학생의 건강체력 상태를 측정하기 위하여 매년 3월 말까지 학생건강체력평가 실시계획을 수립하고 학교의 장은 실시계획에 따라 학생건강체력평가를 실시하여야 한다.

3. 체육교사

체육교사는 초·중·고등학교에서 체육교과 및 기타 신체활동을 지도하는 지도자들을 뜻하며, 다음과 같이 분류할 수 있다.

 1) 초등학교 체육전담교사
① 개념 및 자격기준
　초등학교에서 체육교과만 지도하는 교사를 뜻하며, 초등교사 양성기관을 통하여 초등학교 정교사 자격증을 획득한 자에 한하여 자격이 주어진다.
② 임용과정 및 절차
　각 시·도별로 매년 치러지는 '교육공무원 임용후보자 선정경쟁시험(초등 임용고시)'에 응시하여 합격한 후, 일정 기간 내에 시험 성적순서에 따라 시·도교육청 관내 초등학교로 발령을 받게 된다.
③ 역할부여 및 활동
　일선 학교에 발령을 받은 후에는 학교장의 명에 의하여 '초등체육 전담교사'의 역할을 부여 받게 된다. 대개 주당 20시간 내외의 체육수업을 담당하게 되며, 본인의 희망 또는 개별 학교의 사정에 따라 역할을 지속하거나 초등교사의 또 다른 역할(학급담임, 타 교과 전담교사 등)을 수행하게 된다.

 2) 중등학교 체육교사
① 개념 및 자격기준
　중·고등학교에서 체육교과만 지도하는 교사를 뜻하며, 중등교사 양성기관 또는 교직이수과정, 교육대학원 졸업 등을 통하여 중등학교 체육 정교사 자격증을 획득한 자에 한하여 자격이 주어진다.
② 임용과정 및 절차
　각 시·도별로 매년 치러지는 '교육공무원 임용후보자 선정경쟁시험(중등 임용고시)'에 응시하여 합격한 후, 일정 기간 내에 시험 성적순서에 따라 시·도교육청 관내 중·고등학교로 발령을 받게 된다.
③ 역할부여 및 활동
　일선 학교에 발령을 받은 후에는 학교장의 명에 의하여 '중·고등학교 체육교사'의 역할을 부여 받게 된다. 대개 주당 20시간 내외의 체육수업을 담당하게 되며, 중학교와 고등학교 간

의 이동 근무가 가능하다. 특별한 경우(전문직 발령, 교감 발령 등)를 제외하고는 정년까지 체육 교과의 지도만 담당하게 된다.

3) 스포츠강사

① 개념 및 자격기준

초·중·고등학교에서 학교스포츠클럽 및 방과 후 체육활동을 지도하거나 정규 체육수업의 수업진행 및 보조 역할을 수행하는 체육지도자를 뜻하며, 전문대학 및 대학에서 체육관련 학과를 이수한 자 중에서 초등학교 2급 정교사, 중등학교 체육 2급 정교사, 실기교사 자격증, 생활체육 3급 이상의 지도자 자격증 중 하나 이상이 필요하다.

② 임용과정 및 절차

초등 스포츠강사의 경우 각 시·도의 지역 교육지원청별로 필요에 따라 '선발 공고'를 통해 선발하나, 중등학교의 경우 개별 학교에서 공고를 통해 필요인원을 선발할 수 있다.

③ 역할부여 및 활동

각 시·도교육청 및 학교급별로 다소간의 차이가 있지만, 대개 다음과 같은 역할을 부여 받게 된다.

표 2-4. 스포츠강사의 역할 및 직무

① 체육수업 보조(담임교사 책임 하에 체육수업 협력 지도)
② 학생 안전관리, 체육교구 및 시설관리
③ 학생건강체력평가제(PAPS) 업무 지원
④ 체육대회 등 체육관련 행사지원
⑤ 정규수업 외 학교스포츠클럽 지도
⑥ 체육수업 운영과 관련하여 학교장(감), 체육담당 부장교사, 담임교사와 협의한 사항
⑦ 방학기간 중 '여름방학·겨울방학 프로그램' 운영
⑧ 특수학교 스포츠강사는 초등학교 체육수업을 보조하되 학교의 여건에 따라 유치원, 중·고등학교 체육수업을 보조할 수 있음

4. 학교스포츠클럽 활동

학교스포츠클럽 활동은 학생들의 인성교육 및 학교폭력의 예방을 위해 전국 중학교 1~3학년을 대상으로 시행해오고 있으며, 현 정부의 '학교체육 활성화 정책'에도 반영되어 학교교육의 중요한

영역으로 자리매김을 하고 있다.

1) 개념
교육현장에서 시행되고 있는 학교스포츠클럽 활동에 관한 개념을 정리하면 다음과 같다.

표 2-5. 학교스포츠클럽 활동의 개념

'학교스포츠클럽 활동'이란 기존 방과 후 또는 토요 휴업일에 학교를 기반으로 시행되었던 스포츠클럽 활동을 정규 수업 시간인 '체육' 및 '창의적 체험활동' 시간을 이용하여 체육 및 스포츠 활동을 실시하는 것을 의미하는 용어임. 정규 수업 시간에 이루어지는 체육, 스포츠 활동과 방과 후 스포츠클럽 활동과의 연계적 측면에 의의를 두고 있음(서지영 외, 2014).

2) 학교스포츠클럽 활동의 추진 과정
학교스포츠클럽 활동은 '인성교육 강화와 학교폭력 예방'이라는 교육적·사회적 요구에 부응하여 청소년들에게 신체활동의 기회를 제공해주어 보다 건강한 신체와 올바른 인성 및 정서를 심어주고자 다음과 같이 추진하고 있다.
① '교육과학기술부 고시 제2012-14호'에 의거
- 초·중등 교육과정에 반영하여 2012년 2학기부터 전국 중학교 1~3학년을 대상으로 시행
② '학교체육 활성화 정책(2013년 6월 발표)'에 추진 과제로 선정
- 지난 정부에 이어 지속사업으로 추진
- 학교스포츠클럽 활동 운영에 관한 모니터링 및 교육적 성과를 기반으로 하여 향후 교육과정 개정, 운영 등을 위한 근거자료 제공에 초점을 둠

3) 학교스포츠클럽 활동 운영에 따른 교육적 성과
그동안 시행되어온 학교스포츠클럽 활동의 성과에 대한 교육 주체인 교사, 학생, 학부모의 인식을 분석한 결과는 다음과 같다.
① 학교스포츠클럽 활동의 적절성 차원
- 학생들이 희망하는 운동 종목 및 활동 내용은 적절하게 편성됨
- 대도시의 경우 동 시간대에 학생들이 참여를 희망함으로 인해 참여 기회가 제한됨
- 주 1회 수업보다는 2주 1회 집중 참여를 선호함
- 공간 및 시설이 부족하나 스포츠 용·기구의 질 및 수량은 대체로 적절함
- 체육교사가 아닌 타 교과 교사, 스포츠강사의 지도 역량에 있어 편차가 큼

② 학교스포츠클럽 활동의 효과성 차원
- 인성교육의 효과가 큰 것으로 나타남
- 학교폭력의 직접적인 감소의 체감보다는 타인 배려 등의 마음과 태도가 형성됨으로 인해 폭력적인 분위기가 줄어듦
- 학생들의 스트레스 해소, 학교생활의 활력소로 작용하여 공부에 대한 의욕과 집중력이 높아짐
- 학생들이 선호하는 활동 참여를 통한 평생체육의 습관화에 기여함

4) 학교스포츠클럽 활동의 향후 개선 방안

학교스포츠클럽 활동을 운영을 통해 드러난 문제점을 분석하고 학생체육활동 강화 및 인성 함양과 건전한 학교 문화를 창출하도록 하기 위한 개선점은 다음과 같다.

① 인적 자원 측면
- 스포츠강사 자격 강화 및 자격 차등화
- 스포츠강사와 타 교과 교사 및 체육교사의 해당 스포츠 지도 전문성 향상 노력
- 타 교과 교사의 학교스포츠클럽 활동지도 시 인센티브 제공

② 물적 자원 측면
- 동일 시간대에 스포츠 활동 공간 및 시설 사용 학급수의 최소화
- 학교 외에 지역사회의 다양한 공간 및 시설 활용 방안 모색
- 학교 상황에 맞는 스포츠 용·기구의 순환 지원

③ 프로그램 운영 측면
- 적어도 한 학년에 2~3회 정도는 학생들이 희망하는 스포츠 종목의 선택 기회 제공
- 블록타임제를 반영한 학교스포츠클럽 활동 운영
- 체육과 교육과정과 학교스포츠클럽 활동과의 연계 고려

2장 생활체육

📖 **학습목표**

- 생활체육과 관련된 국민체육진흥법의 주요 내용을 알아본다.
- 생활체육과 관련된 국민체육진흥정책의 구체적 사례를 알아본다.
- 스포츠지도사와 관련된 생활체육정책의 종류와 특징을 알아본다.
- 직장생활체육, 동호인 체육, 소외계층 체육과 관련된 정책의 특징을 알아본다

1. 국민체육진흥법(생활체육 분야)

생활체육 분야와 관련 있는 국민체육진흥법❶의 주요 구성 항목 및 내용은 다음과 같다.

표 2-6. 국민체육진흥법의 생활체육 관련 주요 구성 항목 및 내용

구성 항목	주요 내용
제2조 (정의)	3. "생활체육"이란 건강과 체력 증진을 위하여 행하는 자발적이고 일상적인 체육 활동을 말한다. 6. "체육지도자"란 학교·직장·지역사회 또는 체육단체 등에서 체육을 지도할 수 있도록 이 법에 따라 다음 각 목의 어느 하나에 해당하는 자격을 취득한 사람을 말한다. (가. 스포츠지도사, 나. 건강운동관리사, 다. 장애인스포츠지도사, 라. 유소년스포츠지도사, 마. 노인스포츠지도사) 7. "체육동호인조직"이란 같은 생활체육 활동에 지속적으로 참여하는 자의 모임을 말한다.
제10조 (직장체육의 진흥)	① 국가와 지방자치단체는 직장체육 진흥에 필요한 시책을 마련하여야 한다. ② 직장의 장은 대통령령으로 정하는 바에 따라 체육동호인조직과 체육진흥관리위원회를 설치하는 등 직장인의 체력 증진과 체육 활동 육성에 필요한 조치를 마련하여야 한다. ③ 대통령령으로 정하는 직장에는 직장인의 체력 증진과 체육 활동 지도·육성을 위하여 체육지도자를 두어야 한다. 〈개정 2012.2.17.〉 ④ 「공공기관의 운영에 관한 법률」에 따른 공공기관 중 대통령령으로 정하는 기관(이하 "공공기관"이라 한다)과 대통령령으로 정하는 직장에는 한 종목 이상의 운동경기부를 설치·운영하고 체육지도자를 두어야 한다. 〈개정 2009.3.18., 2012.2.17.〉 ⑤ 제2항부터 제4항까지의 규정에 따른 직장체육에 관한 업무는 시장·군수·구청장(자치구의 구청장을 말한다)이 지도·감독한다.

 국민체육진흥법: 우리나라 국민에게 체육활동을 진흥하여 이를 바탕으로 온 국민이 각자의 체력증진 및 건전한 정신 육성을 도모하기 위해 1962년 9월 17일 법률 제1146호로 제정 공포한 법률이다. 이후 수차례에 걸친 개정작업을 통해 1993년 12월 31일 법률 제4689호로 개정 시행 중이다(체육학대사전, 2000.2.25., 민중서관).

제13조 (체육시설의 설치 등)	① 국가와 지방자치단체는 국민의 체육 활동에 필요한 시설의 적정한 확보와 이용에 필요한 시책을 마련하여야 한다. ② 국가와 지방자치단체는 장애인 체육 활동에 필요한 시설의 설치와 운영에 필요한 시책을 마련하여야 한다. ③ 직장의 장은 종업원의 체육 활동에 필요한 시설을 설치·운영하여야 하며, 학교의 체육시설은 학교 교육에 지장이 없는 범위에서 지역 주민에게 개방·이용되어야 한다. 〈개정 2012.2.17.〉 ④ 국가와 지방자치단체는 민간의 체육시설 설치를 권장하고 건전하게 운영되도록 하여야 한다. ⑤ 제1항부터 제4항까지의 규정에 따른 체육시설의 설치·이용 등에 필요한 사항은 따로 법률로 정한다.
제16조의 2 (생활체육 활동 및 체력 인증)	① 국가 및 지방자치단체는 생활체육에 관한 국민의 자발적 참여를 유도하고 과학적 체력관리를 지원하기 위하여 생활체육 활동 및 체력에 대한 인증에 필요한 시책을 마련하여야 한다. ② 문화체육관광부장관은 인증 업무의 전문성과 신뢰성을 확보하기 위하여 대통령령으로 정하는 지정 기준에 따라 인증기관을 지정할 수 있다. ③ 문화체육관광부장관은 제2항에 따른 인증기관에 대하여 인증 업무 수행 및 운영에 필요한 경비를 예산의 범위에서 지원할 수 있다.

2. 국민체육진흥정책

생활체육 분야와 관련하여 현 정부가 추진하고 있는 국민체육진흥정책의 주요 내용은 다음과 같다.

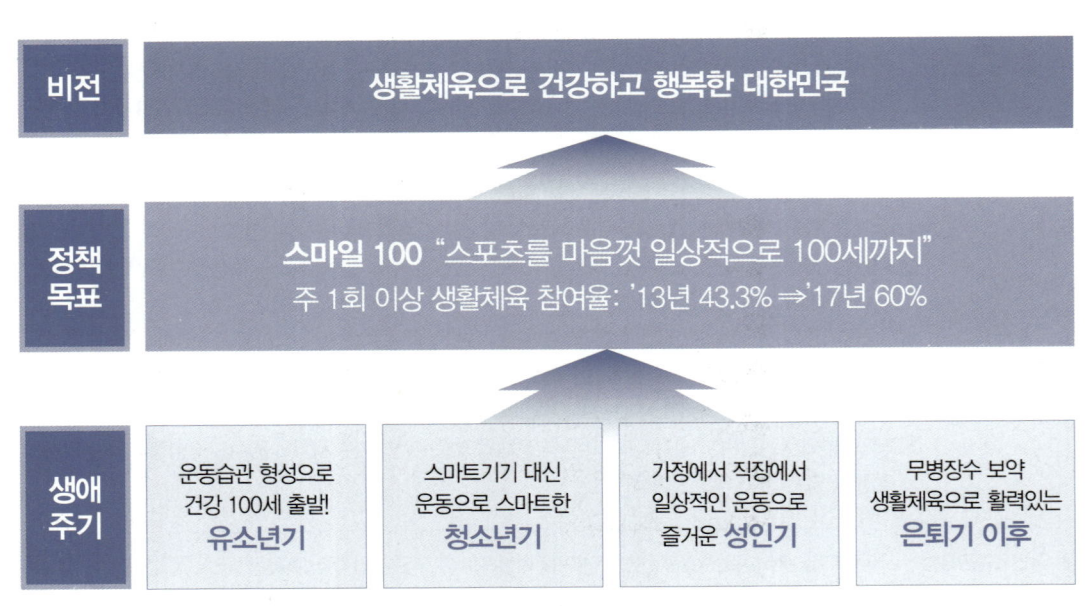

그림 2-3. 스포츠 복지 정책의 청사진(문화체육관광부, 2013)

1) 스포츠 복지 정책의 청사진 제시

100세 시대 도래 등의 환경 변화에 능동적으로 대처하여 '언제나, 어디서나, 누구나 함께 즐기는' 생활체육 환경을 조성을 위해 '스마일 100(스포츠를 마음껏 일상적으로 100세까지)' 캐치프레이즈를 선포하였다.

2) '언제나' 향유할 수 있는 참여 기회 제공

① 좋은 시설, 편리한 정보보다 참여 동기를 중요한 것으로 보고, '국민체력 100' 사업을 도입하여 전국 68개의 거점에 체력센터를 설치한 후 체력 측정 및 운동 처방을 시행하여 과학적 체력 관리와 자발적 참여를 유도한다.
② 직장인들이 항시 스포츠에 참여할 수 있도록 참여 유도 및 접근성 확보를 통해 체력 및 건강 진단, 운동 상담지도를 지원한다. 또한 노인 복지시설을 방문하여 체력 측정 및 운동처방에 관한 서비스를 시행한다.

3) '어디서나' 이용 가능한 시설 제공

① 체육시설의 사각지대를 해소하여 어디서든지 이용 가능한 시설 환경을 제공한다.
② 체육시설 건립 부지 마련이 열악한 상황에서 체육시설의 효율성을 높이기 위해 중앙·지방 정부의 '체육 시설 배치계획' 수립을 의무화하고, '작은 체육관(경로당, 동네 커뮤니티 공간, 폐교 및 폐 파출소 등의 활용)'을 활성화하여 주민 접근성을 높이도록 한다.

4) '누구나' 부담 없이 체육활동을 누릴 수 있는 환경을 조성한다.

① 체육지도자를 스포츠 현장에 확대 배치하여 원하는 사람은 누구나 지도를 받을 수 있는 기회를 제공한다.
② 체육지도자 자격 개편을 통해 유소년스포츠지도사를 양성('15년~)하여 어린이집, 유치원 등에 파견하고, 노인복지관, 주민자치센터 등에 노인스포츠지도사를 배치 및 순회 지도를 실시하며 운동용품 보급을 확대한다.
③ 국민이 '생활체육콜센터'를 통해 주변의 가까운 체육시설 확인 및 건강 체력 관리법에 관한 다양한 정보를 손쉽게 얻을 수 있도록 한다.

5) 세대와 문화를 넘어 '함께' 참여하는 생활체육

① 지역 단위 어울림 프로그램 활성화 등을 통해 함께 참여하고 공감하는 생활체육 환경을 조성한다.

② '종합형 스포츠클럽'을 조성하여 다양한 종목 및 프로그램을 한 곳에서 참여가 가능하도록 거점을 구축하고, 회원이 주인이 되어 자율적으로 운영하는 시스템을 마련한다.
③ 지역의 대표적인 축제와 연계하여 세대가 함께 참여하는 생활체육 한마당, 마을단위 생활체육대회 개최를 통해 함께 어우러져 공감하는 문화를 조성해나간다.

6) 걸림돌 없이 '즐기는' 생활체육 참여 환경 조성
① 국민이 주로 이용하는 시설을 대상으로 우수 체육시설 인증제를 도입하고, 생애주기별 체육활동 여건, 선호도, 신체나이에 부합하는 프로그램을 제공한다.
② '기지개'⑩ 등 유소년 맞춤형 프로그램을 개발 및 보급하여 올바른 운동 습관을 형성하게 한다.
③ 출산·육아 여성을 대상으로 '찾아가는 생활체육 지도 서비스'를 운영한다.
④ 매일 아침·저녁 TV 체조 강좌 및 일상 활동에서 활용이 가능한 건강체조, 댄스스포츠 등과 같은 노인 맞춤형 프로그램을 보급한다.

3. 스포츠지도사

스포츠지도사란 국민체육진흥법에 제시된 자격 종목(49쪽 참조)에 대하여 전문체육 및 생활체육을 지도할 수 있는 사람을 뜻한다.

지도하는 대상 및 특징에 따라 전문스포츠지도사, 생활스포츠지도사, 장애인스포츠지도사, 유소년스포츠지도사, 노인스포츠지도사 등으로 자격을 분류할 수 있다.

본 절에서는 생활스포츠지도사와 관련된 법령을 중심으로 세부 내용을 알아본다.

「국민체육진흥법시행령」 일부 개정안이 국무회의를 통과(2014년 7월 2일)함에 따라 체육지도자의 자격 종류·등급, 체육지도자의 자격 취득을 위한 응시 요건 등이 개편되었다. 변화된 생활스포츠지도사 제도에 대한 관계 법령 및 내용은 다음과 같다.

1) 생활스포츠지도사 제도 관계 법령

기지개: 신체는 물론이고 후프, 공, 줄, 콘, 막대 등의 도구를 이용해 손쉽게 하는 놀이 형태로, 4~13세 유소년의 체력 증진뿐만 아니라 자신감과 건강 체력 강화, 스포츠맨십 체득, 협동과 커뮤니케이션 능력 향상에 초점을 두고 있다. '기지개'는 스탠다드차타드 금융그룹의 후원으로, 한국프로축구연맹과 서울대학교가 산학협력을 통해 개발한 프로그램이다(SBS Golf 뉴스, 2012년 12월 12일자).

표 2-7. 국민체육진흥법 시행령의 일부 개정 내용

구성 항목	주요 내용
제2조	6. "스포츠지도사"란 별표 11의 자격 종목에 대하여 전문체육이나 생활체육을 지도하는 사람을 말한다. 7. "건강운동관리사"란 개인의 체력적 특성에 적합한 운동 형태, 강도, 빈도 및 시간 등 운동수행방법에 대하여 지도·관리하는 사람을 말한다. 8. "장애인스포츠지도사"란 장애유형에 따른 운동방법 등에 대한 지식을 갖추고 별표 12의 자격 종목에 대하여 장애인을 대상으로 전문체육이나 생활체육을 지도하는 사람을 말한다. 9. "유소년스포츠지도사"란 유소년(만 3세부터 중학교 취학 전까지를 말한다. 이하 같다)의 행동양식, 신체발달 등에 대한 지식을 갖추고 별표 1의 자격 종목에 대하여 유소년을 대상으로 체육을 지도하는 사람을 말한다. 10. "노인스포츠지도사"란 노인의 신체적·정신적 변화 등에 대한 지식을 갖추고 별표 1의 자격 종목에 대하여 노인을 대상으로 생활체육을 지도하는 사람을 말한다.
제9조 (스포츠지도사)	① 스포츠지도사는 1급 전문 스포츠지도사, 2급 전문 스포츠지도사, 1급 생활스포츠지도사, 2급 생활스포츠지도사로 구분한다. ④ 1급 생활스포츠지도사는 별표 1에 따른 자격 종목의 2급 생활스포츠지도사 자격을 취득한 후 3년 이상 해당 자격 종목의 지도경력이 있는 사람으로서 동일 자격 종목에 대하여 1급 생활스포츠지도사 자격을 취득하기 위한 자격검정에 합격하고, 연수과정을 이수한 사람으로 한다. ⑤ 2급 생활스포츠지도사는 2급 생활스포츠지도사 자격을 취득하기 위한 자격검정에 합격하고, 연수과정을 이수한 사람으로 한다.

2014년 7월 7일 신설된 국민체육진흥법 시행령 제9조 6과 관련하여 전문 스포츠지도사, 생활스포츠지도사, 장애인스포츠지도사, 유소년스포츠지도사 및 노인스포츠지도사 자격별로 다수의 스포츠종목을 제시하고 있다(국가법령정보센터, 2015).

전문 스포츠지도사의 자격 종목: 검도, 골프, 궁도, 근대5종, 당구, 럭비, 레슬링, 루지, 봅슬레이, 스켈레톤, 바이애슬론, 배구, 배드민턴, 보디빌딩, 복싱, 볼링, 빙상, 사격, 사이클, 산악, 세팍타크로, 소프트볼, 수상스키, 수영, 수중 스쿼시, 스키, 승마, 씨름, 야구, 에어로빅, 오리엔티어링, 요트, 우슈, 윈드서핑, 유도, 인라인스케이트, 정구, 조정, 체조, 축구, 카누, 컬링, 탁구, 태권도, 테니스, 트라이애슬론, 펜싱, 하키, 핸드볼, 공수도, 댄스스포츠, 택견, 그 밖에 문화체육관광부장관이 인정하여 고시하는 종목

생활스포츠지도사의 자격 종목: 검도, 게이트볼, 골프, 복싱, 농구, 당구, 라켓볼, 럭비, 레슬링, 레크리에이션, 리듬체조, 배구, 배드민턴, 보디빌딩, 볼링, 빙상, 자전거, 등산, 세팍타크로, 수상스키, 수영, 스킨스쿠버, 스쿼시, 스키, 승마, 씨름, 야구, 에어로빅, 오리엔티어링, 요트, 우슈, 윈드서핑, 유도, 인라인스케이트, 정구, 조정, 축구, 카누, 탁구, 태권도, 테니스, 행글라이딩, 궁도, 댄스스포츠, 사격, 아이스하키, 육상, 족구, 철인3종경기, 패러글라이딩, 하키, 핸드볼, 풋살, 파크골프, 그 밖에 문화체육관광부장관이 인정하여 고시하는 종목

유소년스포츠지도사의 자격 종목: 생활스포츠지도사의 자격 종목 및 줄넘기, 플라잉디스크, 피구, 그 밖에 문화체육관광부장관이 인정하여 고시하는 종목

노인스포츠지도사의 자격 종목: 생활스포츠지도사의 자격 종목 및 그라운드 골프, 그 밖에 문화체육관광부장관이 인정하여 고시하는 종목

장애인스포츠지도사의 자격 종목: 공수도, 골볼, 농구, 레슬링, 론볼, 배구, 배드민턴, 보치아, 볼링, 사격, 사이클, 수영, 승마, 양궁, 역도, 오리엔티어링, 요트, 유도, 육상, 조정, 축구, 카누, 탁구, 테니스, 트라이애슬론, 핸드볼, 댄스스포츠, 럭비, 펜싱, 스노보드, 아이스하키, 알파인스키, 바이애슬론·크로스컨트리, 컬링, 그 밖에 문화체육관광부장관이 인정하여 고시하는 종목(국가법령정보센터, 2015)

2) 생활스포츠지도사 응시 자격요건 완화

① 체육지도자 업무의 본질적 내용이라 할 수 없는 학력 중심의 자격요건 차별화 문제를 해소하였다.
② 유소년스포츠지도사, 노인스포츠지도사, 2급 장애인스포츠지도사 등 신설되는 자격은 현재에도 자격 요건이 없는 2급 생활스포츠지도사와 같이 18세 이상이면 누구나 응시가 가능하도록 하였다.

3) 자격검정이나 연수과정의 면제 대상 확대

① 체육지도자들이 다수의 자격을 취득하고 있는 현실을 고려하여 유사자격을 쉽게 취득하게 하여 일자리 창출에 도움을 주기 위함이다.
② 생활스포츠지도사가 보유한 자격종목이 아닌 다른 종목으로 동급의 자격을 취득하려는 경우(예시: 2급 생활스포츠지도사〈축구〉가 2급 생활스포츠지도사〈농구〉를 취득하려는 경우)에도 필기시험 및 연수과정을 면제해 다양한 종목의 자격을 추가 취득이 가능하도록 하였다.
③ 전문체육과 생활체육의 영역의 간극이 좁혀지고, 다양한 연령층에 대한 체육 지도 역량을 갖추는 것이 체육지도자들의 일자리 창출에 도움이 될 수 있다는 판단 하에 체육지도자가 보유하고 있는 자격종목으로 추가 자격을 취득하려는 경우(예시: 2급 전문 스포츠지도사〈축구〉가 생활스포츠지도사〈축구〉를 취득하려는 경우)에도 자격검정이나 연수과정의 일부 면제과정을 신설했다.

4) 생활체육 종목의 확대 수요를 반영한 생활체육 분야 종목 추가

① 생활스포츠지도사 종목(42종목)에 궁도, 댄스스포츠, 사격, 육상, 족구, 아이스하키, 철인3종, 패러글라이딩, 하키, 핸드볼, 풋살, 파크골프를 추가하여 생활스포츠지도사 종목을 54종목으로 확대했다.
② 신설되는 유소년스포츠지도사의 자격 종목은 생활스포츠지도사 54종목에 학생들이 즐겨하는 줄넘기, 플라잉디스크, 피구를 포함하여 57종목으로 지정했다.
③ 노인스포츠지도사의 자격 종목에는 그라운드 골프를 추가하여 55종목으로 지정하였고, 장애인스포츠지도사의 자격 종목은 국제대회가 있는 34종목 모두를 포함하였다.

5) 스포츠지도사 자격제도 도입의 쟁점

체육지도자 자격 취득이 유리했던 체육학과 졸업에 대한 이점이 모두 사라졌고, 대학의 체육관련 학과들은 개정된 시험과목을 교육과정에 반영하기 위해 각 대학마다 신규과목 개설 또는 과목명 변경을 통해 교과과정을 개편하고 있는 상황이다.

4. 생활체육 활성화를 위한 기타 정책

1) 직장체육 진흥정책
① 직장체육 진흥 관련 국민체육진흥법 시행령의 주요 내용

표 2-8. 직장체육 진흥 관련 학교체육진흥법 시행령의 주요 구성 항목 및 내용

구성 항목	주요 내용
제7조 (직장체육의 진흥을 위한 조치)	① 법 제10조제2항 및 제3항에 따라 체육동호인조직과 체육진흥관리위원회를 설치하고 체육지도자(체육동호인에게 생활체육을 지도할 수 있는 자격이 있는 체육지도자로 한정한다)를 두어야 하는 직장은 상시 근무하는 직장인이 1천 명 이상인 국가기관과 공공단체로 한다. 〈개정 2014.7.7.〉 ② 법 제10조제4항에 따라 한 종목 이상의 운동경기부를 설치·운영하고 체육지도자(운동경기부의 선수에게 전문체육을 지도할 수 있는 자격이 있는 체육지도자로 한정한다)를 두어야 하는 공공기관 및 직장은 상시 근무하는 직장인이 1천 명 이상인 공공기관(「공공기관의 운영에 관한 법률」에 따른 공공기관을 말한다. 이하 같다)과 공공단체로 한다. 〈개정 2014.7.7.〉 ③ 제1항이나 제2항에 해당하는 공공기관 및 직장이 지역을 달리하여 사무실이나 사업장을 가지고 있는 경우에는 체육지도자·운동경기부를 1개의 사무실이나 사업장에만 배치하거나 설치할 수 있다. 〈개정 2014.7.7.〉 ⑤ 제1항과 제2항에 따른 공공기관 및 직장의 장은 운동경기부와 체육동호인조직의 활동을 위한 시설을 제공하고 필요한 경비를 지원하여야 하며, 연 1회 이상 직장체육대회와 직장대항 경기대회를 개최하여야 한다. 〈개정 2014.7.7.〉

② '국민생활체육진흥 종합계획'에 따른 직장체육 진흥 관련 정책
- 직장인의 체력 및 건강진단, 운동 상담·지도 등을 지원한다.
- 걸림돌 없는 직장체육 활성화를 위해 우수 체육시설 인증제를 도입하고 700개소까지 지원을 확대한다.
- 직장의 틈새 시간에 체육지도자를 파견하여 직장체육 활성화를 유도한다.

2) 동호인 체육 진흥정책
① 생활체육 동호인 인구 및 클럽의 변화 추이
- 전국 생활체육동호인 인구는 매년 꾸준히 증가하여 2014년 말 현재 455여만 명 수준을 유지하고 있다. 이는 주5일제 근무 확산 및 여가에 대한 인식 변화 등으로 생활체육의 참여가 확대되고 있음을 방증한다.

- 전국 생활체육동호인 클럽 수는 점차 증가하다가 2011년도에는 전년도 대비 하락한 수치가 나왔으나, 생활체육동호인 클럽의 온라인 등록 시스템 구축(2011)에 따라 그동안 중복되거나 허수로 등록된 클럽 수가 재조정된 것을 반영하고 있다.

표 2-9. 전국 생활체육동호인 인구 및 클럽 수의 변화

연도	2007	2008	2009	2010	2011	2012	2013	2014
생활체육 동호인 인구(명)	2,913,806	2,990,084	3,081,436	3,085,879	3,081,448	3,646,013	4,131,880	4,554,492
생활체육 동호인 클럽(개)	92,688	95,220	97,697	97,815	74,784	81,882	90,386	101,332

② '국민생활체육진흥 종합계획'에 따른 동호인 체육 진흥정책
- 동호회·성인·단일종목 중심의 폐쇄성을 지양하고 회원 중심의 자율운영 시스템을 기반으로 다양한 종목과 프로그램에 참여할 수 있는 '종합형 스포츠클럽'을 229개소로 확대한다.
- 계층별 동호회 육성 및 리그 지원을 지속적으로 확대해나간다.

3) 소외계층 체육 진흥정책
① '소외계층 생활체육활동' 참여 실태
- 생활이 어려운 저소득층이나 여성(주부), 노인 등은 경제위기 등 사회 환경 변화에 더욱 민감하며, 마음의 여유가 없어 생활체육 활동에 참여하는 비율이 낮게 나타났다.
- "국민생활체육활동 참여 실태조사"에 따르면 고소득층, 남성, 중년기 이하의 계층보다 여자, 저소득층, 고연령층의 체육 활동 참여율이 낮게 나타났다.
② '국민생활체육진흥 종합계획'에 따른 소외계층 체육 진흥 정책
- 스포츠 프로그램과 스포츠용품을 갖춘 '스포츠버스(Sports Bus)'를 제작해 저소득계층 및 다문화가족 거주지역 등을 직접 찾아가는 '움직이는 체육관(광역 시·도당 1대 운영)', 소외지역, 낙도 등을 찾아가는 '작은 운동회' 운영을 통해 스포츠 활동의 평등한 참여 기회를 제공한다.
- 불우 아동·청소년, 소외계층 등을 대상으로 '행복 나눔 스포츠교실'을 274개소에서 680개소로 늘리고, 스포츠바우처(강좌)를 36,000명에서 53,500명까지 확대하여 저소

득층 참여 기회를 확대한다.
- 다세대, 다계층, 다문화가 어우러진 '어울림 스포츠광장'을 434개소에서 1,000여 개로 확대해나간다.

> **스포츠바우처**: 저소득층 어린이와 청소년들이 스포츠를 통해 건강을 지키고 건전한 여가를 즐기며 꿈을 찾도록 스포츠 활동 참가비용을 지원하는 사업이다. 스포츠바우처 지원금은 국민체육진흥공단이 운영하는 경륜, 경정, 스포츠토토·프로토의 수익금으로 마련된다. 스포츠바우처의 종류는 다음과 같다.
>
> | | 스포츠 강좌 바우처 | 스포츠 용품 바우처 | 스포츠 관람 바우처 |
> |---|---|---|---|
> | 설명 | 스포츠 강좌를 구매할 수 있도록 지원 | 스포츠 용품을 구매할 수 있도록 지원 | 프로스포츠(농구, 축구, 배구, 야구) 관람 비용의 일부 보조 |
>
> (서혜미, 2010)

3장 전문체육

 학습목표

- 전문체육과 관련된 국민체육진흥법의 주요 내용을 알아본다.
- 전문체육과 관련된 국민체육진흥정책의 구체적인 사례를 알아본다.
- 스포츠지도사와 관련된 전문체육정책의 종류와 특징을 알아본다.
- 학생선수에 관련된 정책의 특징을 알아본다.

1. 국민체육진흥법(전문체육 분야)

전문체육❶ 분야 관련 국민체육진흥법의 구성 항목 및 주요 내용은 다음과 같다.

표 2-10. 국민체육진흥법의 전문체육 관련 주요 구성 항목 및 내용

구성 항목	주요 내용
제2조 (정의)	2. "전문체육"이란 선수들이 행하는 운동경기 활동을 말한다. 4. "선수"란 경기단체에 선수로 등록된 자를 말한다. 4의2. "국가대표선수"란 대한체육회, 대한장애인체육회 또는 경기단체가 국제경기대회(친선경기대회는 제외한다)에 우리나라의 대표로 파견하기 위하여 선발·확정한 사람을 말한다. 8. "운동경기부"란 선수로 구성된 학교나 직장 등의 운동부를 말한다. 10. "도핑"이란 선수의 운동능력을 강화시키기 위하여 문화체육관광부장관이 고시하는 금지 목록에 포함된 약물 또는 방법을 복용하거나 사용하는 것을 말한다.
제14조 (선수 등의 보호·육성)	① 국가와 지방자치단체는 선수와 체육지도자에 대하여 필요한 보호와 육성을 하여야 한다. ② 국가와 지방자치단체는 우수 선수와 체육지도자 육성을 위하여 필요한 표창제도를 마련하여야 한다. ③ 국가, 지방자치단체, 공공기관, 그 밖에 대통령령으로 정하는 단체는 대통령령으로 정하는 우수 선수에게 아마추어 경기 생활을 할 수 있게 하기 위하여 문화체육관광부장관이 요청하면 우수 선수와 체육지도자를 고용하여야 한다. 〈개정 2008.2.29., 2009.3.18.〉 ④ 국가는 올림픽대회, 장애인올림픽대회, 그 밖에 대통령령으로 정하는 대회에서 입상한 선수 또는 그 선수를 지도한 자와 체육 진흥에 뚜렷한 공이 있는 원로 체육인에게 대통령령으로 정하는 바에 따라 장려금이나 생활보조금을 지급하여야 한다.

제14조의 3 (선수 등의 금지행위)	① 전문체육에 해당하는 운동경기의 선수·감독·코치·심판 및 경기단체의 임직원은 운동경기에 관하여 부정한 청탁을 받고 재물이나 재산상의 이익을 받거나 요구 또는 약속하여서는 아니 된다. ② 전문체육에 해당하는 운동경기의 선수·감독·코치·심판 및 경기단체의 임직원은 운동경기에 관하여 부정한 청탁을 받고 제3자에게 재물이나 재산상의 이익을 제공하거나 제공할 것을 요구 또는 약속하여서는 아니 된다. [본조신설 2014.1.28.]
제15조 (도핑 방지 활동)	① 국가는 스포츠 활동에서 약물 등으로부터 선수를 보호하고 공정한 경쟁을 통한 스포츠 정신을 높이기 위하여 도핑 방지를 위한 시책을 수립하여야 한다. ② 국가는 도핑을 예방하기 위하여 선수와 체육지도자를 대상으로 교육과 홍보를 실시하여야 하고, 체육단체 및 경기단체의 도핑 방지 활동을 지도·감독하여야 한다.

전문체육: "전문체육"은 선수들이 행하는 운동경기 활동을 의미하며, 체계적 훈련 프로그램 적용을 통한 우수선수 양성, 경기력 강화, 국제경기대회 참여 및 메달 획득을 통한 국위선양에 관심을 두고 있다.

구분	추구 목표	목표달성 수단	대상	활동방법	활동내용	시간	장소	의도 여부	이유	목적
전문 체육	메달획득을 통한 국위선양	우수선수 양성 경기력 강화	청년 (최적 연령기)	의무적 (즐거움 결여)	스포츠	훈련 스케줄	정규체육 시설	의도적	승리	생계

(국가법령정보센터, 2015; 국민생활체육협의회, 2004)

2. 국민체육진흥정책

전문체육 분야의 활성화를 위해 국민체육진흥공단, 대한체육회가 추진하는 국민체육진흥정책의 주요 내용은 다음과 같다.

1) 국민체육진흥기금 마련

전문체육 활성화를 위해서는 무엇보다 기금 마련이 우선시되어야 한다. 국민체육진흥공단은 이를 위한 기금의 마련을 기획하고 주도해나가는 역할을 수행한다.

표 2-11. 연도별 정부 예산 및 체육 예산(국고) 현황

구분	2004년	2005년	2006년	2007년	2008년	2009년	2010년	2011년	2012년	2013년	2014년
정부예산	118조	134조	145조	164조	178조	204조	205조	216조	228조	236조	247조
체육예산	1,093억	1,137억	1,489억	1,812억	2,343억	2,135억	1,527억	1,556억	1,514억	1,715억	1,520억
정부예산 대비 비중	0.09%	0.08%	0.10%	0.11%	0.13%	0.10%	0.07%	0.07%	0.07%	0.07%	0.06%

2) 국민체육진흥기금 지원

대한체육회와 종목별 경기단체 운영비 및 사업비, 경기력 향상을 위한 선수 및 지도자 육성 사업, 체육인들의 복지 증진을 위한 체육인 복지 사업 지원을 통해 전문체육을 체계적으로 육성함으로써 대한민국이 21세기 스포츠 강국으로 확고히 자리매김할 수 있는 기반을 조성하고 올림픽과 월드컵 등 세계적인 국제대회를 개최한 세계 스포츠리더 국가로서의 자긍심 고취에 기여하고 있다.

① 대한체육회 지원
- 우리나라 엘리트체육의 근간인 대한체육회의 운영비 및 각종 사업비를 효율적으로 지원하여 엘리트선수 저변 확대를 통한 우수선수 발굴 및 경기력 향상에 기여하고 있다.
- 주요 사업으로는 경기단체 지원(경기단체 운영비, 경기력 향상비, 가맹 경기단체 법인화 지원 등), 후보선수 육성(국가대표 후보 선수 육성을 위한 훈련비 및 전임 지도자 운영 지원), 비인기 종목 활성화, 국가대표 종합훈련장 건립비 지원이 있다.

그림 2-2. 국민체육진흥공단의 대한체육회 지원 흐름도

② 국내 대회 지원
- 전국체전, 전국소년체전 같은 각종 국내 대회의 지속적인 지원으로 우수선수 발굴 및 지방 체육 활성화에 기여하고 있다.
- 주요 사업으로는 전국소년체전, 전국체육대회, 시·도 전국체육지원, 체육시설 건립이 있다.

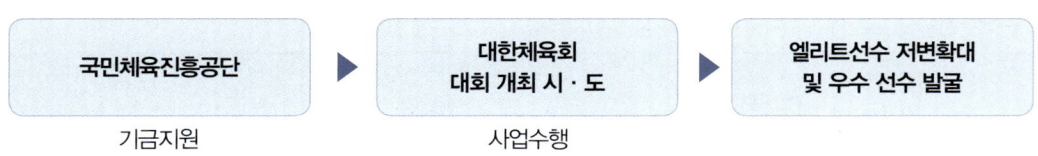

그림 2-3. 국민체육진흥공단의 국내 대회 지원 흐름도

③ 체육인 복지 사업
- 국내·외 각종 경기 대회에서 우리나라의 국위를 선양한 체육인들과 국가대표 선수들의 복지 증진을 위해 실시하고 있는 사업으로 총 8개 분야를 지원하고 있다.
- 주요 사업으로는 경기력 향상 연금, 경기 지도자 연구비, 장애 연금, 체육 장학금, 선수 지도자 보호 지원금, 특별 보조금, 국외 유학 지원금, 복지 후생금 지원이 있다.

2) 전문체육 활성화를 위한 대한체육회의 주요 사업
① 국제 스포츠 위상 강화 기반 마련
- 올림픽 성공 개최를 위한 경기력 향상 훈련 시설 및 인프라 지원, 우수선수를 육성한다.
- 우수선수 육성 강화를 위해 국가대표 선수, 국가대표 후보선수, 청소년대표, 꿈나무선수로 이어지는 우수선수 육성체계를 강화한다.
- 국제스포츠 교류강화를 위한 국제친선경기대회 파견 및 개최를 지원한다.

② 체육 선도단체로의 역할 확대
- 국가대표 보험 가입, 국가대표 대학생 선수 위탁 교육 등 대표선수의 안정적 훈련 환경 조성을 위한 지원을 확대하여 체육인 복지를 강화한다.
- 전략(비인기) 종목 실업팀 육성 및 지원을 강화한다.

3. 스포츠지도사

국민체육진흥법(2015년 1월 1일 시행)에 따라 종전 1·2급 경기 지도자 자격은 1·2급 전문 스포츠지도사로 자격등급이 변경되었다. 그에 따른 전문 스포츠지도사 자격 제도의 변화된 내용, 주요 역할과 업무 등은 다음과 같다.

1) 전문 스포츠지도사 자격제도의 주요 변경사항
① 전문 스포츠지도사 자격제도의 변경 및 신설에 관한 법령

표 2-12. 전문 스포츠지도사 관련 국민체육진흥법 시행령의 주요 구성 항목 및 내용

구성 항목	주요 내용
제9조 (전문 스포츠지도사의 자격)	② 1급 전문 스포츠지도사는 별표 11에 따른 자격 종목의 2급 전문 스포츠지도사 자격을 취득한 후 3년 이상 해당 자격 종목의 경기지도경력이 있는 사람으로서 동일 자격 종목에 대하여 1급 전문 스포츠지도사 자격을 취득하기 위한 법 제11조제2항에 따른 체육지도자 자격검정(이하 "자격검정"이라 한다)에 합격하고, 법 제11조제2항에 따른 체육지도자 연수과정(이하 "연수과정"이라 한다)을 이수한 사람으로 한다. ③ 2급 전문 스포츠지도사는 해당 자격 종목에 대하여 4년 이상의 경기경력이 있는 사람으로서 2급 전문 스포츠지도사 자격을 취득하기 위한 자격검정에 합격하고, 연수과정을 이수한 사람으로 한다. 이 경우 다음 각 호의 어느 하나에 해당하는 사람에 대해서는 그 수업연한을 경기경력으로 본다. 1. 「고등교육법」 제2조에 따른 학교에서 체육 분야에 관한 학문을 전공하고 졸업한 사람(졸업 예정자를 포함한다) 2. 문화체육관광부장관이 인정하는 외국의 제1호에 해당하는 학교(학제 또는 교육과정으로 보아 제1호에 따른 학교와 같은 수준이거나 그 이상인 학교를 말한다)에서 체육 분야에 관한 학문을 전공하고 졸업한 사람
제10조의 2 (자격검정이나 연수과정의 일부 면제)	① 법 제11조제2항 단서에 따라 다음 각 호의 어느 하나에 해당하는 사람에게는 자격검정이나 연수과정의 일부를 면제할 수 있다. 1. 학교체육교사 2. 국가대표선수(국가대표선수였던 사람을 포함한다) 3. 문화체육관광부장관이 지정하는 프로스포츠단체에 등록된 프로스포츠선수

② 전문 스포츠지도사 자격제도 변경의 주요 내용
- 기존 2급 경기지도자의 자격요건이 학력에 따라 경기경력을 차별하였으나, 2급 전문 스포츠지도사의 자격요건은 경기경력 중심으로 개편하고, 경기경력 6년을 4년으로 낮추는 등 자격요건을 완화했다.
- 1급 전문 스포츠지도사(현행 1급 경기지도자)의 필기시험 과목은 종전 9과목에서 4과목으로 축소했고, 2급 전문 스포츠지도사(현행 2급 경기지도자)의 경우에는 종전의 8과목에서 5과목으로 축소했다.
- 자격검정이나 연수과정의 일부 면제 대상을 종전의 학교체육교사뿐만 아니라, 국가대표선수, '문체부장관이 지정하는 프로스포츠단체에 등록한 프로스포츠선수'로 확대했다.
- 국가대표선수에 대해서는 국민체육진흥법 시행규칙 개정(2014.7.31.)으로 공약 및 국정

과제 이행을 위해 신설되었던 혜택에 덧붙여 1급 전문 스포츠지도사 자격취득 시에도 필기시험을 면제해 자격을 더욱 쉽게 취득할 수 있도록 했다.

- 종전의 자격취득자는 별도의 과정을 밟지 않더라도 새로운 자격을 보유한 것으로 본다. 이에 따라 1급 경기지도자 자격취득자는 1급 전문 스포츠지도사, 2급 경기지도자는 2급 전문 스포츠지도사로 자동 승계된다.

2) 전문 스포츠지도사의 역할과 주요 업무

① 2급, 1급 전문 스포츠지도사의 역할과 주요 업무

표 2-13. 전문 스포츠지도사의 역할과 주요 업무(문화체육관광부·국민체육진흥공단 체육과학연구원 체육지도자 자격제도 개편 공청회 자료, 2013)

자격 등급	역할	주요 업무
2급	특정 스포츠 종목에 대한 전문적인 지식과 기능을 구비하고 체계적이고 효과적인 방법을 활용하여 선수를 지도한다.	선수 대상 특정 스포츠 지도, 경기력 향상을 위한 훈련 프로그램 개발 및 운영, 스포츠 경기대회 운영, 운동부 관리 및 운영, 체육 영재 육성 및 관리 등을 한다.
1급	다양한 실제 지도 경험을 바탕으로 특정 종목에 대한 전문적인 지도 능력을 갖추고, 선수의 경기력을 극대화할 수 있는 지도법을 강구한다. 또한, 전문 스포츠지도사 교육 프로그램을 개발하고 전문 스포츠지도사를 지도하고 관리한다.	선수(특히, 국가대표 수준) 대상 특정 스포츠 지도, 스포츠 경기대회 계획 및 조직, 특정 스포츠 종목의 과학적 훈련 프로그램 개발, 국가대표 훈련 계획 및 조직, 전문 스포츠지도사 교육 프로그램 개발 및 운영, 전문 스포츠지도사 교육 및 관리 등을 한다.

4. 학생선수

학생선수들의 학습권보장은 최근 전문체육 분야에서 사회적으로 큰 관심과 함께 우려를 불러일으키고 있는 분야다. 학생선수들이 학습권을 보장 받지 못하여 발생하는 학력저하 문제를 해결하기 위해 도입한 학생선수의 학습보장에 관한 법령 및 제도 운영에 관한 내용은 다음과 같다.

1) 학생선수의 학습권 보장에 관한 관계 법령

표 2-14. 학생선수에 관한 학교체육진흥법의 구성 항목과 주요 내용

구성 항목	주요 내용
제11조 (학교운영부 운영 등)	① 학교의 장은 학생선수가 일정 수준의 학력기준(이하 "최저학력"이라 한다)에 도달하지 못한 경우에는 별도의 기초학력보장 프로그램을 운영하여 최저학력이 보장될 수 있도록 노력하여야 하며, 필요할 경우 경기대회 출전을 제한할 수 있다. ② 최저학력의 기준 및 실시 시기에 필요한 사항과 기초학력보장 프로그램의 운영 등에 필요한 사항은 교육부령으로 정한다. 〈개정 2013.3.23.〉 ③ 학교의 장은 학생선수의 학습권 보장 및 신체적 · 정서적 발달을 위하여 학기 중의 상시 합숙훈련이 근절될 수 있도록 노력하여야 한다. ④ 학교의 장은 원거리에서 통학하는 학생선수를 위하여 기숙사를 운영할 수 있다. 이 경우 필요한 사항은 교육부령으로 정한다. 〈개정 2013.3.23.〉 ⑤ 학교의 장은 학교운동부 관련 후원금을 「초 · 중등교육법」 제30조의2에 따라 설치된 학교회계에 편입시켜 운영하여야 한다. ⑥ 국가 및 지방자치단체는 예산의 범위에서 학교운동부 운영과 관련된 경비를 지원할 수 있다.

2) 학생선수 학습보장 제도

① 추진 배경

- '공부하는 학생선수 상 정립 및 투명하고 공정한 운동부 운영' 등과 같이 "건전한 학교 운동부 운영시스템이 구축되어야 한다."는 사회적 요구와 함께 변화의 필요성이 대두되고 있다.
- 학생선수가 운동에만 전념하다 보면 학습보다는 훈련에 임하는 시간이 많아지고 대회 출전에 따라 수업결손까지 발생하여 기초학력이 저하됨에 따라 은퇴 및 중도에 포기할 경우 사회적 열등생을 양산할 수 있다.
- 학력 신장 프로그램의 일환으로 '학생선수 학습보장 제도' 시스템 구축을 통해 기초학력을 보장시켜 학력저하가 발생한 학생선수들을 바라보는 심각한 사회 우려 현상을 해소시킬 필요가 있다.

② 추진 방향(2014년 경기도 교육청 예시)

- 2014년도는 초4~중3까지 시행하며, 단계적 시행으로 2017년까지 초4~고2로 확대 시행한다.

- 초·중학교는 5개 교과(국·영·수·과·사), 고등학교는 3개 교과(국·영·사)에 적용하되 학교별·급별로 대체 가능하다.
- 최저학력 기준은 해당 학년 교과별 평균성적을 기준으로 초-50%, 중-40%, 고-30%로 설정한다.
- 최적학력 기준미달 학생선수는 기초학력보장 프로그램 참여를 의무화하여 학생선수의 학습결손을 방지한다.
- 학교장이 자체 계획에 의거, 최저학력 기준미달 학생선수의 경기대회 참가를 제한하는 경우, 단위학교의 세부 지침과 해제 방안에 따른다.
- 최저학력 기준미달 학생선수 기초학력 보장 프로그램을 개발하여 보급한다.

③ 세부 추진 내용(2014년 경기도 교육청 예시)
- 학습보장 제도의 최저학력 기준: 학교시험의 1·2학기 학기말고사(1차 지필고사 + 2차 지필고사 + 수행평가) 실시결과 초등학교 50/100, 중학교 40/100, 고등학교 30/100
- 최저학력이 발생한 학생선수들에 대한 대회 출전 금지 제재: 적용시점은 각 학기 적용시험에서 최저학력기준 미달 판정 이후부터(기간: 판정 이후 방학기간~다음 적용 시험 시까지) 국가, 지방자치단체 및 체육단체 등에서 개최하는 경기대회 출전을 금지한다.
- 최저학력이 발생한 학생선수들의 학습보장 시스템: 차기 1차 지필고사에서 최저학력 기준 성적에 도달하거나 학업성취도평가에 '기초' 이상이면 최저학력 기준 도달로 인정하여 대회출전 허용이 가능하다.
- 또한 단위학교 학생선수 기초학력보장 프로그램(60시간 이상) 수료의 경우 학교장이 출결, 학습 정도 등을 확인하여 대회출전 허용이 가능하며, 교육청 제공 과목별 도전 100제(학기별 50제) 풀이과정 이수의 경우 학교장 확인 후 대회 출전 허용이 가능하다.

3) 학생선수 학습보장 제도에 대한 쟁점
① 하루 운동시간에 대한 제한이 없다.
미국 NCAA의 규정에는 학생선수의 하루 운동시간을 2시간으로 규정하고 있으나, 우리나라의 경우 이러한 규정이 없다.
② 제도의 적용이 관대하다.
학습권보장제 기준 성적에 미달되는 학생선수의 제재에 대한 최종 권한을 학교장이 가지고 있다. 기초학력보장 프로그램 수료 및 학교장 확인이 형식적인 선에서 이루어질 가능성을 배제할 수 없다.

Ⅲ부
스포츠교육의 참여자 이해론

Ⅲ부에서는 스포츠와 신체활동을 가르치는 스포츠지도사, 스포츠에 참여하는 학습자, 스포츠와 관련된 제반 행정업무를 담당하는 행정가에 관한 내용을 다룬다.

1장 스포츠교육 지도자에서는 학교체육, 생활체육, 전문체육을 지도하고, 각 분야의 지식과 경험을 바탕으로 체육지도자의 자격을 갖춘 사람으로서, 체육교사, 스포츠강사, 생활스포츠지도사, 전문 스포츠지도사로 구분하여 그 역할을 살펴본다.

2장 스포츠교육 학습자에서는 스포츠에 참여하는 학습자를 생애주기별 발달단계에 따라 구분하여 살펴본다.

3장 스포츠교육 행정가에서는 학교체육 행정가, 생활체육 행정가, 전문체육 행정가로 구분하여 각 분야의 정책을 결정과 운영 방식, 역할에 대해 살펴본다.

1장 스포츠교육 지도자

📖 **학습목표**
- 스포츠교육 지도자의 의미를 알아본다.
- 스포츠교육 지도자의 유형에 대하여 이해한다.
- 스포츠교육 지도자의 역할과 자질을 이해한다.

1. 스포츠교육 지도자의 의미

스포츠교육 지도자는 학교체육, 생활체육, 전문체육에서 체육교육 전문가와 스포츠 지도 전문인으로 학생, 직장인, 일반인 등을 지도하며, 각 분야의 지식과 경험을 바탕으로 체육지도자의 자격을 갖추고 지도한다. 즉, 스포츠교육 지도자는 학교, 직장, 지역사회 또는 체육단체 등에서 체육을 지도하는 자로서 체육교육 전문가(교사, 강사)와 스포츠 지도 전문인(코치, 강사)으로 구분한다. 특히 스포츠 지도 전문인에는 크게 전문 스포츠지도사, 생활스포츠지도사, 건강운동관리사, 장애인스포츠지도사, 유소년스포츠지도사, 노인스포츠지도사 등이 있다.

가. 체육교육 전문가

체육교육 전문가는 크게 학교 체육수업을 이끄는 체육교사와 정규 수업 외 방과 후 활동을 이끄는 스포츠강사로 구분한다.

💡 **학교체육의 구체적 내용**
- **교육으로서의 학교체육**: 신체활동을 통하여 자신 및 타인의 세계를 이해하며, 건강하고 활기찬 삶에 필요한 능력을 기르고, 바람직한 품성과 사회성을 갖추는 전인 교육을 목적으로 한다.
- **엘리트체육으로서의 학교체육**: 학교를 대표하는 학생선수들을 대상으로 전문적인 체육활동 참여를 통하여 운동기량의 습득, 훈련 및 평가 기회를 제공하고 경쟁과 협동의 기회를 갖게 함과 동시에 애교심과 학교 통합적 가치 습득 기회를 제공하고 있다. 또한 스포츠 수행의 전문적 수월성 제고 및 운동선수의 경기력 향상을 통하여 엘리트 선수지원의 육성 및 보급 기능을 수행하고 있다. 이에 학교운동부는 우수선수 자원 공급을 통하여 전문 체육의 국제 경기력 향상 및 유지에 기여한다.
- **방과 후 체육으로서의 학교체육**: 정규 체육이나 운동부 활동이 아닌 학생 스스로의 자발적이고 자율적인 스포츠 및 체육활동 참여를 중시하는 과외 자율체육활동을 말한다. 또한 생활체육으로서의 학교체육은 일선 학교의 방과 후 자율 활동, 방과 후 학교, 과외 체육활동, 스포츠클럽 활동 등이 포함된다.

1) 체육교사의 개념

체육교사는 정규 체육 및 방과 후 체육을 포함한 학교체육 전반에 걸쳐 학생들이 신체활동을 매개로 신체적·정신적·사회적·영적인 삶의 유기적인 조화를 이루며 성장할 수 있도록 조력하며, 체육학과 교육학은 물론 스포츠교육학에 대한 전문 지식과 교육자적 인격과 자질이 요구된다.

① 체육교사는 체육교육과정 운영주체로서 교육전문인이며 학교의 제도적 테두리 속에서 다양한 체육활동을 계획하고 운영하는 주체이다.
② 학교체육이 단순히 학교교과로서의 본질적 가치 및 활동뿐만 아니라 엘리트 체육 및 생활체육과 관련된 다양하고 복합적인 가치 및 활동을 전개하는 학교체육 운영의 주체이다.
③ 체육교사는 학생들이 건강한 신체로 인생을 살아가고, 건강한 정신으로 세상을 바라보도록 삶의 가치를 깨닫도록 가르치는 일을 한다.
④ 중·고등학교에서 학생들에게 건강한 체력과 다양한 운동능력을 육성시키고 체육 관련된 다양한 것들을 전문으로 교육하고 지도하는 것을 말한다.

2) 체육교사의 역할

체육교사는 학생들의 신체와 정신의 조화로운 발달을 강조하며, 전인 육성 목표로 수업을 운영하는 전문성을 가져야 한다. 체육교사가 수행해야 할 역할은 매우 다양하지만 크게 행정업무, 운동부 업무, 교과 업무 등을 담당한다. 뿐만 아니라 학교체육 활성화를 위해 프로그램 계획, 조직, 조정, 예산, 관리 등의 업무를 관장하며 다음과 같은 역할을 수행한다.

3) 체육교사의 자질

체육교사는 스포츠나 신체활동을 통해 인간을 가르치는 직업으로 가르치는 일에 있어 인간의 어느 한 부분의 기능만을 그 대상으로 하는 것이 아니라 전인으로서의 인간, 즉 지적·정신적·신체적·정서적·사회적·정치적 특징을 지닌 인간 그 자체를 대상으로 한다. 따라서 교사는 인간의 삶에 영향을 줄 수 있으므로 다음과 같은 자질이 필요하다.

> **체육교사의 구체적 역할**
> - **학습 안내자로서의 역할**: 교사는 자신이 가르치는 교과에 나타난 기본적인 개념, 원리, 아이디어를 파악하고, 학생들이 이해할 수 있도록 안내한다.
> - **인성 지도자로서의 역할**: 교사는 단순히 지식과 정보를 전달하는 역할만 하는 것이 아니라 올바른 인성을 갖추도록 지도한다.
> - **모델로서의 역할**: 교사는 모범적인 언행과 올바른 가치관으로 학생에게 모범을 보여야 한다.
> - **조력자로서의 역할**: 교사는 권위적이지 않으면서 학생들의 행동을 관찰하고 관리하는 조력자의 모습을 갖는다.

4) 스포츠강사의 개념

초·중·고에서 학교스포츠클럽 및 방과 후 체육활동을 지도하거나 정과 체육수업의 수업진행 및 보조 역할을 수행하는 체육지도자를 뜻하며, 전문대학 및 대학에서 체육관련 학과를 이수한 자 중에서 초등학교 2급 정교사, 중등학교 체육 2급 정교사, 실기교사 자격증, 생활체육 3급 이상의 지도자 자격을 갖춘 사람을 말한다.

① 체육활동에 취미를 가진 동일 학교의 학생으로 구성·운영되는 스포츠동아리를 지도한다.
② 스포츠클럽 운영에 대한 전문적인 지식과 기술을 갖고 있는 강사들을 선정하여 프로그램의 다양성 및 전문성이 있는 자로 교사로서의 소임에 충실할 수 있는 심신이 건강한 사람을 말한다.
③ 스포츠강사들은 학생들이 희망하는 종목의 스포츠클럽을 운영해 학생들의 체력을 증진하고 학업 스트레스에서 벗어나 바른 인성 함양과 학교폭력, 성폭력 예방교육이 될 수 있도록 교육과정을 운영하고 있다.

5) 스포츠강사의 역할

스포츠강사는 정과 체육수업 보조 및 학교스포츠클럽을 지도하는 체육전문 강사를 말하며, 주로 학교스포츠클럽과 정규 수업 후 방과 후 활동을 지도한다. 또한 스포츠강사의 역할은 안내자, 보조자, 행사자, 전문가, 개발자 등의 역할을 담당한다.

① 안내자의 역할: 스포츠강사는 학교체육활동 활성화를 위해 체육수업에 대한 흥미를 유발하고, 학생들이 체육활동에 즐거운 경험의 기회를 제공하며, 지속적인 체육활동을 통해 생활체육으로 갈 수 있도록 지도하고 안내해야 한다.
② 보조자의 역할: 초등 스포츠강사의 경우 담임교사의 체육수업에 대한 부담을 경감하고 학생들이 안전하게 체육수업에 임할 수 있도록 보조하는 역할을 담당한다.
③ 행사자의 역할: 스포츠강사는 학교체육 안에서 이루어지는 클럽 리그나 토너먼트 경기를 지

체육교사의 구체적 자질

- 전문가의 모습을 갖추어야 한다. 즉, 체육교사는 기능뿐만 아니라 이론적인 전문지식을 갖고 학생을 지도할 수 있어야 한다. 뿐만 아니라 다양한 전문지식을 바탕으로 학생의 흥미를 이끌 수 있는 교수방법도 갖추어야 한다.
- 인간을 존중하는 태도를 지녀야 한다. 즉, 체육교사는 학생을 존중하고, 인간 자체에 대한 존엄성을 믿는 마음을 지녀야 한다.
- 깊은 이해심과 사랑 및 봉사의 마음을 지녀야 한다. 즉, 체육교사는 필연적으로 어떤 복잡한 인간관계의 망 속에서 학생들과 생활한다. 따라서 학생을 대할 때는 사랑과 이해의 마음으로 베푸는 사람이 되어야 한다.
- 리더십을 지녀야 한다. 체육교사는 다양한 장소에서 수업을 지도한다. 따라서 학생들을 사로잡을 수 있는 자신만의 지도력이 필요하며 다양한 교수법을 갖추어 학생들을 이끌 수 있는 모습을 지녀야 한다.
- 멀티적 업무 능력을 지녀야 한다. 체육교사는 교과업무, 행정업무, 운동부 업무 등 다양한 업무를 담당한다. 따라서 다양한 업무를 수행할 수 있는 멀티적 업무수행 능력을 갖추어야 한다.

도하며 운영할 수 있는 기획력을 갖추어야 한다.
④ 전문가의 역할: 스포츠강사는 정규 수업 외 방과 후 체육활동 및 학교스포츠클럽을 지도하며, 학생의 건강관리, 인간관계의 관리, 연습방법, 시합 등 다양한 면에 이르기까지 충분한 경험을 뒷받침할 수 있는 전문지식을 갖추어야 한다.
⑤ 개발자의 역할: 스포츠강사는 공공 및 사설 체육시설 등에서 학생들을 대상으로 건강 유지 및 증진, 스트레스 해소, 여가 선용의 목적을 충족시켜주기 위해 여러 운동 프로그램을 개발하고 일반인들에게 가르치는 일을 한다.

6) 스포츠강사의 자질

스포츠강사는 학교스포츠클럽 및 방과 후 체육활동을 지도하거나 정과 체육수업의 수업진행 및 보조 역할을 수행하는 역할을 담당한다. 뿐만 아니라 신체활동을 통해 전인교육을 목적으로 학생들을 지도한다. 따라서 다음과 같은 자질이 필요하다.

① 학생을 이해하는 열린 마음을 갖추어야 한다. 즉, 학생의 개인적 특성이나 학습능력을 고려한 눈높이 교육을 실천하려는 열린 마음을 갖추어야 한다.
② 투철한 사명감을 갖추어야 한다. 즉, 투철한 사명감을 지닌 스포츠강사는 참가자의 과도한 긴장이나 불안을 해소시켜줌으로써 생산적 활동을 주도하고 자발적 의지로 자신이나 집단의 목표를 성취하도록 이끄는 독려자의 자질을 갖추어야 한다.
③ 유대관계가 좋은 활달한 성격을 갖추어야 한다. 학생을 존중하며, 따뜻한 마음으로 먼저 손을 내밀어 친근하게 지도하는 모습을 갖추어야 한다.
④ 도덕적 품성을 갖추어야 한다. 학생들이 신뢰할 수 있도록 늘 준비하여 수업을 지도하며, 체육활동을 통해 올바른 가치를 실천하고 가르치는 모습을 갖추어야 한다.
⑤ 전문성을 갖추어야 한다. 전문적인 지식과 기술을 갖추어 다양한 프로그램을 계획하고 운영할 수 있는 능력을 갖추어야 한다.

나. 스포츠 지도 전문인

스포츠 지도 전문인은 크게 생활스포츠지도사와 전문 스포츠지도사로 구분한다. 생활스포츠지도사와 전문 스포츠지도사는 문화체육관광부에서 발급하는 자격증을 취득한 자로서 국민체육진흥법 제11조 동법시행령 제22조 내지 제25조 「체육지도자 연수 및 자격검정에 관한 규칙」에 의거 연수 및 자격검정 과정을 합격하여 스포츠 현장에서 종사한다. 즉, 생활스포츠지도사는 직장, 학교, 지역사회 및 체육단체 등에서 생활체육을 지도하고 있으며, 전문 스포츠지도사는 학교, 직장,

국가대표 팀의 감독이나 코치 등 엘리트 스포츠를 담당한다.

1) 생활스포츠지도사의 개념

생활스포츠지도사란 다양한 스포츠 시설이나 체육 동호회 및 사회단체에서 자발적으로 운동에 참여하는 일반인들을 지도하는 체육 전문가로서, 해당 분야에 대한 실기 능력과 더불어 건강에 대한 지식과 책임감을 바탕으로 일반인들이 운동을 통해 행복과 삶의 질 향상을 꾀할 수 있도록 조력하는 사람이다. 또한 체육시설을 활용하여 프로그램을 지도하는 전도사로 지역 단위 곳곳에서 주민들과 동호회 등에게 양질의 프로그램을 지원하며, 자격은 생활스포츠지도사 1급과 2급이 있다.

① 생활스포츠지도사는 생활체육의 활성화와 범국민적 참여를 유도한다.
② 생활스포츠지도사는 프로그램 계획, 조직, 인사, 조정, 예산, 시설관리 등의 업무를 관장하는 행정지도자와 참가자들과의 직접적인 대면을 통해 체육활동을 지도하는 현장지도자로 구분된다.
③ 생활스포츠지도사에 대한 조사연구 및 학문적 체계화를 위해 노력하는 자들도 생활스포츠지도사에 포함된다.
④ 생활스포츠지도사는 생활체육을 지도하는 역할은 물론 사회경제적으로 공동체의식 및 노동 생산성 향상 등을 위해 힘쓴다.

2) 생활스포츠지도사의 역할

생활체육지도자는 생활체육 프로그램을 제공하고, 참여자의 욕구를 최대한 만족시키며, 강력하고 창의적인 지도력을 지녀야 한다. 따라서 생활스포츠지도사의 역할은 다음과 같다.

① 생활체육 활동 목표의 설정: 지도방향과 목표를 제시하고, 참여자의 활동내용과 성취수준을 설명하며, 생활체육 참여자가 수행하여야 할 과제를 이해하도록 한다.
② 효율적인 지도 기법의 개발: 생활체육활동 집단의 발전방향을 모색하고, 참여자의 요구사항을 해결하기 위하여 효율적인 지도기법을 꾸준히 연구 개발하여야 한다.
③ 생활체육지도자에 대한 인간관계 유지: 동료나 상·하급 지도자의 인적·행정적 상황을 이해하고 지도자 간의 융합과 이해를 촉진하며 각 지도자의 임무 분장을 철저히 함으로써 효율적이고 연계적인 지도가 유지되도록 한다.
④ 생활체육 프로그램의 개발: 참여자의 다양한 욕구를 충족시키고 지속적인 활동을 유지할 수 있도록 프로그램을 최대한 활용하고 개발하여야 한다.
⑤ 생활체육 관련 재정의 관리: 생활체육을 통한 수입 및 지출의 계획 수립과 효율적 관리를 함으로써 자체 수익사업의 개발 및 전개에 관심을 갖는다.

⑥ 생활체육 기구의 개발 및 운용: 생활체육 활동 기구의 개발 및 운용, 주변 환경 및 시설과 조화를 이루고 참여자의 개인적·사회적 특성과 흥미도를 고려하여 기구를 개발하고 운용한다.

⑦ 생활체육에 대한 연구 활동: 생활체육의 발전 및 활성화를 위하여 효율적인 피드백을 제공하고 참여자의 의문사항을 신속하게 해결할 수 있도록 꾸준하고 면밀한 연구 활동을 수행하여야 한다.

3) 생활스포츠지도사의 자질

생활스포츠지도사의 자질 중 가장 중요한 것은 의사소통 능력을 지녀야 할 것이다. 참가자와 지도자 간의 의사소통은 의사전달 내용에 대한 자세한 설명과 성실한 청취자세, 분위기 조성 등에 기인한다. 그 외 다음과 같은 자질이 필요하다.

① 투명한 사명감을 지녀야 한다. 생활스포츠지도사는 자발적이고 주도적인 의지로 자신의 모든 역량을 발휘하여 책임을 완수해야 한다.

② 활달하고 강인한 성격을 지녀야 한다. 생활스포츠지도사는 활발하고 강인한 성격을 갖추어야 하며, 참여자로 하여금 친근감과 신뢰감을 형성하도록 한다.

③ 도덕적 품성을 지녀야 한다. 생활스포츠지도사의 도덕적 품성은 참가자의 체육활동에 대한 만족도를 높이며, 이를 통해 지속적인 참여가 이루어지도록 한다.

④ 칭찬의 미덕을 지녀야 한다. 생활스포츠지도사의 칭찬은 참가자로 하여금 과제수행에 대한 동기를 촉진하여 과제를 원만하게 수행하도록 한다.

⑤ 공정성을 지녀야 한다. 생활스포츠지도사는 참가자의 성별, 연령, 사회 계층, 교육수준 등에 관계없이 모든 편견에서 벗어나 참가자들을 동등하게 대우하고 지도해야 한다.

4) 전문 스포츠지도사의 개념

전문 스포츠지도사는 학교운동부, 실업팀이나 프로 스포츠단 등에 소속된 코치나 감독 등의 지도자로서 선수와 팀의 기량을 최대로 끌어올릴 수 있는 스포츠 과학의 전문 지식과 종목에 대한 체계적이며 전문적인 지도 능력은 물론 리더십이 요구된다. 또한 지도 대상에 따라 자격증이 세분화되며, 전문 스포츠지도사의 자격은 1급과 2급으로 구분한다.

① 전문 스포츠지도사는 명실상부한 우리나라 최고의 체육지도자로서 국가대표팀의 감독, 코치, 학교나 직장 팀의 감독, 코치로 활동하고 있다.

② 각자의 숙련된 경기지도 경력과 연수기간 중 습득한 최신 스포츠과학 이론을 접목하여 국가대표선수를 비롯한 소속팀 선수들의 경기력 향상과 국위 선양에 크게 기여한다.

③ 중앙경기단체의 임원으로도 활약하고 있고, 체육시설업을 경영하기도 한다. 최근에는 코치,

감독 등 체육지도자뿐만 아니라 체육분야 석, 박사의 지원도 증가한다.

5) 전문 스포츠지도사의 역할

전문 스포츠지도사는 우리나라 최고의 체육지도자로서 주로 국가대표팀의 감독, 코치, 학교나 단체의 운동 팀 감독, 코치로 활동하고 있으며, 각자의 숙련된 경기지도 경력과 연수기간 중 습득한 최신 스포츠과학 이론을 접목하여 경기력 향상을 위해 지도한다. 또한 배우는 사람에게 인격적 발달과 함께 경기력(기술) 향상을 위해서뿐만 아니라 여러 가지 역할을 담당하며, 그 역할은 다음과 같다.

① 창조적 역할이다. 즉, 경기력을 효율적으로 향상시킬 수 있는 훈련 방법이나 전략을 모색해 선수들이 기록을 향상할 수 있도록 다양한 방법을 창조하는 역할을 담당한다.

② 실행자 역할이다. 즉, 개인별로 설정한 목표를 달성하는 구체적인 훈련 과정을 실행하는 역할을 말하며 연간·하계·동계·월간·주간·일일 훈련계획이 있어야 하며, 훈련주기는 기초훈련, 전문훈련, 스피드훈련, 조정기, 시합기로 나누어 선수들이 실천할 수 있는 리더로서의 모습을 갖추어야 한다.

③ 독려자 역할이다. 누구보다 지도자가 왜 이 과정을 해야 하는가에 대한 원리를 정확하게 알고 학습자에게 인식시켜 스스로 자신이 참여하여 신체활동뿐만 아니라 훈련 프로그램을 할 수 있도록 독려하는 역할이다.

④ 모니터 역할이다. 인간관계의 변화나 개인적인 신상 변화 파악은 물론 운동표상을 통한 모니터 역할을 해야 한다.

⑤ 지시자 역할: 지도자는 연간, 월간, 주간 및 일일 훈련계획을 작성하고 실행할 때 개인의 훈련 목표, 내용, 방법 등을 명확하게 알고 훈련하도록 지시하는 역할을 해야 한다.

⑥ 배려자 역할: 교육자는 지도자를 믿고 따르게 하는 데 있어 개개인에게 세심하게 배려하는 역할을 해야 한다. 예를 들면, 훈련 시 안 되는 부분이 있을 때는 많은 지적보다는 칭찬과 격려를 제시하는 모습이다.

6) 전문 스포츠지도사의 자질

전문 스포츠지도사는 선수들의 잠재성과 경기력 향상을 이끌어낼 있는 지도력이 필요하며 전문지식, 개별 교수능력, 의사전달자 등 다양한 능력을 갖추어야 한다. 따라서 전문 스포츠지도사가 갖추어야 할 자질은 다음과 같다.

① 전문지식을 습득하는 능력을 지녀야 한다. 즉, 지도자는 선수의 건강관리, 인간관계의 관리, 훈련방법, 훈련, 시합 등 다양한 면에 이르기까지 충분한 경험을 뒷받침할 수 있는 전문지식

을 갖추어야 한다.
② 선수의 개성을 파악하는 능력을 지녀야 한다. 즉, 모든 선수는 체력, 정신력, 기술 등에 있어서 장점과 단점을 가지고 있다. 훈련에 있어서 각 선수의 개별성을 고려하여 선수가 가진 장점을 살려주고, 결점을 보완함으로써 보다 나은 성과를 올리도록 독려하는 모습을 갖추어야 한다.
③ 의사 전달자의 능력을 지녀야 한다. 즉, 참가자와 지도자 간의 의사소통은 의사전달 내용에 대한 자세한 설명과 성실한 청취자세, 분위기 조성 등에 기인한다.
④ 공정성과 책임감의 능력을 지녀야 한다. 전문 스포츠지도사는 선수의 성별, 연령, 사회 계층, 교육수준 등에 관계없이 모든 편견에서 벗어나 참가자들을 동등하게 대우·지도해야 하며 책임감 있게 지도한다.
⑤ 사명감과 도덕성을 지녀야 한다. 즉, 전문 스포츠지도사는 자발적이고 주도적인 의지로 자신의 모든 역량을 발휘하여 책임을 완수해야 하며 선수의 체육활동에 대한 인성 함양을 위해 노력하고 도덕적 윤리를 준수하여 지도한다.

2장 스포츠교육 학습자

 학습목표

- 스포츠교육 학습자의 의미와 상태를 알아본다.
- 생애주기별 발달단계와 장애우 발달단계를 이해한다.
- 생애주기별 인간 발달단계를 이해한다.
- 생애주기별 평생체육을 이해한다.

1. 스포츠교육 학습자의 개념

스포츠교육 학습자란 배워서 익히는 사람을 포괄적으로 이르는 말로, 학습자의 유형은 생애주기별로 구분할 수 있다. 생애주기는 크게 유아기, 아동기, 청소년기, 장년기와 노년기로 구분할 수 있으며, 각각의 생애주기에 따라 중요한 건강 문제와 사망 원인이 조금씩 다르고, 건강 목표에 따른 건강관리 방법과 운동방법도 다르다. 따라서 생애주기별로 각 단계에 알맞은 운동을 선택하면 보다 적극적이고 체계적인 건강관리가 가능하며, 아울러 가족 전체의 건강을 종합적으로 관리할 수 있다. 청소년기는 평생 동안의 건강 습관이 형성되는 중요한 시기이므로 생애주기별 건강 특징을 잘 이해하고 알맞은 운동을 실천하여 건강생활을 유지하는 것이 매우 중요하다.

가. 학습자 상태

학습자의 상태는 효율적인 학습 시 매우 중요하다. 특히 영향을 주는 학습자의 내적 요인으로는 기능수준, 체격 및 체력, 동기유발 수준, 인지능력 및 감정코칭 능력, 발달수준 등을 들 수 있다.

1) 학습자의 기능수준을 고려해야 한다.

즉, 기능학습에서 우선적으로 고려되어야 할 요인으로, 학습자가 과거에 학습과제를 경험하거나 유사한 경험을 가진 정도에 따라 배워야 할 동작 패턴과 지도방법이 달라져야 한다. 초보자에게 어려운 기술을 학습시키려고 한다거나 숙련자에게 너무 기본적인 것을 요구하게 되면 학습자의 동기유발이 저하되기 때문이다. 예를 들어 초보 스키 선수에게 상급자의 코스에서 스키를 타라고 하면 초보 스키 선수는 부상을 당하거나 스키에 대한 흥미를 잃어 운동선수를 그만두는 현상이 나타날 것이다.

2) 학습자의 체격 및 체력을 고려해야 한다.

즉, 어떤 운동기술 학습이 가능한지에 대해 결정적인 영향을 준다. 어떤 목표를 달성하는 데 가장 효율적인 기술이 있다 하더라도 체격이 작거나 체력이 뒷받침되지 못하면, 그 기술을 습득하는 데 어려움을 느낄 것이다. 각 종목의 선수들은 종목 특성에 적합한 신체 조건을 갖고 있다. 예를 들어 역도 선수의 경우 작은 신체가 유리한 반면, 농구 선수의 경우는 큰 신장이 유리하다. 따라서 학습자의 신체적 특성을 고려하는 것은 무엇보다 중요하다.

3) 학습자의 동기유발 상태를 고려해야 한다.

즉, 학습자 개인이 학습활동에 있어서 갖는 학습에 대한 동기는 학습활동과 학습의 성취결과에 큰 영향을 미치게 된다. 특히 학습과 관련된 동기유발은 학습행동만이 아니라, 학습의 능률과 그 결과를 결정짓는 중요한 요인으로 작용한다.

4) 학습자의 인지적 능력을 고려해야 한다.

즉, 제시된 과제를 빨리 학습하기 위해서는 주어진 상황을 정확하게 파악하고 그 지식을 바탕으로 문제를 해결하기 위한 기술이 필요하며, 과제 해결을 위해 의미 있는 정보만 선택하는 과정이 중요하다. 이러한 인지능력은 학습자의 경험과 연관되며, 인지능력이 낮으면 운동기능의 학습 시 무엇을 어떻게 해야 하는지에 대한 이해가 부족하여 동작 오류를 수정하는 데 많은 시간이 소모될 수 있다.

5) 학습자의 감정코칭 능력을 고려해야 한다.

즉, 운동기능 학습뿐만 아니라 수행에도 영향을 미칠 수 있다. 운동선수의 경우 화가 난다거나 시합 전 불안을 심하게 느낀다거나, 정신적으로 흥분수준이 높아 신체적·정신적으로 변화가 나타난다면 학습에 장애요인으로 작용할 것이다.

6) 학습자의 발달수준을 고려해야 한다.

즉, 학습자의 성별, 연령, 환경적 요인 등 학습자의 발달수준을 고려해 학습단계를 결정하는 것이 중요하다. 연령이 낮은 학생에게 성인의 수준을 과제로 제시하면 학습의 성취결과는 낮을 수밖에 없을 것이다. 따라서 학습자의 개인차를 고려하여 학습단계를 제시해야 한다.

나. 생애주기별 발달 특성과 발달 과업

1) 유아기
① 발달 특징 – 대뇌 발달, 감각기관 발달, 근육 발달, 인지 발달, 언어 발달 등의 특징을 갖는다.
② 발달 과업 – 젖떼기, 걷기, 말하기, 돌보아주는 사람에 대한 신뢰와 애착을 형성한다.

2) 아동기
① 발달 특징 – 신체 발달, 운동 기능 발달, 지적 흥미의 다양화, 또래집단을 형성한다.
② 발달 과업 – 또래 친구들과 어울리기, 적절한 성 역할 학습하기, 기본적 기능 익히기, 도덕성의 기초, 학습 습관 등을 형성한다.

3) 청소년기
① 발달 특징 – 급격한 신체적 성장, 성적 성숙, 인지 발달, 가치관 형성 등의 특징을 갖는다.
② 발달 과업 – 자아정체감 형성하기, 신체적·지적·사회적·도덕적 발달 이루기, 진로 탐색하기, 성인이 되기 위해 준비한다.

4) 일반 성인기
① 발달 특징 – 결혼, 가정생활, 직업생활, 책임 있는 사회 구성원, 신체적 노화 시작, 성격의 안정, 직업 안정 또는 직업을 전환한다.
② 발달 과업 – 성인의 관점으로 사회적 가치 수용하기, 직업 선택하기, 이상적 배우자상 확립하기, 배우자 선택과 결혼, 책임 있는 시민으로서의 역할 수행하기, 개인적 신념과 가치 체계 확립, 행복한 결혼생활 유지하기, 직업생활 유지하기, 인생철학 확립하기, 중년기의 위기 관리하기, 건강 약화에 대비해 심신을 단련한다.

5) 노년기
① 발달 특징 – 사회적 활동의 감소, 체력 저하, 운동 기능 감퇴, 감각 기능이 퇴화된다.
② 발달 과업 – 건강 관리하기, 은퇴에 적응하기, 신체적 노화를 긍정적으로 수용하기, 배우자 사별에 대해 준비하기, 여가 선용하기, 경제적 대책 마련하기, 자신의 죽음에 대해 준비한다.

다. 장애우 생애주기별 발달 특성과 발달 과업

1) 영·유아기(0~6세)
① 발달 특징 – 이들의 첫 번째 경험은 장애에 대한 시각(perspective)으로부터 시작한다.

② 발달 과업 – 주변 환경에 대한 신체적·인지적 통제력을 획득하는 것인데, 장애아동은 이러한 측면에서 많은 어려움을 가진다. 즉, 영·유아기의 발달과업을 성취하기 위해서는 장애아동의 환경을 최대한 확대하는 것이 필요하다.

2) 학령기(7~18세)
① 발달 특징 – 사회적·지리적으로 그들의 세계는 확장되며, 해로운 문제와 상황을 해결할 수 있는 구체적인 문제해결 기술과 능력이 발달하며, 가족으로부터 떨어져 성인이 되기 위한 첫 번째 단계이다.
② 발달 과업 – 성공적으로 달성하기 위해서는 본래의 교육적 이념을 희생시키지 않고 장애아동을 비장애아동과 균형 있게 통합시켜주는 것이 중요하며, 이 시기에 장애를 얻은 장애인들은 장애를 갖지 않은 비장애인과의 관계에서 도전적인 상황에 마주치게 된다.

3) 성인기(19~60세)
① 발달 특징 – 비장애인과 마찬가지로 이 시기에는 가족으로부터 떨어져 독립을 하게 되는 경우가 많다.
② 발달 과업 – 가정을 이루거나 특수학교 졸업 이후 적절한 사회적 지지체계가 마련되지 않아 집에 방치되거나 시설에 보호되는 경우가 많다. 또한 이 시기는 사회적 적응이 필요한 시기로 대인관계 형성이나 직업적 기능 및 기술 형성 등이 중요하다.

4) 노년기(61세 이상)
① 발달 특징 – 장애문화에 동의하지 않는 경향이 있으며, 노령화된 장애라기보다는 노인성 장애 유형에 가깝다고 볼 수 있다.
② 발달 과업 – 노년기에 있는 장애인에 대해서는 치료와 보호의 필요성이 매우 높다. 장애노인들의 문제는 개인이나 가족 내에서의 문제가 아니라 국가나 지역사회의 개입이 적극 필요하다.

라. 생애주기별 인간 발달 특성

생애주기별 발달의 특성은 신체적 발달, 인지적 발달, 자아의 발달, 사회적 발달, 정서적 발달로 구분한다. 첫째, 신체적 발달은 학령 전기의 아동은 1년에 보통 1.5kg 내지 2kg 정도 증가하는데 남아가 여아보다 체중이 더 높은 것이 일반적인 경향이다. 신장은 1년에 보통 5~6cm 정도 자란다. 네 살 된 아동의 평균 체중은 대개 15~16kg 정도이고, 키는 97~100cm 정도 된다. 둘째, 인지적 발달은 출생과 함께 시작된다. 인지는 아동이 유전적으로 가지고 태어나는 학습에 대한 잠재

능력과 그를 둘러싸고 있는 물리적 환경의 자극 정도에 의해 영향을 받는다. 셋째, 자아(self)의 발달 측면에서 이 시기는 자아개념의 가장 기초적 단계, 즉 존재적 자아 인식이 형성되는 시기이다. 이는 자신을 타인과 구별하여 독립적으로 보는 입장이다. 영아들은 자신의 몸이 자기를 돌보아주는 사람의 신체와 다르다는 것을 인식하기 시작하면서 존재적 자아개념이 싹트게 되고, 자신이 어머니의 몸이 아님을 알게 된다. 따라서 영아기의 자아개념 발달을 자아 분리를 인식하지 못하는 단계, 존재적 인식의 단계, 자신이 지속적으로 존재함을 알 수 있는 단계로 나눌 수 있다. 넷째, 사회적 발달 측면에서 아동은 가족과의 관계 또는 또래집단에서, 그리고 그 자신의 자아의식을 통해 사회적 능력을 습득해간다. 유아가 독립심과 성취에 대한 자부심을 얻으려면 부모나 교사, 성인으로부터 많은 격려를 받아야 한다. 유아가 성공적인 경험을 가지게 되면 이것이 그의 자신감을 부추기게 될 것이며 가족과 친구들 및 그 이외의 주변 사람들로부터 칭찬과 인정을 받으려고 할 것이다. 다섯째, 정서적 발달 측면에서 유아기는 정서적으로나 사회적으로 복합성이 더해가며 보다 세분화된다. 영아기에는 주로 신체적 또는 물리적 상황에 따라 웃음이나 울음으로 즐거움 또는 불쾌함을 표현하지만, 유아기에는 분노나 즐거움을 신체적으로나 언어적으로 표현할 수 있게 된다. 어른이건 아이건 간에 정서는 모든 인간의 행동에 영향을 준다.

1) 유아기(4~5세)의 발달 특성

① 신체적 발달: 뛰어오르고 달리고 기어오르는 등의 대운동 기술이 급속히 발달한다. 반면 손가락을 사용하여 물건을 집는 것과 같은 소운동 기술의 발달은 아직 느린 상태이다. 젖살이 빠지고 성인 같은 신체비율로 변모해간다. 식욕이 점점 감소하여 음식을 잘 먹지 않으려고 한다. 이때 부모들은 걱정이 되어 따라다니며 억지로 밥을 먹이려는 것을 볼 수 있다.

② 인지적 발달: 피아제의 인지 발달 단계에서 볼 때 전조작기에 해당된다. 문제 해결 시 논리적 추론보다는 보고 듣는 것에 의존한다. 이때의 두드러진 특징으로 자기중심(centration)적 경향성과 물활론, 그리고 인공론이 나타난다. 자기중심성(centration)이란 타인의 관점을 자신의 관점과 동일한 것으로 생각하는 것이다. 즉, 사방이 다른 산 모형을 보여주고 다른 편에서 보면 산 모양이 어떻게 될까 물으면 자신이 보고 있는 것을 선택한다. 물활론(animism)적 경향성은 무생물에게도 생명이 있다고 믿는 것이다. 이 시기의 아동들은 모든 사물에 생명이 있는 것으로 간주하고 대화한다. 인공론(artificialism)이란 모든 자연 현상이 인간에 의해 이루어진다고 믿는 경향성을 말한다. 예컨대 해나 달도 사람처럼 움직인다고 생각하는 것이다. 이 시기에 또 하나 주목해야 할 발달은 언어 발달이다. 구체적으로 설명해주기만 하면 이해 가능하다. 하지만 아직까지 추상적 개념은 이해하기 어렵다고 보는 것이 일반적이다. 하지만 유아가 어떤 환경을 경험하느냐에 따라 커다란 개인차가 있을 수 있다.

③ 자아(self)의 발달: 아직 자기중심적(ego-centric)이어서 다른 사람의 관점을 이해하기 어렵다. 발달상의 어느 시기보다 자존감과 자기 유능감이 높다. 자기 통제력(self-control)이 발달하기 시작하여 욕구충족이 즉시 이루어지지 않아도 참을 수 있게 된다. 자기 자신이 무엇인가를 해보려는 솔선적 행동이 눈에 띄게 증가한다. 이러한 경향성은 운동능력의 발달과 밀접한 관련이 있다.

④ 사회적 발달: 더불어 놀지만 놀이 자체를 공유하지는 않는 단계인 연합놀이(associative play)에서 놀이 자체를 공유하여 협력하여 노는 협동놀이(cooperative play)로 전환되는 시기이다. 아직은 다른 아동의 관점이나 의도는 잘 이해하지 못한다. 다른 사람의 행동을 잘못 해석하고 부적절한 반응을 보이는 경향이 지배적이다. 놀이에 있어서 성차가 큰 것을 보여준다.

⑤ 정서적 발달: 감정을 표현하기 위한 어휘력이 부족하여 감정을 행동으로 나타내는 경향성이 있다. 또한 동일한 상황에서도 다른 정서를 동시에 경험할 수 있다는 것을 이해하지 못한다. 즉, 한 상황에서는 하나의 감정만 있다고 생각한다. 다른 사람의 감정을 이해하는 능력에 제한적이다.

2) 아동기(6~11세)의 발달 특성

① 신체적 발달: 신체 발달이 아동 초기에 비해 느려지는 반면 신체에 대한 자기통제력은 높아진다. 이 시기가 되면 대부분의 운동기술(gross & fine motor skills) 습득을 완수한다. 10~11세경에 사춘기로 진입하며 급성장(growth spurt)을 경험한다. 자기의식이 높아지며 급성장에 따른 창피감도 증가한다.

② 지적 발달: 인지적으로 볼 때 5~7세는 전조작기에서 구체적 조작기로 전환하는 시기이다. 8세쯤에는 구체적 조작기에 이르는데, 가역성(모양이 달라져도 양이나 무게가 같은 성질), 상보성, 정체성, 분류 개념 등을 이해할 수 있다. 논리적 사고와 문제해결력도 증가한다. 그러나 아직은 추상적으로 추론할 뿐 다양한 가능성을 고려하지는 못한다. 질문하고 탐구하고 행동해봄(learn by questioning, exploring, and doing)으로써 학습하는 시기이다. 언어능력이 발달하고, 추상적 개념의 이해가 증가하며, 어휘력이 크게 증가한다.

③ 자아(self)의 발달: 자기이해가 증가한다. 자신을 다양한 능력을 지닌 사람으로 기술할 수 있고, 내적 통제 소재(internal locus of control)가 발달하기 시작한다. 내적 통제 소재란 어떤 사건이나 결과에 대한 원인을 밖에서 찾기보다 자신의 내면에서, 혹은 자기 자신에게서 찾는 것을 말한다. 자신을 다른 아동들과 비교하는 일이 잦기 때문에 자기 비판적이고 열등감에 빠지기 쉽다. 따라서 자기 존중감(self-esteem)이 감소한다. 특히 주목할 것은 또래

의 피드백에 매우 민감한 시기여서 새로운 것을 시도하려 하지 않는 경향성이 있다. 에릭슨의 발단단계 이론에서 볼 때 이 시기는 자기 신뢰 대 자기 불신(self-confidence vs. self-dout)의 단계이다.

④ 사회적 발달: 또래관계가 중요한 이슈로 등장하면서 아동의 유능감에 영향을 미친다. 또래집단 안에서 또래의 압력, 거절, 승인, 순응 등을 배우고, 사회적 발달을 촉진하는 가치관, 행동, 신념을 형성한다. 세계에 대해 더 넓은 관점을 갖게 되고, 생각과 역할을 시험해보며, 중요한 상호작용 기술을 학습한다. 협동과 협상을 배우고, 규칙을 만들거나 어기고, 지도자나 추종자 역할을 경험하면서 타인의 관점을 이해할 수 있다. 7세경이 되면 자기중심성에서 벗어나 친사회적 행동을 채택하게 된다. 타인의 관점을 이해할 수 있게 되면서 눈치, 즉 사회적 맥락(social cue)을 해석할 수 있다. 자극평가 능력이 증가하면서 갈등의 해결과 사회적 문제 해결 능력이 증진된다.

⑤ 정서적 발달: 죄책감, 수치감, 자랑스러움 등 보다 복잡한 정서를 경험한다. 이 무렵이 되면 한 사건에서 한 가지 이상의 정서를 경험할 수 있다는 것을 알게 된다. 다른 사람의 감정을 상하지 않게 하기 위해 자신의 감정을 숨길 수 있고, 다른 사람의 감정에 민감하거나 공감하며, 자신의 감정을 표현하는 능력이 증가한다. 감정이 변할 수 있다는 것을 알게 되고, 반드시 자신이 다른 사람을 불편하게 만드는 것은 아님을 알게 된다. 흔히 학교에서의 수행에 대한 불안과 또래들에게 수용되는지에 대한 불안을 경험한다.

3) 청소년(11~14세)의 발달 특성

① 신체적 발달: 이 시기는 인생에서 가장 급속한 발달을 경험하여 성호르몬이 증가하고, 생식기관 및 2차 성징이 발달한다. 발달 속도에 있어서 개인차가 심하여 자의식과 불안('locker room phobia'-탈의실공포증)을 느낀다. 신체 및 호르몬의 변화로 인해 혼돈을 경험하고 성에 관한 생각과 감정으로 인해 죄책감과 수치감을 느낀다. 성에 대한 호기심이 증가하므로 직접적인 정보 제공이 중요하다.

② 인지적 발달: 구체적 조작기에서 형식적 조작기로 전환하는 시기이다. 추상적 사고를 할 수 있어 가설을 세우고, 두 가지 이상의 변인들을 정신적으로 조작할 수 있다. 논리적 사고도 가능하여 사건의 결과 예측이 가능하나, 사건, 감정, 상황을 연결하는 능력은 아직 부족하다. 인지적인 측면에서도 발달 속도에 있어서 개인차가 심하다.

③ 자아(self)의 발달: 자기정의(self-definition)와 통합적 발달과업을 완성하기 시작한다. 자율성(autonomy)과 의존성(dependency)을 함께 보여 부모를 혼란스럽게 한다. 남과 다르고 싶으면서도 남과 똑같이 보이고 싶어 하는 모순에 빠지고 항상 '상상 속의 청중(imaginary audience)'을 달고 다닌다. 모든 사람이 항상 자기를 지켜본다고 생각하기 때문에 자존감이 저하된다. 그러면서 한편으로는 개인적으로 자신을 특별하게 느끼는데, 이러한 성향을 '개인적 우화(personal fable)'라고 한다.

④ 사회적 발달: 이 시기의 청소년은 또래가 자신의 지지 근원이다. 따라서 또래들로부터 받는 수치감에 민감하며 취약하다. 또래들로부터의 거부는 이 시기의 주요 스트레스원이다. 집단에 대한 소속감이 강하여 도당을 짓거나 복장과 행동 규칙을 가진 특별한 집단을 형성하는 시기이다. 자신의 행동을 객관적으로 보지 못하고, 다른 사람들의 관점을 고려하는 데 어려움이 있다.

⑤ 정서적 발달: 감정의 기복이 롤러코스터를 탄 것처럼(emotional roller coaster) 심하다. 침울한 기분(moodiness)과 극도로 흥분된 상태(emotional outbursts), 불안, 수치감, 우울, 죄책감, 분노 등의 감정을 자주 경험한다. 두려움 같은 부정적 감정에 당황하여 이를 분노로 위장하기도 한다. 예컨대 다른 사람들과의 갈등에서 느끼는 감정을 숨기기 위해 화를 낸다든가 하는 것이다. 상황을 어느 하나의 관점이나 또 다른 관점으로 바라보는 경향이 있으며, 감정을 다스리고 대안을 생각하는 데 어려움을 느낀다. 상황을 더 어렵게 만들고 불안이나 죄책감, 수치감을 더 느끼게 되는 악순환을 경험한다. 이 시기 청소년의 정서적 취약성(emotional vulnerability)을 이해하고 민감하게 반응하는 것이 중요하다.

4) 성인기의 발달 특성

① 신체적 발달: 이 시기는 생물학적으로는 신체적·생리적 노화가 시작되고, 성적 재생산 능력이 상실되는 시기이며, 이력에서는 직업적 성취와 아울러 사회적 지도세력으로서의 책임과 영향력이 절정에 달하는 시기이다. 그리고 가족적으로는 부부관계뿐만 아니라 청소년 자녀들과 새로운 유대관계를 맺어나가는 동시에 부모의 복리에도 책임과 관심을 갖고 중심적인 역할로 등장하는 시기이다. 이와 같이 중년기는 직업세계에서의 막중한 책임뿐만 아니라, 자녀양육과 부모봉양의 이중적인 부담을 안는다.

② 인지적 발달: 시각·청각 등 감각과 지각능력이 감퇴하고, 지능과 정보처리 능력도 감퇴한다. 인간의 인지 발달은 대략 25세경부터 하강곡선을 그리는 것으로 알려지고 있다. 그러나 성인 초기의 인지 변화를 정확히 판단하기 위해서는 각 개인의 교육수준, 사회·경제적 지위, 건강상태 등을 동시에 고려하여야 한다. 하지만 성인 초기의 인지 발달에 대한 학자들의 주장을 종합해볼 때, 성인 초기에는 새로운 지능 발달도 일어나지 않고, 인지기술의 상실도 뚜렷하게 나타나지 않는다고 할 수 있다.

③ 자아(self)의 발달: 청년기가 가지는 발달적 특징, 사회적 변화를 수용하며 극복해야 성년기

에 이르러 개인적 가치와 목적을 설정하고 개인적 정체감을 확립할 수 있다. 직업과 배우자를 선택하고 자신의 도덕적 가치관과 정치적 이념을 선택하는 시기로, 올바른 자아개념에 따라 삶에 있어 수많은 선택을 하게 되고 그것을 실행하는 시기이다.
④ 사회적 발달: 절대적인 진리란 없으며, 의견의 다양성을 인식하고, 사람이나 상황에 따라 다른 다양한 진리가 존재할 수 있다고 생각하는 것과 같은 사고는 보다 유연하고 많은 것을 받아들일 수 있게 한다.
⑤ 정서적 발달: 자기표현의 기회를 확장시키고, 많은 사회적 요구와 접촉하게 하는 다양한 역할을 가지며, 여러 가지 복잡한 역할이 계속적으로 증가하는 시기이다.

5) 노년기의 발달 특성

① 신체적 발달: 노년기는 체력과 건강이 약화되고, 자녀 출가와 은퇴로 인한 역할상실과 수입감소 그리고 배우자, 친지 및 친구들의 죽음으로 인해 상실감에 직면하는 시기이다. 따라서 이 시기에는 자존감이 약화되고, 자신이 쓸모없는 존재라는 심한 무력감과 무가치를 느낀다. 그리고 소외감과 외로움이 찾아올 수 있으며, '노년기의 4고(四苦)'를 질병, 가난, 고독, 죽음이라고 한다.

② 인지적 발달: 노년기의 가장 두드러진 특성 중의 하나는 반응속도의 감소이다. 즉, 운동반응, 반응시간, 문제해결, 기억력, 정보처리과정에서 반응속도가 둔화된다. 이러한 노년기의 특성을 '행동둔화(behavioral slowing)'라고 한다. 그러므로 노년기에는 환경 변화에 즉각적으로 대처할 수 없게 되어 안전사고를 유발할 가능성이 높아진다. 노년기에 주로 일어나는 사고능력과 기억력의 심각한 장애인 노인성 치매의 문제는 중요한 사회문제로 제기되고 있다. 치매는 뇌 질량의 감소, 뇌혈관장애, 알코올 등과 같은 원인에 의하여 인지기능과 고등 정신기능이 감퇴되는 대표적인 기질성 정신장애로서 기억장애, 추상적 사고장애, 판단장애, 고위 대뇌질장애, 성격 변화 등이 수반됨으로써 직업, 일상적 사회활동 또는 대인관계에 지장을 받게 되는 복합적 임상증후군이다. 노인들은 오랜 삶의 경험을 통하여 삶의 지혜를 가지고 있으므로 이러한 반응속도 저하 같은 인지적 기능의 저하를 보완해나갈 수 있을 것이다.

③ 자아(self)의 발달: 노년기에는 신체적인 노쇠와 직업으로부터 은퇴, 친한 친구나 배우자의 죽음 등으로 인하여 인생에 대한 무력감을 느끼게 되는 일이 많다. 에릭슨은 이 시기의 성패가 신체적·사회적 퇴보를 어떻게 받아들이는가에 달려 있다고 주장한다.

④ 사회적 발달: 노년기에는 퇴직, 배우자와 친구의 상실 등으로 인하여 사회관계망이 줄어드는 것이 일반적이다. 또한 성인 자녀와 적절한 유대관계를 형성해야 하지만, 피부양자로의 지위 전환으로 어려움을 느낄 수 있다. 또한 신체적 건강의 유지, 안정된 소득 또한 신체적 건강의

유지 및 안정된 소득에 대한 필요성을 느낄 수 있다.
⑤ 정서적 발달: 노년기에 이르면 감정표현 능력이 저하된다. 이는 사회문화적 요인이 큰 원인이라고 볼 수 있는데, 감정표현이 저하되는 원인은 감정표현을 억제하는 것이 사회문화적으로 보다 바람직한 것이라는 사회적인 압력에 순응한 결과이기 때문이다.

마. 생애주기별 평생체육 활동

우리가 일생 동안 참여할 수 있는 체육활동은 다양하다. 그러나 이러한 활동은 반드시 인간의 성장과 변화 단계의 특성에 따라 적절하게 선택되어야 한다.

1) 유아 체육

유아기는 신체의 구조와 기능이 가장 빠르게 발달하는 시기이다. 이러한 측면에서 유아기의 체육활동은 평생 동안의 건강과 심신의 조화로운 발달을 위해 매우 중요하다. 유아 체육은 놀이를 중심으로 한 다양한 신체활동을 포함하고 있으며, 움직임 교육에 중점을 두고 있다. 유아기의 체육활동은 각종 놀이기구를 이용하여 서기, 걷기, 뛰기, 던지기, 잡기 등의 기초 운동기능을 기르는 것이 바람직하다.

2) 아동 체육

아동기는 신체활동뿐만 아니라 지적 호기심과 탐구심이 왕성해지고 일상생활에서 행동이나 말씨, 마음 씀씀이가 하루가 다르게 성숙하는 시기이다. 따라서 이 시기에는 아동들에게 생활의 여러 측면에서 다양한 경험의 기회를 갖도록 배려하여 건강한 생활습관은 물론, 올바른 판단력을 가진 인간으로 성장할 수 있는 토대를 마련해주어야 한다. 이는 아동기의 경험이 미래생활에 커다란 영향을 미치기 때문이다. 이러한 체육의 가치 및 중요성에 비추어볼 때 체육은 아동의 관심을 올바른 방향으로 돌리고 좋은 습관을 형성하도록 도와주는 데 중요한 역할을 한다. 특히 부모나 교사 및 체육지도자는 아동의 나이와 체력 수준에 적합한 운동 프로그램을 제시해주는 것이 필요하다. 이 시기의 체육활동은 달리기, 뜀뛰기, 체조, 조직성이 낮은 간이 경기, 물놀이, 춤과 리듬 활동 등이 적합하다.

3) 청소년 체육

청소년기는 성인으로서의 역할을 준비하는 예비단계로서, 생애주기에 있어서 신체적·심리적·사회적 성숙을 포함한 다양한 변화와 발달과정을 경험하는 시기이다. 따라서 이 시기의 학습 및 경험은 청소년기의 인격 및 태도 형성에 매우 중요한 영향을 미친다. 특히 청소년기에 있어서 체육활동은 청소년들로 하여금 신체 발달, 체력 육성, 정서 안정·순화, 교우관계 개선, 여가 선용 및 자아실현 등의 바람직한 가치를 경험케 함으로써 평생 체육의 기틀을 마련하는 데 매우 중요하다. 청소년기는 다양한 체육 활동을 골고루 할 수 있는 시기이며, 학교체육 활동만으로는 성장단계에 필요한 신체활동의 양이 부족하므로 학교체육을 기초로 하여 수영, 등산, 야영 등 야외 활동을 병행하는 것이 바람직하다.

4) 성인 체육

성인기는 20세부터 60세까지의 시기로, 가장 활발한 사회적 활동을 전개하는 시기이다. 그러나 나이가 듦에 따라 체력이 저하되어 여러 가지 생리적 변화를 겪는 시기이기도 하다. 체육은 이와 같은 현상을 극복하고 건강한 성인생활을 영위하는 데 도움을 줄 수 있다. 특히, 이 시기에는 운동 부족, 영양 과다 섭취, 각종 스트레스로 인한 고혈압, 비만증, 당뇨병 등과 같은 성인병을 앓게 되는데, 성인기의 체육 활동은 성인병 예방은 물론 긴장과 불안을 해소하고 삶의 의욕을 높여주어 즐거운 생활을 누리게 하는 활력소가 될 수 있다. 성인기의 체육 활동은 산책, 하이킹, 골프, 체조, 수영, 테니스, 등산 등의 유산소운동과 웨이트트레이닝 등의 무산소운동을 적절히 배분하여 구성한다.

5) 노인 체육

노년기는 젊었을 때의 왕성한 신체적·정신적 기능이 점차 쇠퇴해가는 시기이다. 그러므로 노년기의 체육 활동은 노년생활에 활력을 불어넣어줄 뿐만 아니라 노화를 지연시키고, 건강을 유지해주며, 고독감에서 해방되어 삶의 보람과 생활에 균형을 갖게 하는 중요한 의의를 가지고 있다. 이 시기에는 지나친 신체활동보다는 자신의 건강 상태나 체력 수준에 알맞은 운동을 선택하여 실천하는 것이 중요하다. 걷기, 산책, 체조, 등산, 배드민턴, 게이트볼, 활동형 레크리에이션 등이 해당된다.

3장 스포츠교육 행정가

 학습목표

- 스포츠교육 행정가의 의미를 알아본다.
- 스포츠교육 행정가의 역할에 대하여 이해한다.
- 스포츠교육 행정가의 현황과 사례를 알아본다.

1. 스포츠교육 행정가의 의미

스포츠교육 행정가는 스포츠와 관련된 일을 하며, 프로젝트 기획, 행정, 사무, 개발, 교육 등의 업무를 담당하는 사람을 말한다. 스포츠교육 행정가는 크게 학교체육과 관련된 행정가, 생활체육과 관련된 행정가, 전문체육과 관련된 행정가로 구분한다. 스포츠교육 행정가는 스포츠교육 행정의 전반적인 업무를 관장하고 조직의 목적과 목표를 완수할 책임을 맡고 있는 사람이다. 또한 스포츠교육 행정가는 조직의 목적을 효율적으로 달성하기 위하여 업무를 조정하고 사람을 배치하며, 물적 자원을 적절히 사용할 책임을 가지고 있다(이범제, 1999). 이러한 스포츠교육 행정가는 크게 이론가와 실무가로 나눌 수 있다.

가. 학교체육

1) 학교체육과 관련된 행정가의 개념

학교체육과 관련된 행정가는 크게 학교체육 행정이론가와 학교체육 행정실무자로 구분한다. 학교체육 행정이론가는 교육정책과 절차를 수립하는 역할로 학교업무를 관장하는 교장, 교감, 행정실장 등이 있으며, 학교체육 행정실무자는 학교체육 관련 업무, 운동부 관련 업무, 학교스포츠클럽 관련 업무 등 전체적인 업무를 총괄하거나 협조하여 예산집행 및 결재를 직접적으로 담당하거나 운영하는 주관부서의 담당자인 체육교사와 스포츠강사를 말한다.

2) 학교체육과 관련된 행정가의 역할

학교체육 행정이론가는 학교체육을 감독하는 관리자이다. 학교체육의 계획, 조직, 인사, 조정, 예산, 시설관리 등의 업무를 관장하는 행정지도자 역할과 참가자들과의 직접적인 대면을 통해 체육활동을 지도하는 학교체육 행정실무자 역할로 구분한다. 학교체육 행정가에는 교육정책과 절차를 수립하는 역할로 학교업무를 관장하는 교장, 교감, 행정실장 등이 있으며, 학교체육 관련 업무, 운동부 관련 업무, 학교스포츠클럽 관련 업무 등 전체적인 업무를 총괄하거나 협조하여 기획 및 운영을 담당하는 체육교사와 스포츠강사를 말하며, 그들의 역할은 다음과 같다.

① 안내자로서의 역할이다. 즉, 학교체육 활성화를 위해 교사가 학교 현장 속에서 다양한 활동을 수행할 수 있도록 안내하는 역할을 한다.
② 조력자로서의 역할이다. 즉, 학교체육 행정가의 가장 핵심적인 임무는 교사들로 하여금 체육교과활동과 체육행사, 운동부 업무를 하게끔 도와주는 일과 새로운 지식과 이미 습득한 지식을 바탕으로 새로운 문제를 해결할 수 있도록 도와주는 역할을 한다.
③ 행정가로서의 역할이다. 체육행정의 현상을 정확하게 규명할 능력과 이론을 바탕으로 학교체육 업무를 달성할 수 있도록 인적·물적 지원을 지시하고 결정한다.

3) 학교체육과 관련된 행정가의 현황

학교체육과 관련된 행정가는 크게 학교체육 행정이론가와 학교체육 행정실무자로 구분하며, 각 행정가의 현황과 사례를 살펴보자.

① 학교체육 행정이론가는 교장, 교감, 행정실장이 있으며, 단위학교에서 학교체육행정 전체를 관장하는 학교장의 현황은 〈표 3-1〉과 같다. 유치원을 제외한 학교별 학교장 수는 학교개황 수에 따라 인원이 배치될 수 있어 같은 수로 보면 된다. 따라서 2014년 단위학교 학교장 수는 초등(5,934명), 중학교(3,186명), 고등학교(2,326명), 특수학교(166명)로 총 11,612명이 있으며 학교체육 전체를 관장하는 행정가로 보면 된다.

표 3-1. 우리나라 단일학교 최고 학교체육 행정가(학교장) 현황(교육부, 2014 교육일반지표)

구분	학교 수			
	'11	'12	'13	'14
유치원	8,424	8,538	8,678	8,826
초등학교	5,882	5,895	5,913	5,934
중학교	3,153	3,162	3,173	3,186
고등학교	2,282	2,303	2,322	2,326
특수학교	155	156	162	166

② 학교체육 행정실무자는 체육교사와 스포츠강사로, 현황은 다음과 같다.
 - 체육교사 현황: 중·고등학교 체육교원을 성별로 살펴보면 총 14,270명 중 남교사

(11,965명)가 여교사(2,305명)의 5.2배에 달하는 것으로 나타나며, 이는 2012년과 차이가 없다. 특히, 고등학교의 여교사는 750명으로 전체 중·고등학교 체육교사의 5%에 불과하며 성별로 볼 때 남교사가 여교사보다 6.95배 많다(표 3-2 참조).

표 3-2. 우리나라 체육교사 현황(체육백과, 2013)

구분	남			여			계		
	중	고	계	중	고	계	중	고	계
계	6,749	5,216	11,965	1,555	750	2,305	8,304	5,966	14,270

- 초등체육 전담교사: 초등학교에서 체육 전담교사는 초등학생의 체육수업 및 방과 후 활동을 활발히 지원하고 있다. 다만, 체육 전담교사는 일반교사 중에서 체육만 전담하는 경우가 대부분으로 체육교과 전문성, 운동부 육성 등을 담당하며, 현황은 다음과 같다(표 3-3).

표 3-3. 우리나라 전담 체육교사 현황(체육백과, 2013)

전체 학교 수 (분교 제외)	배치학교 수	배치인원	6학급 이상(3~6학년)		
			학교 수	체육 전담교사 배치학교 수	비율
5,918	2,713	3,940	3,803	2,319	61%

③ 학교체육과 관련된 행정가의 국내·외 사례

- 국내 사례: 학교체육과 관련된 행정가의 국내와 국외 사례에 대하여 살펴보고자 한다. 국내 사례는 학교체육과 관련된 행정가의 체육인재 양성 진로 프로그램 운영사례와 스포츠 행정가를 꿈꾸는 사람들의 연수사례를 통해 학교체육 관련 행정가 양성의 필요성과 스포츠 행정가의 필요성을 생각해본다(그림 3-2, 그림 3-3 참조).

울산스포츠 과학중·고 체육인재 양성 진로 특강
【울산=뉴시스】고은희 기자 = 울산스포츠과학중·고등학교(교장 정재오)는 28일 시청각실에서 학생과 학부모 40여 명을 대상으로 체육(스포츠) 분야 진로 특강을 개최했다. 이번 특강에는 체육인재육성재단(이사장 송강영) 양구석 인재육성팀장이 '국내·외 체육(스포츠)인재 현황과 체육인재 양성 사업, 국제 경쟁력 확보를 위한 글로벌 역량 강화'를 주제로 강의했다.
특강은 체육(스포츠)과 관련된 다양한 진로에 대한 구체적인 사례와 국제 스포츠 무대에서 글로벌 스포츠 인재로 활약하기 위해 반드시 갖춰야 하는 자질에 대해 강의했다.

그림 3-2. 학교체육 관련 행정가의 체육진로 지원 사례

스포츠행정가! 수원에서 배우다

스포츠행정가를 꿈꾸는 대학원생 42명이 프로축구 1부 리그에서 활약하는 수원 구단을 방문했다. 서울대학교와 체육인재육성재단이 함께 운영하는 '개발도상국 스포츠행정가 교육 프로그램(Dream Together Master Program)'을 수강하고 있는 1, 2기 대학원생들은 27일 수원을 방문해 빅버드 경기장과 클럽하우스를 둘러보고 한국 스포츠 마케팅 현장에 대한 공부를 했다. 태국, 필리핀, 우즈베키스탄, 인도네시아, 메소토, 콜롬비아, 베트남, 캄보디아 등 전 세계 22개국에서 온 대학원생 42명은 각국의 체육부와 체육단체 공무원, 전직 국가대표선수들로 구성돼 있다.

2014 시즌에 다양한 마케팅 활동으로 관중 1위를 기록하고 있는 수원은 향후에도 해외 스포츠마케팅 전문가 및 스포츠 분야 종사자들과의 다양한 교류를 통해 한국 축구를 알리는 데 노력하겠다고 밝혔다.

출처: 뉴스데이 http://www.newdaily.co.kr/news/article.html?no=215151

그림 3-3. 스포츠행정가 연수 참여 사례

- 국외 사례: 페블비치(Pebble Beach) 골프학교의 운영자인 레이드 스몰에 관한 사례이다 (그림 3-4 참조).

Laird Small은 캘리포니아 주 Monterey에 있는 페블비치 골프학교의 운영자로서, 미국의 골프 잡지에서 주관하는 '100명의 우수 골프교사'로 선정된 사람이다.

이 사례는 『스포츠교육개론』 책에 제시된 것으로 운영자로서의 그의 모습을 보여준 사례이다. 이 글은 스포츠행정가로서 골프를 통해 인간과 소통하는 모습을 제시하고 있다. 즉, 스포츠가 가지는 가치를 학교의 운영자이자 행정가인 그가 어떤 모습으로 사람들에게 다가서는지에 대한 리더로서의 모습을 보여준 사례라 생각한다.

그림 3-4. 미국 페블비치 골프학교 운영자 사례(Paul G. Schempp 저, 유정애·임현주, 2006)

나. 생활체육

1) 생활체육과 관련된 행정가의 개념

생활체육과 관련된 행정가는 단순 스포츠 활동만을 그 대상으로 하는 것이 아니라 국가의 생활체육정책을 수립하고 집행하는 행정업무를 담당한다. 즉, 생활체육을 통한 수입 및 지출계획 수립과 효율적 관리를 함으로써 자체 수익사업 등의 사무·행정업무를 관장하는 업무와 생활체육 대회 및 행사 주관, 홍보, 경기운영 등을 관장하는 업무 등을 담당한다. 주로 생활체육은 각 시·도의 시장이나 도지사 등이 최종 행정가로 되어 있으며, 그 밑에 업무를 담당하는 일반체육 행정가와 생활체육 업무를 전담하는 실무 행정가 등이 있다.

2) 생활체육 속 행정가의 역할

생활체육과 관련된 행정가는 생활체육과 관련된 기관을 관장하거나 각종 대회 유치 및 교육 등의 업무를 담당하는 사람으로, 갖추어야 할 역할은 다음과 같다.

① 조력자로서의 역할: 생활체육 행정가는 생활스포츠 전문가들로 하여금 생활체육 행사 및 관련 업무를 지원하며, 새로운 지식이나 이미 습득한 지식을 바탕으로 새로운 문제를 해결할 수 있도록 도와주는 역할을 한다.
② 조직가로서의 역할: 생활체육 행정가는 참여자 개인으로 하여금 집단 구성원으로 여겨지도록 조장함으로써 집단 전체가 하나의 단위로 기능하도록 조직화하는 역할을 담당한다.
③ 운영자로서의 역할: 일반 국민이나 선수들의 체육활동을 지원하고 관리하며, 문화관광부나 대한체육회, 각 지역의 생활체육 부서, 국민체육진흥공단 등 체육관계 공공 기관이나 단체에서 체육 보급과 진흥을 위한 행정 지원 업무를 수행하는 역할을 한다.
④ 지원자의 역할: 생활스포츠지도사를 지원하여 체육활동 과제를 설명하고 부과함으로써 참가자를 관리하며, 주민의 체육활동을 위한 스포츠 시설을 관리하고 운영하는 역할을 한다.

3) 생활체육과 관련된 행정가의 현황

생활체육과 관련된 행정가는 크게 생활체육과 관련된 사무 업무를 담당하는 일반체육 행정가와 생활체육과 관련된 실무 업무를 담당하는 실무행정가로 구분한다. 생활체육과 관련된 실무행정가는 대부분 생활스포츠지도사를 말하며, 현재의 지도자 현황은 다음과 같다.

① 생활스포츠지도사(생활체육지도자) 자격 소지 현황
 – 생활스포츠지도사(생활체육지도자)의 자격증이 발급되는 종목은 총 42개 종목이며, 2013년 12월 말(2014년 5월 말까지 자격증 수령 기준)까지 정부가 배출한 생활스포츠지도사(생활체육지도자)는 1급 945명, 2급 8,491명, 3급 171,620명으로 총 181,056명이다(표 3-4).

표 3-4. 생활스포츠지도사(생활체육지도자) 자격 소지자 현황(체육백서, 2013)

구분	2000			2011			2013		
	시설 개수	배치대상	배치인원	시설 개수	배치대상	배치인원	시설 개수	배치대상	배치인원
등록	361	282	339	439	303	411	461	435	426
신고	53,490	20,151	24,433	56,368	20,906	24,385	55,961	2,949	25,046

② 생활체육과 관련된 행정가의 국내·외 사례

- 국내 사례: 생활체육과 관련된 행정가 중 생활체육의 사무행정과 실무행정 모두를 고루 알고 있어야 하는 생활체육 사무처장에 대한 사례이다(그림 3-5 참조).

"생활체육이 곧 복지다" – 건강사회 구현으로 윤택한 삶의 질 견인
[초대석] 한규택 경기도생활체육회 사무처장

경기도생활체육회는 도민 1인 1종목으로 생활체육에 참여해 상호 간의 화합을 통한 건강한 삶을 지향하는 생활체육인들의 요체이다. 한규택 사무처장은 경기도 산하 공공기관의 장으로서 무엇보다 기관의 고유기능과 목적사업의 이해가 중요하다고 말한다. 그는 대부분의 기관장들이 정치적 성향에 따른 치적 쌓기에 치중한 나머지 본래 역할에 소홀해 기관 발전이 더뎌지는 경향을 우려했다. 한 처장은 "기관의 장은 고유의 방향성과 기능에 충실해야 조직발전을 도모할 수 있다."고 강조했다.
"생활체육은 곧 복지다." 이 말의 진정한 의미와 추진 전략은?
생활체육의 사업 목적은 개인의 건강도모를 통해 국민건강을 향상시키는 것이다. 국민건강이 향상된다는 것은 그만큼 삶의 질이 높아진다는 것으로, "생활체육은 복지"라는 의미가 된다고 할 것이다. 그리고 이 같은 의미를 실현시키고자 道생체회에서는 체육시설의 지속적 확대, 다양한 프로그램 운영, 각종 동호인 대회의 운영, 생활체육지도자 양성, 체육행정력 강화, 자립적 기반 구축을 중점 전략으로 추진하고 있다.
출처: 수원일보 http://www.suwon.com/news/articleView.html?idxno=86796

그림 3-5. 생활체육과 관련된 행정가 사례

- 국외 사례: 독일의 체육지도자 양성 사업에 대한 사례를 제시한다. 독일의 경기지도자과정은 초급과정(Trainer C), 중급과정(Trainer B), 상급과정(Trainer A) 그리고 최고단계인 석사지도자과정 등으로 나누어져 있다. 독일올림픽체육연맹의 경기지도자 지침서에 따르면, 석사지도자를 제외한 대부분의 경기지도자 자격은 4년간 유효하고, 해당 종목의 경기력 분야와 관련된 직업 종사자의 경우 발급 후 매 2년마다 재교육을 이수해야만 자격증이 연장되며, 독일에는 1급 경기지도자 자격증 취득 후 연계과정으로 독일올림픽체육연맹 소속 쾰른의 독일체육대학교(DSHS) 내 트레이너아카데미(Trainerakademie Köln des Deutschen Olympischen Sportbundes)가 주관하는 석사지도자과정을 이수해야 한다(표 3-5 참조).

표 3-5. 독일의 체육지도자 양성과정 사례

구분	종류	과정	비고
체육지도자 양성사업	• 경기지도자과정 • 생활체육지도자과정		모든 체육지도자 양성 및 연수는 중앙경기단체 및 주정부경기단체, 대학교, 스포츠 관련기관 등
체육지도자 자격 종류	• 종목별 경기지도자 • 종목별 생활체육지도자 • 일반 생활체육지도자 • 예방 및 재활지도사 • 청소년지도자 • 클럽매니저	초급과정(Trainer C) 중급과정(Trainer B) 상급과정(Trainer A) 최고단계(석사지도자과정) 자격 유효기간: 4년 재교육 후 자격증 연장	
독일올림픽체육연맹 주체	• 스포츠심리치료사 • 석사지도자과정		

다. 전문체육

1) 전문체육과 관련된 행정가의 개념

전문체육과 관련된 행정가는 엘리트 스포츠와 관련된 기관에서 사무, 행정, 개발, 교육 등의 업무를 담당하는 사람을 말한다. 즉, 스포츠 관련 프로그램 계획, 조직, 인사, 조정, 예산, 시설관리 등의 사무·행정업무를 관장하는 업무와 홍보, 경기운영, 영업 등을 관장하는 업무 등을 담당한다. 전문체육에서의 행정가는 국가의 정책을 수반하는 문화관광부, 대한체육회, 시·도 체육회, 가맹단체 등 운동선수를 양성하거나 각종 대회를 개최·운영하는 곳에서 체육조직의 업무를 관장하고 조직의 목적과 목표를 달성할 책임을 맡고 있으며 업무의 조정, 인력의 배치, 물적 자원 관리, 시설관리, 프로그램관리 등의 업무를 하는 사람이다. 이러한 전문체육 속 행정가는 이론가와 실무가로 나눌 수 있다. 이론가는 행정현상을 규명하고 체육행정이 나아가야 할 바람직한 방향을 연구하며, 실무자는 인적, 물적 자원을 동원하여 실무에 지원한다.

2) 전문체육 속 행정가의 역할

전문체육과 관련된 행정가는 엘리트 스포츠와 관련된 기관에서 사무, 행정, 개발, 교육 등의 업무를 담당하는 사람을 말한다. 즉, 스포츠 관련 프로그램 계획, 조직, 인사, 조정, 예산, 시설관리 등의 사무·행정업무를 관장하는 업무와 홍보, 경기운영, 영업 등을 관장하는 업무 등을 담당한다. 전문체육에서의 행정가는 국가의 정책을 수반하는 문화관광부, 대한체육회, 시·도 체육회, 가맹단체 등 운동선수를 양성하거나 각종 대회를 개최·운영하는 곳에서 체육조직의 업무를 관장하고 조직의 목적과 목표를 달성할 책임을 맡고 있으며 업무의 조정, 인력의 배치, 물적 자원 관리, 시설관리, 프로그램관리 등의 업무를 담당한다.

① 전문가로서의 역할: 전문체육 행정가는 전문체육의 행정에 관한 광범위한 지식을 가지고 있어야 하며, 전문체육과 관련된 능력과 기술을 습득하고 있어야 한다.
② 행동가로서의 역할: 스포츠 상황에 불이익을 당하는 선수들을 위해 진정한 행정가의 역할이 강조되고 있다. 즉, 스포츠 조직과 함께 스포츠 환경을 개선하고, 서비스를 요구하기 위해 집단 행동에 있어서 리더십을 발휘하여 행동을 이끌어가는 역할이다.
③ 관리자로서의 역할: 조직의 관련 시스템과 프로세스를 사용하여 관리 업무를 수행하며, 다른 단체와 일반인의 정보에 대한 문의와 요청에 응답하고, 관리 시스템, 프로세스 및 데이터베이스를 효율적으로 관리하고 보장하는 역할을 한다.

3) 전문체육과 관련된 행정가의 현황

전문체육과 관련된 국내 행정가 현황과 국외 행정가 현황을 알아보고, 스포츠행정가를 양성하기 위한 프로그램의 사례에 대한 내용이다.

– 학교운동부 지도자는 시·도 교육청이 임용한 전임코치와 단위학교에서 자체 임용한 일반코치로 구분되는데, 2013년에 시·도 교육청 전임코치 수는 4,105명, 일반코치는 1,714명으로 총 5,819명이다(표 3-6 참조).

표 3-6. 학교운동부 지도자 현황(체육백서, 2013)

연도	학교운동부 지도자(명)											
	전임코치				일반코치				계			
	초	중	고	계	초	중	고	계	초	중	고	계
2012	1,453	1,687	1,264	4,404	460	571	574	1,605	1,913	2,258	1,838	6,009
2013	1,310	1,662	1,133	4,105	467	578	576	1,714	1,777	2,333	1,700	5,819

국제체육기구의 주요직에 적극적으로 진출하는 것은 우리나라의 국제스포츠 영향력 확대는 물론 국가 위상을 제고하는 국가 경쟁력이 되기도 한다. 특히 IOC 산하 분과위원회 위원장 또는 위원이 되는 것은 IOC에서 한 국가의 스포츠 위상은 물론 정치적·경제적 위상을 반영하는 데 있어 매우 중요한 의미를 지닌다. 또한 종목별 국제경기연맹의 회장단과 집행위원 또는 이사로 진출되

는 것은 해당 종목에서 우리나라의 영향력을 확대하고, 경기력 강화에도 이바지할 수 있는 발판이 되고 있다. 우리나라는 국제올림픽위원회(IOC) 위원을 비롯하여 국제스포츠기구와 국제경기연맹, 아시아경기연맹에 다수의 임원이 회장, 부회장, 사무총장, 집행위원, 분과위원 등으로 활발하게 활동하고 있으며 그 인원도 해마다 증가하고 있다(표 3-7, 표 3-8, 표 3-9 참조).

표 3-7. 우리나라 국제올림픽위원회(IOC) 위원 현황(체육백서, 2014)

지위	성명	피선 연도	임기	국내 직위	비고
위원	이건희	1996.7	–	대한체육회 이사	
위원	문대성	2008.8.21	8년	대한체육회 이사	

표 3-8. 우리나라 국제올림픽위원회(IOC) 분과위원 현황(체육백서, 2014)

지위	성명	피선 연도	임기	국내 직위	비고
생활체육분과위원	최종준	2010.3.31	4년	현 대한체육회 사무총장	
선수분과위원	문대성	2008.8.21	8년	대한체육회 이사	

표 3-9. 각종 국제기구위원회에서 활동하는 한국인(체육백서, 2014)

국제기구명	현재 인원	국제기구명	현재 인원
IOC(국제올림픽위원회)	5	OCA(아시아올림픽평의회)	10
ANOC(국제올림픽위원회총연합회)	1	EAGA(동아시아대회협의회)	4
AIPS(국제체육기자연맹)	1	ASPU(아시아체육기자연맹)	1
FISU(국제대학스포츠연맹)	8	AUSF(아시아대학스포츠연맹)	1

4) 전문체육과 관련된 행정가의 사례

– 국내 사례: 엘리트 선수로 활약하다가 은퇴 후 스포츠행정가의 길을 희망하는 선수들이 많다. 그중에서도 남성 위주의 축구계에서 여성 심판으로는 국내 1호인 그녀의 사례를 제시해보겠다(그림 3-6 참조).

축구 산업 아카데미, 한국형 축구행정가를 위한 힘찬 첫걸음

[CBS노컷뉴스 오해원 기자] 축구행정가 양성을 목적으로 하는 축구 산업 아카데미가 공식 개원했다.

한국프로축구연맹은 지난 3일 서울 신문로 축구회관에서 '축구 산업 아카데미' 1기 개원식과 1주차 수업을 진행했다.

대전과 대구, 전남 순천 등 전국 각지에서 모인 30명의 1기 수강생들은 30 대 1이 넘는 치열한 경쟁을 뚫고 선발됐다.

이들은 내년 2월까지 25주 동안 구단 경영과 선수단 운영, 중계방송, 미디어 커뮤니케이션, 마케팅, 국제 업무를 비롯한 축구 관련 모든 분야에 대한 교육을 받는다. K리그 현장 실무 교육과 조별 토론 수업 및 팀 프로젝트도 함께 수행한다.

수강생 박경훈 씨는 "무한 발전 가능성이 있는 축구 분야에 관련 전문가를 육성할 수 있는 프로그램이 생긴 것이 정말 고무적이다. 6개월이란 시간 동안 열심히 해서 꼭 성과를 내겠다."고 각오를 밝혔다.

이정원 씨는 "K리그의 미래 비전과 계획을 보면서 위기 속에 희망이 분명히 있다는 것을 느꼈다. 이번 축구 산업 아카데미가 바로 우리나라 축구의 큰 희망이 될 수 있도록 수강생 모두가 함께 노력하겠다."고 포부를 전했다.

프로연맹은 축구 산업 아카데미를 지속적인 스포츠 인재를 배출하고, 이를 K리그의 성장 동력으로 마련해나간다는 계획이다.

ohwwho@cbs.co.kr

그림 3-6. 한국형 스포츠행정가 교육 사례(출처: CBS 노컷뉴스)

- 국외 사례: 엘리트 선수로 활약하다가 은퇴 후 스포츠행정가의 길을 선택하는 선수들이 많다. 다음의 사례는 선수시절 '인간새'로 불리었던 세르게이 부브카 선수의 사례이다. 그는 은퇴 후 IOC 선수위원으로 활약했으며, 육상 발전을 위해 노력한 스포츠행정가이다 (그림 3-7 참조).

장대높이뛰기의 전설 세르게이 부브카, IAAF 꼭대기 오르겠다고 선언

[스포츠서울] 남자 장대높이뛰기의 전설 세르게이 부브카(52·우크라이나)가 국제육상경기연맹(IAAF) 차기 회장 선거에 출마하겠다고 선언했다. 현재 IAAF 부회장직을 맡고 있는 부브카는 "현 라미네 디아크 회장 체제에서 IAAF는 발전을 이뤘다. 그가 진행해온 일련의 과정을 이어나가며 모범이 되는 단체를 만들겠다."며 회장 도전 의사를 전했다. 이어 "다음 세대를 위해 유소년 선수들에 대한 육성정책이 필요하다. 젊은 세대들을 독려해 새로운 팬층도 형성해야 한다. '클린스포츠'가 되기 위한 부정들도 막아야 한다."면서 자신이 회장으로서 하고자 하는 정책의 방향도 제시했다. 이미 우크라이나 올림픽위원회, 국제올림픽위원회(IOC), IAAF 등 체육단체에서 수년간 활동해온 그는 스포츠행정가보다는 현역시절의 화려했던 성적으로 잘 알려져 있다. 1983년부터 1997년까지 세계선수권 6연패를 달성하며 세계기록을 35차례나 경신한 육상계 최고의 스타였다. 1994년 세운 실외 세계기록(6m 14)은 21년이 흐른 지금까지도 깨지지 않고 있다. 부브카는 지난해 11월 IAAF 회장 도전을 선언한 또 한 명의 육상 전설 세바스찬 코(59·영국) IAAF 부회장과 경선을 벌인다. 1980년대 트랙의 강자였던 코는 1980년 모스크바올림픽 남자 1,500m 금메달과 800m 은메달, 1984년 로스앤젤레스올림픽 남자 1,500m 금메달과 800m 은메달을 차지했고, 통산 12차례 세계기록을 갈아치웠다. 은퇴 후 정치인과 스포츠행정가로 변신했던 그는 2012년 런던올림픽 조직위원장을 맡았고, 현재 영국올림픽위원회 위원장을 맡고 있다. IAAF의 차기 회장선거는 오는 8월 중국 베이징에서 열리는 IAAF 총회에서 진행된다.

출처: 스포츠서울 http://www.sportsseoul.com/?c=v&m=n&i=169955
2015.1.29

그림 3-7. 국외 선수 출신의 스포츠행정가 사례

IV부
스포츠교육의 프로그램론

스포츠지도사는 자신의 전문적 역량 함양을 위해 스포츠교육의 프로그램을 이해하는 것이 중요하다. IV부 스포츠교육의 프로그램론에서는 학교체육, 생활체육, 전문체육의 각 영역별로 프로그램 개발과 실천 방법에 대해 살펴본다.

1장 학교체육 프로그램에서는 학교체육 프로그램의 이해를 돕기 위해 개념과 유형, 각 유형별 프로그램 개발 및 지도 시 고려사항에 대해 살펴본다.

2장 생활체육 프로그램에서는 프로그램의 개발과 실천으로 나누었으며, 프로그램 개발의 기본적인 이해와 기획, 지역 및 참여자의 요구분석, 목적 및 목표 설정, 실질적인 설계, 마케팅과 홍보로 나누어 살펴본 후 대상별 개념, 유형, 프로그램 개발 시 고려사항에 대해 구체적으로 살펴본다.

3장 전문체육 프로그램에서는 전문체육의 개념, 프로그램 개발의 단계와 청소년 스포츠코칭, 성인 스포츠코칭 프로그램 개발에 대해 살펴본다.

1장 학교체육 프로그램 개발 및 실천

 학습목표

- 학교체육 프로그램의 개념을 이해한다.
- 체육수업 프로그램 개발과정에 대해 이해한다.
- 학교스포츠클럽 프로그램 개발과정에 대해 이해한다.

1. 학교체육 프로그램의 이해

가. 학교체육 프로그램의 개념

학교체육 프로그램은 교과 활동과 비교과 활동으로 구분된다. 교과 활동은 체육교과의 체육수업을 의미하며, 비교과 활동은 체육수업과 관계없이 학교 내에서 이루어지는 체육활동을 의미한다. 비교과 활동에는 창의적 체험활동 시간에 배정된 학교스포츠클럽 활동, 방과 후에 실시하는 학교스포츠클럽, 방과 후 체육활동, 학교운동부 등이 포함된다.

나. 학교체육 프로그램 유형

학교체육 프로그램 개발은 교과 활동과 비교과 활동으로 구분된다. 교과 활동은 체육수업, 비교과 활동은 학교스포츠클럽으로 구분하여 살펴보고자 한다.

2. 체육수업 프로그램 개발

가. 체육수업 프로그램 개념

체육수업은 학교에서 이루어지는 대표적인 학교체육 프로그램으로 '정과 체육수업' 또는 '체육수업'이라고 일컫는다. 체육수업은 체육과 교육과정에 근거해서 체계적인 계획을 통해 학습자들의 특성 및 요구를 반영하고 심동적 · 인지적 · 정의적 영역의 학습 내용을 통합적으로 조직하여 제공된다. 좋은 체육수업 프로그램은 학습자의 요구 및 발달 상태, 흥미 등에 대한 이해를 바탕으로 수업 주제 선정, 활동 설계 등을 고려하고 목표, 수업 내용, 용 · 기구, 평가 등의 내용을 포함한다(Schempp, 2003).

나. 체육수업을 위한 지식

체육교사는 체육수업 프로그램을 계획, 실행, 평가하기 위해 전문 지식을 갖추어야 한다. 이러한 전문 지식은 체육수업을 가르치는 데 필요한 교사 지식으로 학자에 따라 다양하게 제시되고 있다. 체육수업에 직·간접적으로 영향을 미치는 교사 지식을 요약하여 제시하면 다음과 같다.

1) 교육 철학

체육교사는 체육수업을 계획하기 전에 자신이 체육교육을 통해 학생들에게 전달하고자 하는 가치는 무엇인지, 어떤 목적을 가지고 있는지, 체육수업을 통해 학생들에게 무엇을 전달하고자 하는지에 대한 교육 철학이 있어야 한다(손천택 등, 2011).

2) 교과지식

체육교사는 교과에 대한 전문가이다. 따라서 가르쳐야 할 교과에 대한 지식을 숙지하고 있어야 한다(유정애, 2013). 구체적으로 지도할 내용에 대한 지식, 신체활동 가치, 움직임 관련 지식, 운동수행 능력, 학생들의 학습과정을 이해하는 능력 등이 이에 해당된다. 일례로 체육교사는 다양한 운동 기능을 학습 활동으로 준비하기 위해 각 운동 기능을 분류하는 방법을 알고 있어야 한다. 즉, 비이동운동 기능, 이동운동 기능, 물체 조작 기능, 도구 조작 기능, 전략적 움직임과 기능, 움직임 주제, 표현 및 해석적 움직임 등의 움직임 기술(표 4-1 참조)을 분류할 수 있어야 한다. 풍부한 내

표 4-1. 움직임 기능 분류

움직임 기능	의미	예
비이동운동 기능	공간 이동이 없고 물체 또는 도구를 사용하지 않는 운동 기능	서기, 앉기, 구부리기, 비틀기, 돌기 정적 균형, 정지 동작 등
이동운동 기능	물체 또는 도구를 사용하지 않고 공간 이동을 포함한 신체운동	걷기, 달리기, 두발 뛰기, 한발 뛰기, 피하기
물체 조작 기능	손이나 몸에 고정시키지 않은 상태에서 도구를 조작하는 운동	공, 훌라후프, 바통, 셔틀콕 등 물체를 던지기, 토스하기, 차기, 잡기, 튀기기 등
도구 조작 기능	물체를 통제하기 위한 목적으로 용·기구를 한 손 또는 두 손으로 다루는 운동으로 '도구'는 일반적으로 '기구'로 사용	배트, 라켓, 글러브, 클럽 등으로 치기, 배팅하기, 퉁기기, 드리블하기, 잡기 등
전략적 움직임과 기능	역동적인 상황에서 적용되는 움직임 형태	핸드볼에서 수비, 야구에서 도루, 축구에서 패스 등
움직임 주제	복잡한 운동 패턴을 점진적으로 발달시키기 위해 기본 운동 기능과 움직임 개념을 결합	움직임 개념은 공간(몸을 어디로 움직이는가), 노력(어떻게 몸을 움직이는가), 관계(신체 일부, 다른 사람, 물체, 도구)로 구성
표현 및 해석적 움직임	느낌, 개념, 생각, 주제를 표현하기 위해 움직임	다양한 종류의 무용, 꾸미기체조, 마루운동, 피겨스케이팅 등의 움직임

용지식은 보다 다양하고, 체계적이고, 안전한 환경을 제공할 수 있는 프로그램을 개발하는 데 도움이 된다(유정애 등, 2007).

3) 교육과정 지식

우리나라 체육수업은 국가에서 제시하는 국가수준의 교육과정에 의해 계획, 실행된다. 따라서 체육수업 프로그램을 개발 및 지도하기 위해서는 국가수준 교육과정에 대한 이해가 필요하다(체육과교육과정은 Ⅰ부 1장 표 1-2, 표 1-3 내용 참조).

4) 학습자 관련 지식

체육교사는 체육 프로그램을 개발하기 위해 학습자의 성장 및 발달단계, 신체활동의 경험 정도, 학습 동기, 학습 선호 등에 대해 알고 있어야 한다. 일례로 학습자의 성장 및 발달, 즉 인지 발달, 운동 발달, 정서 발달 등에 관한 지식은 학습을 위한 출발점이며, 학습자의 요구와 능력을 파악하는 데 도움이 된다(유정애 등, 2007).

5) 체육교수지식

가르칠 내용을 효과적으로 전달하고 학습자들의 학습 동기 유발 및 학습 참여도를 높이기 위해서는 가르치는 방법에 대한 지식이 필요하다. 체육교수지식에는 수업 전략, 교수 스타일, 수업 모형 등이 있다(체육교수지식과 관련해서는 Ⅴ부 1, 2장 내용 참조).

참고자료 출처: 유정애 등(2007). 체육수업 모형. 78쪽에서 발췌하였음

Shulman(1987)의 7가지 교사지식	
1. 내용지식 (Content Knowledge)	가르칠 교과내용에 대한 지식
2. 지도방법 지식 (Genernal pedagogical knowledge)	모든 교과에 적용되는 지도법에 대한 지식
3. 내용교수법 지식 (Pedagogical content knowledge)	특정 학생에게 어느 교과나 주제를 특정한 상황에서 지도할 수 있는 방법에 대한 지식
4. 교육과정 지식 (Curriculum knowledge)	각 학년의 발달 단계에 적합한 내용과 프로그램에 대한 지식
5. 교육환경 지식 (Knowledge fo educational contexts)	수업 환경에 영향을 미치는 지식
6. 학습자와 학습자 특성 지식 (Knowledge of learners and their characteristics)	수업에 영향을 미치는 학습자에 관한 지식
7. 교육목적 지식 (Knowledge of educational goals)	목적, 내용 및 교육시스템의 구조에 관한 지식

※ 교사지식은 체육교사뿐만 아니라 생활체육, 전문체육분야에서 체육지도자가 프로그램을 계획, 실행, 평가하기 위해 기본적으로 갖추어야 할 지식임

다. 체육수업 프로그램 개발 시 고려사항

체육수업 지도 개발 시 고려사항은 「2011 체육과 교육과정」 문서에 제시된 교수·학습 지도방법 및 지도계획의 내용을 재구성하여 제시하였다.

1) 구체적이고 체계적으로 지도 계획 수립

체육수업은 건강, 도전, 경쟁, 표현, 여가의 5가지 신체활동 가치를 내면화시키기 위해 다양한 신체활동(종목)으로 수업을 구성하고, 각 학교급에 따라 교육과정에 명시된 내용체계에 따라 연간계획, 학기계획, 교수학습과정안을 계획해야 한다. 수업 지도 계획은 교육적 상황, 학습 목표, 학습 활동, 수업 관리, 평가에 이르기까지 일련의 과정에 대한 계획이다(유정애, 2013). 구체적이고 체계적인 수업 지도 계획의 수립은 효율적이고 성공적인 수업을 위한 지름길이다. 수업 계획은 〈표 4-2〉처럼 교사에게 수업에서 언제, 무엇을, 어떻게 할지에 대한 안내 역할을 한다.

표 4-2. 수업 계획의 기능[출처: 유정애(2013). 체육교재연구 및 지도법]

수업 계획의 기능
• 각 수업 시작 및 종료 시기가 명료해진다. • 수업 시간을 효율적으로 사용할 수 있다. • 수업 진행 과정을 점검할 수 있다. • 장·단기 의사결정의 시점을 알려준다. • 수업 계획안 수정·보완에 필요한 토대가 된다. • 계획한 수업과 실제로 이루어진 수업을 비교함으로써 수업을 평가할 수 있다

2) 창의·인성을 지향하는 학습 환경 조성

체육수업은 건강, 도전, 경쟁, 표현, 여가의 5가지 신체활동 가치의 구현을 지향하면서 신체활동을 통해 창의적으로 문제를 해결하고 인성을 기를 수 있는 다양한 학습 활동을 제공하여 창의성과 인성의 요소를 학습할 수 있는 학습 환경을 제공해야 한다.

3) 통합적 교수학습 활동 및 효율적 교수학습 방법 활용

체육수업지도는 신체활동을 총체적으로 이해하고 수행할 수 있도록 하기 위해 신체활동에 직접 참여하는 것을 기본으로 하여 관련 가치를 통합적으로 습득할 수 있도록 활동을 구성하여 제공한다. 이를 위해 직접적인 학습 활동과 간접적인 학습 활동(읽기, 쓰기, 감상하기, 토론하기 등)을 포함하여 통합적인 학습 활동을 제공해야 한다. 또한 체육수업지도에 있어서 신체활동 가치 영역의 내용을 균형 있게 구성하고 효율적으로 지도하기 위해 다양한 교수학습 방법을 활용한다. 특히 학습자의 학습 동기 유발과 학습자가 주도적으로 학습 활동에 참여할 수 있도록 하기 위해 수업 스타일과 다양한 수업 모형을 적용하여 지도한다.

4) 학교 내·외적 환경 고려

교수학습 계획은 학교 내·외적 환경에 대한 제반 요소(학급 규모, 시간 배당, 사용 가능한 용·기구, 시설, 학습자 특성)를 고려하여 수업의 효율성과 안전성을 높일 수 있도록 해야 한다. 또한 우발적 상황에 대비하여 다양성과 유연성을 확보한다. 제반 요소와 관련하여 구체적으로 살펴보면 다음과 같다.

① 학급 규모 및 학습자의 특성 파악

학급의 인원수, 학생의 신체활동에 대한 사전 학습 정도 및 발달단계를 고려해야 한다. 또한 시간 배당과 관련하여 수업 시수를 충분히 확보할 수 있어야 하며, 수업 결손 등에도 대비하여 수업에 내실을 기해야 한다.

② 시간 배당 및 기자재 확보

교수·학습 활동 계획은 실제 수업지도 시 효율적이고 효과적으로 운영할 수 있도록 하기 위한 준비로, 다양한 수업 환경과 다양한 매체를 적극적으로 활용할 수 있어야 하며, 학습 내용의 효율적인 조직과 수업 시간 운용을 효과적으로 해야 한다.

③ 학습자 안전 관리

학습자의 안전과 관련하여 예방적 수업을 통해 학습자 관리가 원활히 이루어질 수 있도록 하며 안전사고에 유의한다. 특히 수업 전 수업 기자재 준비 및 수업 후 기자재 정리 시 반드시 체육교사의 안내와 지시에 따라 행동하도록 한다. 안전사고 관리를 위해 안전 수칙 및 사고 대처 방안을 마련해두어야 한다.

2. 학교스포츠클럽 프로그램

가. 학교스포츠클럽 개념

학교스포츠클럽은 스포츠 활동에 취미를 가진 동일 학교의 일반 학생들로 구성되어 자율적으로 운영되는 스포츠클럽 또는 체육동아리를 의미한다(교육부, 2013). 학교스포츠클럽은 지난 2007년 학생들의 건강과 학교생활 등에 여러 가지 문제가 발생하면서 이를 해결하기 위한 방안으로 초·중·고등학교에 스포츠클럽을 결성하여 활동하도록 하고 있다. 학교스포츠클럽은 자율체육 활동 활성화를 통해 건강하고 활기찬 학교 분위기를 형성하고, 스포츠 친화적 학교문화 및 꿈과 끼를 키우는 스포츠 환경 조성, 전인적 성장을 위한 선진형 학교스포츠클럽 운영 시스템을 위한 기반 구축에 목적을 두고 있다(교육부, 2013). 학교스포츠클럽은 방과 후 자율적으로 활동함으로써 학생들의 건강증진, 스포츠기술 발달, 스포츠문화 체험, 리더십 및 공동체 학습, 여가문화 공간으로서의 역할과 기능을 한다(허현미 등, 2007). 2013년 현재 학교스포츠클럽 등록률은 84.2%에 달하고 있다(충청북도교육청, 2014)[표 4-3 참조].

표 4-3. 학교스포츠클럽 등록 현황

구분	2010	2011	2013	비고
전국	37.6%	47.3%	84.2%	등록 대상 초2~고3

학교스포츠클럽은 일과 전, 점심시간, 방과 후 등 학교에서 학생들이 자율적으로 모여 운동할 수 있는 시간과 종목을 선정하여 정해진 시간에 운동하며, 학생들 간에 친목도모는 물론 각종 대회 참가를 통해 스포츠에 대한 재미와 흥미, 스포츠문화 체험, 진로 탐색 등의 기회를 제공하고 있다.

학교스포츠클럽은 학교 현장에서 산발적으로 행해지는 자율체육활동, 스포츠 동아리, 체육 활동 등을 조직적으로 관리하여 운영하며 학생들의 자율적인 조직 및 참여를 유도하고 학교별로 학교스포츠클럽 전담교사를 지정하여 리그 조직, 운영, 교외 스포츠클럽 대회 참가 등의 계획 및 운영하도록 한다(교육부, 2013).

학교스포츠클럽은 정규교육과정 내에서 운영되고 있는 학교스포츠클럽 활동과 개념상 구분이 필요하다. 학교스포츠클럽 활동은 정규교육과정 내에 편성하는 스포츠 활동으로, 학기 초에 학생들이 희망하는 종목을 조사하여 종목을 선정하고 학교 여건에 따라 다양한 방법으로 학교스포츠클럽 활동 시간을 확보하고 지도교사를 배치한다. 지도교사는 체육교사, 일반교사, 스포츠강사 등이 할 수 있다.

표 4-4. 학교스포츠클럽과 학교스포츠클럽 활동

구분	학교스포츠클럽	학교스포츠클럽 활동
개념	방과 후에 체육활동에 취미를 가진 동일 학교 학생으로 구성 및 운영되는 스포츠 동아리를 의미함	정규 학교 교육과정 중 창의적 체험활동 시간에 이루어지는 클럽단위의 스포츠 활동
활동형태	정규교육과정 외	정교교육과정 내
활동시간	방과 후, 점심시간 등	창의적 체험활동 시간
활동 근거	학교체육진흥법 제10조	초·중등학교 교육과정총론, 중학교교육과정 편성·운영 지침

나. 학교스포츠클럽 운영

1) 학교스포츠클럽 조직 및 운영

운동 시간 및 경기 일정 등을 다양화하기 위해 방과 후 시간, 점심시간, 토요일 등을 활용하여 학급 및 학교스포츠클럽 대항 교내 스포츠 리그를 활성화하도록 한다.

2) 학교스포츠클럽 대회 유형

학교스포츠클럽 대회 유형은 「학교스포츠클럽 운영 매뉴얼」(교육부, 2013)에 제시된 내용을 재구성하였다.

① 교내 리그

건강한 학교문화 형성 및 자발적인 신체활동 참여 유도, 학교스포츠클럽 활성화를 위해 단위학교 내 학교스포츠클럽 리그를 운영한다. 교내 리그는 전담교사가 조직 및 운영하고 학생 주관 활동으로 추진을 권장한다. 이를 위해 학교교육 계획에 포함시켜 공식적인 학교교육 활동으로 운영하며, 시즌제를 도입하여 하나의 완전한 경기 대회로 운영하도록 한다. 또한 체육 교과 수업 내용과 연계하고 스포츠문화를 체험하고 향유할 수 있도록 다양한 요소의 체험 기회를 제공하도록 한다.

표 4-5. 교내 리그 참가 대상 및 단위

참가 대상 및 단위	선수 구성 방법	장점	단점
학교스포츠클럽 (희망 학생)	• 종목별 팀 단위 (예) 3on 3 농구리그 • 단일 종목 내 개인 (예) 탁구, 배드민턴 등	• 적극적 참여 • 경기력 평준화	• 참가 인원 적음 • 관심도 낮음
모든 학급 (의무 참가)	• 학급 내 선수 선발 (예) 학급대항 풋살리그 • 학급 내 전원 참가 (예) 단체 줄넘기	• 참가인원 많음 • 관심도 높음	• 소극적 참여 • 경기력 편차

② 지역 교육청 리그 및 본선대회

각 지역 교육청이 주관하여 학교스포츠클럽 대회를 개최한다. 대회 운영은 리그제와 토너먼트제로 운영한다. 지역 교육청 리그 대회가 마무리되면 지역 교육청 대회에서 종목별로 1~2위 팀은 결선 토너먼트 대회에 출전한다. 결선 토너먼트는 학교스포츠클럽 대회의 본선대회로 교육감이 주최한다. 결선 토너먼트는 학생들의 스포츠문화 축제로 경기뿐만 아니라 학생들이 참여하고 즐길 수 있는 각종 문화 행사 및 스포츠 행사 등을 마련하여 각 지역의 학생

스포츠문화 행사로 운영하는 것이 바람직하다.
③ 학교스포츠클럽 전국대회
교육감이 주최하는 본선대회에서 1~2위 팀은 교육부와 문화체육부장관이 주최하는 학교스포츠클럽 전국대회에 출전할 수 있다. 전국대회는 리그 개최 종목에 한해 출전하되 기타 종목에 출전하고자 할 경우 대회 운영지원위원회의 심의를 거쳐 결정하도록 한다.

다. 학교스포츠클럽 프로그램 구성 시 고려사항

1) 활동 시간의 다양화

아침시간, 점심시간, 방과 후 시간, 토요일 등 다양한 시간을 활용하여 학교스포츠클럽을 운영하도록 한다. 학교 체육시설 부족, 방과 후 시간 부족 등 학생들이 운동할 수 있는 시간이 한정되어 있기 때문에 학교스포츠클럽 프로그램은 다양한 틈새 시간을 활용할 수 있도록 한다.

2) 학생 주도의 자발적 참여 유도

학교스포츠클럽은 학생들 개인의 흥미와 적성에 따라 희망 종목을 선택하여 학생들의 자발적인 참여와 운영이 가능하도록 해야 한다. 이를 위해 팀 문화를 형성하도록 지도하여 팀 이름, 팀 구호, 팀 역할 분담, 팀 홍보 등이 이루어질 수 있도록 한다. 스포츠클럽 활동 시간, 기간, 대회 준비, 팀원 모집 등 학교스포츠클럽 활동 전반에 걸쳐 학생들이 주도적으로 참여할 수 있는 기회를 제공함으로써 주인의식 및 책임감을 갖고 활동할 수 있도록 지도한다. 학생들의 자발적인 참여와 주도적인 운영은 학교의 스포츠문화 확산과 정착에 중요한 역할을 한다.

대회 유형

구분	세부 유형	장점	단점
리그	통합리그	• 경기 수 많음 • 우승팀의 권위	• 경기력 편차(순위 고착화)
	조별리그	• 빠른 진행	• 경기 수 적음
	스플릿 리그(상위/하위 리그)	• 경기력 평준화	• 동일한 팀과의 경기 수 많음
토너먼트	녹다운 토너먼트	• 간단한 경기 방식	• 경기 수 적음 • 우승팀 외 순위 산정 어려움
	더블 엘리미네이션 토너먼트 (패자부활전)	• 적절한 경기 수 • 모든 팀의 순위 산정 가능	• 경기력 외 요소 작용 가능
	스플릿 토너먼트	• 모든 팀의 동일한 경기 수 보장	• 복잡한 경기 방식 • 패자전 관심 저하
리그 + 토너먼트	조별리그 후 토너먼트	• 짧은 시즌	• 조 간 경기력 편차
	통합 리그 후 플레이오프	• 적절한 경기 수	• 하위 팀 동기 저하

출처: 교육부(2013), 학교스포츠클럽 운영 매뉴얼

3) 스포츠 인성 함양

학교스포츠클럽은 학생들에게 스포츠 기술 습득뿐만 아니라 생활기술을 습득하고 실천할 수 있는 기회를 제공함으로써 스포츠 인성을 함양할 수 있는 교육적 활동이 된다(학교스포츠클럽리그 운영지원센터, 2013). 따라서 클럽 활동을 함에 있어서 운동 전·중·후, 리그 전·중·후에 학생들은 연습을 위한 활동, 시합에서 동료, 상대팀, 상대 선수, 심판, 관중 등에게 존중, 배려, 정직, 공정, 약속 등을 실천할 수 있도록 해야 한다. 스포츠 인성은 스포츠 장면 안에서 스포츠를 행하는 데 필요한 스포츠맨십을 발휘하고 실천하게 함으로써 일상생활로의 전이를 가능하게 한다. 이를 위해 스포츠맨십 실천 서약서 등을 만들어 학생들이 스스로 실천할 수 있는 분위기를 만들어주는 것도 필요하다.

표 4-6. 스포츠맨십 실천 서약서[출처: 박영권(2013). 하나로 수업 체력 올리go, 인성 올리go]

○○중학교 스포츠맨십 실천 학생 서약서
하나. 경기규칙과 경기예절을 익히고 지키겠습니다.
하나. 연습시간에 늦지 않고 성실하게 연습에 참여하겠습니다.
하나. 선생님을 존중하고 지도에 따르겠습니다.
하나. 심판의 판정을 존중하고 따르겠습니다.
하나. 경기 상대방(팀)과 응원하는 관중을 존중하겠습니다.
하나. 지나치게 흥분하거나 공격적으로 행동하지 않겠습니다.
하나. 나 자신보다 팀 전체를 위해 헌신하고 팀 구성원들과 협동하겠습니다.
하나. 내가 하고 있는 스포츠의 역사와 전통을 배우고 계승하겠습니다.
하나. 스포츠의 진지함과 즐거움의 두 측면을 함께 느끼도록 노력하겠습니다.
하나. 승리를 위해 최선을 다하되, 패배를 당당하게 받아들이겠습니다.

4) 스포츠문화 체험 제공

스포츠는 각각의 전통과 정신, 가치와 규범, 기술 등을 가지고 있다. 이러한 스포츠 고유의 특성들은 여러 세대를 거쳐 전승되어오고 있다. 스포츠는 사회 속에서 가치, 규범, 전통과 정신, 기술, 각종 상징적 행위 등을 통해 스포츠 고유의 문화를 만들어냈다(유정애·김선희, 2007). 경기장, 운동기구, 유니폼, 팀 정신, 관람 문화 등이 모두 스포츠문화적 산물이다. 스포츠문화는 스포츠 경기에 직접 참가하거나 관람함으로써 스포츠 경기장 안에서 뿜어내는 분위기를 체험할 수 있다. 학교스포츠클럽을 조직하여 운영할 때 팀 이름, 팀 구호 등을 통해 학생들이 스포츠문화를 체험할 수 있는 기회를 제공해야 한다. 스포츠문화는 직접적인 체험과 더불어 스포츠문화를 간접 체험할 수 있도록 하기 위해 스포츠 경기 관람, 스포츠 만화, 스포츠 영화 등 다양한 스포츠 문화를 경험할 수 있도록 지도한다(교육부 등, 2013).

3. 기타 학교체육 활동 프로그램

가. 기타 학교체육 활동 프로그램 개념

체육수업, 학교스포츠클럽 활동, 학교스포츠클럽 등 정규교육과정 내·외에 구성된 학교체육 활동 외에도 학교 안팎에 다양한 프로그램이 있다. 학교 안에서는 방과 후 체육활동, 토요스포츠데이를 비롯하여 방학 중 스포츠캠프 운영, 학교 밖에서는 소외계층 대상 방학 프로그램, 각 시·도 교육청에서는 지역적 특성에 따라 다양한 체육프로그램을 제공하고 있다(서울시교육청, 2013). 이와 같은 기타 학교체육 활동은 방과 후, 주말, 방학 등의 시간에 학교 자체, 지역 교육청, 교육부/문화체육관광부 등의 지원을 통해 이루어진다.

나. 기타 학교체육 활동 프로그램 개발 시 고려사항

1) 교육과정과의 연계성 고려

기타 학교체육 활동 프로그램은 행사, 강습, 체험 활동 등 다양한 형태로 제공된다. 프로그램 구성 시 학생들이 정규체육수업에서 학습한 내용이 기타 학교체육 활동에서 연습, 활용될 수 있도록 프로그램 내용에 있어서 교육과정과의 연계성을 고려하여 구성한다.

2) 목표 지향 및 미래 지향적 방향 설정

모든 체육 활동에는 지향하고자 하는 목표가 있어야 한다. 구체적으로 프로그램을 통해 학생들에게 제공하고자 하는 목표를 제시해야 한다. 또한 목표는 현재 실행 가능한 것뿐만 아니라 미래 지향적인 성격을 가짐으로써 학생들이 지속적으로 스포츠 활동에 참여할 수 있는 동기를 지속시킬 수 있어야 한다.

3) 학생의 적성과 흥미 고려

기타 학교체육 활동은 정과체육수업 외에 학생들에게 다양한 체육활동 기회를 제공함으로써 신체활동에 대한 이해, 스포츠문화 체험, 진로 탐색 등 다양한 교육적 가치를 가지고 있다. 따라서 프로그램 구성 시 학생들의 적성과 흥미를 사전에 파악하여 학생들의 요구를 충족시킬 수 있는 내용을 제공함으로써 체육활동을 통해 활동 참여 동기 및 활동 만족을 높일 수 있어야 한다.

4) 지역 자원의 활용

학교체육 활동 프로그램은 정과체육수업 외에 학교스포츠클럽, 학교운동부 등 학교 프로그램으로 이루어지는 다양한 활동들이 존재한다. 이 때문에 학교체육시설, 지도 인력, 예산 등 많은 부분에 있어서 제약이 따르게 된다. 따라서 지역의 공공체육시설 및 대학 체육 시설, 생활체육 및 엘리트체육 전문 인력 등 지역의 자원을 적극 활용할 수 있는 방법을 모색하는 것이 필요하다. 지역에서 사용 가능한 체육시설 정보는 '공공체육시설 통합정보제공 시스템'을 통해 활용 가능하다.

공공체육시설 통합정보제공 시스템 www.sportsmap.or.kr

2장. 생활체육 프로그램 개발 및 실천

 학습목표

- 생활체육 프로그램 개념 및 유형을 살펴본다.
- 생활체육 프로그램 개발에 대해 이해한다.
- 대상별 생활체육 프로그램 실천에 대해 이해한다.
- 생활체육 프로그램 구성 시 고려사항을 살펴본다.

1. 생활체육 프로그램 개발

오늘날 우리는 건전한 여가 선용과 삶의 질을 향상시키고자 여가 활동과 스포츠 활동에 많은 관심을 가지고 있다. 이런 요구에 따라 생활체육이 점차적으로 활성화되고 있으며, 이에 적합한 생활체육 프로그램 개발 역시 중요하다. 효율적인 프로그램 개발을 위해 생활체육 프로그램의 개념, 유형, 개발 기획, 요구분석, 목적, 목표, 설계, 홍보에 대하여 중점적으로 살펴보도록 하겠다.

가. 생활체육 프로그램 개념

일반적으로 생활체육은 국민체육, 평생체육, 사회체육이란 용어와 함께 사용되고 있다. 생활체육은 1986년 제10회 서울아시안게임과 1988년 제24회 서울올림픽대회를 계기로 활성화되기 시작하였으며, 특히 1989년에 수립된 '국민생활체육진흥종합계획(일명 호돌이 계획)'으로 인하여 더욱 적극적으로 추진되었다.

이 시점을 기준으로 우리나라의 체육활동이 단순히 학교체육과 전문체육(엘리트 스포츠)의 범위를 넘어서 국민 모두가 참가할 수 있는 생활체육으로 확대되기 시작하였다(김혁출·심성섭, 2014; 박현 등, 2013). 따라서 생활체육은 유아부터 노인까지 모두를 대상으로 하며, 이들의 요구를 충족시킬 수 있는 여러 유형으로 스포츠 활동들이 실행되고 있다.

생활체육은 시설, 전문 스포츠지도사, 생활체육 프로그램, 생활체육 참여자로 구성된다. 전문 스포츠지도사와 생활체육 참여자를 연결시켜주고 참여자의 요구를 충족시켜줄 수 있는 적합하고 효과적인 생활체육 프로그램이 무엇보다 중요하다.

프로그램이란 일반적으로 어떤 활동내용을 순서대로 나열한 활동계획 또는 진행방법이라고 협의적으로 이해될 수 있으며, 어떤 특정 활동을 조직적으로 운영하기 위한 일련의 운영계획 및 총체적인 진행절차라고 광의적으로 이해될 수 있다.

생활체육 프로그램이란 생활체육 참여자들의 단순한 스포츠 활동 내용을 의미할 수 있으나, 광의적으로 생활체육 조직의 효율적인 운영을 위한 스포츠 활동의 총체적 운영계획을 의미한다. 따라서 생활체육 프로그램은 스포츠 관련 공공부서, 사회단체, 민간시설 등이 모든 연령과 집단을 대상으로 해서 생활체육의 전반적인 진행 방향을 설정하고 스포츠 활동을 제공하는 것으로 이해된다(김혁출·심성섭, 2014; 박현 등, 2013).

생활체육 프로그램은 단순히 특정적인 스포츠 활동을 제공하는 내용설정에 중점을 두기보다는 효과적인 생활체육 구현을 위해 좀 더 구체적이고 조직적인 계획과 진행절차가 이루어져야 한다.

나. 생활체육 프로그램 유형

생활체육 프로그램의 유형은 다음과 같은 8가지 준거에 의해 다양하게 구분될 수 있다(강성식, 2008; 김혁출·심성섭, 2014; 위성식·성영호·이제홍·백광, 2010).

1) 주관자를 준거로 한 유형

주관자를 준거로 한 유형은 누가 생활체육 프로그램을 제공하느냐에 따라 달라진다. 크게 국가기관이나 공공단체에서 주관하는 공공형, 지역사회에서 비영리적으로 주관하는 준공공형, 영리를 목적으로 사설 스포츠시설에서 주관하는 사설형으로 구분된다.

표 4-7. 목적을 준거로 한 생활체육 프로그램 유형

목적에 따른 유형	프로그램 개요	프로그램 예
축제형	일회적으로 제공되는 프로그램으로서 주로 체육에 대한 인식, 친목도모, 스포츠 활동 체험 등을 목적으로 추진되는 프로그램 유형	체육 행사, 스포츠 축제, 스포츠 체험 축제
경기대회형	참여자들이 자신의 스포츠 능력을 평가하고 타 선수들과 경쟁할 수 있는 기회를 제공하는 것을 목적으로 추진되는 유형	종목별 전국·시도 생활체육대회, 동호인 리그전
지도형	참여자가 개인적인 목적으로 특정적인 스포츠 활동에 참여하여 스포츠종목의 기술을 학습해가는 것을 목적으로 추진되는 프로그램 유형	에어로빅, 요가, 테니스 레슨, 수영교실, 골프교실, 건강체조교실
강습회형	생활체육과 관련하여 교육을 목적으로 실행되는 프로그램 유형	지도자강습, 건강강습

2) 참여를 준거로 한 유형

참여를 준거로 한 유형은 지역사회를 대상으로 실행되는 지역형, 직장인을 대상으로 하는 직장형, 동호인조직 등 단체를 대상으로 하는 단체형, 스포츠시설 중심으로 실행되는 시설형으로 구분된다.

3) 목적을 준거로 한 유형

목적을 준거로 한 유형은 축제형, 경기대회형, 지도형, 강습회형으로 구분된다.

4) 개최기간을 준거로 한 유형

개최기간을 준거로 한 유형은 1일 혹은 2개월 이하의 단기형과 2개월 이상의 장기형 프로그램으로 구분된다. 단기형에는 주로 방학 스포츠 프로그램, 계절스포츠 등이 속한다. 장기형은 장기적인 목적을 설정하고 장기간에 걸쳐 진행되는 유형으로서 다문화 생활체육교실, 노인건강교실 등이 속한다.

5) 참여자의 조직화 정도를 준거로 한 유형

참여자의 조직화 정도를 준거로 한 유형은 조깅 같은 개인의 자율적인 스포츠 활동인 자유활동형, 일정한 시간과 장소가 정해지고 조직적으로 이루어지는 조직활동형, 일상적인 생활체육 외에 경기대회 같은 특별행사형으로 구분된다.

6) 장소를 준거로 한 유형

장소를 준거로 한 유형은 실내에서 실행되는 실내형과 야외에서 실행되는 실외형으로 구분된다.

7) 대상자를 준거로 한 유형

대상자를 준거로 한 유형은 유소년스포츠 프로그램, 청소년스포츠 프로그램, 성인스포츠 프로그램, 노인스포츠 프로그램, 장애인스포츠 프로그램으로 구분된다. 대상에 따라 분류된 프로그램은 여러 유형별로 다양하게 추진된다.

8) 운동 형태를 준거로 한 유형

운동 형태를 준거로 한 유형은 육상 같은 개인운동, 테니스 같은 대인운동, 농구 같은 집단운동, 윈드서핑 같은 야외운동, 스키 같은 계절운동으로 구분된다.

표 4-8. 생활체육 프로그램 유형(위성식 · 성영호 · 이제홍 · 백광, 2010 재구성)

준거	프로그램 유형	프로그램 개요
주관자	공공형	국가기관이나 공공단체가 주관하는 프로그램
	준공공형	지역사회가 비영리적으로 주관하는 프로그램
	사설형	상업적 스포츠시설에서 주관하는 프로그램
참여	지역형	지역사회 주민을 대상으로 실행되는 프로그램
	직장형	직장인을 대상으로 실행되는 프로그램
	단체형	동호인조직 등 단체를 대상으로 실행되는 프로그램
	시설형	스포츠시설 중심으로 실행되는 프로그램
목적	축제형	체육에 대한 인식 및 체험 향상을 위한 프로그램
	경기대회형	경쟁 기회 및 기술 향상을 위한 프로그램
	지도형	흥미 및 참여 동기에 따른 종목 중심 프로그램
	강습회형	지도자강습, 건강강습 등 교육 프로그램
개최기간	단기형	1일 혹은 2개월 이하의 프로그램
	장기형	2개월 이상의 장기 프로그램
참가자의 조직화 정도	자유활동형	공식조직이 아닌 개인의 자유 유희적 프로그램
	조직활동형	일정한 시간과 장소에서 반복되는 프로그램
	특별행사형	연습과 훈련의 경기대회를 통한 평가 프로그램
장소	실내형	체육관, 수영장, 체조장 등 실내에서 실행되는 프로그램
	실외형	개방적 야외시설에서 실행되는 프로그램
대상자	유소년스포츠	유아와 아동을 대상으로 실행되는 프로그램
	청소년스포츠	청소년을 대상으로 실행되는 프로그램
	성인스포츠	성인을 대상으로 실행되는 프로그램
	노인스포츠	노인을 대상으로 실행되는 프로그램
	장애인스포츠	장애인을 대상으로 실행되는 프로그램
운동 형태	개인운동	개인별 스포츠 종목 프로그램
	대인운동	라켓 종목 프로그램
	집단운동	팀 스포츠 종목 프로그램
	야외운동	야외에서 실행되는 프로그램
	계절운동	계절 특성에 따라 실행되는 프로그램

다. 생활체육 프로그램 개발 기획

생활체육 프로그램 개발에 있어서 중요한 요소는 기획이다. 기획이란 '어떤 일을 꾸미어 계획함'을 의미하며, 생활체육 프로그램 개발 기획은 앞에서 언급된 생애주기별 참여자 선정과 프로그램 유형 선정을 바탕으로 생활체육 프로그램을 체계적으로 계획하는 작업이라 할 수 있다. 즉, 건설적이고 효과적인 결과를 얻기 위해 생활체육 프로그램을 계획하고 조직함을 의미한다. 생활체육 프로그램 개발을 체계적으로 기획하기 위해서는 기관의 철학적 이해, 요구조사, 프로그램 목적 및 목표 설정, 프로그램 계획, 프로그램 실행, 프로그램 평가 절차를 바탕으로 조직화되어야 한다(김경숙, 2000; 위성식·권연택, 2010 재인용).

1) 기관의 철학적 이해

생활체육 프로그램을 제공하는 각 기관 및 단체들은 나름대로 추구하는 철학을 가지고 있다. 프로그램 개발을 기획하는 데 있어서 우선적으로 소속 기관 및 단체가 추구하는 철학을 이해하고 이에 부합하는 목적과 목표를 설정해야 한다.

2) 요구조사

그다음으로 이어지는 단계는 요구조사이다. 이는 프로그램을 기획하는 담당자들이 지역사회의 문제점 및 요구사항과 참여대상자의 요구사항을 분석하는 단계이다.

3) 프로그램 목적 및 목표 설정

세 번째 단계는 요구조사 결과를 바탕으로 프로그램의 목적과 목표를 설정하는 작업이다. 목적은 프로그램이 궁극적으로 추구하는 바를 의미하며, 목표는 프로그램이 목적을 달성하고자 실질적으로 도달해야 하는 것을 의미한다.

4) 프로그램 계획

생활체육 프로그램 개발자는 앞에서 설정된 목적과 목표를 바탕으로 구체적인 프로그램을 계획해야 한다. 실질적으로 실행하게 되는 프로그램의 주제와 내용을 구체화하는 작업이 이루어져야 한다. 또한 어떻게 프로그램을 실행할 것인지 장소 및 시설도 결정해야 한다.

5) 프로그램 실행

프로그램 실행단계는 스포츠지도사가 생활체육 프로그램 참여자를 대상으로 기획한 프로그램을 실질적으로 현실화하는 단계이다. 이때 스포츠지도사의 전문적 역량과 교수법적 역량이 요구된다.

6) 프로그램 평가

마지막으로 프로그램 기획에 있어서 평가가 이루어져야 한다. 기획된 프로그램에 대한 평가는 각 단계별로 이루어지며, 평가 결과들은 다음 생활체육 프로그램 개발 자료로 활용되어야 한다. 예를 들어 구체육회에서 행사형 프로그램인 지역 가을 체육대회를 기획하여 실행하였다면, 이에 대한 각 단계별 평가가 이루어져야 하며 평가결과는 다음 해 가을 체육대회 기획에 주요 자료로 활용되어야 한다.

라. 생활체육 프로그램 요구분석

1) 요구분석 개념

생활체육 프로그램 개발에 있어서 지역사회 및 참여자의 요구분석이 이루어져야 한다. 요구분석은 생활체육 프로그램 기획의 두 번째 단계로서, 생활체육 프로그램을 추진하고자 하는 지역사회와 참여자에 대한 사전분석이라고 할 수 있다. 우선 지역사회에서 문제시되는 사항들이나 요구사항들을 파악하고 생활체육 프로그램이 기여할 수 있는 역할은 무엇인지 고민할 필요가 있다. 또한 생활체육에 대한 지역사회의 관심 및 요구사항은 무엇인지 분석해야 한다. 예를 들어 지역사회 거주자들 중에 다문화가정들이 많이 거주하고 있다면 지역사회 통합에 기여할 수 있는 다문화체육대회를 추진할 수 있다.

2) 요구분석의 중요성

생활체육 프로그램 개발에 있어서 무엇보다 중요한 것은 참여자의 요구분석이다. 요구는 흔히 참여자가 생활체육 프로그램에 참여하고자 하는 동기 및 원하는 사항들을 의미한다. 프로그램 개발자 및 스포츠지도사는 프로그램 제공 및 지도에 앞서서 프로그램 참여자가 스포츠 활동을 통해 얻고자 하는 것이 무엇인지 파악하고 있어야 한다. 생활체육 프로그램은 자발적인 참여에 의해 진행되기 때문에 참여자의 요구분석은 필수적이다. 생활체육 프로그램에 대한 참여자 요구분석은 지역사회 거주자들의 연령대, 성별, 선호도, 경제적 수준, 지역 스포츠시설, 문화적 배경 등을 고려해서 이루어져야 한다. 요구분석은 개인의 생활습관 및 스포츠 활동에 대한 성향을 파악하는 데 기여하며, 프로그램 개발의 기획단계 및 프로그램 내용 선정에 기초자료로 사용된다(김경숙, 2000; 김혁출·심성섭, 2014).

3) 요구조사 질문 설정

요구조사에 대한 기본적인 질문은 구체적으로 여가 이용의 범위와 정도(시간, 빈도, 장소), 개인적 스포츠 활동 참여도(성, 연령, 계층에 따른 파악), 시설에 대한 요구사항(부대시설로서 주차장,

샤워실, 라커, 휴게실 등), 기존 프로그램에 대한 만족도, 지도자에 대한 만족도 등으로 설정될 수 있다.

4) 요구분석 진행단계

요구조사 및 분석은 주로 전문가에 의해 실행되며 크게 다음과 같은 세 단계에 걸쳐 수행된다(위성식·성영호·이제홍·백광, 2010).

① 자료수집 단계

참여자의 스포츠 활동 참여 동기, 생활습관, 관심 분야 등에 대한 정보수집이다. 생활체육 프로그램 개발에 필요한 자료를 얻기 위해 참여자의 인구통계학적 특성(연령, 성별, 경제활동, 교육 수준, 종교 등), 여가 선용 및 스포츠 활동 시간대 및 소비시간, 여가 및 스포츠 활동(여가 활용 및 건강을 위해 참여하는 활동), 스포츠 활동에 대한 견해 및 태도 등을 다양하고 폭넓게 조사할 수 있으며, 필요한 내용만 선정하여 자료를 수집할 수도 있다.

② 자료분석 단계

수집된 자료를 연구하고 분석하는 단계이다. 수집된 자료는 전문적 지식을 바탕으로 해서 프로그램 개발에 중요한 자료가 되도록 분석해야 한다. 수집된 자료분석은 생활체육 프로그램을 개발하는 데 있어서 참여자의 스포츠 활동에 대한 요구사항뿐만 아니라 지역사회에서 요구하는 내용까지 제공하기 때문에 신중하고 객관성 있게 처리되어야 한다.

③ 분석된 연구결과에 대한 해석

요구분석에 대한 결과를 단순히 수치나 서술된 내용으로 이해하기보다는 생활체육 프로그램 개발의 사전조사로서 요구분석에서 얻고자 하는 내용과 연관성이 있어야 한다. 즉, 요구분석 결과를 바탕으로 요구조사에 대하여 설정된 질문들에 대한 답을 찾아가면 된다.

5) 요구분석 결과 활용

프로그램 개발자 및 스포츠지도사는 기존의 참여자들을 대상으로 생활체육 프로그램에 대한 참여 동기를 조사하거나 지역 주민을 대상으로 스포츠 활동에 대한 요구를 조사하여 기존의 생활체육 프로그램을 개선하고 새로운 프로그램을 개발할 수 있어야 한다. 스포츠 활동 참여에 대한 동기는 건강 증진, 스포츠기술 습득, 친목도모, 여가 선용 등 다양하다. 생활체육 프로그램 개발에 있어서 참여자의 요구가 무엇인지 구체적으로 파악해서 적합한 프로그램을 제공하는 것이 프로그램 지속성에 결정적인 역할을 할 것이다. 따라서 스포츠지도사는 시대적 변화 및 지역사회 변화, 지역 주민의 관심과 요구에 항상 관심을 가지고 인지해야 하며, 이에 대한 요구에 적합한 프로그램을 개발하고 제공할 수 있어야 한다.

마. 생활체육 프로그램 목적

생활체육 프로그램 개발에 있어서 프로그램이 궁극적으로 추구하는 목적이 무엇인지 뚜렷해야 한다. 지역사회 및 지역 참여자들의 관심 및 요구사항을 고려해서 다양한 목적들이 설정될 수 있으며, 이를 바탕으로 구체적인 목표와 내용이 기술될 수 있다. 생활체육은 모든 스포츠 활동 및 신체활동을 총체적으로 포함하며 모든 연령대를 대상으로 하기 때문에 그 범위가 매우 광범위하며, 제공되는 프로그램의 목적 역시 참여자와 지역에 따라 다르게 설정된다.

생활체육 프로그램은 크게 다음과 같은 목적으로 개발되고 추진될 수 있다(김혁출·심성섭, 2014; 위성식·성영호·이제홍·백광, 2010).

1) 여가 선용

오늘날 생활체육은 일상생활의 기본조건으로서 의식주와 함께 중요시되고 있으며 건전한 여가 선용이다.

2) 삶의 질 향상

인간은 단순히 기본적인 욕구만을 충족할 수 없으며, 사회적·심리적 욕구와 함께 자아실현에 대한 욕구를 가지고 있다. 생활체육은 이러한 인간의 욕구를 충족시켜주며 인간답고 행복한 삶을 영위하는 데 큰 역할을 한다.

3) 삶의 경험 확대

생활체육은 일상생활에서 스포츠 활동을 통하여 다양한 경험을 제공한다. 개인의 한계를 극복하고 도전하는 기회를 제공하고 다양한 사회적 경험을 가능케 한다. 이를 통해 인간은 자신의 삶에 대한 경험의 폭을 넓히고 좀 더 풍요롭고 다채로운 삶을 가꾸어갈 수 있다.

4) 스포츠 운동기능 향상

스포츠 종목에 따라 생활체육 프로그램 제공 목적이 다를 수 있으나 대부분의 생활체육 프로그램들은 스포츠기능을 지도하여 생활체육 참여자의 스포츠 운동기능을 향상시키는 것을 목적으로 제공된다. 특히 전통적인 스포츠 종목을 중심으로 실행되는 지도형 생활체육 프로그램이 이에 속한다.

5) 신체적·정신적 건강 유지 및 증진

오늘날 건강한 삶에 대한 관심이 높아지고 있으며, 건강한 삶을 위해서는 건강한 식생활과 함께 스포츠 활동을 해야 한다는 것은 누구나 아는 사실이다. 이런 시대적 요구에 따라 건강 관련 프로그램이 제공되고 있으며, 생활체육 프로그램 역시 건강을 목적으로 제공되는 경우가 많다. 특히 건강 유지 및 증진을 목적으로 제공되는 생활체육 프로그램은 시대적 요구에 매우 적합하다고 볼 수 있다. 또한 스포츠 활동을 통해 스트레스 및 우울증을 해소하고, 활발하고 창의적인 생활을 유지할 수 있다.

6) 공동체 형성 및 시민정신 함양

인간은 사회적 동물이며 인간관계를 통해 삶을 유지하기 때문에 서로 어울려 살아가는 협동적인 인간관계 형성이 필요하다. 특히 생활체육은 건강하고 밝은 지역 공동체 형성을 목적으로 다양한 프로그램을 제공할 필요가 있다. 지역 주민은 생활체육을 통해 이기적인 인간관계보다는 좀 더 협동적인 인간관계를 형성할 수 있는 기회를 가지게 된다.

바. 생활체육 프로그램 목표

프로그램의 목표는 프로그램의 방향을 제시해주며, 주제와 내용 설정에 영향을 끼친다. 생활체육 프로그램의 목표는 명시된 프로그램의 목적을 달성하기 위해 제시된 구체적인 성취 내용이다. 따라서 목표는 목적을 달성하기 위해 연관된 내용으로 설정되어야 한다. 참여자의 운동 능력, 요구 사항, 참여 동기, 사회문화적 배경 등을 고려해서 장기적인 목표 설정과 함께 단기적 목표를 구체적으로 나누어 설정하여 참여자가 체계적으로 학습해가도록 계획해야 한다. 단기적인 목표설정은 참여자가 배워야 할 내용들을 체계적으로 설정하는 데 지침이 되며 성공적인 프로그램 실행에 기여한다.

목표 설정에 있어서는 다음과 같이 기술되어야 한다(김혁출·심성섭, 2014).

표 4-9. 목표 설정 시 기술 사항

목표 설정 시 기술 사항
프로그램을 통해 달성하고자 하는 상태 및 운동 능력을 명시한다.
프로그램을 구성하는 스포츠 활동 내용을 구체적이고 세부적으로 기술한다.
목표가 프로그램 전개에 있어서 일관된 지침 역할을 하도록 설정한다.
프로그램 시행 후에는 항상 평가를 통하여 목표 달성 여부를 검토할 수 있도록 기술한다.

사. 생활체육 프로그램 설계

설계는 실질적으로 구현하고자 하는 계획을 세우는 행위를 의미한다. 생활체육 프로그램 설계는 실질적으로 실행하고자 설정된 프로그램에 대하여 구체적인 실행 계획을 의미하며, 목적 및 목표, 내용, 예산, 장소 및 시설, 시간대, 홍보, 참여자, 지도자로 나누어 구체적으로 설정할 필요가 있다.

1) 내용

프로그램 제공에 대한 목적과 목표를 바탕으로 프로그램 내용을 상세히 결정한다. 프로그램 내용은 프로그램 유형을 설정하고 대상에 따라 제공하고자 하는 내용을 구체적으로 구상해야 한다. 지도형 프로그램으로서 수영, 테니스, 농구, 탁구 등 스포츠 종목을 설정하여 전체적인 운동근육 제어를 요구하는 운동기능 습득에 중점을 두고 실행할 것인지, 또는 스키, 수상스키, 사이클, 인라인스케이트 등 야외활동을 제공할 것인지를 정해야 한다. 그 외에도 운동기능 습득에만 중점을 두지 않고 친목도모 및 사회성 함양에 중점을 두고 레크리에이션 활동을 프로그램 내용으로 설정할 수 있다. 축제형은 행사 목적과 대상을 고려하여 다양한 내용들을 구상해야 한다. 경기대회형은 기존 스포츠 활동을 파악하여 시합 종목을 설정하고, 리그전 또는 토너먼트로 추진할 수 있다. 오늘날에는 전문체육 영역에서만 시합이 실행되던 과거와는 달리 생활체육 영역에서도 매우 다양한 시합들이 추진되고 있다. 각 스포츠 종목별로 대상에 따라 매우 많은 시합들이 진행되고 있으므로 중복되지 않으면서 지속성 있는 시합을 구상해야 한다.

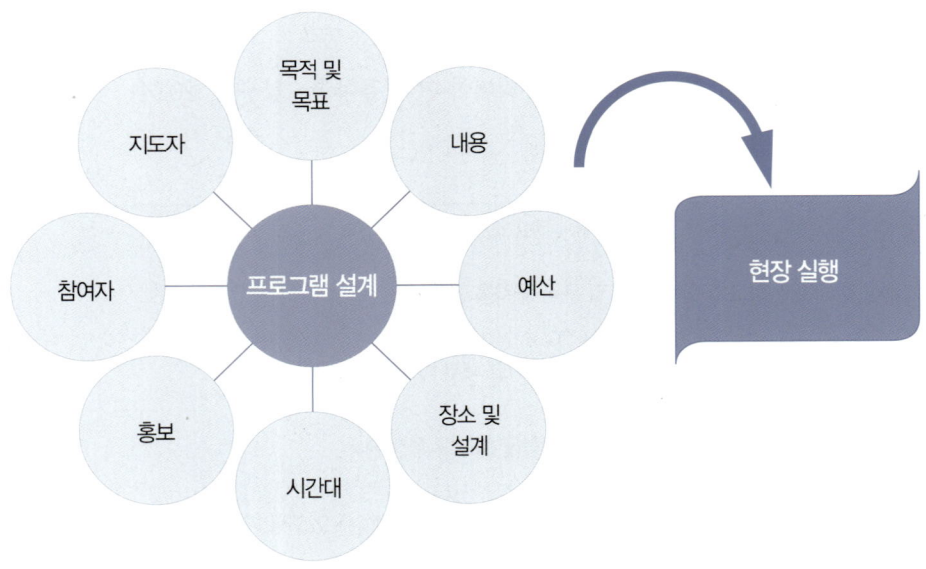

그림 4-1. 생활체육 프로그램 설계

2) 예산

프로그램 설계에 있어서 재정적인 부분을 고려해야 한다. 프로그램 개발 관계자는 예산을 설정하고 시설 대여비, 스포츠 용품 구입비, 인건비, 홍보비 등 소요되는 여러 경비를 예측하고 이에 적합하게 예산을 책정해야 한다. 그 외에도 스폰서를 받아서 프로그램 추진에 필요한 경비를 조달할 수 있어야 한다. 이와 더불어 홍보 역시 필요한 부분이다. 아무리 훌륭한 프로그램을 개발하고 제공한다고 해도 홍보가 부족하여 충분한 참여자를 모으지 못하면 무용지물이 될 수 있으며 인력과 예산 낭비만 초래할 수 있다. 따라서 좀 더 효과적으로 알릴 수 있는 방법을 모색해야 한다.

3) 장소와 시설

장소란 프로그램이 제공되는 위치 및 스포츠 활동 공간을 의미하며, 시설이란 장소의 일부분으로서 체육관, 수영장, 운동장, 골프장, 테니스장 등 스포츠 관련 건물 및 구조물을 의미한다. 프로그램 개발 기관이 스포츠시설을 소유하고 있으면 큰 문제없이 프로그램을 제공할 수 있다. 그러나 그렇지 못한 기관 및 단체는 큰 비용을 필요로 하지 않으면서 시설을 이용할 수 있는 곳을 모색해야 한다. 또한 참여자의 근접성을 고려해서 결정해야 한다. 아무리 훌륭한 프로그램이라도 너무 멀어서 지역 주민이 그곳에 가기가 힘들면 자연히 참여도가 낮아지게 된다. 따라서 프로그램 개발 관계자는 대중교통 및 지리적인 측면을 고려하여 장소를 설정해야 한다. 또한 이와 더불어 필요한 스포츠 용품 역시 어떻게 조달할 것인지 결정해야 한다. 프로그램 진행 장소에 준비되어 있는지 또는 지도자가 직접 가지고 가야 하는지 결정해야 한다.

4) 시간대

참여자의 요구분석 결과를 바탕으로 프로그램을 제공하고자 하는 대상의 여가 시간 또는 스포츠 활동 가능 시간을 파악하여 적합하고 효율적인 시간대를 결정해야 한다. 예를 들어 초등학생을 대상으로 하는 프로그램이라면 방과 후 또는 주말에 제공할 수 있으며, 주부를 대상으로 하는 프로그램이라면 자녀들을 학교에 보내고 개인 시간이 가능한 오전시간대에 제공하는 것이 효율적일 것이다. 시간대 설정은 요구분석 결과뿐만 아니라 기존 프로그램 시간대 및 실행하고 있는 지도자의 의견을 수렴하면 좀 더 효율적인 시간대를 파악할 수 있다.

5) 지도자와 대상(참여자)

지도자와 참여자 역시 프로그램 설계에 있어서 결정해야 할 부분이다. 참여자는 프로그램 개발에 있어서 누구를 위해 실행할 것인지 대상을 설정하는 것이다. 물론 기존 프로그램과 수요를 파악하여 대상을 결정해야 한다. 현재 유아를 대상으로 제공되는 프로그램이 이미 많이 추진되고 있다면 또다시 유아스포츠 프로그램을 제공할 필요는 없다. 지역에 노인들이 많이 거주하고 있으며 이들을 대상으로 제공되는 프로그램이 미흡하다면 이들을 대상으로 프로그램을 개발하여 제공할 수 있다. 또한 요즘 일자리 창출 및 지역 공동체 형성을 위한 마을 중심 체육 프로그램이 제공되는 곳도 있다. 지역 구청에서 생활체육지도자가 직접 찾아가서 생활체육 프로그램을 제공하는 경우도 있다. 스포츠지도사 및 관계자들은 지역 특성 및 주민을 고려해서 지속적으로 새로운 프로그램을 개발해야 한다.

이와 더불어 프로그램 설계에 있어서 직접적으로 프로그램을 진행할 스포츠지도사를 결정해야 한다. 스포츠지도사는 제공될 스포츠 프로그램에 대한 전문적 역량을 갖추고 있어야 하며, 프로그램을 성공적으로 실행하려는 의지와 관심을 가지고 있어야 한다. 프로그램 성공 여부는 프로그램을 어떻게 실행하느냐에 달려 있다고 해도 과언이 아니다. 아무리 훌륭한 프로그램이라고 해도 담당 스포츠지도사가 수업을 성의 없이 지도하거나 프로그램을 잘 진행하지 못하면 성공적인 결과를 가져올 수 없으며, 이는 다음 프로그램 진행에도 영향을 미친다. 축제형과 경기대회형 프로그램은 진행요원 및 자원봉사자의 역할 분담을 분명히 하여 조직적이고 체계적으로 운영되도록 해야 한다.

아. 생활체육 프로그램 홍보

홍보는 개발된 프로그램을 널리 알리고 공유하는 것으로서, 특히 새로운 프로그램을 알릴 때 효과가 크다. 기존의 프로그램들은 참여자의 평가에 의해 입소문이 나고 저절로 알려지는 경우도 있다. 홍보는 잠재적 참여자의 생활체육에 대한 관심과 흥미를 유발하고 행동으로 옮기도록 유도해야 한다(김혁출·심상섭, 2014). 특히 IT 산업이 발달하고 실시간의 소통이 이루어지는 요즘 시대에 적합하게 다양한 방법으로 홍보해야 한다. 홍보는 지역 신문에 광고하기, 프로그램 전단지 배포하기, 포스터 만들기, 인터넷 사이트 운영하기, 생활체육 프로그램 홍보 동영상 만들기 등 다양한 방법으로 실행될 수 있다. 홍보는 단순히 프로그램을 알리는 차원을 넘어서 잠재적 참여자의 관심을 유도할 수 있도록 간결하면서도 흥미롭게 만들어져야 한다. 생활체육에 대한 효과적인 홍보는 단지 프로그램에 대한 홍보 차원을 넘어서 생활체육 발전에 기여할 수 있을 것이다.

2. 생활체육 프로그램 실천

생활체육 프로그램 실천은 크게 대상별로 분류하여 유소년스포츠, 청소년스포츠, 성인스포츠, 노인스포츠, 장애인스포츠를 중점적으로 다루도록 하겠다.

가. 유소년스포츠 프로그램

1) 유소년스포츠 프로그램 개념

유소년스포츠는 유아스포츠와 아동스포츠를 혼합하여 사용하는 용어로, 주로 유아부터 초등학생의 스포츠 활동을 의미한다. 유소년스포츠 프로그램은 이들의 신체적·심리적·사회적 특징에 따라 발달에 기여할 수 있는 스포츠 활동을 기획하고 제공하는 것이다. 유소년스포츠 프로그램은 어린이들에게 다양한 신체활동 및 움직임 경험을 제공함으로써 이들의 심동적·사회적 능력을 향상시켜 건강하게 성장하도록 도모하는 것을 목적으로 한다.

이 시기는 호기심이 많고 스스로 경험하려는 적극적인 성향이 나타난다. 따라서 스스로 체험하여 어려움을 극복하면서 성장하도록 도와주어야 하는 시기이다. 유소년스포츠는 놀이를 통해 달리기, 던지기, 잡기, 뜀뛰기 등 기본적인 운동동작을 습득하고 또래집단과 상호관계를 가지면서 신체적·심리적·사회적 발달을 도모한다. 그렇기 때문에 유아스포츠는 '움직임교육'이라는 용어를 함께 사용한다. 유아스포츠 프로그램은 자결적인 움직임 활동을 할 수 있는 자유공간을 제공하고, 스스로 구상·변화할 수 있는 공간을 제공해야 한다. 또한 오감과 연결된 다양한 신체 경험을 제공해야 하며, 이를 위해 감각적 인지와 움직임을 충족시킬 수 있는 시설과 스포츠 용구를 갖추어야 한다(Zimmer, 2008, 김경숙·주성순·김도연·최지현 역, 2010; Zimmer & Hunger, 2001). 이는 스포츠지도사가 단순히 특정 스포츠종목의 운동기능을 지도하여 유아들이 운동기능을 습득하도록 프로그램을 기획하는 것은 피해야 한다는 의미다.

아동은 취학 후에 학교체육을 통한 신체발달의 기회를 더욱 가지게 되며, 학년이 올라가면서 특정 스포츠 종목의 운동기능을 습득하게 된다. 유소년스포츠는 아동이 학교체육 활동 외의 스포츠 클럽 및 여러 스포츠센터에서 제공하는 스포츠 활동에 참여하여 다양한 스포츠 체험의 기회를 가지며 자신이 선호하는 스포츠 종목을 찾아가도록 유도해야 한다. 이는 아동에게 스포츠에 대한 긍정적 경험을 통한 긍정적 스포츠관을 깃들도록 하며 청소년기에도 지속적인 스포츠 활동을 하도록 유도한다. 유소년스포츠 프로그램은 유소년의 건강한 성장 도모와 청소년기와 성인기의 스포츠 활동 여부를 결정하는 중요한 역할을 담당하기 때문에 놀이 중심으로 다양하고 흥미롭게 기획되어야 한다. 전문 스포츠지도사는 참여자들이 긍정적인 스포츠 체험을 할 수 있도록 다양한 내용으로 지도해야 한다.

2) 유소년스포츠 프로그램 유형

유소년스포츠는 스포츠 활동을 통한 유아와 아동의 신체적·인지적 발달 도모와 기본적인 사회관계 형성을 목적으로 실행되기 때문에 공공단체, 비영리단체, 영리단체에서 주로 지도형, 경기대회형, 축제형, 개인운동, 집단운동 유형 중심으로 추진되고 있다.

표 4-10. 유소년스포츠에서 실행되는 유형 및 프로그램

유형	프로그램
지도형	특별활동체육(어린이집과 유치원), 스포츠교실, 종목별 스포츠 강습, 어린이체능교실
경기대회형	종목별 체육대회, 스포츠클럽 리그전 등
축제형	가족체육대회, 어린이체육대회, 뉴스포츠 체험 축제 등
개인운동	개별적 움직임 놀이, 개별적 운동동작 습득, 인라인스케이트, 수영 등
집단운동	그룹 놀이, 축구, 야구, 농구 등

① 지도형 유소년스포츠 프로그램

지도형 유소년스포츠 프로그램은 유소년들의 신체적·심리적·사회적 특징을 고려하고 이들의 욕구 및 스포츠 활동 참여 동기를 파악하여 적합한 스포츠 활동을 기획하고 제공하는 것이다. 유소년을 대상으로 실행하는 지도형 프로그램은 주로 유치원과 어린이집에서 제공되는 '특별활동 체육', 지역 체육회 및 공공 문화센터에서 주관하는 스포츠교실, 민간 스포츠 시설에서 제공하는 '스포츠 종목별 강습'이다.

특히 유아를 대상으로 어린이집과 유치원에서 실행되는 특별활동 체육은 특정 스포츠 종목의 운동기능 습득을 중심으로 지도하기보다는 유아의 신체적·인지적 발달을 도모하고 기본적인 사회관계를 형성하도록 지도하고 있다. 따라서 놀이 중심의 다양한 신체활동으로 구성되며, 기관에 따라 주 1회 또는 2회 정도 실행된다. 특별활동 체육이 아직은 누리과정의 정규과목이 아니어서 정부지원 없이 원아들이 특별활동비를 지불해야 하지만, 거의 모든 어린이집과 유치원에서 체육 활동을 제공하고 있다. 이는 원생들이 최소 1주일에 1회 또는 2회 체육활동을 한다는 것을 의미하며 유아스포츠 활성화를 위한 초석이라고 볼 수 있다. 유아스포츠의 활성화를 위해 우선 어린이집과 유치원 중심으로 다양한 프로그램을 개발하고 실천해야 한다.

정부 차원에서는 문화체육관광부의 사업으로 16개 시·도와 해당 지역 생활체육회가 공동으로 주관하여 '어린이체능교실'을 추진하고 있다. 이 프로그램은 체육활동을 통한 어린이들의 심신건강과 발달을 도모하고 건전한 여가 선용의 기회를 제공하고자 추진되는 사업이다. 2009년도 어린이체능교실에는 총 603,643명의 어린이들이 참가했다(문화체육관광부, 2010).

민간 스포츠시설에서 제공되는 유소년스포츠 프로그램들은 거의 스포츠 종목별 강습형 프로그램들이다. 대부분 수영, 인라인스케이트, 농구, 축구, 스케이팅, 스키, 태권도 등 스포츠 종목의 운동기능을 습득하는 것을 목적으로 추진되고 있다. 시설 및 여러 가지 여건 때문에

다양한 스포츠 프로그램들이 실행되고 있지 못한 실정이다.

지도형 유소년스포츠 프로그램은 유소년들의 신체적·인지적 발달을 도모하며 다양한 스포츠 체험의 기회를 제공할 수 있도록 개발되어야 한다. 유소년스포츠 프로그램은 일차적으로 어린이집과 유치원 및 학교체육 중심으로 개발되어야 하지만, 하원 및 하교 후에도 다양한 스포츠 활동을 할 수 있도록 지역 체육회 및 민간 기관이 연계해서 추진해야 한다.

② 경기대회형 유소년스포츠 프로그램

경기대회형 유소년스포츠 프로그램은 주로 종목별 체육대회와 스포츠클럽 리그전 중심으로 활성화되고 있다. 시합형 유소년스포츠 프로그램은 운동 기량 발휘와 우승을 목적으로 개최되기보다는 참가에 의의를 두며, 참가자 어린이들에게 대회 참가를 통한 성취감 경험과 다양한 스포츠 체험 기회를 제공하는 것을 목적으로 추진된다. 인라인스케이트대회, 수영대회, 스케이트대회, 축구대회 등 다양한 시합들이 개최되고 있다.

③ 축제형 유소년스포츠 프로그램

축제형 프로그램은 스포츠 이벤트라는 용어와 함께 쓰이는데, 일회적으로 제공되는 프로그램으로서 주로 체육에 대한 인식, 친목도모, 스포츠 활동 체험 등 다양한 의도로 추진된다. 대상별로 스포츠 행사가 추진될 수 있으며, 유소년을 대상으로 하는 행사들은 가족행사가 많고, 여러 부스를 설치하고 스포츠 활동을 체험하는 형식으로 프로그램이 추진된다.

3) 유소년스포츠 프로그램 구성 시 고려사항

① 자결적 움직임 활동 고려

유소년들은 일차적으로 신체적 움직임을 통해 학습하고 자신의 행동에 대한 결과(피드백)를 얻는다. 유소년은 놀이와 움직임을 통하여 자아 발달(자아관과 자아효능감 형성), 사회성 발달(정서적 유대감 형성), 인지 발달(감각적 인지 발달), 건강(신체적·정서적 건강)을 도모하게 된다. 따라서 유소년스포츠 프로그램을 개발하는 데 있어서 놀이와 움직임 활동에서 스스로 선택하고 신체활동을 할 수 있는 자유공간을 제공하는지 고려해야 한다.

② 다양한 신체활동 경험 고려

스포츠지도사는 제공하고 있는 프로그램이 다양한 신체활동을 제공하고 있는지 고민해봐야 한다. 초등학교 고학년에 접어들면서 운동기능을 배우기 시작하는데, 유소년기에는 다양한 신체활동을 경험하면서 운동신경이 고루 발달하도록 유도해야 한다. 스포츠지도사는 프로그램을 개발하는 데 있어서 유소년기 발달에 적합한 프로그램을 개발해야 한다.

③ 지역 시설과 연계 고려

유소년들에게 좀 더 다양한 프로그램을 제공하기 위해 시설 이용, 스포츠 용품, 전문 스포츠

지도사에 대한 제한이 따를 수 있다. 따라서 주변 공공기관 및 민간 시설과 연계해서 최대한 지역 스포츠시설을 이용하도록 해야 한다. 특히 지역 스포츠시설에서 사용하지 않는 시간을 파악하여 시설 사용에 대한 협조를 요청할 수도 있다. 예를 들어, 인근에 테니스코트장이 있으며, 주로 주말에 사용되고 주중에는 사용하지 않는 경우가 많다면 초등학생을 대상으로 하는 테니스 프로그램을 개발해보는 것도 좋을 것이다. 운동선수들이 훈련하는 체조장을 선수들이 사용하지 않는 오전 또는 오후 시간에 1~2시간이라도 일반 유소년을 위해 잠시 개방하는 것도 좋을 것이다. 지도형이 아니라도 일반 자유 시간으로 개방하면, 어린이들이 체조장에서 뛰기, 구르기, 뜀뛰기, 평균대에서 균형 잡기, 트램펄린 점프 등 체조의 다양한 기초 동작을 체험할 수 있는 기회를 가질 수 있을 것이다. 체조는 육상과 함께 가장 기본 스포츠 종목임에도 불구하고 우리나라는 아직 체조장 시설이 매우 미흡하며 유소년들에게 제공되는 프로그램이 부족하다. 따라서 스포츠지도사 및 프로그램 개발자는 주변의 체조 시설을 갖춘 기관과 연계하여 체조 관련 프로그램을 유소년에게 제공하도록 노력해야 한다.

④ 유소년의 스포츠 활동 시간대 고려

유소년들은 청소년과 성인에 비하여 상대적으로 여가 시간이 많다. 스포츠 프로그램 개발자 및 스포츠지도사는 오후 하원과 하교 후에 바로 이어서 스포츠 프로그램에 참가할 수 있도록 시간대를 설정해야 한다. 또한 여가시간이 긴 여름방학과 겨울방학 기간을 이용해 다양한 스포츠 프로그램을 개발하고 제공할 수 있다. 학부모들은 긴 방학기간에 아이들을 위해 어떤 방학 프로그램을 신청할까 고민하기도 하고, 긴 방학을 함께 보내기에 조금은 부담스러워 하는 경우도 있다. 스포츠 프로그램 개발자는 이런 긴 방학을 이용하여 다양한 스포츠캠프를 기획하는 것도 좋을 것이다. 예를 들어, 1주일간 구기종목 캠프, 수영캠프, 농구캠프, 축구캠프, 스키캠프 등 다양한 프로그램을 기획할 수 있다. 캠프는 1주일 또는 2주일간 반일반 또는 종일반으로 제공될 수 있다. 스포츠캠프란 다른 곳에 가서 숙박을 하면서 진행되기도 하지만 꼭 그렇지는 않기 때문에 주변시설의 이용시간과 참여자의 요구를 분석하여 다양하고 흥미롭게 프로그램을 개발할 수 있다.

나. 청소년스포츠 프로그램

1) 청소년스포츠 프로그램 개념

청소년기는 신체적으로 눈에 띄게 성장하는 시기이다. 남성은 어깨와 하체가 발달하고 근육이 성장하고 남성호르몬이 분비되며, 여성은 가슴과 골반이 발달하고 여성호르몬의 분비로 더욱 여성스러워진다. 그렇기 때문에 신체적으로 매우 빠른 속도로 성장하면서 혈기가 매우 왕성해진다. 이 시기는 사회·심리적으로 불안한 시기이기도 하다. 특히 부모의 품에서 벗어나 자신의 정체성을 찾아가는 단계여서 또래집단의 영향을 쉽게 받고 기성세대의 가치관과 갈등을 겪게 되는 경우도 있다. 이러한 상황에서 이들의 생활은 대부분 학교와 학원에서 보내게 되며 학업에 대한 스트레스가 높아지게 된다. 청소년들은 신체적 급변, 정체성 혼란, 학업에 대한 스트레스로 인해 매우 힘든 시기를 보낸다고 할 수 있다. 이럴수록 청소년들은 해결책이 될 수 있는 취미활동이 필요하며, 특히 건전하고 건강한 스포츠 활동이 매우 적합하다.

청소년스포츠의 많은 부분은 학교스포츠가 담당하고 있다고 해도 과언이 아니지만, 생활체육 영역에서도 이들을 대상으로 스포츠 프로그램이 제공되고 있다. 이 시기에는 특정적인 스포츠 종목을 습득하여 성인이 되어서도 지속적으로 즐길 수 있도록 해야 한다. 청소년스포츠 프로그램은 청소년들의 신체적·심리적 특성을 고려해서 청소년들이 방과 후 또는 하원 후에 스포츠 활동을 통해 운동기능을 습득하고 삶의 즐거움과 활력을 찾을 수 있도록 효과적인 스포츠 활동을 총체적으로 기획하고 운영한 것이다.

2) 청소년스포츠 프로그램 유형

청소년스포츠는 운동기능 습득, 삶의 즐거움 및 활력 찾기, 또래친구와의 여가 활동을 목적으로 추진되기 때문에 공공단체, 비영리단체, 영리단체에서 주로 자유활동형, 조직활동형, 특별행사형, 실내형, 실외형, 지도형, 경기대회형, 개인운동, 대인운동, 집단운동, 계절운동 중심으로 실행되고 있다.

① 지도형 청소년스포츠 프로그램

지도형 청소년스포츠 프로그램은 청소년들의 신체적·심리적·사회적 특징을 고려하고 이들의 욕구 및 스포츠 활동 참여 동기를 파악하여 적합한 스포츠 활동을 기획하고 제공한다. 지도형 청소년스포츠 프로그램은 생활체육지도사가 청소년을 대상으로 정해진 시간에 스포츠 활동을 지도하는 것으로, 일정한 시간과 장소에서 반복적으로 행해지는 프로그램이다. 대부분의 청소년들은 학업에 많은 시간을 소비하기 때문에 주중에 스포츠 시설에서 운동을 한다는 것은 조금 무리이다. 이런 여건 때문에 주로 늦은 저녁이나 주말에 프로그램이 제공된다. 지도형 프로그램은 여학생, 남학생, 비행소년, 중도입국 다문화가정 청소년 등으로 구분되고 이들의 요구에 따라 적합한 프로그램을 기획해야 한다.

② 경기대회형 청소년스포츠 프로그램

경기대회형 청소년스포츠 프로그램은 주로 청소년 스포츠동호회 중심으로 진행되거나 스포츠클럽 중심으로 리그전이 진행된다. 경기대회형 청소년스포츠 프로그램은 물론 스포츠 종목과 목적에 따라 다르게 기획되고 제공될 수 있다. 매주 주말에 모여서 리그전으로 진행되는 경우, 스포츠클럽의 프로그램 담당자, 전문 스포츠지도사 등 관계자들이 기획하고 진행해야 한다. 경기대회형 청소년스포츠 프로그램은 주로 게임 중심으로 진행되기 때문에 미처 운동기능을 습득하지 못한 참여자들이 소외되지 않도록 필요에 따라 기술을 지도할 필요가 있다. 프로그램 개발자 및 관계자는 청소년들의 흥미를 유도하여 지속적인 운동 참여가 가능하도록 기존의 경기대회형 프로그램을 발전시키거나 새로운 프로그램을 개발하도록 노력해야 한다.

3) 청소년스포츠 프로그램 구성 시 고려사항

청소년기는 신체적·정서적·사회적 발달이 현저하며, 개개인의 요구와 흥미가 뚜렷하게 나타나는 시기이므로 스포츠 활동에 대한 관심 분야 역시 성별 또는 개개인에 따라 다르게 나타난다. 청소년스포츠 프로그램 개발에 있어서 필수적으로 고려해야 할 사항들은 다음과 같다(위성식·성영호·이제홍·백광, 2010).

① **프로그램의 지속성 고려**

청소년기에는 지속적인 스포츠 활동 참여를 통하여 규칙적인 신체활동과 운동기능 습득이 이루어지도록 하는 것이 바람직하다. 요즘 "체력이 공부력"이라는 말이 있듯이, 청소년들이 운동 부족으로 지친 심신을 지속적이고 규칙적인 스포츠 활동을 통하여 회복하고 삶의 활력을 찾을 수 있도록 다양한 스포츠 프로그램을 개발하고 제공해야 한다. 또한 청소년들이 지속적인 운동기능 습득으로 스포츠 기량을 향상시키며 성인이 되어서도 즐길 수 있는 자신만의 스포츠 특기를 가질 수 있도록 프로그램을 구성해야 한다.

② **발달운동 중심 프로그램 개발**

혈기 왕성한 청소년기에는 소극적이고 정적인 신체활동보다는 에너지를 발산하고 적극적으로 신체활동에 참여할 수 있는 동적 운동을 개발해야 한다. 청소년기의 성장에 기여할 수 있는 강도 높은 운동 종목을 선정하고 운영해야 한다.

③ **청소년 개인의 요구와 흥미 고려**

청소년기에는 이들만이 요구하는 스포츠 종목들이 있다. 동적이고 흥미로운 스포츠 활동을 좋아하는 청소년들에게 게이트볼, 라인댄스 등 노인들에게 인기 있는 종목들을 제공할 수는 없다. 또한 성별에 따라 좋아하는 취향이 다르므로 지역에 거주하고 있는 청소년들의 성별과 요구를 분석하여 이들에게 적합하고 흥미로운 프로그램을 기획하고 제공해야 한다. 청소년스포츠 프로그램 개발자 및 스포츠지도사는 지속적으로 뉴트렌드 스포츠에 대한 관심을 가지고 다양한 프로그램 개발에 노력해야 한다.

④ **청소년의 생활패턴 고려**

대부분의 시간을 학교와 학원에서 보내고 저녁 늦게 귀가하는 청소년들을 대상으로 프로그램을 제공하려면 이들의 여가시간대와 생활패턴을 고려해야 한다. 청소년스포츠 프로그램은 주로 주중에 늦은 저녁시간대와 주말에 제공된다. 방학 스포츠캠프와 계절에 따른 스포츠캠프를 제공하여 청소년들에게 학업 스트레스에서 벗어나 새로운 스포츠 활동을 경험하게 하고 에너지 재충전의 기회를 제공하는 것도 좋을 것이다.

다. 성인스포츠 프로그램

1) 성인스포츠 프로그램 개념

성인기는 신체적·정신적으로 온전히 성장한 시기로서 자립적인 생활을 하면서 자신의 직업에 좀 더 잘 적응하도록 지식·정보·기능을 발전시키는 단계이다. 인간의 생애 중에서 가장 활발하게 자신의 능력을 발휘하고 사회활동을 하는 시기인 만큼 신체적 피로가 쌓이고 정신적 스트레스를 많이 받는 시기이기도 하다. 따라서 성인들은 건강 증진과 스트레스 회복을 위해 건강한 식생활과 함께 규칙적인 운동이 필요하다.

성인스포츠 프로그램은 일반 성인들을 대상으로 삶의 즐거움 및 활력을 찾을 수 있도록 스포츠 활동을 총체적으로 계획하고 운영하여 제공하는 것을 의미한다. 성인스포츠 프로그램은 주로 주부 또는 직장인으로 구분되거나 성인여성 또는 성인남성으로 구분되며, 이들의 요구분석을 바탕으로 개발된다. 직장인은 직장생활로 인해 스포츠 활동과 멀어질 수도 있으나 스포츠의 역할과 중요성을 아는 성인은 자신의 건강을 위해 꾸준히 운동한다. 또한 기본적으로 스포츠 종목 하나쯤은 할 수 있어야 하는 현대사회에서 사교를 목적으로 테니스, 축구, 골프, 등산 등 스포츠 동호회에 가입하여 스포츠 활동을 즐기는 성인들도 있다. 사회생활에 종사하지 않는 성인들은 대부분 주부들이며, 이들은 주로 자녀 출산과 양육의 시기에서 벗어나 시간적 여유가 생길 때 스포츠 활동에 참여하게 된다. 이들은 사교의 목적보다는 몸매 관리 및 건강 유지 등을 위해 스포츠 활동에 참여하게 된다.

2) 성인스포츠 프로그램 목적

성인스포츠 프로그램은 대상에 따라 프로그램이 매우 다르게 개발될 수 있다. 성인기의 생활 여건을 고려해보면 다음과 같은 목적으로 프로그램이 실행될 수 있다.

① 신체적 건강 유지

성인스포츠는 신체활동 저하로 인해 복부비만과 체중과다가 나타나는 성인기의 건강 유지 및 증진을 목적으로 제공되어야 한다. 성인들은 스포츠 활동을 통해 건강하고 활발한 신체를 유지하여 활력 있는 삶을 영유할 수 있다.

② 사교

직장생활을 하는 성인들이나 자녀들을 키우는 주부들에게는 인맥 형성과 함께 정보 공유가 매우 중요하다. 특히 사회 접촉이 적은 주부들 중에는 우울증에 걸리는 사람도 있기 때문에 본인이 적극적으로 사람들을 만날 기회를 만들어야 하는 상황이다. 따라서 성인스포츠 프로그램은 성인들이 스포츠클럽 및 스포츠 동호회에 가입하여 스포츠 활동을 즐기면서 타인과 접촉할 기회를 가지며, 이를 통해 서로 간의 친목을 도모해야 한다.

③ 스트레스 해소 및 삶의 즐거움 추구

성인들은 직장 업무와 자녀 양육에 대한 책임을 가지게 되며, 이에 대한 요구가 자신의 능력보다 높을 경우 스트레스를 받게 된다. 이로 인해 만성피로가 오고 무기력한 삶을 살게 된다. 성인스포츠 프로그램은 성인들에게 다양한 신체활동을 경험하고 삶의 즐거움을 주는 것을 목적으로 실행되어야 한다.

④ 흥미 확대

많은 역할과 책임을 가지고 생활하는 성인들은 반복적인 생활로 인해 피로해지고 어떤 일을 해도 흥미가 떨어질 수 있다. 성인스포츠 프로그램은 다양한 스포츠 활동을 통하여 개인의 욕구와 만족감을 충족할 수 있는 새로운 흥밋거리를 제공한다.

⑤ 사회적 안정 추구

성인스포츠 프로그램은 우리 사회를 이끌어가는 성인들에게 다양한 스포츠 활동을 제공함으로써 이들의 신체적·심리적·사회적 건강에 기여하게 되며, 이는 궁극적으로 건강한 지역사회 유지와 안정을 도모하게 된다.

3) 성인스포츠 프로그램 유형

성인스포츠 프로그램은 주부와 직장인이 스포츠를 즐길 수 있는 시간대가 다르기 때문에 자연스럽게 직장인과 주부를 대상으로 하는 프로그램이 다르게 실행되며, 스포츠 종목과 상황에 따라 성인남성과 성인여성으로 구분되어 실행되는 경우도 있다. 성인스포츠에는 지역형, 직장형, 단체형, 지도형, 경기대회형, 실내형, 실외형, 자유활동형, 조직활동형, 특별행사형 등 대부분의 운동 유형들이 속한다.

① 지도형 성인스포츠 프로그램

지도형 성인스포츠 프로그램은 성인들의 신체적·심리적·사회적 특징을 고려하고, 이들의 욕구 및 스포츠 활동 참여 동기를 파악하여 적합한 스포츠 활동을 기획하고 제공한다. 지도형 성인스포츠 프로그램은 생활체육지도사가 성인을 대상으로 정해진 시간에 스포츠 활동을 지도하는 것으로, 일정한 시간과 장소에서 반복적으로 행해지는 프로그램이다. 지도형 프로

표 4-11. 성인스포츠에서 실행되는 프로그램

유형	프로그램
지도형	– 개인운동: 헬스, 수영, 요가, 암벽 등반, 골프, 사이클 등 – 대인운동: 테니스, 배드민턴, 탁구 – 집단운동(그룹운동): 에어로빅, 축구, 농구, 배구 등
경기대회형	– 동호인 리그전: 축구, 배구, 농구, 테니스, 배드민턴, 야구 등 팀 스포츠 종목 – 국민생활체육 전국종목별연합회 대회(축구, 육상, 배드민턴, 게이트볼, 스케이팅, 윈드서핑, 탁구, 테니스, 배구, 사격, 궁도, 스키, 자전거, 수영, 우슈, 골프, 당구, 인라인하키 등 총 50개 단체)
경기대회형과 축제형의 혼합형	– 전국 국민생활체육 대축전: 20개의 정식 종목에 6만여 명이 참가

그램의 예로는 수영, 에어로빅, 건강체조, 요가 등 여러 명을 대상으로 진행되는 강습이면서 개인스포츠 활동인 프로그램들이 많다. 이런 성격의 프로그램은 주부를 대상으로 하여 오전과 오후 중에 제공되는 경우가 많으며, 직장인을 대상으로는 새벽반과 저녁반으로 실행된다. 그 외에는 특정 스포츠종목을 습득하기 위해 개인 강습을 받는 경우가 있다. 지도형은 주로 테니스, 배드민턴, 골프, 암벽등반, 사이클 등과 같은 개인스포츠 종목으로서 운동기능을 습득하여 시합이 가능하도록 지도하는 프로그램이다.

② 경기대회형과 축제형 성인스포츠 프로그램

경기대회형 성인스포츠 프로그램은 참여자들이 자신의 스포츠 능력을 평가하고 타 선수들과 경쟁할 수 있는 기회를 제공하는 유형이나, 우승을 목적으로 하기보다는 팀 간의 친목도모 및 스포츠 활동을 즐기는 데 중점을 두고 있다. 경기대회형 성인스포츠 프로그램은 크게 동호인 리그전과 생활체육대회로 구분할 수 있다.

동호인 리그전은 지역 동호인스포츠클럽들이 연중 리그를 통하여 자신들의 기량을 향상시키고 지역사회 동호인 간의 친목도모를 목적으로 실행되고 있다. 동호인스포츠클럽은 생활체육의 자발적 참여로 이루어지며 스포츠 활동을 함께 즐기기 위해 매주 모여서 시합하는 형태로 실행된다.

생활체육대회는 '국민생활체육 전국종목별연합회' 중심으로 진행되는 전국 규모 대회들이다. '전국 국민생활체육 대축전'은 경기대회형 프로그램과 축제형이 혼합된 프로그램으로서 체육, 문화, 관광이 어우러지는 축제 성격이 강하다. 일반종목의 시합 진행뿐만 아니라 지역 특산물 전시, 먹거리장터 운영, 생활체육종목 시연, 민속놀이체험, 가족체험, 연예인·스포츠 스타 사인 행사 등 다채로운 행사들이 함께 진행된다(국민생활체육회; 문화체육관광부, 2010).

4) 성인스포츠 프로그램 구성 시 고려사항

성인들은 우리 사회를 이끌어가는 주역으로서 사회 발전에 중요한 역할을 담당하고 있다. 이들은 가정에서는 자식으로서, 부모로서, 아내와 남편으로서 각자 역할을 수행해야 하며, 직장에서도 각자 업무를 수행해야 하기 때문에 삶이 고단하고 스트레스를 받을 수 있다. 스포츠 활동은 이들의 삶에 활력이 되고 건강하고 행복한 삶을 추구하는 데 기여할 수 있을 것이다. 성인들을 대상으로 하는 스포츠 프로그램을 개발하고 제공하는 데 있어서 다음과 같은 사항들을 고려해야 한다.

① **성인의 신체적·심리적·사회적 특징 및 요구 고려**

성인들의 생활은 직장생활을 하거나 자녀 양육을 담당하거나 수행해야 하는 역할들이 있기 때문에 시간적 제약이 많다. 따라서 이들의 특성과 스포츠 참여 동기를 파악하여 적합한 프로그램을 제공해야 한다. 특히 직장인들은 출근 전 새벽시간, 퇴근 후 저녁시간 또는 주말에 스포츠 활동을 할 수 있으므로 적당한 시간과 장소를 설정해야 한다. 주부들은 주로 자녀들이 학교에 있는 오전 중에 자신의 여가 시간을 즐길 수 있으므로 여러 상황들을 파악하여 이를 충족시켜줄 수 있는 적합한 프로그램을 개발해야 한다.

② **주변 요인 제고**

직장인의 접근성 및 주변 시설과 상황을 파악하여 실현 가능한 프로그램을 개발해야 한다. 주로 직장인들이 주중에 스포츠 활동을 하게 되면 시간적으로 제약이 많으므로 근접성이 무엇보다도 중요하다.

③ **프로그램의 지속성 고려**

성인스포츠 프로그램은 여가활동의 하나로서 스포츠 활동을 즐기며 노년기에도 즐길 수 있도록 지속성을 고려해야 한다. 성인스포츠 프로그램이 강습형 프로그램과 시합형 프로그램 유형 모두 균형적으로 활성화되어 스포츠 활동이 삶의 일부분으로 자리 잡도록 유도해야 한다. 이는 건강한 노년기에 접어드는 준비단계라고 할 수 있으며, 개인적 삶의 질 향상과 함께 건강한 복지사회 실현을 도모할 것이다.

④ **프로그램의 다양성과 전문성 제고**

성인들의 생활체육 참여 확대와 동호인스포츠클럽 활성화로 인해 성인들의 스포츠 활동 수준 역시 매우 높아졌다. 단순히 기본적인 운동기능을 지도하거나 기존의 전통적인 스포츠 종목만을 제공해서는 이들의 요구를 충족시킬 수 없다. 시대적 변화와 스포츠 산업 발전을 고려해서 다양하고 흥미로운 스포츠 프로그램을 개발해야 한다. 비용이 적게 드는 스포츠 종목에서부터 골프, 스키, 윈드서핑, 스킨스쿠버, 산악자전거 등 고가의 장비를 필요로 하는 스포츠 종목도 대중화되고 있으며, 참여자들은 전문 스포츠 장비를 갖추고 스포츠 활동을 하고 있다. 또한 이들의 운동기능 역시 매우 상승되고 있다. 예로 테니스나 골프를 단순히 취미활동으로 배우고 즐기는 것이 아니라 비싼 레슨비를 지불하면서 전문적으로 운동기능을 습득하고 다양한 대회에 참여하여 자신의 기량을 확인하고 싶어 한다. 따라서 스포츠지도사는 자신의 역량을 꾸준히 향상시키고 좀 더 전문적이고 수준 높은 프로그램을 제공하도록 노력해야 한다.

라. 노인스포츠 프로그램

1) 노인스포츠 프로그램 개념

우리나라는 2000년도에 고령화 사회에 진입하면서 노인복지 및 건강에 대한 관심이 높아지고 있으며, 노인 부양과 노인 의료비 급증 등 여러 문제들이 부각되고 있다. 2005년 5월 「저출산·고령사회기본법」 제정과 함께 제1차 저출산·고령사회기본계획 시안(2005~2010)과 제2차 저출산·고령사회기본계획 '새로마지플랜 2015(2011~2015)'가 추진되면서 범정부적 차원에서 고령화에 대한 대응책을 마련하고 있다. 이 계획은 '고령사회 삶의 질 향상 기반 구축'을 목적으로 노인의 건강증진을 위한 스포츠 프로그램 개발 및 보급, 체육 시설 활용도 제고, 노인 전문 스포츠지도사 지도 및 보급 등 다양한 내용들을 포함하고 있다. 이는 노인의 건강한 삶 유지를 위해서는 건강한 식생활과 의료 지원뿐만 아니라 스포츠 활동이 무엇보다도 중요함을 의미한다(김양례 등, 2012).

노년기에는 신체적 노화로 인해 일상생활 속에서 신체적 활동이 매우 감소된다. 신체적으로 근력, 근지구력, 최대산소섭취량, 근탄력성 등이 떨어지며, 이로 인해 뼈, 근육, 관절 등이 손상되기 쉽기 때문에 과격한 운동은 피하는 것이 좋다. 또한 피로 후에 신체적 회복력이 늦기 때문에 혈압 및 몸 상태를 고려해서 신체적 부담을 주는 것은 피해야 한다. 심리사회적으로는 기존의 태도와 행동양식을 유지하려는 경향이 있으며, 퇴직과 함께 사회적 영향력 감소와 사회적으로 고립된 생활을 하게 된다. 이러한 노년기에는 소외되고 위축된 생활에서 벗어나기 위해 적당히 사회 모임에 참여하고 신체활동을 실시하는 것이 필요하다(김경숙, 2000).

노인스포츠 프로그램은 이러한 노년기의 신체적·심리적·사회적 특징을 고려하여 노인들이 신체활동을 통해 삶의 즐거움 및 활력을 찾을 수 있도록 스포츠 활동을 제공한다. 또한 노인들의 건강 유지·증진 및 여가활동을 위하여 적합한 스포츠 활동의 내용들을 효율적으로 운영하도록 노인스포츠 활동의 총체적 운영계획을 의미한다. 노인스포츠 프로그램이란 단순히 노인을 대상으로 스포츠 활동 내용을 수행하는 협의의 개념으로 이해되기보다는 노인을 대상으로 하는 스포츠 활동을 제공하기 위해 수행되는 계획, 진행, 평가 등 총체적인 운영을 포함한 광의적 개념으로 이해된다. 따라서 노인스포츠 프로그램을 개발하는 데 있어서 이들의 특징을 파악하고 여러 여건들을 고려해서 효과적인 프로그램을 개발하도록 해야 한다.

노년기의 스포츠 참여 동기는 건강지향과 사교지향을 들 수 있다(김경숙, 2000). 노인들은 스포츠 활동 참여를 통해 신체적 건강을 유지하며 자립적인 생활에 활력을 얻을 수 있다. 또한 핵가족화로 인해 노부부만이 생활하거나 배우자의 사별로 인해 고독한 노년기를 보내는 노인들이 증가하기 때문에 노인들은 스포츠 활동을 통해 타인과의 만남의 기회를 가지며 심리적·사회적 안정과 즐거움을 찾을 수 있게 된다.

2) 노인스포츠 프로그램 목적

노인스포츠 프로그램은 개인적 차원과 범국가적인 차원에서 기여하는 바가 크며, 다음과 같은 목적을 가지고 추진될 수 있다.

① 신체적 건강 유지

노인스포츠는 신체적으로 노화되고 무기력해지는 노인들의 건강 유지 및 증진을 목적으로 제공된다. 노인들은 스포츠 활동을 통해 건강하고 활발한 신체를 유지하여 노화 지연에 노력할 수 있다.

② 사회적 관계 형성

핵가족화로 인해 독거노인들이 증가하고 있으며 사회적 접촉이 점차적으로 감소하는 시기이다. 따라서 스포츠 활동을 통해 타인과의 접촉과 함께 친목도모를 할 수 있는 기회를 가져야 한다.

③ 삶의 즐거움 추구

노년기에는 단순히 운동기능을 습득하는 시기가 아니다. 신체적 무리가 없는 범위 내에서 스포츠 활동을 하면서 인관관계도 형성하고 삶의 활력을 찾아야 한다. 다양한 신체활동과 인간관계를 통해 삶의 즐거움과 만족감을 향상시켜야 한다.

④ 흥미 확대

노년기는 자녀양육에서 벗어나고 퇴직으로 인해 사회적 역할이 감소하기 때문에 역할이 감소되는 시기이다. 또한 노화로 인해 생활범위 역시 제한되어간다. 이로 인해 무기력해질 수 있으며 어떤 일을 해도 흥미가 떨어질 수 있다. 다양한 스포츠 활동은 노인들에게 개인의 욕구와 만족감을 충족할 수 있는 새로운 흥밋거리를 제공한다.

⑤ 사회적 안정 추구

노인들 역시 이 사회의 구성원이기 때문에 이들의 건강한 삶 역시 중요하다. 노인스포츠 프로그램은 노인들에게 다양한 스포츠 활동을 제공함으로써 이들의 신체적·심리적·사회적 건강에 기여하게 되며, 이는 궁극적으로 건강한 지역사회 유지와 안정을 도모하게 된다.

3) 노인스포츠 프로그램 유형

노인스포츠 프로그램은 노인복지 차원에서 '삶의 질 향상 기반 구축'을 목적으로 주로 범국가적인 차원에서 추진되고 있다. 노인스포츠 관련 프로그램들은 주로 노인들이 많이 찾는 노인시설(노인여가복지관, 경로당, 노인교실), 지역 문화센터, 주민자치센터 등 공공기관 및 비영리단체에서 제공되고 있다.

표 4-12. 노인스포츠에서 실행되는 프로그램

유형	프로그램
지도형	노인건강 운동교실, 요가, 라인댄스, 한국무용, 탁구, 에어로빅, 건강체조, 단전호흡, 사물놀이, 포크댄스, 웰빙체조, 포켓볼, 스트레칭, 덩더쿵체조, 댄스스포츠 등
경기대회형과 축제형의 혼합형	종목별 체육대회, 전국어르신생활체육대회, 제1회 노인건강대축제

① 지도형 노인스포츠 프로그램

지도형 유형은 노인스포츠를 전담하는 노인스포츠지도사 또는 어르신생활체육지도자가 노인들을 대상으로 일정한 시간과 장소에서 반복적으로 하는 신체적 무리가 없는 스포츠 활동 프로그램이다.

보건복지부는 '노인의 예방적 건강관리'를 목적으로 '노인건강 운동교실' 사업을 추진하고 있으며, 전국의 경로당, 노인복지관, 주민자치센터, 공원 등 다양한 장소에서 지도형 노인스포츠 프로그램을 실행되고 있다(김양례 등, 2012). 주로 특정 스포츠 종목의 운동기능을 습득하는 내용을 중점으로 다루기보다는 노인들의 신체적·심리적·사회적 특징을 고려하여 간단한 신체활동 및 다양한 체조 활동을 중심으로 해서 함께 즐길 수 있는 내용들을 다룬다.

② 경기대회형과 축제형이 혼합된 노인스포츠 프로그램

노인스포츠는 자신의 스포츠 능력을 평가하고 타 선수들과 경쟁할 수 있는 기회 제공, 체육에 대한 인식, 친목도모, 스포츠 활동 체험 등 다양한 목적으로 추진되기 때문에 경기대회형과 축제형 성격을 모두 내포한 혼합형으로 추진되고 있다.

혼합형의 예로는 '전국어르신생활체육대회'를 들 수 있다. 문화체육관광부의 체육국 내 체육진흥과에서 노인체육 및 운동프로그램 운영의 총괄책임을 맡고 있으며, 국민생활체육회 및 시·군 체육회에서 실질적으로 사업을 실행하고 있다. 2011년 9월 21일부터 23일까지 개최된 전국어르신생활체육대회를 보면 게이트볼, 정구, 축구 등 총 17개 종목이 실행되었으며, 총 8,194명의 선수와 임원이 참가하였다. 또한 2012년 10월 18일부터 19일까지 (사)대한노인회 주최로 '제1회 노인건강대축제'가 공주시에서 개최되었다. 65세 이상의 노인들이 축구, 게이트볼, 장기, 바둑 경기종목에 참여하였다. 이는 '전국어르신생활체육대회'와의 중복을 피하면서 노인문화체전의 기틀을 마련하기 위하여 새로 시도된 사업이다(김양례 등, 2012). 이런 노인스포츠 프로그램은 기존의 체조 중심 프로그램에서 벗어나 실버스포츠 종목 강화에 기여하며, 노인의 여가 선용과 건강하고 활기찬 노년생활을 위해 노인스포츠 동호회 확대에 도모할 것으로 본다. 혼합형 노인스포츠 프로그램은 노인들에게 일상생활에서 벗어나 여러 동호회 회원들이 한자리에 모여 축제 분위기 속에서 실버스포츠 종목을 즐길 수 있는 기회를 제공하며 새로운 스포츠 체험의 장을 마련해준다. 또한 삶의 활력과 즐거움을 찾을 수 있는 좋은 기회이다.

4) 노인스포츠 프로그램 구성 시 고려사항

우리나라는 고령화 사회에 접어들면서 노인스포츠에 대한 관심이 높아지고 있다. 노인스포츠 관계자들은 단순히 노인을 대상으로 신체활동을 제공한다는 생각에서 벗어나 좀 더 체계적으로 효율적인 프로그램을 개발하고 보급해야 한다. 이에 다음과 같은 사항을 고려해서 노인들에게 적합한 프로그램을 개발하도록 해야 한다.

① 노인의 신체적·심리적·사회적 특징 및 요구 고려

노년기의 특징을 고려하고 이들이 무엇을 필요로 하는지 요구를 구체적으로 파악하여 이를 충족시켜줄 수 있는 적합한 프로그램을 개발해야 한다.

② 주변 요인 제고

노인들의 접근성 및 주변 시설과 상황을 파악하여 실현 가능한 프로그램을 개발해야 한다.

③ 관련 프로그램의 연계성 고려

노인스포츠 프로그램이 제공되는 시설에서 제공되는 다른 프로그램들과 연계성을 가지고 프로그램 내용 및 시간대를 설정하는 것이 좋다. 다른 프로그램과 바로 이어지도록 시간을 맞추면, 노인들이 기다리는 시간 없이 바로 프로그램에 참여할 수 있다.

④ 학습자(노인), 전문 노인스포츠지도사, 행정담당자의 협력 요구

대부분의 노인스포츠 프로그램은 주로 노인들이 많이 찾는 노인시설(노인여가복지관, 경로당, 노인교실), 지역 문화센터, 주민자치센터 등 공공기관 및 비영리단체에서 제공되기 때문에 행정담당자와 지도자가 다른 소속일 경우가 많다. 따라서 서로 유기적인 협력관계를 가지고 프로그램 제공할 필요가 있다.

마. 장애인스포츠 프로그램

1) 장애인스포츠 프로그램 개념

우리나라 장애인스포츠는 2005년 문화체육관광부의 장애인체육업무 담당과 2009년 국민체육진흥법 제43조에 근거하여 '장애인체육사업지침' 마련으로 장애인 생활체육, 전문체육, 국제체육 관련 사업들이 활성화되기 시작하였다. 이와 더불어 민간조직 분야에서는 2005년 11월에 설립된 대한장애인체육회가 장애인생활체육과 전문부서를 총괄하며, 16개 시·도별 장애인체육회를 설립하여 조직적이고 체계적으로 장애인체육 업무를 수행하고 있으며 장애인체육 활성화를 위하여 여러 사업들을 지원하며 추진하고 있다. 오늘날 장애인스포츠는 단순히 특수학교와 재활체육의 의미에서 벗어나 생활체육 및 전문체육을 포괄하는 등 범위가 확대되었다. 장애인스포츠 프로그램은 생활체육, 학교체육, 전문체육, 재활체육 등 모든 스포츠 영역에서 장애인을 대상으로 삶의 즐거움 및 활력을 찾을 수 있도록 스포츠 활동을 총체적으로 계획하고 운영하여 제공하는 것을 의미한다. 장애인스포츠 프로그램은 장애유형별로 스포츠 활동에 어려움이 수반되기 때문에 프로그램 개발에 다소 제한이 있을 수도 있다. 그러나 장애인들은 무엇보다 스포츠 활동을 통한 건강 유지와 삶의 질 향상이 필요하기 때문에 소외해서는 아니 되며 적극적인 정책과 관련 프로그램이 추진되어야 할 것이다(문화체육관광부, 2010).

장애인스포츠 프로그램은 장애영유아부터 장애노인에 이르기까지 모든 장애인을 대상으로 하며, 신체적·정신적 특성상 장애유형과 생애주기별로 구분된다. 또한 참여자의 요구와 참여 동기가 뚜렷하기 때문에 프로그램 역시 이들의 목적과 일관성이 있는 프로그램을 기획해야 한다. 생활체육 영역에서의 장애인스포츠 프로그램은 장애인의 필요에 의한 자발적인 참여로 이루어지기 때문에 주로 스포츠 활동을 통한 재활, 사회적 관계 형성, 자아존중감 및 삶의 행복 추구 등을 목적으로 한다. 따라서 장애인을 대상으로 하는 스포츠 프로그램은 특정 운동능력을 습득하여 기량을 향상시키는 것보다는 특정 스포츠 활동을 통한 재활을 목적으로 하거나 다양한 신체활동을 통한 삶의 즐거움을 추구하는 성격이 있다.

2) 장애인스포츠 프로그램 유형

장애인스포츠 프로그램은 장애인 중심 편의시설과 전문 스포츠지도사를 요구하기 때문에 장애인복지시설, 재활원, 병원, 전문 재활스포츠센터 같은 장애인 관련 공공형과 준공공형에서 제공된다. 주로 시설형, 지도형, 경기대회형, 장기형, 조직활동형, 실내형이 이에 속한다.

표 4-13. 장애인스포츠에서 실행되는 프로그램

유형	프로그램
지도형	- 수중운동교실: 수중재활운동, 모자수중운동(장애영유아와 부모), 시각장애수중운동, 청각장애수중운동, 발달장애아동의 수중심리운동, 장애인 재활운동(아동, 청소년, 성인) - 특수체육교실: 재활체조교실, 휠체어유산소운동교실, 재활스포츠체험교실, 구기종목교실 등 체육관에서 실행할 수 있는 스포츠 활동 - 스포츠 종목: 휠체어 배드민턴교실, 좌식배드민턴교실, 배드민턴교실, 자유배드민턴교실, 재활탁구, 농구, 인라인스케이트 등
경기대회형과 축제형의 혼합형	전국국민생활체육대축전의 8개 장애인 종목(게이트볼, 당구, 탁구, 볼링, 테니스, 배드민턴, 파크골프, 론볼), 전국어울림생활체육대회와 지역어울림생활체육대회, 생활체육동호인 대항전, 전국장애청소년 체육대회, 종목별생활체육대회

① 지도형 장애인스포츠 프로그램

지도형 장애인스포츠 프로그램은 참여자의 장애유형과 생애주기에 따라 특정적인 내용으로 스포츠 활동이 제공되도록 총체적으로 기획·운영하는 것을 의미한다. 특히 일정한 시간과 장소에서 전문 장애인스포츠지도사의 지도하에 프로그램이 진행되기 때문에 장애유형별로 요구되는 스포츠 활동에 대한 전문 장애인스포츠지도사의 전문지식과 역량이 더욱 요구되는 프로그램이다.

장애인스포츠 프로그램은 일반인을 대상으로 하는 프로그램과는 달리 스포츠 종목이 매우 제한적으로 설정되며, 재활을 목적으로 수중운동교실, 특수체육교실, 몇몇 스포츠 종목으로 실행되고 있다(고양시재활스포츠센터, 대구별종합스포츠센터).

② 경기대회형과 축제형이 혼합된 장애인스포츠 프로그램

경기대회형 장애인스포츠 프로그램은 참여자들이 자신의 스포츠 능력을 평가하고 타 선수들과 경쟁할 수 있는 기회를 제공하는 유형이다. 또한 일반적으로 자신의 한계를 경험하고 새로운 목표에 도전할 수 있는 기회를 가지며, 같은 상황에 처한 사람들과 함께 사회적 관계를 가지고 용기와 삶의 즐거움을 얻는 축제라고 할 수 있다.

3) 장애인스포츠 프로그램 구성 시 고려사항

① 장애유형별 특징과 요구사항 고려

장애인들은 일반인과 달리 스포츠 활동에 대한 제약이 많으며 요구사항도 다르다. 프로그램 개발에 있어서 이들의 장애유형에 따른 신체적·정신적 특성을 파악하고 이들의 참여 요구를 고려해야 한다. 또한 스포츠 활동이 재활과 이들의 삶에 긍정적으로 기여하도록 프로그램을 개발해야 한다.

② 근접성과 제반여건 고려

장애인들 중에 스포츠 활동에 참여하려면 주변의 도움이 필요한 사람들도 있으며, 먼 거리로 이동하기 힘든 사람들도 있다. 프로그램 개발에 있어서 제약이 많은 만큼 근접성과 여러 제반여건들을 고려해서 프로그램을 기획하고 운영해야 한다.

③ 프로그램의 지속성 고려

장애인스포츠 프로그램은 다른 생활체육 프로그램과는 달리 재활의 의미가 함께 부여된다. 따라서 효과적인 결과를 얻기 위해서는 프로그램이 장시간 제공되어야 한다. 프로그램 개발자는 참여자가 지속적으로 프로그램에 참여하여 참여 목적을 달성하고 효과를 얻을 수 있도록 장기적 목적과 목표를 설정하고 이에 적합한 내용을 지도할 수 있도록 기획하고 운영해야 한다.

④ 참여 장애인의 경제적 여건 고려

경제적으로 부유한 장애인도 있으나, 의료비 지출 과다로 인해 경제적으로 어려운 가정도 있을 것이다. 프로그램 개발에 있어서 경제적인 부담이 적은 스포츠 종목을 설정하여 생활체육에 참여하고 있는 장애인들은 꾸준히 프로그램에 참여하고 그렇지 못한 장애인도 스포츠 활동에 참여할 수 있도록 해야 한다. 프로그램 개발에 있어서 흥미로우면서 경제적으로 부담 없는 프로그램을 개발하고 제공해야 한다. 또한 정부지원 및 스폰서를 받아서 다양한 프로그램을 기획할 수 있다.

3장. 전문체육 프로그램 개발 및 실천

 학습목표

- 전문체육 프로그램의 개념 및 전문체육 프로그램 개발단계를 이해한다.
- 청소년스포츠코칭의 개념 및 청소년스포츠 프로그램 지도 시 고려사항을 이해한다.
- 성인스포츠코칭의 개념 및 성인스포츠 프로그램 지도 시 고려사항을 이해한다.

1. 전문체육 프로그램 개발

가. 전문체육 프로그램의 개념

전문체육은 운동선수들이 행하는 운동 경기 활동으로 규정하며, 대한 체육회의 경기단체에 등록한 아마추어 선수들이 행하는 엘리트 스포츠와 프로스포츠협회에 등록한 프로선수들이 행하는 프로스포츠가 해당된다(문화체육관광부, 2012). 전문체육에서는 운동에서 최고의 기량을 발휘하여 승리를 목적으로 행해지며, 생계적인 특성을 가지고 있고, 의무적이고 공식적인 스포츠만을 포함한다(문화체육관광부, 2012).

나. 전문체육 프로그램 개발

1) 전문체육 프로그램 개발

전문체육에서 스포츠 지도는 보다 과학적인 방법과 체계적인 지도를 통해 최상의 운동수행 능력을 발휘할 수 있도록 한다. 이를 위해 많은 코치들은 지도 프로그램 개발을 위해 자신들이 선수 시절 경험했던 방법이나 다른 코치들이 사용하고 있는 방법을 따라서 한다. 유능한 코치가 되기 위해, 좋은 경기력과 성적을 올리기 위해서는 체계적인 프로그램 개발과 실천이 필요하다. 전문체육 프로그램 개발은 코치에게 스포츠 기술과 관련하여 언제, 무엇을, 어떻게 할지에 대한 의사결정뿐만 아니라 선수 관리, 팀 운영에 이르기까지 많은 부분을 포함한다. 여기서는 성공적인 기술을 연습하고 가르치기 위한 전 과정을 다룬다.

2) 전문체육 프로그램 지도 개발을 위한 6단계

전문체육 현장에서 스포츠 지도는 스포츠 기술 지도를 통해 운동수행 능력 향상은 물론 선수 개인의 지속적인 발달과 발전까지 관심을 기울여야 한다. 이에 코치는 훈련 그 이상의 것을 제공할 수 있는 전문 능력이 요구된다. 전문체육 프로그램 지도 개발은 선수 지도를 위해 6단계로 구성된 체계적이고 구체적인 내용을 제시함으로써 선수의 전인적 발달을 위한 준비과정이 될 것이다(Martens, 2004). Martens(2004)가 제시한 지도계획 6단계의 내용을 구체적으로 살펴보면 다음과 같다.

표 4-14. 지도계획을 위한 6단계[출처: Martens(2004), 코칭 과학]

단계	내용
6단계	연습계획 수립
5단계	지도방법 선택
4단계	우선순위 결정 및 목표 설정
3단계	상황분석
2단계	선수 이해
1단계	선수에게 필요한 기술 파악

① 1단계: 선수에게 필요한 기술 파악

코치의 가장 우선적인 일은 스포츠기술을 지도하는 일이다. 그러나 스포츠 기술 지도가 코치가 하는 일의 전부는 아니다. 코치는 선수들이 스포츠를 통해 훌륭한 선수로 성장할 수 있도록 지도할 수 있어야 한다. 이를 위해 스포츠기술 지도뿐만 아니라 생활기술 지도를 통해 바람직한 인성을 함양시킬 수 있도록 해야 한다. 선수에게 필요한 기술 파악은 결국 코치의 일이 무엇인지를 아는 것이다. 선수들에게 필요한 것은 스포츠기술과 경기에 필요한 전략 및 전술뿐만 아니라 체력 및 건강관리, 영양 섭취, 체중 조절 등과 관련된 신체적 기술, 자신감, 집중력, 자기 통제력 등을 위한 정신적 기술, 선수와 코치, 선수와 선수, 선수와 심판, 선수와 상대팀 등과의 원활한 의사소통 기술, 스포츠 상황에서 성숙한 스포츠인으로 성장하도록 인성 발달에 대한 것 등이다.

② 2단계: 선수 이해

선수들의 신체적·심리적·사회적 발달단계를 파악해야 한다. 현재 체력, 건강 상태 등에 대한 면밀한 분석, 사전 운동 경험, 기술 수준, 운동에 대한 열정 및 동기, 개인의 성격 및 팀 내에서의 동료와의 관계 등 선수 개개인에 대한 충분한 이해가 필요하다. 또한 선수 개개인의 목표, 진로 등 개인적 문제, 가정환경, 학교생활 등 전반적인 이해도 필요하다.

③ 3단계: 상황분석

지도계획을 수립하기 위해서는 먼저 주변 상황에 대한 분석이 필요하다. 팀 안팎의 상황은 훈련 기간 동안 직·간접적인 영향을 미치기 때문이다. 선수 인원수, 연습 및 훈련 공간, 기자재, 보조 지도자의 활용 가능 여부, 팀 내의 분위기, 학부모와의 관계, 학교 또는 학부모의 지원 여부 등을 파악하여 계획 수립 및 실행에 부정적인 영향을 미치는 요소들은 충분히 개선해야 한다.

④ 4단계: 우선순위 결정 및 목표 설정

지도계획에서 우선순위를 결정하는 일은 지도 목표를 설정하는 데 도움을 준다. 현재 상황에서 언제, 무엇을, 어떻게 해야 할지에 대한 확실한 순서가 결정되면 스포츠 지도를 위한 목표가 정해진다. 우선순위를 결정하기 위해 지도해야 할 기술을 구체적으로 나열한 체크리스트를 만들어 중요도를 표시해나가면 도움이 된다. 목표는 단기·중기·장기 목표를 설정한다. 목표 설정은 구체적이고 주어진 상황과 기간에 적합하고 성취 가능한 것이어야 한다.

⑤ 5단계: 지도방법 선택

무엇을 가르칠지에 대한 우선순위와 목표가 정해졌으면 체계적으로 지도할 수 있는 지도방법을 선택해야 한다. 지도방법은 성공적인 기술 수행을 위한 전술이 아니라 기술 및 연습에서 효율적이고 효과적으로 지식, 기능, 태도 등을 전달하는 과정이다. 그렇기 때문에 목표에 따라 다양한 지도방법이 사용될 수 있다. 지도방법에는 직접형, 과제형, 상호형, 유도발견형, 문제해결형 등이 있다(Cassidy, Jones & Potrac, 2006).

㉠ 직접형

일반적으로 코치들이 가장 많이 사용하는 방법으로 코치가 직접 설명, 시범 등을 통해 기술 및 전술 등을 지도하는 방법이다. 직접형으로 선수들을 지도하기 위해서는 가르치고자 하는 기술에 대한 경험과 지식이 풍부하고 기능이 뛰어나야 한다.

㉡ 과제형

과제형은 직접형 방법을 일부 포함하며, 차원이나 수준이 다른 몇 가지 과제를 준비하여 스테이션을 만들어 각각의 스테이션에서 선수들이 다른 과제를 연습할 수 있도록 한다. 선수들은 각 스테이션에서 정해진 시간 동안 연습한 후 코치의 지시에 따라 다음 스테이션으로 이동한다. 과제형 방법은 선수들이 코치로부터 독립해서 연습할 수 있는 연습 환경을 조성한다. 코치는 각 스테이션을 순회하여 선수들의 연습을 관찰하고 피드백을 제공한다.

㉢ 상호형

상호형 방법은 2인 1조로 짝을 지어 선수들끼리 연습할 수 있는 환경을 조성한다. 상호형 방법은 직접형과 과제형의 특성을 일부 포함하고 있으며, 코치가 과제를 제시하고 연습 횟수나 시간을 결정하여 제시한다.

ㄹ) 유도발견형

유도발견형은 직접형과 달리 선수들을 간접적인 방법으로 지도함으로써 선수들이 가진 지식, 기술, 태도 등에 대한 확인, 분석, 종합할 수 있는 기회가 될 뿐만 아니라 행동 및 태도에 대한 책임감, 훈련과 시합 상황에서 주도성을 갖도록 하는 데 도움이 된다. 유도발견형은 연속되는 질문에 대해 반응하며 일련의 과제를 수행할 수 있어야 하고 질문은 선수들의 호기심, 도전심, 책임감 등을 자극하여 목표를 향해 유도해나갈 수 있어야 한다.

ㅁ) 문제해결형

문제해결형은 질문을 통해 해답을 찾는다는 점에서 유도발견형과 유사하지만, 선수들은 자신들이 이미 경험한 상황에서 해답을 도출할 수 있는 문제를 설정한다. 코치는 게임 상황의 시나리오를 제시함으로써 전술이나 전략에 대해 선수들이 무엇을 알고 있는지 확인할 수 있다. 선수들은 주어진 문제에 대해 다양한 해결방법을 제시할 수 있으며, 개별적으로 또는 집단적으로 문제 해결 과정에 참여하게 된다.

⑥ 6단계: 연습계획 수립

무엇을 가르치고 무엇을 연습해야 할지에 대한 내용이 결정되면 시즌 계획과 일일 지도계획을 수립해야 한다. 시즌 계획은 일일 지도계획에 있어서 수준과 범위를 어떻게 할지에 대한 우선순위와 목표가 정해졌으면 체계적으로 지도할 수 있는 연습계획을 수립해야 한다. 연습계획은 연간 시합 일정에 맞추어 최상의 컨디션을 유지하면서 최상의 경기력을 발휘할 수 있도록 하기 위해 시즌 전, 시즌 중, 시즌 후 등으로 구분한다. 이는 연간 계획으로, 주기에 따라 연습계획이 수립되면 주간 연습, 일일 연습 등 세부적인 계획을 수립해야 한다(체육인재육성재단, 2012). 연습계획에는 날짜, 총 연습시간, 과제별 연습시간, 연습 목적, 필요 장비, 준비운동, 습득한 기술 연습, 새로운 기술 지도 및 연습, 정리 운동, 코치 코멘트, 평가 등의 요소를 포함하여야 한다.

2. 전문체육 프로그램 실천

가. 청소년스포츠코칭 프로그램 개발

1) 청소년스포츠코칭 프로그램 개념

전문체육에서의 청소년스포츠코칭은 엘리트 스포츠를 지향하는 학교운동부 지도를 의미한다. 여기서의 프로그램은 선수 훈련, 팀 및 선수 관리 등을 위한 지도 계획을 총체적인 관점에서 접근해야 한다. 기능적 차원에서의 탁월함뿐만 아니라 사회적·교육적 차원에서 '엘리트'로 성장할 수 있는(박남환·신흥범, 2012) 전인적 청소년스포츠코칭이 되어야 한다. 전인적 청소년스포츠코칭은 스포츠 현장에서 성적과 승리만을 지향하는 것이 아니라 지성, 감성, 덕성 등 선수가 한 개인으로서 훌륭하게 성장할 수 있도록 총체적으로 지도하는 것을 의미한다(김선희, 2007). 따라서 청소년스포츠코칭 프로그램은 기능 습득 및 향상을 위한 지도계획뿐만 아니라 지성, 감성, 덕성을 균형있게 발달시킬 수 있도록 구성해야 한다.

2) 청소년스포츠코칭 프로그램 유형

청소년스포츠코칭 프로그램은 최의창(2014)의 전인적 청소년교육을 위한 스포츠 활용에서 제시된 스포츠교육 프로그램을 발췌하여 요약하여 제시하였다.

① Play It Smart(PIS)

고등학교 풋볼 운동부 운영에 적용한 전인적 발달 프로그램으로, 1년간 잘 짜인 계획을 통해 선수들은 운동뿐만 아니라 팀 내에서 개별적인 역할분담, 그룹 스터디 참가, 정규 수업 참가 등의 기본 원칙을 실천하도록 한다. 선수들의 진로계획, 의사결정력, 문제해결력 등의 목적이 중시되고, 미국에서 약 150여 개의 고등학교에서 실천되고 있다.

표 4-15. LTAD 단계[출처: 체육인재육성재단(2012), 학교운동부 코칭의 이론과 실제]

단계	연령	목적
Active Start	남녀 0~6세	흥미 및 즐거움 추구, 일상생활에서 신체활동 실천 강조
fundamentals	남 6~9세 여 6~8세	기초 움직임 기술 습득 강조
Learning to Train	남 9~12세 여 8~11세	기초 스포츠 기술 습득, 스포츠 활동에서 윤리교육 시작
Training to Train	남 12~16세 여 11~15세	체력 발달 및 구체적인 스포츠기술 습득, 엘리트 수준의 훈련 적용 점검
Train to Competition	남 16~23세± 여 15~21세±	구체적인 포지션이나 경기에 필요한 기술 훈련 시작
Training to Win	남 19세± 여 19세±	기술, 전술 등 전문적인 기술 훈련, 시합에서 최상의 수행 능력 개발
Active for Life	모든 연령	매일 적어도 60분 또는 30분씩 운동 실천 권장, 다양한 스포츠 참여

② Positive Coaching

미국에서 결성된 긍정코칭협회(Positive Coaching Alliance)가 추구하는 스포츠코칭 개념으로, 청소년스포츠를 지도하는 코치와 부모를 대상으로 Positive Coaching 프로그램을 제공하고 있다. Positive Coaching은 스포츠 현장에서 '승리와 교훈', 즉 시합에서 이기기와 삶을 위한 가르침이라는 두 가지 목표를 한꺼번에 추구하는 'double-goal coaching'을 주장한다. 가장 대표적인 전인적 스포츠교육 프로그램이다.

③ Long-Term Athlete Development(LTAD)

선수들의 총체적인 발달을 도모하기 위해 캐나다에서 개발되었다. 어린아이부터 엘리트 수준까지 선수가 되기 위한 준비 및 경쟁적인 스포츠 활동 참가단계 등 일상생활에서부터 전문적인 스포츠 활동에 이르기까지 체계적인 발달단계 및 지도과정을 제시하고 있다.

2) 청소년스포츠코칭 프로그램 개발 시 고려사항

① 코치 중심 → 선수 중심의 관점

그동안 전문체육은 성적과 기록이 우선시되었기에 이에 대한 목표를 달성하기 위해 스포츠코칭은 코치 중심으로 이끌어졌다. 선수는 한 개인으로서 어떠한 상황에서도 그 개인의 존재가치는 존중되어야 하며, 스포츠는 선수들에게 중요한 부분이지만 선수 개인의 삶의 전부는 아니라는 것을 명심해야 한다(김진희, 2011). 따라서 코칭 프로그램은 신체적·인지적·심리적·사회적·정서적 측면 등 총체적인 성장이 가능할 수 있도록 선수 중심의 관점으로 전환되어야 한다. 연습 환경, 구조, 연습과정 등 일련의 과정을 선수의 요구와 목표에 맞게 지원할 수 있어야 하며, 배움의 과정에서 자신이 주도적인 입장을 가지고 있어야 한다(김진희, 2011; 최의창, 2014).

② 인성 중심 지도 실천

코치는 선수들의 운동수행 능력이나 게임 전략만 가르치는 기능전달자가 아니라 선수들의 전인적 성장을 이끄는 안내자, 상담자, 멘토이다. 연습이나 시합을 위해 지도계획을 세우듯이 인성 지도를 위한 지도계획도 필요하다. 기술과 전략을 지도하고 실천하면서 그 안에서

프로그램/기관	홈페이지 주소
Play It Smart	www.playitsmart.org
Positive Coaching Alliance	www.positivecoach.org
Long-Term Athlete Development	www.canadiansportforlife.ca

함께 지도할 수 있는 인성의 요소를 이해하고 적용할 수 있도록 해야 한다. 팀플레이에서 다양한 전술을 구사함에 있어서 팀 동료에 대한 신뢰, 팀 동료와의 의사소통 등이 실천되지 않으면 성공적인 전술 습득과 시합 상황에서의 실력 발휘는 어렵다(Martens, 2004). 스포츠맨십의 실천과 바람직한 인성을 기를 수 있도록 인성 요소에 대한 이해, 이에 대한 실천을 습관화·인지화할 수 있는 기회를 제공해야 한다.

③ 일상생활로의 전이

스포츠 현장에서 훈련과 연습을 통해 배우는 스포츠 가치는 코치에 의해 선수들의 성장에 긍정적인 영향을 끼칠 수 있도록 해야 한다(Rose, 2013). 스포츠를 통해 배우는 인내, 끈기, 양보, 배려, 존중, 즐거움, 성취감, 책임감 등이 일상생활로 전이될 수 있도록 함으로써 청소년스포츠코칭은 선수들의 삶 속에서 미래를 준비하고 훌륭한 성인으로 성장할 수 있는 과정이 되어야 한다.

나. 성인스포츠코칭 프로그램 개발

1) 성인스포츠코칭 프로그램 개념

청소년스포츠코칭이 초등학교부터 고등학교까지의 엘리트 스포츠를 의미한다면 성인 스포츠코칭은 대학선수 및 엘리트 스포츠에서의 코칭을 의미한다. 특히 대학 운동부는 초·중·고를 거쳐 엘리트 선수로 대학에 입학하여 선수생활을 지속할 수 있도록 팀을 구성하여 조직적으로 운영되고 있다. 성인스포츠코칭은 청소년스포츠코칭과 달리 운동에 대한 뚜렷한 목적과 직업이나 진로에 대한 문제 등이 공존하게 된다. 따라서 성인스포츠코칭 프로그램은 기술 습득이나 전술적 측면보다는 이미 습득된 기술의 세련화·정교화 관점에서 지도되어야 하며, 개방화의 관점에서 선수 스스로 전술이나 전략에 대한 분석 및 개발할 수 있는 기회를 제공해야 한다.

2) 성인스포츠코칭 프로그램 개발 시 고려사항

① 명확한 목표 설정

훌륭한 지도자는 훈련 프로그램을 계획할 때 명확한 목표 설정을 한다. 이는 선수들이 그동안 답습해오던 훈련의 반복이 아닌 분명한 목표 제시를 통해 훈련을 하기 위함이다. 습관적으로 행동하고 습관적으로 연습하는 것은 아무리 많은 시간을 투자하고 많은 반복 연습을 한다 하더라도 최고의 기량을 연마할 수 없다. 명확한 목표 설정을 위해 다음 〈표 4-16〉에서 제시한 6가지 지침을 고려한다.

② 자기 주도적인 환경 조성

성인 학습자들은 자신이 가지고 있는 스포츠에 대한 지식과 기능을 토대로 새로운 기술 개

표 4-16. 목표설정을 위한 지침 [출처: 체육인재육성재단(2012). 학교운동부지도자 직무교육 교재에서 발췌하여 재구성하였음]

목표설정을 위한 지침	
1. 구체적인 목표를 설정하라.	• '최선을 다해!', '다음엔 이번보다 잘해야지!' 라는 말을 하는 것은 구체적인 목표가 아님 • 목표는 구체적이고, 측정 가능하고, 행동적인 용어로 설정해야 함
2. 통제 가능한 수행목표를 설정하라.	• 결과 지향적인 목표를 갖고 있더라도 그것을 달성하는데 필요한 수행목표를 설정할 때는 통제 가능한 목표로 설정 • 감정 조절, 연습의 질과 양, 노력의 정도, 서브 성공률, 도루 수 등과 같은 수행 목표 달성을 위해 노력하다 보면 결과 목표(예: 승리, 우승 등)도 부가적으로 달성 가능
3. 긍정적인 목표를 설정하라.	• 목표는 부정적인 것보다 긍정적으로 설정 • '데블폴트의 빈도를 낮추겠다' 라는 부정적 목표보다는 '퍼스트 서브의 성공률을 높이겠다' 라는 긍정적 목표 설정이 바람직 • 긍정적인 목표를 설정함으로써 선수는 실패보다 성공에 더욱 집중할 수 있음
4. 어려우면서도 실현 가능한 목표를 설정하라.	• 목표 설정 수준이 낮으면 노력을 기울이지 않아도 쉽게 성취할 수 있기 때문에 목표에 관심도가 떨어짐 • 목표 수준이 높으면 실패에 따른 좌절감, 자신감 상실 등을 겪음 • 다소 어렵지만 실현 가능한 범위 내에서 목표를 설정하고 최선을 다해 노력하는 것이 필요
5. 장기목표와 단기목표를 함께 설정하라.	• 장기목표는 최종 목표가 어디인지에 관한 방향을 설정 • 단기목표는 달성이 불가능해 보이는 장기목표를 실현 가능하게 해주는 역할을 함
6. 목표달성을 위한 '전략'을 개발하라.	• 목표를 설정했으면 구체적으로 무엇을 어떻게 할지에 대한 구체적인 실천 방안이 강구되어야 함 • 구체적인 실천 방안은 목표 달성을 위한 전략이 되어 체계적으로 목표에 접근할 수 있도록 함

발, 갈등 해결 등에 주도적으로 참여하여 문제를 해결할 수 있는 환경을 조성하는 것이 필요하다. 주도적인 환경을 조성하기 위해 훈련 계획 및 시합 등 의사결정 과정에 참여할 수 있는 기회를 제공한다(Sports Coach UK, 2012). 또한 스스로 자기관리의 중요성을 강조한다. 세계적인 선수들의 공통적인 특징은 바로 철저한 자기관리에 있다. 자기관리란 스포츠 상황에서 훈련, 시합, 일상생활에 이르기까지 선수 스스로 목표 달성을 위해 자신의 행동과 태도와 사고를 조절하는 것을 말한다(김병수·이동호·류호상, 2012).

③ 지속적인 자기 성찰을 위한 기회 제공

자기 주도적인 훈련 및 학습 환경에서 문제 해결을 위한 과정은 성인 학습자 스스로 자기 성찰의 과정을 통해 문제 인식, 문제 발견, 문제 해결 과정에 도달할 수 있어야 한다(Sports Coach UK, 2012). 자기 성찰의 과정은 자기 자신을 객관적으로 볼 수 있게 하여 자기 자신을 이해하고 문제를 인식하게 함으로써(김은미·이종연, 2013) 훈련 상황이나 일상생활에서 자신의 삶을 주도적으로 만들어나갈 수 있게 한다.

V부
스포츠교육의 지도방법론

이 단원에서는 스포츠교육을 바르게 운영하는 데 필요한 수업지식의 형성과 이를 현장에 활용하는 데 도움이 되는 지도방법을 구체적으로 살펴본다. 지도자들이 스포츠교육 현장에서 어떠한 방법으로 수업을 운영해야 하는지, 습득한 수업지식을 현장에서 적용할 수 있는 구체적인 방안들에 대하여 보다 깊게 이해할 수 있도록 3개의 장으로 구성하였다.

1장 스포츠 지도를 위한 교육 모형에서는 스포츠 지도를 위한 교육 모형을 활용하기 위해 교육 모형의 의미와 구조 및 교육 모형의 종류로 직접 교수 모형, 개별화 지도 모형, 협동학습 모형, 스포츠교육 모형, 동료교수 모형, 전술 게임 모형, 개인적·사회적 책임감 모형, 하나로 수업을 살펴본다.

2장 스포츠 지도를 위한 교수기법에서는 지도를 위한 준비, 지도계획안의 설계, 지도 내용의 전달, 지도 내용의 연습 및 교정, IT의 효과적 활용, 효과적 관리 운영 그리고 안전 및 예방에 관한 안목을 형성할 수 있는 내용을 살펴본다.

3장 스포츠교육의 세부지도 목적에 따른 교수기법에서는 스포츠 지도를 위한 교수 방향, 스포츠 지도를 위한 교수 전략을 안내하였고, 세부 내용 영역별로 필요한 지도 기법을 구체적으로 살펴본다.

1장 스포츠 지도를 위한 교육 모형

학습목표

- 스포츠 지도를 위한 교육 모형의 의미를 이해한다.
- 교육 모형의 기본적인 구조를 이해한다.
- 교육 모형의 종류를 알고, 스포츠 지도 현장에서의 활용 방법을 이해한다.

1. 교육 모형의 의미와 구조

가. 교육 모형의 의미

모형(model)은 건물을 건축하기 전에 미리 만들거나 완성된 건축물을 줄여서 만든 본보기이다. 건축 모형은 건축물의 전체적인 구조를 한눈에 볼 수 있는데, 유사하게 교육 모형은 교사의 수업 행동과 구조를 이해하기 쉽게 도와준다. 교육 모형은 교사가 사용하는 수업 모형이다. 체육수업 모형은 체육수업의 구조와 특징을 한눈에 파악할 수 있는 수업 설계도라고 할 수 있다. 설계도는 도면으로 작성된 계획으로, 건축가가 건축물을 완성하였을 때 어떤 모습인지를 파악하는 데 도움이 된다. 마찬가지로 체육수업 모형은 교사가 수업 내용을 구성하거나 수업을 지도하고 운영하는 데 필요한 계획을 수립할 수 있도록 도와준다. 체육교사는 수업에서 추구하는 학습 목표를 성취하기 위해 체육수업 모형을 활용할 수 있다.

나. 교육 모형의 구조

체육수업 모형은 이론적 기초, 교수·학습의 특징, 체육을 가르칠 때 작용하는 실행적 요구 사항 등을 고려해서 종합적으로 설계되었다(표 5-1 참조). 수업 모형은 체육교사가 학생의 학업 성취를 증진하기 위하여 사용할 수 있는 의사결정 유형과 수업 계획 및 운영 방법을 제시하고 있다.

본 교재에서는 〈표 5-1〉에 제시되어 있는 체육수업 모형의 구조를 간략히 정리하였다. 각 수업 모형을 이해하는 데 필요한 기본적인 정보로, 개요, 교수·학습의 주도성, 교사 전문성만 요약하여 제시하였다.

 이 장의 내용은 Metzler, M. (2005)의 「Instructional Models for Physical Education」을 유정애 등(2007)이 번역한 「체육수업 모형」에서 발췌·수정·보완하였음. 〈표 5-1〉에 제시된 여덟 가지 체육수업 모형을 활용하기 위한 자세한 내용은 유정애 등(2007)이 번역한 「체육수업 모형」을 참고하기 바람.

표 5-1. 체육수업 모형의 구조

이론적 기초	+	교수·학습의 특징	+	실행 요구 및 변용	⇒	모형
• 이론적 배경 및 근거 • 교수·학습 가정 • 모형의 주제 • 학습 영역의 우선순위와 영역 간 상호작용 • 학생의 발달 요구사항 • 모형의 타당성		• 수업의 주도성 및 포괄성 • 학습 과제 • 참여 형태 • 교사와 학생의 역할과 책임 • 교수 과정의 검증 • 학습 평가		• 교사 전문성 • 핵심적인 교수 기술 • 상황적 요구 조건 • 모형의 선정과 변형		• 직접 교수 • 개별화 지도 • 협동 학습 • 스포츠교육 • 동료 교수 • 탐구 수업 • 전술 게임 • 개인·사회적 책임감 지도

1) 개요

체육수업 모형은 각 모형을 표현할 수 있는 하나의 주요 전제 또는 주제를 가지고 있다. 각 모형의 주제는 수업 모형을 간결하게 설명할 수 있는 기본적인 아이디어이다. 수업 모형은 각 모형마다 추구하는 목적과 목표가 있으며, 독특한 특징이 있다. 그리고 수업 모형은 각 모형마다 효과적인 학습 영역의 우선순위가 있다. 체육수업 모형은 심동적·인지적·정의적 학습 영역에 대해 각 모형마다 추구하는 학습 영역을 가지고 있다.

2) 교수·학습의 주도성

체육수업은 교사와 학생 간의 다양한 상호작용 유형에 의해 이루어진다. 상호작용 유형은 수업 모형마다 다소 차이가 있는데, 이를 '주도성(directiveness)'이라고 한다. 수업 모형은 내용 선정, 수업 운영, 과제 제시, 참여 형태, 교수적 상호작용, 학습 진도, 과제 전개의 일곱 가지 측면에서 각 모형마다 주도성이 다르다.

그림 5-1. 수업의 주도성 프로파일

프로파일의 왼쪽에 있는 '직접적(direct)' 측면이 강한 모형은 교사가 거의 모든 의사결정의 권한을 가지고 있다. 반대로, 오른쪽 끝에 위치하는 '간접적(indirect)' 측면이 강한 모형은 학생에게 수업 중 많은 의사결정의 권한이 주어진다. 프로파일의 중간에 위치한 상호작용적 모형은 교사와 학생 간의 원활한 상호작용 수준을 증진할 수 있으며, 수업에서 의사결정을 교사와 학생이 함께하는 특징이 있다. 체육수업 모형에서는 교수·학습의 주도성에 따라 직접 교수, 간접 교수, 상호작용 교수 유형이 활용된다.

3) 교사 전문성

체육교사가 수업 모형을 효과적으로 활용하기 위해서는 각 수업 모형마다 필요한 전문적 지식과 기술을 이해하고 있어야 한다.

2. 교육 모형의 종류

가. 직접 교수 모형

> 모형의 주제: 교사가 수업 리더 역할을 한다.

1) 개요

직접 교수 모형은 교사가 주도적으로 수업을 조직하고 운영하는 지도방법이다. 교사는 학습 내용 선정과 수업 관리 및 학생의 참여 형태에 대한 거의 모든 의사결정의 권한을 가지고 있다. 이 모형의 장점은 높은 비율의 학습 참여 기회를 확보할 수 있으며, 교사가 수업 시간과 수업 자원을 효율적으로 활용할 수 있다. 교사는 명확한 학습 목표와 학습 과제를 제시하며, 학생에게 높은 비율의 학습 참여 기회와 피드백을 제공할 수 있다. 이 모형의 핵심은 교사의 지도하에 학생들이 가능한 한 많이 연습하게 하며, 교사로 하여금 학생들이 연습하는 것을 관찰하게 하며, 학생들에게 긍정적이고 교정적인 피드백을 많이 제공해주는 것이다.

직접 교수 모형은 다음과 같이 6단계를 거쳐 수업이 이루어진다.

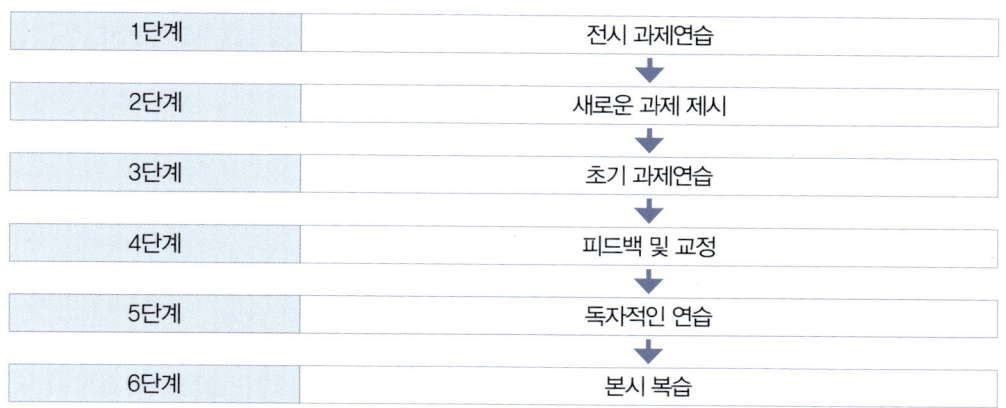

그림 5-2. 직접 교수 모형을 활용한 수업 단계

직접 교수 모형에서 학습 영역의 우선순위는 다음과 같다.

| 학습 영역의 우선순위 | 1순위: 심동적 학습, 2순위: 인지적 학습, 3순위: 정의적 학습 |

2) 교수-학습의 주도성

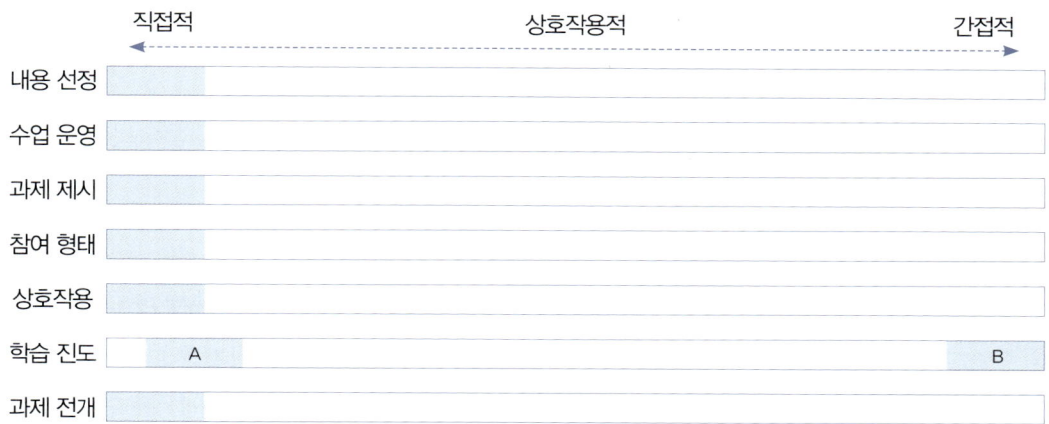

그림 5-3. 직접 교수 모형의 주도성 프로파일

① 내용 선정: 교사가 학습 내용과 과제 순서, 수행성취기준을 결정한다.
② 수업 운영: 교사가 수업 관리 계획과 수업 규칙, 상규적 활동 등을 결정한다.
③ 과제 제시: 교사가 과제 제시를 계획하고 결정한다.
④ 참여 형태: 교사가 학생의 학습 과제 참여 유형을 결정한다.
⑤ 상호작용: 교사가 상호작용을 시작하고 결정한다.

⑥ 학습 진도: 교사가 초기 학습 과제의 학습 진도는 결정하지만(A), 이후 연습단계에서는 학생이 학습 진도를 스스로 결정한다(B).

⑦ 과제 전개: 교사가 학습 과제의 이동 및 변경 시기를 결정한다.

3) 교사 전문성

① 과제분석 및 내용 목록: 교사는 학습 과제 순서를 구성하는 데 필요한 과제 분석 능력과 내용 목록을 가지고 있어야 하는데, 이는 내용 지식과 학생의 학습 능력에 대한 지식이 있어야 가능하다.

② 학습 목표: 교사는 학생이 실천 가능하며, 성취할 수 있는 구체적인 수준의 학습 목표를 제시해야 한다.

③ 체육 교과 내용: 교사는 교과 내용에 대한 전문 지식을 알고 있어야 한다. 교사는 효과적인 과제 제시를 위해 학생에게 운동수행을 보여줄 수 있는 능력과 학생의 운동수행을 관찰하면서 피드백을 제공할 수 있는 능력을 갖추어야 한다.

④ 발달단계를 고려한 지도: 교사는 과제 제시를 할 때 학생의 인지능력 수준에 맞는 용어를 사용해야 하며, 학생의 발달단계에 적합한 운동 과제 수준으로 지도해야 한다.

나. 개별화 지도 모형

> **모형의 주제: 수업진도는 가능한 빨리, 필요한 만큼 천천히 학생이 결정한다.**

1) 개요

개별화 지도 모형은 사전에 계획된 학습 과제의 계열성에 따라 학생이 자신에게 맞는 속도로 배울 수 있다. 학습 진도가 빠른 학생은 교사의 허락이나 동의 없이도 진도를 계속 나갈 수 있으며, 반면 학습 진도가 느린 학생은 교사와 상호작용하면서 학습할 수 있다. 이 모형에서는 수업 진도를 학생이 결정하며, 학생은 가능한 빨리, 자신이 필요한 만큼 천천히 학습하면 된다. 수업 중에 교사의 활동은 크게 수업 지도 활동과 학습 운영 활동으로 나눌 수 있다. 이 모형에서는 학급 운영 활동에 사용하는 시간을 줄이기 위해 수업 운영 과제와 단계별 학습 과제 등은 미디어를 사용하여 학생에게 전달하며, 교사는 수업 지도 활동에 많은 시간을 사용한다.

개별화 지도 모형은 학생에게는 자기주도적인 학습자가 되게 하고, 교사에게는 상호작용이 필요한 학생과 더 많은 상호작용을 할 수 있게 한다. 이 모형은 학생들에게 충분한 강화를 제공할 수 있는 네 가지 특징을 가지고 있다.

> 첫째, 창의적이며 흥미로운 학습 자료를 바라볼 수 있는 능력
> 둘째, 학습 목표를 향한 규칙적이고 실제성 있는 과정
> 셋째, 학습의 즉각적인 평가
> 넷째, 교사의 학생 개인에 대한 관심

　개별화 지도 모형의 특성은 교사가 수업 중 학생들에게 학습 과제 정보를 전달하는 데 소요되는 시간을 줄이고, 그 시간을 학생과의 상호작용에 사용하는 데 있다. 학습 과제는 전체 단원의 내용 목록을 결정하고, 가르칠 기능 및 지식 영역에 대한 과제 분석을 통해 구성한다. 학생들에게 주어지는 학습 과제에는 과제 제시, 과제 구조, 오류 분석, 수행 기준에 대한 정보가 포함되어 있다. 교사는 학생에게 학습 내용을 개별적으로 제공하지 않으며, 학생들은 학습 과제 정보를 개인 학습지 형태로 제공받는다. 이 모형에서는 하나의 활동에 대한 전체 계획으로 활용하기 때문에 차시별 학습 지도안은 없다. 학생들은 개별적으로 학습 과제의 계열성에 따라 학습을 진행하고, 이전 수업이 완료되면 사전 수업이 끝난 지점에서 새로운 수업을 시작한다. 교사는 수업 시간에 학습 과제를 제시하며, 그 과제에 참여하기 위해 학생들에게 필요한 수업 자료 및 기구를 제공한다.

　개별화 지도 모형에서 학습 영역의 우선순위는 다음과 같다.

학습 영역의 우선순위	1순위: 심동적 학습, 2순위: 인지적 학습, 3순위: 정의적 학습

2) 교수-학습의 주도성

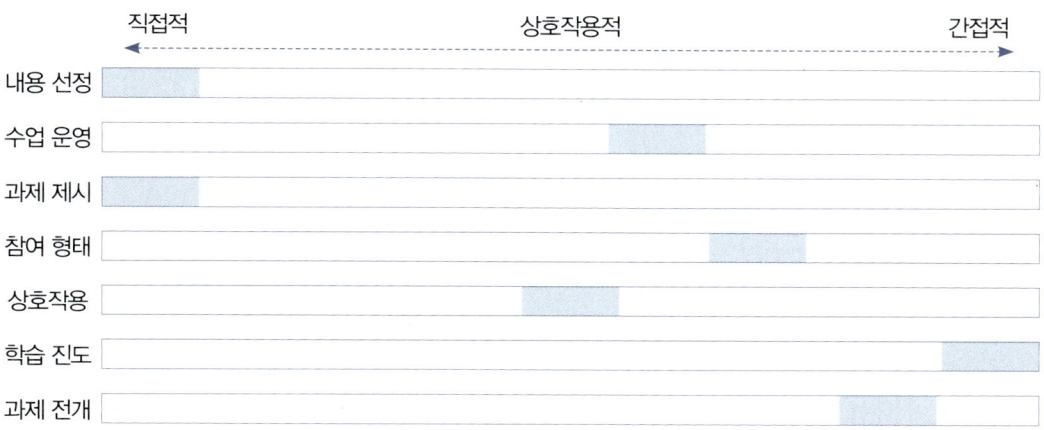

그림 5-4. 개별화 지도 모형의 주도성 프로파일

　① 내용 선정: 교사가 학습 내용과 과제 순서, 수행성취기준을 결정한다.
　② 수업 운영: 교사가 수업 관리 계획과 수업 규칙 및 절차를 결정한다. 그러나 이러한 내용들이

결정되면, 학생들은 수업 관리에 대한 책임감을 가지게 된다.
③ 과제 제시: 교사가 과제 제시를 계획하고 결정한다.
④ 참여 형태: 학습 과제는 개별적 연습을 위해 설계되며, 학생들은 거의 독립적으로 연습한다.
⑤ 상호작용: 교사는 수업 운영에 대한 부담이 없기 때문에 학생에게 높은 수준의 교수 상호작용을 제공한다.
⑥ 학습 진도: 학생은 학습 과제에 참여할 때 자신만의 학습 진도를 스스로 결정한다.
⑦ 과제 전개: 학생이 자신의 학습 속도에 맞추어 과제 전개를 스스로 결정한다.

3) 교사 전문성
① 학생의 발달단계에 적합한 수업 실행: 학생은 교사의 안내 없이 주어진 과제의 지시에 따라 수업에 참여한다. 따라서 교사는 학생들의 개인별 특성과 발달수준을 고려해서 개인 학습지를 작성해야 한다.
② 학습 목표: 이 모형은 학습 과제의 계열성에 의존하기 때문에 교사는 간결하고 정확한 학습 목표를 제시해야 한다. 학습 목표는 심동적·인지적 학습 영역에서 행동 목표 수준으로 제시해야 한다.
③ 과제 분석과 내용 전개: 학습 과제는 단순한 과제에서 복잡한 과제의 순서로 구성해야 한다. 교사는 과제 분석을 통해 학습 과제 순서를 위계적으로 제시해야 한다.
④ 평가: 교사는 학습 과제에 대한 수행성취기준을 설정하고, 수행 능력을 형성하고 평가할 수 있는 가장 타당한 방법을 알고 있어야 한다.

다. 협동 학습 모형

모형의 주제: 서로를 위해 함께 배우기

1) 개요
협동 학습 모형은 학생의 학업성취 수준을 높이고, 상호작용과 사회적 기술을 지도하기 위해 설계되었다. 이 모형은 모든 학생에게 동등한 학습 참여 기회를 보장하며, 교사 중심이 아니라 학생 중심으로 수업이 이루어진다. 이 모형은 단순히 서로 학습하기 위해 학생을 소집단으로 배치하는 것이 아니라, 모든 학생이 활발하게 상호작용하면서 학습 과정에 참여하게 된다. 학생은 협동하는 것을 배우는 것이 아니라 배우기 위해 협동해야 한다. 이 모형은 팀 보상, 개인 책무성, 학습 성공에 대한 평등한 기회제공이라는 세 가지 개념에 기초한다.

표 5-2. 협동 학습 모형의 세 가지 개념

팀 보상	교사에 의해 제시된 기준에 도달하는 팀에게는 누적 점수, 특혜, 공개적인 인정 또는 점수 등의 보상이 제공된다.
개인 책무성	모든 팀원의 수행이 팀 점수 또는 평가에 포함되기 때문에 모든 학생은 팀의 과제 수행을 위해 노력해야 한다.
학습 성공에 대한 평등한 기회 제공	이 모형에서 팀원을 선정하는 과정은 중요하다. 이 모형에서 집단은 가능한 이질적인 소집단(4~6명의 팀원 구성)으로 구성하며 전체 팀의 운동수행 능력이 평등하도록 구성해야 한다.

협동 학습 모형은 사회성 학습과 인지적 학습을 성취할 수 있는 사회적 상호작용을 유발할 수 있다. 이 모형은 모든 학생이 학습 과정과 결과에 함께 참여하기를 바란다. 학생들은 자신의 학습 능력에 맞는 과제의 역할을 수행하면서 균등한 성공 경험과 성공 기회를 제공받으며, 이를 통해 바람직한 자아상을 형성할 수 있다. 협동 학습 모형은 학습자 간에 협력적인 상호작용을 촉진하기 위해 팀원 간의 긍정적인 상호 의존, 일대일의 발전적인 상호작용, 개인의 책임감, 대인관계와 소집단 인간관계 기술, 팀 반성의 다섯 가지 기본 요소를 사용한다. 이 모형의 교수 전략에는 학생 팀-성취 배분(STAD), 팀 게임 토너먼트(TGT), 팀-보조수업(TAI), 직소(Jigsaw), 집단연구(GI)가 있다.

협동 학습 모형에서 학습 영역의 우선순위는 다음과 같다.

표 5-3. 협동 학습 모형의 학습 영역 우선순위

	인지적 학습 초점	심동적 학습 초점
학습 영역의 우선순위	1순위: 정의적/인지적 영역 3순위: 심동적 영역	1순위: 정의적/심동적 영역 3순위: 인지적 영역

2) 교수-학습의 주도성

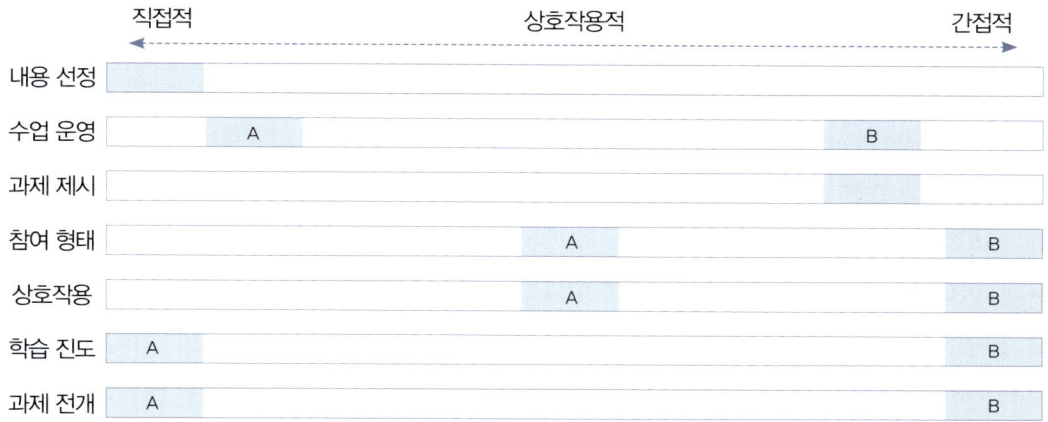

그림 5-5. 협동 학습 모형의 주도성 프로파일

① 내용 선정: 교사가 학습 내용과 과제를 결정한다.
② 수업 운영: 팀이 학습과제에 참여하기 전까지는 교사 중심적으로 이루어지나(A), 일단 팀들이 과제를 시작하게 되면 그 운영권은 각 협동 집단 내에 있는 학생에게 주어진다(B).
③ 과제 제시: 교사에 의한 과제 제시는 없으며, 교사는 주어진 과제에 대해 단계를 설정해주거나 과제 완수를 위해 팀이 지켜야 할 기본 규칙만 설명해준다. 이후 학생들은 동료 교수를 사용하게 된다.
④ 참여 형태: 두 가지 참여 형태가 있다. 첫 번째는 학생 주도형으로 각 팀의 학생 사이에서 이루어진다(B). 두 번째는 학생의 사회성 발달을 위해 교사가 질문을 사용할 때 이루어지는 상호작용 유형이다(A).
⑤ 상호작용: 두 가지 상호작용이 있다. 팀원들이 주어진 과제를 수행하는 동안에는 학생 중심이 되고(B), 교사가 학생의 사회성을 발달시키기 위해 질문할 때에는 상호작용 유형이 된다(A).
⑥ 학습 진도: 팀 선정과 학습 문제 선정은 교사 중심으로 이루어진다(A). 교사가 학습 과제를 소개하고 나면 학습 진도는 학생 중심적으로 이루어진다(B).
⑦ 과제 전개: 새로운 과제를 소개하는 시점은 교사가 결정한다(A). 하지만 일단 과제가 주어지면 각 팀은 과제를 완수하는 데 필요한 단계와 각 과제를 언제 끝마칠 것인지를 결정한다(B).

3) 교사 전문성

① 학습자: 교사는 학생들의 다양한 성향과 재능을 고려하여 팀을 구성해야 하며, 모든 팀원이 과제에 성공할 수 있는 동등한 기회가 제공되어야 한다.
② 학습 이론: 협동 학습 모형은 인지 이론, 행동주의 이론, 동기 이론, 사회성 발달 이론에 기초한다. 교사가 모형을 효과적으로 활용하기 위해서는 학습 이론을 이해하고 있어야 한다.
③ 과제 분석과 내용 발달: 과제 분석은 세 가지 학습 영역의 학습 진도를 의미한다. 교사는 운동 기능 수행 능력과 인지적 학습뿐만 아니라, 사회적·정의적 영역의 학습 내용 전개를 계획할 수 있어야 한다.
④ 발달단계에 적합한 수업: 교사는 학생의 발달단계에 적합한 심동적·인지적·정의적 학습 영역의 수업 내용을 준비해야 한다.
⑤ 평가: 교사는 학생들의 과제 수행 능력과 협동 학습 과정에 대한 평가를 할 수 있어야 한다.
⑥ 사회적/정서적 학습 분위기 조성 및 유지: 교사는 긍정적인 학습 분위기를 만들고, 부정적인

환경을 만드는 비효율적인 상황을 발견하며, 학생에게 부정적인 학습 분위기를 긍정적인 학습 분위기로 바꿀 수 있는 방법을 지도할 수 있는 능력이 필요하다.
⑦ 체육교육 내용: 교사는 도전적이며 창의적인 학습 과제를 구조화할 수 있는 능력과 팀들이 과제에 내포되어 있는 문제의 해결책을 모색할 수 있는 여러 가지 다양한 방법을 이해할 수 있는 능력이 요구된다.
⑧ 평등: 교사는 팀을 선정할 때나 학생 개인이 수행 목표와 사회성 학습 결과를 평가하는 데 책무성을 가지도록 과제를 설계할 수 있는 능력이 필요하다.

라. 스포츠교육 모형

> 모형의 주제: 유능하고 박식하며 열정적인 스포츠인으로 성장하기

1) 개요

스포츠교육 모형의 기본 구조는 스포츠 리그의 조직으로부터 유래되었다. 스포츠 리그를 시작하기 위해서는 선수, 코치, 심판, 점수 기록자, 트레이너, 행정가, 경기보조원, 기자, 경기 일정, 경기 규칙, 시설 및 용기구가 필요하다. 이 모형은 학생들에게 스포츠 상황에서 나타나는 다양한 역할과 구조를 경험할 수 있도록 한다. 모든 학생은 선수임과 동시에 스포츠 리그가 운영되면서 한두 가지 이상의 역할을 배우게 된다. 학생들은 스포츠 리그 운영에 필요한 다양한 역할 경험을 통해 스포츠 속에 내재되어 있는 다양한 관점과 가치를 배울 수 있으며, 이를 통해 긍정적이고 교육적인 체험을 하게 된다. 스포츠교육 모형은 '유능하고, 박식하며, 열정적인 스포츠인으로 성장하기'라는 세 가지 주요 목적이 있다.

표 5-4. 스포츠교육 모형의 세 가지 주요 목적

유능한 스포츠인	게임에 참여할 수 있는 충분한 기술을 가지고 있고, 게임의 난이도에 따라 적절한 전략을 이해하고 실행할 수 있으며, 경기지식이 풍부한 스포츠인
박식한 스포츠인	스포츠의 규칙, 의례, 전통을 이해하고 그 가치를 알 수 있으며, 프로나 아마추어 스포츠를 막론하고 바람직한 수행과 그렇지 못한 수행을 구별할 수 있는 스포츠인
열정적인 스포츠인	어떤 스포츠 문화이든 관계없이 다양한 스포츠문화를 보존하고 증진할 수 있는 방향으로 행동하고 참여한다. 스포츠 집단의 일원으로, 이와 같은 열정적인 스포츠인들은 지역, 국가 및 국제적인 수준의 스포츠경기에 참여한다.

스포츠교육 모형은 시즌, 팀 소속, 공식 경기, 결승전 행사, 기록 보존, 축제화라는 여섯 가지 특성이 있다.

표 5-5. 스포츠교육 모형의 여섯 가지 요소

특성	개요
시즌 (season)	이 모형에서는 체육수업의 전통적인 내용 단원보다는 시즌이라는 개념을 사용한다. 시즌은 연습기간, 시즌 전 기간, 정규시즌 기간, 최종 경기를 포함한 후기 시즌 기간을 포함하는 장시간의 기간을 말한다. 이 모형의 시즌은 최소 20시간의 수업 시수를 필요로 한다.
팀 소속 (affiliation)	학생은 전체 시즌 동안 한 팀의 일원으로 수업에 참여한다. 한 시즌 동안 한 팀의 일원이 되어 시즌이 끝날 때까지 공동 목표를 위해 함께 일하고, 팀의 의사결정 과정에 참여하고, 성공과 실패를 함께 경험하며, 스스로 팀의 정체성을 확립해나감으로써 수많은 정의적 및 사회적 발달 목표를 성취하도록 한다.
공식 경기 (formal competition)	학생은 시즌을 조직하고 운영하는 의사결정에 참여하게 된다. 학생은 경기의 공정과 좀 더 나은 경기 참여를 위해 게임규칙을 수정할 수 있다. 또한 학생들은 공식적인 경기 시즌에 대한 장·단기 의사결정을 할 수 있다.
결승전 행사 (culmination event)	시즌은 라운드 로빈 토너먼트, 팀 경쟁 혹은 개인 경쟁 등 다양한 형태의 이벤트로 끝난다. 결승전 행사는 축제 같은 분위기 속에서 이루어져야 하며, 모든 학생들은 자신의 역할을 충분히 발휘하며 참여할 수 있어야 한다.
기록 보존 (keeping records)	게임은 경기 수행에 대한 수많은 기록을 양산한다. 이 기록들은 전략을 가르치거나 팀 내 혹은 팀 사이의 흥미를 유발하는 데 사용될 수 있고, 경기 기록들을 게시하거나 학생의 학습을 평가하는 데도 사용될 수 있다.
축제화 (festivity)	스포츠 이벤트는 축제의 성격을 지닌다. 각 팀은 팀의 전통을 강조하는 고유한 팀명을 정한다. 이벤트가 이루어지는 장소는 각양각색의 깃발과 푯말로 장식되어 축제 분위기를 조성한다. 교사들은 가능하면 시즌과 경기들이 축제 분위기 속에서 함께 축하하는 자리가 될 수 있도록 유도해야 한다.

스포츠교육 모형에서는 학생들이 서로 다른 유형의 학습 활동에 참여하기 때문에 학습 영역의 우선순위를 수립하지 않는다. 학생의 학습 결과가 세 가지 학습 영역 전반에 걸쳐 골고루 이루어지기를 기대한다.

2) 교수-학습의 주도성

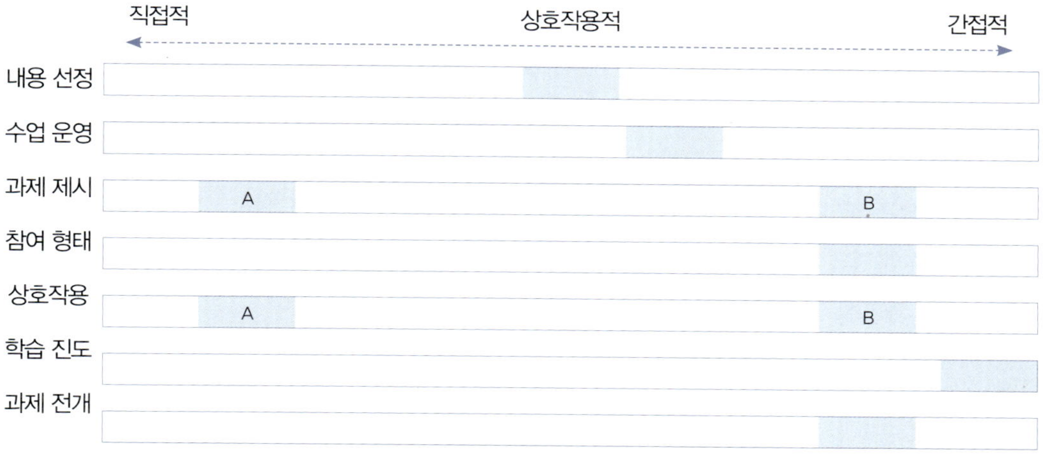

	직접적	상호작용적	간접적
내용 선정		▓	
수업 운영		▓	
과제 제시	A		B
참여 형태			▓
상호작용	A		B
학습 진도			▓
과제 전개			▓

그림 5-6. 스포츠교육 모형의 주도성 프로파일

① 내용 선정: 두 가지 선택이 있다. 첫 번째는 교사가 종목을 선정하는 직접적인 선택이다. 두 번째는 학생들에게 선택의 범위를 제공하고, 학생들이 각 시즌에서 스포츠 종목을 선택하게 한다.

② 수업 운영: 시즌에 대한 전반적인 구조를 제시하는 초기 수업 운영에 대한 결정을 대부분 교사가 한다. 이 결정이 수립되고 학생에게 전달되면, 학생은 거의 모든 통제를 스스로 하게 된다.

③ 과제 제시: 임무(심판, 경기장 준비, 기록원 등) 역할에 대한 과제 제시는 교사에 의해 이루어지나(A), 이후 과제 제시는 학생에 의해 동료 교수와 협동 학습의 형태로 이루어질 수 있다(B).

④ 참여 형태: 학생의 참여 형태는 선수 역할과 비선수 역할에 따라 달라진다. 팀원으로서 학생은 동료 교수와 소집단 협동 학습 과제에 참여하게 된다.

⑤ 상호작용: 학생이 동료 및 소집단 협동 학습 활동에서 팀으로 학생 사이의 상호작용이 일어난다(B). 교사는 자료 제공자이며(A), 대부분의 학생은 학생 대 학생의 상호작용으로 이루어진다.

⑥ 학습 진도: 학생은 게임 전과 게임 사이의 속도를 조정하면서 그러한 준비에 어느 정도의 시간이 필요한지를 결정하게 된다.

⑦ 과제 전개: 팀들은 시즌을 준비하고 게임 사이의 연습 과제의 순서에 대한 의사결정을 하게 된다.

3) 교사 전문성

① 학습자: 학생은 세 가지 역할(선수, 팀원, 부여된 임무)을 학습해야 하며, 각 역할은 학생에게 심동적·인지적·정의적 영역의 능력을 요구한다. 교사는 학생들이 각 역할을 얼마나 잘 학습할 수 있을지에 대해 알고 있어야 한다.

② 발달단계에 적합한 수업: 교사는 수업에서 학습자의 발달단계에 적합한 스포츠 내용을 전개해나가는 능력이 필요하다. 교사는 긍정적이며 안전한 환경을 조성하고 학생이 수행해야 할 의무는 학생의 발달 정도에 맞추어 제공해야 한다. 모든 학생은 자신의 발달단계 수준에서 스포츠를 학습할 수 있어야 한다.

③ 체육교육(스포츠) 내용: 교사는 선수의 입장에서 스포츠를 알고 있어야 할 뿐 아니라 다양한 임무에 대해서도 알아야 하고, 스포츠 조직 구조 및 전통에 대해서도 숙지하고 있어야 한다. 교사는 스포츠에 대한 풍부한 지식과 안목을 갖추고 있어야 한다.

④ 평등: 교사는 수업에서 평등을 보장해야 한다. 교사는 학생의 성, 민족, 능력 등에 의해 불평등한 상황이 발생하지 않게 해야 하며, 모든 학생이 동등한 참여 기회를 통해 스포츠를 배울 수 있도록 해야 한다. 평등은 모든 학생이 공정한 참여 기회를 가질 수 있는 규칙과 규정을 제정함으로써 촉진될 수 있다.

⑤ 평가: 평가는 시즌 동안의 학생의 수행, 지식, 행동에 대한 결과로 실제적인 평가가 이루어져야 한다. 교사는 실제 평가에 대한 전문성을 갖추어야 한다.

⑥ 사회/정서적 풍토: 이 모형의 특징 중의 하나는 시즌 동안 축제 분위기를 만들어가야 한다는 것이다. 교사는 시즌 동안 긍정적인 분위기를 만들고, 부정적인 분위기는 예방할 수 있도록 사회적·정서적 분위기를 조성해나가는 방법을 알고 있어야 한다.

마. 동료 교수 모형

> 모형의 주제: 나는 너를 가르치고, 너는 나를 가르친다.

1) 개요

동료 교수 모형은 학생들이 교사 역할과 학습자의 역할을 번갈아 가며 협력하여 주어진 학습 과제를 완수해나간다. 이 모형은 직접 교수 모형의 변형이며, 협동 학습 모형과는 기본적인 가정에서 차이가 있다. 이 모형은 학생이 학습 활동을 하는 동안과 그 후에 발생하는 수업 상호작용을 제외하고는 직접 교수 모형과 동일하게 교사가 주도적인 역할을 한다. 그리고 이 모형은 "학생들이 교대로 서로 가르친다."라는 가정을 기반으로 하고 있고, 협동 학습 모형은 "서로 함께 배운다."라는 점이 다르다. 동료 교수 모형은 학생이 수행하는 연습에 대한 교사의 관찰과 피드백이 부족하다는 문제점을 해결하기 위한 대안적인 지도방법이다. 이 모형은 학생의 학습 활동에 대한 직접적인 참여 기회가 절반으로 감소하지만, 오히려 인지적 참여를 통해 학습의 효율성을 높여주는 장점을 가지고 있다.

표 5-6. 동료 교수 모형의 주요 용어

주요 용어 이해
- 개인교사(tutor): 임시로 교사의 역할을 담당하는 학생 - 학습자(learner): 개인교사의 관찰 및 감독 하에서 연습하는 학생 - 조(짝: dyad): 개인교사-학습자가 짝으로 구성된 단위 - 학생(student): 개인교사나 학습자의 역할을 수행하지 않는 학생을 묘사하는 일반적인 용어

동료 교수 모형은 학생들이 개인교사와 학습자의 역할을 교대로 수행하면서 서로 가르치고 학습하게 된다. 개인교사-학습자로 구성되는 조원은 서로에게 상호 의존하게 된다. 개인교사는 교사가 제공하는 과제 제시와 과제 구조에 근거해서 학습자의 연습을 관찰하며, 학습단서와 피드백을 제시하게 된다. 학습자는 개인교사의 조언과 충고를 수용하며, 주어진 과제에 대한 연습을 수행하게 된다. 이 모형은 학생의 인지 발달을 향상시킬 수 있는 잠재력을 가지고 있다. 그러나 이 모형은 개인교사에게 수업 과정의 일부만 위임하게 된다. 따라서 교사는 직접 교수 모형만큼이나 많은 의사결정권과 리더십을 발휘해야 한다.

동료 교수 모형에서 학습 영역의 우선순위는 다음과 같다.

표 5-7. 동료 교수 모형의 학습 영역 우선순위

	개인교사일 때	학습자일 때
학습 영역의 우선순위	1순위: 인지적 영역 2순위: 정의적 영역 3순위: 심동적 영역	1순위: 심동적 영역 2순위: 인지적 영역 3순위: 정의적 영역

2) 교수-학습의 주도성

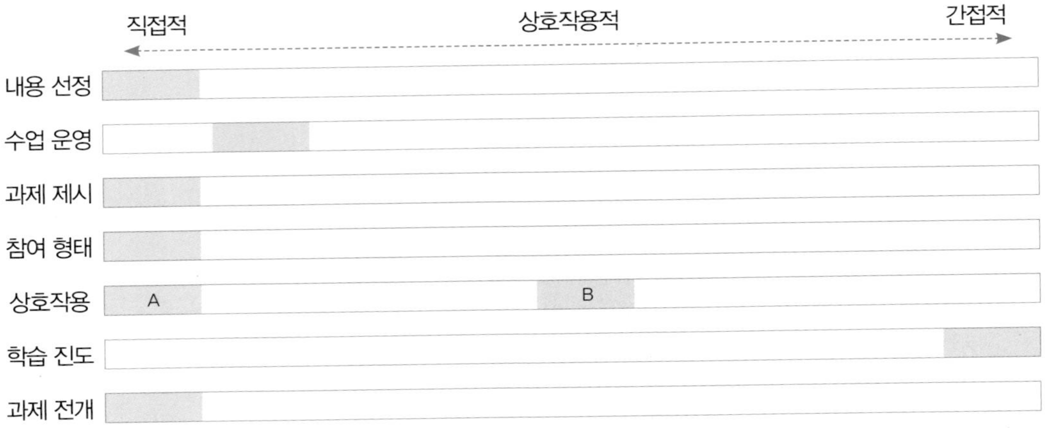

	직접적	상호작용적	간접적
내용 선정	■		
수업 운영	■		
과제 제시	■		
참여 형태	■		
상호작용	A	B	
학습 진도			■
과제 전개	■		

그림 5-7. 동료 교수 모형의 주도성 프로파일

① 내용 선정: 교사가 학습 내용과 과제를 결정한다.
② 수업 운영: 교사는 학생이 준수해야 할 관리 계획, 학급 규칙, 세부 절차를 결정한다.
③ 과제 제시: 과제 제시는 직접적이며, 교사가 개인교사에게 과제 제시를 할 때와 개인교사가 학습자에게 과제 제시를 할 때 이루어진다.
④ 참여 형태: 교사의 계획에 따라 학생은 개인교사와 학습자의 역할을 교대로 하게 된다.
⑤ 상호작용: 두 가지 상호작용이 있다. 첫 번째 상호작용은 직접적으로 교사와 개인교사 사이에서 이루어진다(A). 두 번째 상호작용은 개인교사와 학습자 사이에서 이루어진다(B).
⑥ 학습 진도: 교사가 개인교사에게 과제 제시와 과제 구조 정보를 제공하면, 개인교사는 학습자에게 그것을 전달하고 학습자는 자신의 학습 속도로 연습을 시작할 수 있다.
⑦ 과제 전개: 교사는 학생이 개인교사에서 학습자로, 학습자에서 개인교사로 교대할 시기를 결정한다.

3) 교사 전문성

① 발달단계에 적합한 수업: 교사는 학생들이 개인교사 역할을 수행해야 하므로 학생들의 발달 단계에 적합한 수업을 계획하여야 한다.
② 과제 분석과 내용 전개: 교사는 운동 기능이나 개념 같은 지도해야 할 내용을 숙지해야 하고, 학생에게 순차적으로 학습 과제를 제시할 수 있는 능력을 갖추어야 한다.

③ 평가: 교사는 관찰 체크리스트와 같은 평가 기법을 설계할 수 있는 전문성이 필요하다.
④ 사회적/정서적 분위기: 교사는 개인교사와 학습자가 서로 책임감을 느낄 수 있는 분위기를 조성해주어야 한다.

바. 탐구 수업 모형

> 모형의 주제: 문제해결자로서의 학습자

1) 개요

탐구 수업 모형은 학습 내용과 과제를 학생들에게 설명식으로 전수하기보다는 학생들이 주어진 문제를 해결할 수 있는 능력을 길러주려는 데 초점을 두는 수업 방법이다. 수업의 주체는 학생들이며, 학생들의 직접적인 경험을 중시한다. 이 모형은 교사의 질문이 지도방법의 핵심이다. 교사는 체육시간에 학생의 사고력, 문제 해결력, 탐구력 등을 향상시키는 데 질문을 활용한다. 이 모형의 특징은 학생들이 인지적 영역의 학습을 할 수 있다는 것이다. 학생은 일단 질문을 받게 되면 먼저 생각을 하고 난 후에 움직임 형태로 대답을 하게 된다. 이 모형은 교사가 단순히 질문을 한다고 해서 탐구 수업 모형이 되는 것은 아니다. 교사가 학생들의 인지적·신체적·정서적인 발달을 위해 수업 지도에서 높은 비율의 질문을 활용할 때 탐구 수업 모형이 될 수 있다.

학생의 학습 발달을 분류하는 방법이 다양하기 때문에 탐구 수업 모형에서는 여러 유형의 질문을 사용한다. 가장 일반적인 도해(schema)는 인지적 지식을 여섯 단계로 제시한 블룸(Bloom)의 분류법이다. 블룸은 지식수준의 위치에 따라 낮은 수준과 높은 수준의 지식을 구분하고 있다. 낮은 수준의 학습으로는 지식, 이해, 적용이 있으며, 높은 수준의 학습으로는 분석, 종합, 평가가 있다. 교사는 학생의 지식수준에 맞게 학습 활동을 개발해야 하고, 학생이 언어나 움직임으로 대답할 수 있도록 질문을 사용해야 한다.

탐구 수업 모형은 협동 학습 모형 및 전술 게임 모형과 유사점이 있다. 이 모형은 모두 문제 해결 중심의 지도 전략을 활용하고 있다. 그러나 세 모형은 학생들이 문제를 해결하는 방법에서는 차이가 있다. 협동 학습 모형은 팀 구조에 바탕을 두고 학습 활동을 전개한다. 탐구 수업 모형은 여러 종류의 구조를 활용하지만, 대개는 학생 개인의 사고에 의존한다. 협동 학습 모형에서는 교사가 루브릭을 가지고 학생과 의사소통을 하고, 전술 게임 모형에서는 상황 중심의 활동을 하기 때문에 이 두 모형에서 활용되는 질문과 움직임의 범위는 좁게 나타난다. 탐구 수업 모형은 학생에게 정해진 답변보다는 창의적인 대답을 폭넓게 요구한다.

표 5-8. 문제해결 중심의 수업 모형 비교

탐구 수업 모형	협동 학습 모형	전술 게임 모형
학생 개인의 사고에 의존하는 문제 해결	팀 구조 기반의 문제 해결	상황 중심의 활동

탐구 수업 모형에서 학습 영역의 우선순위는 다음과 같다.

학습 영역의 우선순위	1순위: 인지적 영역, 2순위: 심동적 영역, 3순위: 정의적 영역

2) 교수-학습의 주도성

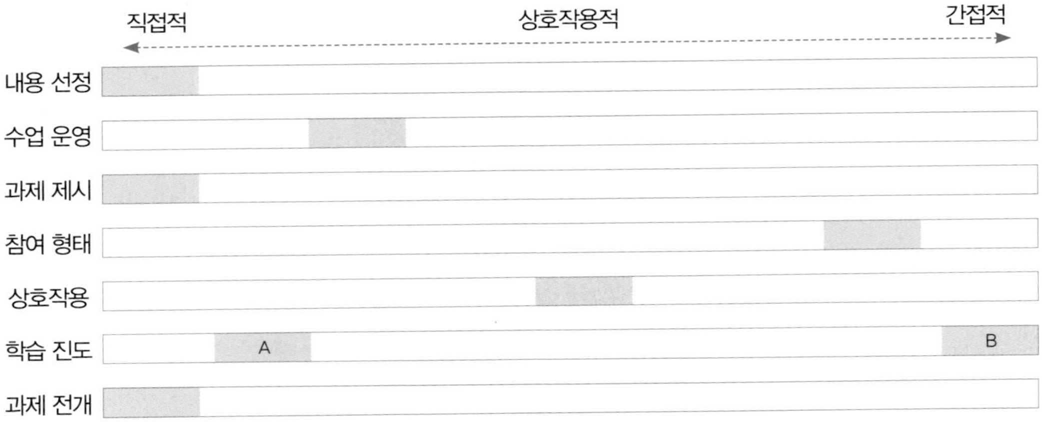

그림 5-8. 탐구 수업 모형의 주도성 프로파일

① 내용 선정: 교사가 수업에서 학생이 탐색하고 해결해야 할 모든 내용을 결정한다.
② 수업 운영: 교사가 관리 계획과 수업 절차를 결정하지만, 학생에게 일정 부분을 허용하기도 한다.
③ 과제 제시: 교사가 수업의 내용 전개를 계획하고, 내용을 전개하는 동안 학생에게 질문을 제시한다.
④ 참여 형태: 교사가 문제를 설정하고, 학생에게 해답을 찾기 위한 기회가 제공된다.
⑤ 상호작용: 학생이 문제 해결에 몰입하게 될 때 높은 수준의 상호작용이 이루어진다.
⑥ 학습 진도: 교사는 초기 수업에서 학습 진도를 결정한다(A). 이후에는 학생이 학습 진도를 결정한다(B).
⑦ 과제 전개: 교사가 학습 과제의 목록과 내용의 계열을 결정한다.

3) 교사 전문성

① 학습자: 교사는 학생의 인지적·심동적 학습 능력을 고려해야 한다.

② 학습 이론: 교사는 구성주의, 발견학습, 발달 이론 등의 학습 이론에 익숙해져야 한다.

③ 발달단계에 적합성: 교사는 학생의 발달단계에 적합한 학습 영역과 영역 간의 상호작용에 대한 지식이 있어야 하며, 질문의 인지 수준을 파악하고 있어야 한다.

④ 인지적·심동적 학습 영역: 교사는 블룸(Bloom)의 분류 체계를 숙지하고, 각 수준에서 인지적 및 심동적 학습의 지표들을 파악할 수 있어야 한다.

⑤ 과제 분석과 내용 전개: 교사는 학생이 학습해야 할 지식 유형을 분석하고, 교사 스스로 이 개념들에 대한 지식과 그 개념들에 내포된 운동수행 단서들을 알아야 한다.

⑥ 움직임 내용: 교사는 이 모형에서 지도하는 체육교육의 내용이 다양함을 이해해야 한다.

⑦ 평가: 교사는 이 모형에서 전통적인 방식과 대안적인 방식으로 평가될 수 있음을 이해해야 한다.

⑧ 교육과정: 교사는 모든 학년 수준에서 지도하는 움직임 내용을 숙지하여야 한다.

사. 전술 게임 모형

> 모형의 주제: 이해 중심 게임 지도

1) 개요

전술 게임 모형은 경기 위주의 전통적인 체육수업에 대한 대안적인 지도방법으로 개발되었다. 전통적인 체육수업에서는 짧은 시간 동안 게임의 부분 기능을 연습하고 게임의 규칙을 간략히 소개한 후 경기 위주로 대부분의 수업시간을 진행하는 특징이 있다. 운동기능의 수행에 초점을 맞추다 보니 성공을 경험하지 못하는 학생들이 많고, 운동기능은 뛰어나지만 이를 실제 경기에서 제대로 활용하지 못하는 측면이 있다. 이런 측면을 해결하기 위해 이 모형은 부분적인 기능의 학습보다는 게임을 실제로 행하는 가운데 필요한 전략 및 전술을 강조하는 지도방법이다. 이 모형은 운동기능의 반복 수행보다는 실제 게임 상황에서 필요한 것을 학습하며, 이 과정에서 사용하는 경기 규칙이나 도구, 경기장의 크기 및 모양, 인원수 등을 적절히 변형하여 활용한다. 이 모형의 핵심은 전술(tactics)이며, 전술은 게임을 수행하는 데 필요한 전략(strategy)과 기술(skill)의 결합체라고 할 수 있다.

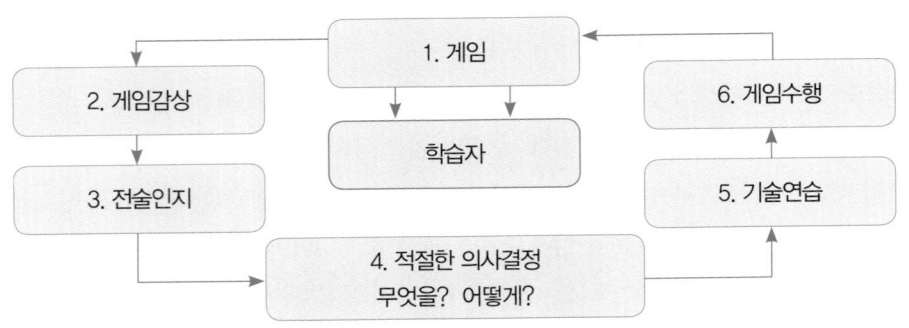

그림 5-9. 이해 중심 게임 수업 모형

전술 게임 모형은 '이해 중심 게임 수업'이라고 불리는 영국의 게임 지도 개념에서 발전되어왔다. 이해 중심 게임 지도는 6단계로 이루어진다. 1단계는 게임에 대한 소개이다. 이 단계에서는 수행될 게임의 분류 및 개관이 포함된다. 2단계는 게임의 역사와 전통을 가르쳐줌으로써 게임에 대한 학생의 흥미를 진작시킨다. 3단계는 중요한 전술문제들을 게임 상황에서 제시함으로써 학생의 전술인지를 발달시킨다. 4단계는 전술적 지식의 적용시기와 방법에 대한 인식을 학생에게 가르치기 위해 게임 유사 학습 활동을 활용한다. 5단계에서는 다시 게임 유사활동을 통해 전술적 지식과 기능 수행을 결합하기 시작한다. 6단계에서 학생은 전술 및 기능 지식의 결합으로 능숙한 수행이 이루어지도록 한다.

전술 게임 모형의 학습 영역의 우선순위는 다음과 같다.

학습 영역의 우선순위	1순위: 인지적 영역, 2순위: 심동적 영역, 3순위: 정의적 영역

2) 교수-학습의 주도성

그림 5-10. 전술 게임 모형의 주도성 프로파일

① 내용 선정: 내용의 선정은 전적으로 교사에 의해 수행된다.
② 수업 운영: 교사가 전술 게임 모형의 관리 계획, 수업 규칙, 특정 절차를 결정한다.
③ 과제 제시: 교사 중심적이며, 수업에서 학생이 질문에 대답할 때 교사와 학생 간의 상호작용이 이루어진다.
④ 참여 형태: 참여 형태는 교사 중심적이며, 교사가 모든 학습 과제와 과제 구조를 결정한다.
⑤ 상호작용: 교사는 학생이 전략적 문제를 해결할 수 있도록 연역적 질문을 활용하여 상호작용을 시작한다.
⑥ 학습 진도: 학생 중심적이며, 학생이 스스로 학습 진도를 결정할 수 있다.
⑦ 과제 전개: 교사 중심적이며, 교사가 학습 과제의 이동 및 변경 시기를 결정한다.

3) 교사 전문성
① 발달단계에 적합한 수업: 교사는 학생들의 발달수준에 적합한 전술적 상황과 게임 및 변형 게임을 설계할 수 있어야 한다.
② 학습 영역과 목표: 교사는 인지적 영역과 심동적 영역의 상호작용에 기초하여 학습목표를 수립하고, 학생이 연역적 질문을 통해 전술문제를 해결할 수 있도록 지도해야 한다.
③ 과제 분석 및 내용 전개: 과제 분석은 학생의 발달단계를 고려하여 각 게임의 전술적 지식과 기술 분석으로 시작된다. 교사는 학생이 전술문제를 해결 할 수 있도록 학습 과제를 계획한다.
④ 체육교육 내용: 교사는 수업에서 활용할 수 있는 실제 게임 형식과 변형 게임을 설계할 수 있을 만큼 다양한 게임에 대해 잘 알고 있어야 한다.
⑤ 평가: 평가는 학생이 적극적으로 참여하는 동안에 이루어지는 실제 평가 기법으로 수행된다.

아. 개인적 · 사회적 책임감 지도 모형

> 모형의 주제: 통합, 전이, 권한 위임, 교사와 학생의 관계

1) 개요
개인적 · 사회적 책임감 지도 모형(Teaching for Personal and Social Responsibility: TPSR)은 위험한 환경에 노출되어 각종 교육적 혜택을 받지 못하는 불우한 청소년들에게 체육을 가르치기 위해 개발되었다. 이 모형의 중심 사상은 체육에서 가르쳐야 하는 내용으로, 학생이 자신

과 타인에 대한 책임을 어떻게 져야 하는지에 대한 방법을 연습하고 배울 수 있는 기회들을 제공해야 한다는 것이다. 핵심은 책임감과 신체활동(기능과 지식)이 별개의 학습 결과가 아니므로 이 모형에서 두 가지를 동시에 추구하며 성취해야 한다는 것이다.

TPSR 모형에서는 신체활동과 스포츠 활동에서 개인이 책임감을 인식하고 수용하며, 실천하는 것이 중요하면서도 유일한 학습 결과이다. 이 모형은 일반적인 체육 프로그램에도 적용할 수 있으며, 다른 수업 모형과도 혼용하여 활용할 수 있다. 이 모형의 전략과 학습 활동은 개인적·사회적 발달이 주된 학습목표일 때 이용할 수 있다. TPSR 모형은 학생들이 부적절한 행동과 서투른 의사결정을 보일 때만 사용하는 '결핍' 모형이 아니다. 이 모형의 전략은 모든 학생이 긍정적 행동을 배우며 바람직한 의사결정 습관을 형성하도록 안전한 학습 환경을 제공할 수 있다.

TPSR 모형에는 통합, 전이, 권한 위임, 교사와 학생의 관계라는 네 가지 주제가 있다. 이 모형에서의 책임감 수준은 〈표 5-9〉와 같다.

표 5-9. 책임감 수준

수준	특징	의사결정과 행동의 사례
5단계	전이	• 지역사회 환경에서 타인 가르치기 • 가정에서 개인적 체력 프로그램 실행하기 • 청소년스포츠코치로 자원하기 • 학교 밖에서 훌륭한 역할 본보기 되기
4단계	돌봄과 배려	• 먼저 단정하지 않고 경청하고 대응하기 • 거드름 피우지 않고 돕기 • 타인의 요구와 감정 인정
3단계	자기 방향 설정	• 교사 감독 없이 과제 완수 • 자기 평가 가능 • 자기 목표 설정 가능 • 부정적인 외부 영향에 대응 가능
2단계	참여와 노력	• 자기 동기 부여 있음 • 의무감 없는 자발적 참여 • 열심히 시도하는 학습(실패하는 것도 좋음)
1단계	타인의 권리와 감정 존중	• 다른 사람을 방해하지 않고 참여하기 • 자기 통제 보임(기질, 언어) • 타인을 고려하면서 안전하게 참여하기 • 평화로운 갈등 해결 시도
0단계	무책임감	• 참여 의지 없음 • 어떠한 수준의 책임감도 수용할 의사 없음 • 자기 통제 능력 없음 • 다른 사람들을 방해하는 시도

TPSR 모형에서는 학습 영역의 우선순위가 없다. 이 모형은 총체적인 수업 접근을 도모한다.

2) 교수-학습의 주도성

	직접적	상호작용적	간접적
내용 선정	■		
수업 운영		■	
과제 제시	■		
참여 형태	■		
상호작용		■	
학습 진도	■		
과제 전개	■		

그림 5-11. 개인적·사회적 책임감 지도 모형의 주도성 프로파일

① 내용 선정: 교사가 학생들의 현재 책임감 수준을 확인하고 수업 내용을 결정한다.
② 수업 운영: 교사가 학생의 책임감 수준에 맞추어 직접적 및 간접적 통제를 하게 된다.
③ 과제 제시: 교사의 관찰과 학생의 현재 수준 평가를 토대로 교사가 과제 제시를 한다.
④ 참여 형태: 교사가 학생의 참여 형태를 결정한다.
⑤ 상호작용: 교사가 학생들과 항상 상호작용한다.
⑥ 학습 진도: 교사는 학생이 다음 수준으로 언제 옮겨갈지 시기를 결정한다.
⑦ 과제 전개: 교사가 학습 과제의 전환 시기를 결정한다.

3) 교사 전문성

① 신체활동 내용: 교사는 다양한 방식으로 신체활동 내용에 대해 알아야 한다. 신체활동 내용이 책임감의 다섯 가지 수준에서 어떻게 활용될 수 있는지 알 필요가 있다.
② 학생 발달: 교사는 아동과 청소년 발달, 특히 정서적 성숙과 사회적 기술에 대한 많은 지식이 필요하다.
③ 환경 요인: 교사는 학생들의 문제를 총체적으로 검토하기 위하여 학생 행동에 영향을 미칠 수 있는 환경적인 요인에 대한 폭넓은 이해가 필요하다.
④ 의사소통: 교사는 학생과 원활하게 의사소통 할 수 있는 능력을 갖추어야 한다.
⑤ 학생에게 권한 위임: 교사는 학생에게 신체활동 환경에서 자신들이 의사를 결정하고 행동하도록 권한을 부여해야 한다. 이는 교사가 학생들이 그러한 결정을 하도록 돕고 학생들이 긍정적·부정적 결과들을 모두 경험하도록 허용한다는 것을 의미한다.

자. 하나로 수업

하나로 수업은 앞에서 제시한 여덟 가지 체육수업 모형의 구조와는 다르며, 체육수업에서 활용할 수 있는 지도방법이다.

1) 수업 목적

하나로 수업의 목적은 학생을 스포츠의 심법적 차원에 입문시켜 '참 좋은 사람'으로 만드는 것이다. 하나로 수업에서는 스포츠를 '게임(기법적 차원)'과 '문화(심법적 차원)'로 구분한다. 게임으로서 스포츠는 스포츠의 기술, 전술, 규칙을 배우는 것이고, 문화로서의 스포츠는 스포츠의 전통, 안목, 정신을 배우는 것이다. 전자는 스포츠를 할 수 있게 되는 것이고, 후자는 스포츠를 알 수 있게 되는 것이다. 하나로 수업은 학생들에게 게임과 문화로서의 스포츠, 이 두 가지 측면을 모두 가르친다.

2) 수업 방법과 운영

하나로 수업은 직접체험 활동과 간접체험 활동으로 이루어진다. 직접체험 활동은 스포츠를 잘 할 수 있도록 스포츠의 기법적 차원(기술, 전술, 규칙)을 지도하며, 간접체험 활동은 스포츠를 잘 알 수 있도록 스포츠의 심법적 차원(전통, 안목, 정신)을 가르친다. 전자는 스포츠 기능을 향상시켜 주며, 후자는 스포츠의 문화 속으로 입문할 수 있게 도와준다.

하나로 수업의 수업 방법에는 직접교수 활동과 간접교수 활동이 있다. 직접교수 활동은 스포츠의 기법적 차원을 가르치는 교사의 수업행동이며, 직접체험 활동을 학생에게 직접적으로 전달한다. 간접교수 활동은 교사가 직접교수 활동을 할 때 간접적으로 학생들에게 전달되며, 교사가 의도하지는 않았지만 학생들에게 간접적으로 영향을 미치는 교사의 행동이다.

하나로 수업은 '터'와 '패'라는 특징이 있다. 터는 수업활동이 이루어지는 공간이며, 패는 학생들의 소집단 모둠이다. 교사는 학생들을 패로 조직하여 수업활동을 운영하게 된다. 터에서는 하기·읽기·쓰기·보기·듣기 등이 포함되는 다양한 수업활동들이 이루어진다. 학생들은 수업시간에 다양한 직접 및 간접체험 활동들을 한 곳에서 수행하는 것이 아니라, 여러 곳의 터에서 패별로 수행하게 된다.

> 이 내용은 최의창(2010)의 「인문적 체육교육과 하나로 수업」에서 발췌하여 수정·보완하였음. 하나로 수업에 대한 보다 자세한 내용은 최의창(2010)의 「인문적 체육교육과 하나로 수업」을 참고하기 바람.

3) 수업 평가

하나로 수업에서 평가는 '접합식 평가'와 '통합식 평가'라는 두 가지 방법으로 이루어진다. 접합식 평가는 개별 과제들의 수행 정도를 합산하여 총점으로 평가하는 방법이다. 이 방법은 다양하게 운영될 수 있다. 통합식 평가는 하나의 틀 속에서 학생의 체험 정도를 모두 찾아내 평가하는 방법이다. 예를 들어, 경기 상황에서 학생의 심동적·인지적·정의적 학습 정도를 평가한 후, 그 결과를 하나로 통합하여 기법적 차원과 심법적 차원의 학습 정도를 평가한다.

3. 교육 모형의 활용

체육수업 모형은 체육수업을 중심으로 개발되었으며, 종합적인 수업 계획안이라고 할 수 있다. 수업 모형은 체육교사가 수업 계획을 작성하는 데 활용할 수 있는데, 마찬가지로 생활체육지도자와 전문체육지도자들은 지도안을 작성하는 데 수업 모형을 활용할 수 있다. 그러나 체육지도자가 수업 모형을 체육수업과 스포츠 지도 현장에 그대로 적용하기는 다소 어려운 점이 있을 수 있다. 따라서 체육지도자가 수업 모형을 효과적으로 활용하기 위해서는 몇 가지 고려해야 할 점이 있다.

첫 번째는 체육지도자가 수업 모형을 이해하고, 모형에 익숙해져야 한다. 그런 후에는 각 모형에서 사용하는 교수 기법과 전략, 방법 등을 숙지할 필요가 있다. 그래야만 수업 모형을 자신이 활동하고 있는 스포츠 지도 현장에 적합하게 변형하여 사용할 수 있다.

두 번째는 체육지도자가 학습자의 특성을 이해하고 있어야 한다. 체육지도자는 학습자의 성별과 연령, 스포츠 참여 의도 등을 파악한 후, 자신이 그들에게 무엇을 가르칠 것인지 결정해야 한다. 학습자는 스포츠를 통해 심동적·인지적·정의적 영역을 배울 수 있는데, 지도자가 학습자에게 지도하고 싶은 학습 영역의 우선순위에 따라 수업 모형을 선택해야 한다.

세 번째는 체육지도자가 교육 환경을 정확히 분석하고 있어야 한다. 지도자는 자신이 활용할 수 있는 시간과 시설, 용·기구, 인원 수 등에 대해 알고 있어야 한다. 지도자가 열정적이고 학습자가 의욕이 있다 해도 교육 환경과 여건이 뒷받침되지 못하면, 지도자가 수업 모형을 원활히 활용하기 어렵기 때문에 스포츠교육의 효과를 기대할 수 없다.

네 번째는 체육지도자가 교수 전문성을 갖추어야 한다. 체육지도자는 수업 모형을 활용하기 전에 자신의 교수·학습 능력을 잘 파악하고 있어야 한다. 그래야만 각 수업 모형에서 필요한 전문성과 효과적인 교수·학습 능력을 활용할 수 있다.

체육지도자가 수업 모형을 효과적으로 활용하는 데 고려해야 할 사항이 이 네 가지만 있는 것은 아니며, 그 밖에도 다양한 요소들이 있을 것이다. 그러나 체육지도자는 체육수업 모형을 이론적으로 이해하는 것이 중요한 게 아니라 체육수업과 스포츠 지도 현장에서 활용할 수 있어야 한다. 그러기 위해서는 학교체육, 생활체육, 전문체육 영역에 대한 이해를 토대로 각 수업 모형을 어떻게 자신의 활동 영역에 적합하게 응용 및 적용할 것인지 고민해야 하며, 지도자 스스로 구체적인 교수·학습 방법을 구안할 수 있어야 한다.

2장 스포츠 지도를 위한 교수기법

 학습목표

- 성공적인 스포츠 지도를 위한 교수기법을 이해한다.
- 스포츠 지도 상황에 적절한 교수기법을 실천한다.

스포츠 지도는 일련의 교수-학습활동을 통해 지도사와 학습자가 상호작용하는 과정이다. 유정애(2002)에 따르면, 성공적인 지도는 첫째, '학습자가 무엇인가를 배웠고(지도내용의 학습)', 둘째, '그 배움이 즐거움으로 연결되며(학습과정의 심리적 만족감)', 셋째, 이 즐거움이 학습자에게 각인된 후, '학습이 지속적으로 이루어지는지(학습 효과의 지속성)'로 정의된다. 성공적인 지도 결과, 학습자는 즐겁고 의미 있는 학습을 경험하게 된다는 것이다.

스포츠지도사의 교수 능력은 성공적인 지도를 위한 핵심 사항이다. 연구들에 따르면, 교수 능력이 우수한 교사의 수업에서는 다음과 같은 특성이 발견된다. 첫째, 학습자가 배워야 하는 내용과 관련된 활동 시간의 비중이 높다. 둘째, 학습자의 과제 참여 기회가 높다. 셋째, 학습자의 학습 능력에 적절하여 성공 지향적인 학습이 일어난다. 넷째, 따뜻하고 긍정적인 학습 분위기가 유지된다. 다섯째, 학습자의 과제 참여 비율이 높게 유지되도록 학습 구조가 개발되어 있다. 결국 스포츠지도사의 역할은 이러한 학습을 제공하여 학습자의 즐겁고 의미 있는 학습을 경험하게 하는 것이다.

이 장에서는 성공적인 지도를 위한 전문적 교수 능력을 구성하는 세부적인 교수기법에 대해 알아본다. 성공적인 스포츠 지도를 위한 교수기법을 이해하고, 지도 상황에 적절한 교수기법을 실천해보자.

1. 지도를 위한 준비

성공적인 지도를 위해서는 지도의 계획안이 필요한데, 이를 위해서는 사전에 충분한 분석 작업이 요청된다. 따라서 지도사는 지도 전에 지도의 맥락, 가르치고자 하는 내용, 학습 목표, 학습자 관리 구조, 학습 활동 평가, 그리고 지도사와 학습자의 역할과 임무 등에 대한 총체적인 분석을 시도하여 계획안을 준비해야 한다. Metzler의 저서(유정애 등 공역, 2007)에서 제시된 분석 작업의 특성을 중심으로 스포츠 지도계획을 위한 분석 특성을 살펴보면 다음과 같다.

가. 맥락 분석

맥락(context)은 가르치는 내용, 방법, 학습자가 배우는 것에 영향을 미치는 시간적·인적·물적 자원의 총체를 의미한다. 대부분의 이러한 요인들은 결정되어 있어 지도사가 통제하기 어려운 속성을 갖지만, 기본적으로 지도사, 학습자, 내용, 이용 가능한 자원 등에 대해 다음과 같은 질문을 던지며 구체적인 지도계획을 설정해야 한다.

- 지도사 관련 질문: 내가 가르칠 수 있는 내용의 수준은 어느 정도인가? 등
- 학습자 관련 질문: 학습자 수는 몇 명인가?, 지도사가 관심을 기울여야 하는 학습요구를 가지고 있는 학습자는 있는가?(예: 대다수 남학생 중 소수의 여학생, 장애를 갖고 있는 학생 등), 학습자의 현재 발달단계는 어느 정도인가? 등
- 내용 관련 질문: 어떤 순서로 내용을 가르쳐야 하는가?, 전반적으로 학습에 소요되는 시간은 어느 정도인가?, 학습자가 추구해야 하는 학습 목표는 무엇인가? 등
- 이용 가능한 자원 관련 질문: 가르칠 수 있는 총 시간은 어느 정도인가?, 충분한 학습을 위해 필요한 공간은 어느 정도인가?, 필요한 장비는 무엇이고 어느 정도 활용할 수 있는가? 등

나. 내용 분석

내용 분석에서는 배워야 하는 내용과 가르칠 순서를 결정하며, 그 결과는 목록화로 나타난다.

표 5-10. 행동 목표의 예

내용 목록	필요한 시간	세부 내용 목록
드리블	1차시	드리블 자세 연습, 콘 사이 드리블, 일대일 드리블
트래핑	1차시	가슴 트래핑, 무릎 트래핑, 발을 이용한 트래핑
패스	2차시	인사이드 패스, 아웃사이드 패스, 인스텝 패스 일대일 패스, 2대1 패스, 3대1(또는 3대2) 패스
슈팅	1차시	정지해놓은 공 슈팅, 드리블 슈팅, 세트피스 상황에서의 슈팅
공·수 전술	2차시	공격 전술: 소유권 유지, 공간 창출, 득점 수비 전술: 소유권 빼앗기, 공간 방어, 득점 방어
게임	3차시	3대3(또는 5대5) 변형 게임, 원형 게임(11대11)

지도사는 가르쳐야 할 내용들을 나열한 후 학습목표, 학습자의 현재 능력, 지식, 태도 그리고 소요되는 총 시간 등을 고려하여 가르칠 내용을 선정하고 그 순서를 결정한다. 예를 들어, 10차시 동안 축구를 가르친다고 가정할 때, 내용 목록을 앞의 〈표 5-10〉과 같이 설정해볼 수 있다.

스포츠지도사가 내용 분석을 통해 내용 목록을 구성하고 세부 내용 목록을 적절히 결정하면, 특

정 내용에 편중되지 않게 가르칠 수 있으며, 제한된 시간에 의도된 학습 결과를 효율적으로 얻어낼 수 있다.

다. 학습 목표 분석

학습 목표는 맥락 분석과 내용 선정 결과를 고려하여 설정된다. 목표는 '일반 목표'와 '행동 목표'로 구분된다. 일반 목표는 의도하는 학습의 포괄적인 영역을 의미하는 반면, 행동 목표는 성취해야 하는 특정한 운동수행 기준을 구체적으로 포함하여 서술된다. 특히 행동 목표는 학습자의 목표 지점을 상세히 알려줄 뿐만 아니라 지도사에게는 지도의 성과를 명확히 평가할 수 있게 한다는 점에서 중요하다. 행동 목표는 ① 운동수행에 필요한 상황과 조건, ② 성취해야 하는 행동, 기능, 지식, ③ 설정된 운동수행 기준의 3가지로 구성된다.

표 5-11. 행동 목표의 예

목표 영역	행동 목표
인지적	• 학습자는 축구 경기규칙 중 5가지 이상을 정확하게 말할 수 있다. • 학습자는 축구와 농구의 차이를 5개 이상 말할 수 있다.
정의적	• 학습자는 팀원들과 분쟁 없이 경기에 참여할 것이다. • 학습자는 배구 경기 동안 배구 예절에 어긋나는 행동을 하지 않을 것이다.
심동적	• 학습자는 6m 거리에서 인사이드 패스를 5회 중 3회 이상 성공할 것이다. • 학습자는 20×20m 경기장에서 공을 빼앗기지 않고 동료들과 연속해서 5회 이상 패스할 수 있다.

스포츠 지도의 1차적 목표는 신체적 기능과 능력을 향상시키는 것(심동적 목표)이지만, 지도사는 학습자의 인지적 및 정의적 발달도 책임져야 한다. 인지적 및 정의적 목표는 스포츠 활동을 통해 자연스럽게 발달할 것이라 생각하지만, 실제로는 의도적이고 계획적인 지도 없이 얻을 수 있는 결과는 없다. 따라서 심동적 목표와 함께 인지적 목표, 정의적 목표도 사전에 계획되어 있어야 한다(표 5-11 참조).

라. 관리구조

관리구조란 지도 중 일어나는 학습자의 행동을 명시적으로 알려준다. 학습자가 지도사의 수업에서 무엇을 할 수 있고 할 수 없는가를 알게 되면 학습자는 보다 안전하고 효율적인 학습 환경에서 학습할 수 있게 된다. 따라서 관리구조를 사전에 계획하는 일은 스포츠지도사에게 중요한 일이다. 일반적으로 관리구조를 분석할 때는 다음과 같은 요소들을 고려해야 한다.

- 일반적인 규칙의 결정과 발표
- 학습이 일어나는 장소(운동장이나 체육관 등)에 들어가고 나오는 것과 관련된 절차
- 용·기구의 분배, 관리, 수거 및 정리 절차
- 안전 규칙
- 출석 절차
- 주의집중과 시작/정지에 필요한 신호 결정

마. 평가

스포츠지도사는 학습자의 학습 향상 정도를 평가할 수 있는 평가방법을 계획해야 한다. 이때, 구체적인 평가 절차(어떻게 평가할 것인가?)와 기준(목표 달성의 수준은 어느 정도인가?)을 결정하는 것이 중요하다. 고려 요인으로는 평가 목표와 결과, 평가 방법, 평가 시기(형성평가, 총괄평가, 두 개 모두), 평가 계획과 수행 방법 등이다.

바. 지도사와 학습자의 역할과 임무

사전에 지도사 자신의 역할을 결정하고, 학습자에게 무엇을 기대할 것인지를 결정해야 한다. 지도사와 학습자의 역할은 지도의 목표가 모방이냐 창조이냐에 영향을 받는다. 모방은 운동기능을 숙달하는 것 등과 관련되는 반면, 창조는 습득한 기능을 특정 상황에 적용하여 새로운 결과를 생산하는 것과 관련된다. 전자가 목표인 지도에서 지도사는 지시자(commander) 역할을 하며 효율적인 지도를 이끌어나가야 한다. 반면, 후자의 경우 지도사는 촉진자(facilitator) 역할을 하며 학습자의 학습을 안내한다. 또한 학습자 역시 지도 상황에서 자신의 역할과 임무를 알고 있어야 한다. 이때, 지도사는 학습자가 지도과정에서 새로운 역할과 책임감을 수용할 수 있을 때까지 시간을 주어야 한다.

2. 지도계획안의 설계

앞서 분석된 내용을 바탕으로 지도계획안을 작성해야 한다. 흔히 지도계획을 구체적으로 기술하지 않는 경우가 많은데, 문서로 작성된 계획안에 의거한 지도는 일관된 지도의 흐름을 유지하게 할 뿐만 아니라 예기치 못한 상황에 대한 지도사의 대처 능력을 높일 수 있다.

가. 지도계획안 작성의 필요성

지도계획안은 일반적으로 주어진 시간, 노력, 자원을 효과적으로 조직할 수 있게 한다. 잘 조직된 지도를 통해 학습자는 의도된 학습 목표를 성취할 수 있는 더 많은 기회를 얻게 된다. 특히 지도사와 학습자 모두에게 전체적인 지도과정을 가시적으로 확인할 수 있게 한다. 이를 계획안의 청사진(또는 설계도) 효과라고 한다. 구체적으로 지도계획안의 장점은 다음과 같다.

- 각 수업 시작 및 종료 시기가 명료해진다.
- 수업 진행과정을 점검할 수 있다.
- 장·단기 의사결정 시점을 알려준다.
- 계획안 수정에 필요한 토대가 된다.
- 계획한 수업과 실제로 이루어진 수업을 비교함으로써 수업의 효율성 및 효과성을 평가할 수 있다.

나. 지도계획안 작성을 위한 고려사항

지도계획안은 구체적으로 작성되어야 한다. 지도계획안 작성의 일반적인 고려사항은 〈표 5-12〉와 같으며, 그 외에도 지도사가 필요한 경우 다른 사항을 포함하여 작성된다.

표 5-12. 지도계획안 작성 시 고려사항

고려사항	이유
정교하고 유연한 계획 수립	정교한 계획은 지도사가 지도행동, 관리, 결과에 영향을 미칠 수 있는 중요한 요소들과 사건을 수업 전에 예상할 수 있도록 한다.
자신이 사용할 목적으로 작성	계획은 지도사가 이해하고 적용할 수 있는 방식으로 작성한다. 이때 자신이 직접 메모한 개인일지는 지도계획안을 작성하는 데 실질적인 도움이 된다.
추가 계획 수립	지도사는 기대했던 것보다 학습자가 과제를 빨리 숙달할 것을 예상하여 추가적인 계획을 준비한다.
대안적 계획 수립	예상치 못한 상황이 발생했을 때, 지도사는 임시변통으로 관련 없는 활동을 제공하기보다는 현재 내용과 직접적으로 관련 있는 학습 활동을 학습자에게 제공해야 한다.
계획안의 보관	지도계획안을 파일로 보관한 다음, 다음 지도할 때 사용해야 한다.
계획안 평가	지도계획을 평가하고 반성하는 시간을 갖는 것이 중요하다. 왜냐하면 이후에 더 좋은 계획안을 작성하고 활용하는 데 도움을 주기 때문이다.

다. 지도계획안의 작성

지도계획안에는 지도 맥락, 학습 목표, 시간과 공간의 배정, 학습활동, 과제 제시와 과제 구조, 평가, 수업의 정리와 종료 등의 공통적인 내용을 포함해야 한다. 각 요소들에 대한 구체적인 설명은 다음과 같다.

- 수업 맥락의 간단한 기술: 지도맥락의 간단한 기술은 지도사가 다음 시간에 그 내용을 지도할 때 수업을 상기할 수 있도록 도와준다. 또한 지도계획안에는 지도에서 고려되어야 하는 학습자(성별, 연령, 학습자 수, 장애 학습자 등), 시간, 장소, 수업의 차시 등과 같은 총체적인 지도 맥락에 대한 설명도 포함되어야 한다.
- 학습 목표: 지도사는 하나의 수업에 1~3개 정도의 목표를 구체적으로 세워야 한다.
- 시간과 공간의 배정: 지도사는 사전에 수업 시간, 수업환경 설정, 관리 방법에 대해 생각해야 한다. 총 지도시간을 대략적으로 추정하여 계산한 다음, 계획한 항목들의 소요시간을 산출해 보고, 필요한 시간을 정확하게 예측하는 능력이 필요하다. 또한 공간과 관련된 사항은 지도사가 각 활동에 필요한 학습 환경의 조직을 쉽게 알아볼 수 있는 간단한 도해로 만들어진다.
- 학습 활동 목록: 학습자가 수행해야 하는 과제 순서로 학습 활동 목록을 작성한다.
- 과제 제시와 과제 구조: 과제의 내용을 어떻게 구조화하고, 어떻게 제시할 것인가는 반드시 포함되어야 하는 계획안 내용이다.
- 평가: 필요한 시기에 적절한 평가가 이루어지기 위해서는 수업계획안에 평가 시기나 평가의 관리 및 절차상의 고려사항이 제시되어야 한다. 예를 들어, 평가에 필요한 시간의 배정, 평가 운영 방법, 필요한 용·기구 및 자료의 조직에 관한 내용을 포함해야 한다.
- 수업 정리 및 종료: 수업계획안에는 지도사와 학습자의 상호작용과 관찰, 조언을 허용하는 종료 부분이 포함되어야 한다. 특히 수업의 정리 과정에서 학습내용의 핵심적인 단서를 기억하고, 무엇을 배웠고, 왜 그것이 중요한지를 질문함으로써 학습자가 수업 내용을 다시 한 번 생각하도록 하는 것이 필요하다.

물론 지도 상황에서 해야 하는 모든 일을 문서화할 필요는 없다. 그러나 준비가 철저한 지도사는 문서화된 지도계획안을 선호하고, 명시적으로 계획된 지도가 효과적이며 효율적인 학습을 이끈다는 점에서 지도계획안을 문서화할 필요가 있다. 특히 지도사의 경력이 짧을수록 문서화된 수업계획안을 작성하는 것이 바람직하다. 구체적인 항목들에 대해 스스로 질문을 던져보면서 지도에 필요한 내용을 누락 없이 고려하여 지도계획안을 작성해보자.

3. 지도내용의 전달

지도내용을 잘 전달하기 위해서는 먼저 지도내용을 잘 조직화해야 한다. 지도내용은 발달적으로 조직될 때 효과적이다. 또한 조직된 지도내용을 적절한 방법을 활용하여 학습자에게 전달해야 한다. 체육교수 이론에서 일반적으로 활용되는 내용의 조직과 전달 기법은 Rink의 저서에 수록되어 있으며(강신복·손천택·곽은창 역, 1995), 이를 스포츠 지도 상황에 적용해 살펴보면 다음과 같다.

가. 지도내용의 발달적 조직

지도내용은 발달적 분석과정을 거쳐 조직된다. 이를 발달적 내용 조직이라 하며, 지도내용을 한 수준에서 다른 수준으로 계열적으로 조직하는 것을 말한다. 발달적 내용 조직은 지도의 능률성, 효과성, 적응성을 높여준다.

1) 발달적 내용 분석

발달적 내용 분석은 내용을 확대, 세련, 응용의 단계로 분석하는 과정이다. 분석 시 복잡성과 난이도[※]의 점진적 발달, 운동수행의 질에 대한 관심, 응용 경험의 통합 등의 요인을 고려해야 한다. 이를 통해 연습조건, 운동수행의 질, 응용 경험을 통합할 수 있으며, 지도사에게 운동 경험을 계열성 있게 제시할 수 있는 구조를 제공해준다.

① 확대

발달적 내용 분석은 확대 과제로 시작된다. 학습 경험을 간단한 과제에서 복잡한 과제로 또

> **복잡성과 난이도를 조정하는 방법**
> 초기 연습 시 전체를 부분으로 연습할 경우 학습자의 초기 어려움을 감소시킬 수 있다.
> - 완전한 동작을 학습할 때까지 부분 동작들을 결합하면서 학습하면 복잡한 동작을 보다 쉽게 학습할 수 있다.
> - 용구의 크기(작은 공이나 큰 공)나 무게(가벼운 라켓이나 무거운 라켓 등) 등을 통해 난이도를 조절할 수 있다.
> - 연습하는 공간을 축소하거나 확대하여 난이도를 조절할 수 있다. 예를 들어, 연습하는 거리(농구 슈팅 거리, 패스 거리 등)를 줄이면 난이도가 낮아진다.
> - 운동 목적을 바꾸면, 예를 들어 축구공을 찰 때 멀리 차는 것에서 특정한 상대가 받을 수 있게 차도록 목적을 변화시켜 난이도를 조절할 수 있다.
> - 참여 인원수를 줄이거나 늘려도 운동수행의 난이도가 조절된다.
> - 운동의 수행 조건을 변화시킬 수도 있다. 예를 들어, 정지된 공을 찰 때와 굴러오는 공을 찰 때, 뜬 공을 잡는 것과 땅볼로 오는 공을 잡는 것을 변화시킬 경우 난이도가 조정된다.
> - 스포츠 활동의 경우, 규칙을 변화시켜 난이도를 증가 및 감소시킬 수 있다.
> - 기능을 결합하면 난이도 수준을 높일 수 있다. 예를 들어, 드리블해서 슛하는 것보다 패스로 오는 공을 받아 슛하는 것이 더 어려운 과제이다.

는 쉬운 과제에서 어려운 과제로 발전시키는 것을 과제의 확대라고 한다. 과제의 확대는 운동수행의 복잡성과 난이도의 변화를 통해 이루어지며, 지도사는 경험의 내용을 어떻게 계열성 있게 구성할 것인가를 결정하는 한편, 어떻게 내용의 난이도와 복잡성을 줄일 것인지를 고려해야 한다.

확대 과제를 조직하는 방법으로 '과제 간 발달'과 '과제 내 발달'이 있다. 과제 간 발달은 서로 다른 두세 과제로 내용을 조직하여 전개하는 방법이다. 예를 들어, 하나의 수업에서 축구 패스 과제, 축구 드리블 과제, 축구 슛 과제를 계열적으로 가르칠 수 있다. 과제 내 발달은 하나의 주제 내에서 서로 다른 과제를 전개시키는 것이다. 예를 들어, '축구 패스'라는 주제 아래 인사이드 패스와 아웃사이드 패스, 2인 패스와 3인 패스 등의 과제를 포함하여 가르친다. 학습자의 학습 성공률을 높이기 위해 지도사는 과제 간 발달과 과제 내 발달을 복합적으로 활용하는 것이 필요하다.

② 세련

세련 과제 개발에서는 운동수행의 질, 즉 "경험을 잘 수행하는 것이 무엇을 의미하는가?"에 초점을 둔다. 운동수행의 질은 지도사가 학습자에게 운동수행의 결과적 정보를 제공할 때 향상되며, 연습을 멈추고 운동의 질적인 목표를 달성하기 위해 학습자의 주의를 집중시킬 때 수행의 질적 발달에 도움을 준다. 야구에서 땅볼을 처리한다고 할 때, 지도사는 "부드럽게 착지해", "공을 잡을 때 체중이 앞으로 쏠리도록 해" 등의 세련 과제를 학습자에게 제공할 수 있다. 한편 세련 과제는 목표의 범위를 좁히고 수행의 질적 발달에 대한 학습자의 책무성을 강하게 부여할 때 효과가 크다. 이러한 세련 과제는 지도사에게 무엇을 관찰해야 할 것인가를 분명히 알려줌으로써 학습자에게 유익한 피드백의 제공을 가능하게 한다.

③ 응용

응용 과제는 확대와 세련을 통해 습득된 기능을 실제 또는 실제와 유사한 상황에서 사용할 수 있도록 조직된다. 따라서 학습의 초점이 "어떻게 운동할 것인가?"에서 "어떻게 그 운동을 이용할 것인가?"로 전환된다. 특히 응용 과제에서는 확대와 세련의 수준과 일치해야 한다. 즉, 배운 기능을 적용할 수 있는 과제여야 한다는 것이다. 예를 들어, 확대와 세련 과제에서 패스를 배웠지만 응용 과제의 게임에서 슛이나 드리블 등이 강조되면 학습자는 전혀 새로운 응용 과제에 노출되어 이전 학습의 효과가 나타나지 않게 된다.

한편, 지도사는 수행 능력과 자신감이 있는 학습자는 응용 과제의 효과가 충분히 나타날 수 있지만 그렇지 않은 학습자는 수행을 감소시킬 수 있다는 것을 기억해야 한다. 따라서 응용 과제를 무분별하게 활용하는 것은 수행 능력이 낮은 학습자의 수행을 방해할 수 있다. 또한 스포츠 활동에서 응용 과제는 지도의 마지막 과정으로 예정해두는 것이 아니라 지도의 전 과정에서 배치되어야 한다는 것도 기억해야 한다. 이를테면 확대 과제를 제공하면서도 응용 과제가 제시될 수 있다는 것이다.

2) 기능의 속성에 따른 내용 발달

기능은 속성에 따라 폐쇄기능과 개방기능으로 구분된다. 폐쇄기능은 환경의 변화에 영향을 받지 않는 기능이며, 골프, 양궁, 사격 등에서 필요로 하는 기능이 대표적인 예이다. 개방기능은 환경의 변화에 따라 기능의 요구 조건이 변화하는 기능을 말한다. 예를 들어, 팀 스포츠와 관련된 기능이 대표적인 개방기능이다.

① 폐쇄기능의 발달

폐쇄기능은 학습의 선행 조건, 체력(근력과 유연성)과 운동 능력을 필요로 하며, 신체적 능력, 운동능력, 학습자의 특별한 발달단계를 고려하여 발달적으로 분석된다. 폐쇄기능 내용 분석의 고려사항은 다음과 같다.

- 전체-부분의 문제: 전체를 가르칠 것인지 부분 동작을 가르칠 것인지 결정해야 한다.
- 용구의 변화: 용구를 통해 운동수행의 조건을 단순화시킬 경우, 학습이 보다 신속하고 성공적으로 일어날 수 있는지를 결정해야 한다.
- 연습조건의 변화: 성공적인 경험을 제공하기 위해 최초의 연습조건을 변형시키거나 연습의 초점을 효과성보다는 효율성에 맞출 수 있다.
- 목표 설정: 운동수행의 목표에 따라 조작적 기능(목표 지향적), 비조작적 기능(형태지향의 목표), 자기 테스트 기능(효과성의 목표)으로 분류할 수 있다.
- 정확성과 파워: 언제 정확성을 강조할 것인지 그리고 언제 파워를 강조할 것인지 결정해야 한다. 대체로 정확성보다는 파워가 먼저 강조되는 것이 좋다.
- 환경 계획: 초보단계의 학습자에게 적용될 수 있는 유익한 방법이다. 학습의 촉진을 위해 용구나 환경이 정리될 수 있다.
- 다른 환경에서 폐쇄기능 발달: 간단한 환경에서 어느 정도 일관성 있는 운동 패턴을 익힌 다음 보다 복잡한 환경을 도입해야 한다.

② 개방기능의 발달

지도사는 어떤 기능이 게임에서 어떻게 사용되고 있는가를 구체적으로 확인할 수 있어야 한다. 개방기능 내용 분석의 고려사항은 다음과 같다.

- 개방기능을 폐쇄기능으로서 교수: 초보자들을 위해 복잡한 개발기능을 폐쇄기능으로 가르치는 것이 좋다.
- 반응과 반응의 이용에 관한 연습: 반응 자체의 연습뿐만 아니라 반응에 관한 연습도 내용

의 발달적 분석에 고려되어야 한다. 반응 활용 연습은 환경에 지각적 복잡성을 추가하고, 학습자가 어떻게 반응할 것인지를 결정하는 데 도움을 준다.

> **게임기능의 단계적 개발**
> 게임기능은 개방기능에 포함되지만, 경쟁적 상황을 전제로 한다는 점에서 차이가 있다. 따라서 개방기능의 기본적인 내용발달과정과 유사하지만, 다음과 같은 단계를 통해 게임기능을 개발한다.
> 제1단계: 지도사는 물체의 통제 능력(학습자가 물체를 의도하는 힘으로 연관성 있게 어떤 장소로 보낼 수 있는 능력)을 개발하는 데 관심을 갖는다.
> 제2단계: 물체의 통제를 강조하지만 복잡성을 부과한다. 드리블, 패스 기능을 결합하면 복잡성이 증가한다.
> 제3단계: 기능을 이용한 간단한 공격과 방어의 역할을 익힌다. 학습 경험을 계획하는 기본 가정은 학습자가 자신의 모든 주의를 물체의 통제에 두지 않고 공격과 방어의 관계에서 기능의 사용에 초점을 두어야 하는 데 있다. 점진적으로 복잡성이 추가된다.
> 제4단계: 완전한 게임뿐만 아니라 학습자가 완전한 게임 수준에 도달하는 것을 도와주기 위해 계획한 경험들까지를 포함한다.

나. 과제 제시 전략

과제를 제시할 때 지도사는 학습자가 운동 계획을 정확히 할 수 있도록 해야 한다. 이와 함께 학습자가 연습에 적극적으로 참여할 수 있는 동기를 부여하는 것도 중요하다.

1) 학습자 주의집중

학습자가 지도사에게 집중하지 못하는 경우가 많다. 이때 학습자 주의집중 기술이 필요하다. 일반적으로 첫째, 학습 방해요인을 통제하여 주의를 산만하게 하는 원인에서 학습자의 시선을 돌려야 한다. 둘째, 주의집중 신호와 절차를 확립하여 이것을 연습한다. 셋째, 지도사 가까이에 집합시켜 설명한다. 넷째, 과제를 간략하게 제시한다. 이와 함께 구체적인 상황별 주의집중 전략은 〈표 5-13〉과 같다.

표 5-13. 상황별 주의집중 전략

종류	특성
소란하고 산만한 환경	주위가 소란하다면 그 원인을 먼저 제거해야 한다. 목소리를 높이는 것은 일시적으로만 효과가 있지만, 학습자와 사전에 약속된 신호를 사용하고, 반복적으로 연습시킨다.
다른 환경 원인에 몰두	스포츠 지도 상황에서는 기구를 빈번하게 활용한다. 이로 인해 학습자의 주의가 산만한데, 이럴 때는 기구를 멀리 떨어지게 하는 것이 좋다. 축구공이나 농구공을 정해진 보관 장소에 보관한 후 집합하여 지도사의 설명을 듣도록 한다.
보고 듣는 능력 결여	어린 학습자일수록 보고 듣는 능력이 결여된 경우가 많다. 내용이 간단하거나 제시되는 내용이 새롭지 않을 때는 개별적으로 지도하는 것이 좋으며, 그렇지 않을 때는 전체 집합 후 이에 대해 지도하는 것이 좋다.
햇빛에 눈이 부신 경우	지도사가 해를 보고, 학습자가 해를 등지게 한다.

2) 과제 전달 방법

운동기능 과제를 전달할 때 사용하는 방법으로 언어적 전달, 시범, 매체 등이 있다.

① 언어적 전달

언어적 전달은 전체 학습자를 대상으로 비교적 많은 양의 내용을 설명할 때 효율적이다. 그러나 운동기능 또는 스포츠 기능에 대한 경험이 높지 않은 학습자에게 언어적 전달만으로 과제를 전달하는 것은 한계가 있다. 전달한 내용을 재차 확인해봄으로써 학습자가 얼마나 이해하고 있는지 확인해야 하며, 어린 학습자일수록 구체적인 언어로 전달하는 것이 좋다.

② 시범

시범은 학습자에게 시각적 단서를 제공하기 때문에 학습자의 이해를 높이는 전달 방법이며, 시범을 보일 때는 아래의 사항을 고려해야 한다.

- 정확한 시범: 학습자는 시범을 통해 지도사가 의도하지 않은 정보를 얻게 된다. 그래서 시범은 정확해야 한다. 즉, 지도사는 학습자가 학습하기 바라는 것을 시범을 통해 제공해야 한다. 시범에는 정상적인 속도로 수행할 기술의 전체 모습이 반드시 포함되어야 하며, 다양한 각도에서 시범을 보여줘야 한다.

- 학습자 시범의 활용: 정확한 시범을 보일 수 있는 학습자가 있다면 학습자를 활용한 시범이 지도사의 시범보다 효과적일 때가 있다. 학습자가 시범을 보일 때 지도사는 언어적 설명을 제공할 수 있다. 이때 다른 학습자와 불편한 관계를 가지고 있는 학습자의 시범은 지양하는 것이 좋다.

- 연습 조건과 일치하는 시범: 시범이 일반적인 상황이 아닌 특수한 상황에서 실시되어야 하는 경우가 있다. 연습 조건이 특수할 때가 그런 경우인데, 예를 들어 두 명의 학습자가 좌우로 움직이면서 언더핸드패스 기술로 패스하는 과제일 경우 이와 일치되는 조건에서 시범을 보여야 한다.

- 문제해결 과제에서의 시범: 단순한 운동기능 과제뿐만 아니라 창조적 표현, 집단 과제, 문제해결 과제 등에서도 시범을 이용할 수 있다. 시범이 모방을 위해서만 사용될 수 있다고 전제하기 때문이다. 그러나 언어 설명과 함께할 경우 시범은 다양한 과제에서 활용될 수 있다. 예를 들어, "세트피스 상황에서 프리킥을 찰 때는 이러한 방법으로 차야 하는데, 이때 다른 팀원들은 어떻게 움직여야 할까?", "움직임 동작은 이렇게 수행되어야 하는데, 여러 명이 함께 이 동작을 수행하게 되면 어떻게 움직이고 그 모습은 어떻게 나타날까?" 등의 언어적 설명을 포함하면 시범을 활용해 집단 및 창의적 과제도 무리 없이 전달될 수 있다.

- 기능의 핵심 측면을 강조한 시범: 시범의 효과를 높이기 위해서는 학습자의 관심을 과제의 핵심 측면에 집중시켜야 한다. 멈춤 동작(freezing)을 통해 핵심 동작을 정지시켜 학습자

에게 시각적으로 설명할 수 있다.
- 기능의 수행 이유 설명: 시범을 보일 때 기능의 수행 혹은 경기 장면에서 왜 그리고 언제 필요한가를 설명해야 주면 언어적·시각적 단서를 기억하는 데 도움이 된다.
- 시범 후 학습자 이해 확인: 시범 후 질문을 통해 학습자가 어느 정도 이해하고 있는가를 확인해야 한다.

③ 매체

매체를 활용할 경우, 필요한 부분이나 강조할 부분을 느린 동작으로, 반복적으로, 관찰하기 용이하게 제공할 수 있다는 장점이 있다. 특히 학습자에게 설명할 수 있는 유일한 매체가 지도사의 몸으로 한정되는 운동장이나 체육관에서 이동식 칠판[*]은 유용하다. 어린 학습자의 경우 집중력이 높지 않아 말이나 행동만으로 정보를 전달하는 것은 한계가 있다. 이동식 칠판은 배경지식, 경기 전략, 움직임의 동선이나 원리 등을 적으면서 설명할 수 있다.

3) 학습단서의 선택과 조직

조직적인 학습단서는 학습자가 수행할 운동기능을 인지적으로 이해할 수 있도록 한다. 좋은 단서는 첫째, 정확하고(단서의 정확성), 둘째, 학습자가 수행해야 하는 과제에 중요한 부분을 담고 있어야 하며(단서의 요점과 간결성), 셋째, 단서의 수가 많지 않으며(단서의 양적 적절성), 넷째, 학습자의 연령과 학습 단계에 적합해야 한다(학습자의 연령과 수준에 적합한 단어). 구체적인 학습단서의 선택과 조직 전략을 살펴보면 다음과 같다.

① 내용에 따른 단서 선택

학습단서의 선택은 제시되는 과제의 종류에 따라 달라질 수 있다. 폐쇄기능에서 단서는 기능의 요점을 시각적으로 제공하며, 개방기능의 단서는 복잡한 환경을 폐쇄기능의 연습조건 수준까지 단순화시켜 제공하는 것이 좋다(표 5-14 참조).

② 학습단서의 조직

지도사는 학습단서를 복잡한 과제에 관해 설명을 계열성 있게 조직하여 한 단어로 제시하는 것이 좋다. 이를 '요약단서(summary cue)'라 한다. 요약단서는 운동의 중요한 측면을 강조해야 한다. 예를 들어, 공을 던질 때 '손목, 시선, 앞으로' 등으로 단서를 조직할 수 있는데,

> **이동식 칠판 활용**
> 일반적으로 칠판은 실내용 교구라는 인식이 강하다. 운동장에서 학습자에게 설명할 수 있는 유일한 매체는 지도자의 몸에 한정된다. 집중력이 높지 않은 어린 학습자에게 말이나 행동만으로 정보를 전달하는 것은 한계가 있다. 이동식 칠판은 지도 내용에 필요한 기본적인 배경지식, 경기 전략, 움직임의 동선이나 원리 등을 적으면서 설명할 수 있다. 필요에 따라서는 이동식 칠판이 아니라 책가방만 한 작은 칠판을 사용할 수도 있다.

표 5-14. 기능별·상황별 단서의 예

기능	연습 상황	필요 단서
폐쇄기능	벽을 향해 체스트 패스 연습	발에 체중을 싣는다. 양손으로 공의 옆을 잡는다. 팔을 충분히 뻗는다.
단순한 개방기능	기능 수준이 다른 파트너에게 패스 (움직이지 않는 상황)	패스가 일정하게 오지 않을 수 있다. 패스의 위치나 속도가 달라지면 공을 잡는 손의 위치도 달라진다.
복잡한 개방기능	수비가 있는 상황에서 팀원에게 패스	움직이는 팀원 앞에 공을 패스한다. 공을 빠르게 패스한다.

이때 손목은 '손목 스냅을 사용하라', '시선은 던지려는 곳을 끝까지 봐라', '앞으로는 다리를 앞으로 내딛으며 던져라' 등의 의미를 축약한 요약단서이다. 이러한 단서는 학습 내용을 시각적으로 기억하여 동작을 형성하는 데 기여한다.

4) 질문의 활용

질문은 학습의 인지적 참여를 독려하는 데 중요한 역할을 할 뿐만 아니라, 학습자의 동기를 유발하는 역할을 한다. 질문은 회고적·집중적·분산적·가치적 질문으로 구분되며, 전자의 두 질문은 창의적 사고보다는 지도 시간에 제시한 과제를 확인하는 데 적합하다. 특성은 다음 〈표 5-15〉와 같다.

표 5-15. 질문의 특성과 예

종류	특성	질문의 예(야구)
회고적	기억수준의 대답만 필요로 하는 질문이다. 단답형으로 '예' 또는 '아니오'로 답한다.	배팅을 할 때 시선을 어디에 두는가?
집중적	이전에 경험했던 내용의 분석 및 통합에 필요한 질문이다. '수렴적 질문'이라고도 하며, 제시된 조건을 사용하여 예측, 판단, 변별할 수 있도록 재구성한다.	동점 상황에서 9회 말 무사 주자 2루일 때 당신은 타석에서 무엇을 해야 하는가?
분산적	이전에 경험하지 않은 문제의 해결에 필요한 질문이다. 데이터가 부족할 때 자유롭게 데이터를 산출하거나 정답 없이 생각을 확장시킬 수 있는 질문이라 하여 '확산형 질문'이라 부른다.	1사 1, 3루에서 내야 땅볼이 나왔을 때 홈에 던질 것인지 아니면 2루에 던져 더블플레이를 선택할 것인가?
가치적	취사선택, 태도, 의견 등을 표현하는 데 필요한 질문으로, 사실 문제보다 가치 문제를 다룬다.	더블플레이를 방지하기 위해 수비수를 향해 슬라이딩을 하는 것을 어떻게 생각하는가?

질문을 할 때는 신속하게 답하지 말 것, 한 번 더 질문할 것, 그리고 우회적으로 표현할 것 등의 기본 원칙을 지켜야 하며, 다음의 몇 가지 유의점이 고려되어야 한다.

> **질문 시 유의사항**
> - 명확해야 한다.
> - 하나의 대답만 유도한다.
> - 중요한 순서에 따라 제시한다.
> - 학습자의 이름을 부르기 전에 발문한다.
> - 학습자의 대답을 반복하지 않는다.
> - 학습자에게 질문에 답할 시간을 준다.
> - 질문을 되풀이하지 않는다.
> - 적용이 질문수준과 일치하는가를 확인한다.
> - 좀 더 많은 학습자가 참여할 수 있도록 재차 질문한다.
> - 너무 많은 질문은 지도사의 지배가 강하다는 것을 의미한다.

5) 과제 제시의 명료성

지도사의 과제 제시는 지도사가 의도하는 반응과 학습자의 실제 반응이 일치할 때 정확하게 이루어졌다고 할 수 있다. 즉, 의도된 반응과 실제 반응이 일치해야 한다는 것이다. 이를 위해서는 과제 제시가 명료해야 한다. 과제 제시의 명료성은 다음의 지침을 따를 때 향상된다.

- **학습자 지향**: 무엇을 수행하게 될 것인가를 학습자에게 명확하게 알려주어 학습자가 수업의 일부분을 전체와 관련하여 이해할 수 있게 한다.
- **논리적으로 계열화된 과제 전달**: 동작의 실행순서에 따라 과제를 계열화하는 것이 가장 일반적이다. 그러나 반드시 동작을 순서대로 제시할 필요는 없다. 동작의 중요한 부분부터 먼저 제시할 수도 있다.
- **좋은(혹은 올바른) 예와 그렇지 않은 예의 비교 제시**: 운동의 질적인 수행 측면은 좋은 예와 좋은 예가 아닌 것을 비교하여 제시할 때 이해를 도울 수 있다.
- **개별화된 과제 제시**: 일반 대상이 아닌 학습자 개인을 주어로 하여 과제를 제시하면 보다 효과적이다. 예를 들어, "○○는 ……에 관해 많은 경험이 있다."에서 학습자의 이름을 ○○에 넣어 과제를 제시한다.
- **난해한 부분의 반복 설명**: 동일한 내용을 여러 가지 방법으로 반복하여 설명할 때 과제 제시의 효과성이 증대된다. 특히 학습자가 수행 직전에 주요 단서를 반복하여 설명하는 것은 매우 효과적이다.
- **학습자의 과거 경험 활용**: 학습하려는 내용이 이전에 학습한 기능과 비교하여 어떻게 유사하고 차이 나는가를 설명하면 새로운 정보를 보다 효과적으로 이해할 수 있다.
- **이해를 확인하는 질문 활용**: 지도사는 종종 학습자가 연습하는 모습을 보면서 과제 제시가 제대로 이루어지지 않았다는 것을 알게 된다. 과제 제시 장면에서 학습자의 이해를 확인하는 질문을 활용하면 시간을 절약할 수 있을 뿐만 아니라, 과제 제시가 효과적이지 못하다는 사실을 쉽게 발견할 수 있다.

- 지도 자료의 역동적 제시: 부드러운 목소리와 강한 목소리를 대비시키거나 느린 과제 제시와 신속한 과제 제시를 대비시키면서 학습자의 주의를 효과적으로 집중시킬 수 있다. 지도사가 연설가처럼 유창한 언변을 가질 필요는 없지만 보다 분명한 과제 제시를 위해 목소리를 역동적으로 사용할 필요는 있다.

4. 지도내용의 연습 및 교정

학습자가 연습할 때 지도사는 무엇을 해야 하는가? 먼저, 과제연습에 따른 지도사의 행동을 살펴보고, 다음으로 연습 중 지도사의 행동을 통해 학습 활동 중 지도사의 행동을 살펴본다. 마지막으로, 학습자와의 상호작용에 대해 살펴본다.

가. 과제연습에 따른 지도사의 행동

과제연습은 크게 지도 감독된 과제연습과 개별적 연습이 있다. 이러한 과제연습 상황에서 지도사는 일반적으로 다음과 같은 지도 행동을 취해야 한다.

1) 지도 감독된 과제연습

지도 감독된 과제연습은 지도사에 의하여 지도되고 감독되는 과제연습이다. 지도사는 학습자를 한눈에 볼 수 있고, 학습자도 지도사를 볼 수 있는 위치에서 전체가 과제연습에 참여한다. 이러한 과제연습에서 지도사는 연습 중 나타나는 실수를 교정하고, 필요 시 내용을 재설명할 수 있고, 학습자는 개별적 연습 전 충분한 연습시간을 제공받을 수 있다. 이러한 연습 상황에서 지도사는 학습단서를 제공하고, 피드백 제공 시 기능 발휘의 기술적 측면에 초점을 두어 지도해야 하며(적절성, 구체성), 개별적 연습단계로 넘어가기 위한 충분한 연습이 이루어질 수 있도록 주의해야 한다. 의도대로 과제를 수행할 수 있게 되었을 때 개별적 과제연습으로 이동한다.

2) 개별적 과제연습

학습자는 개별적으로 과제를 연습한다. 개별적 과제연습은 기존에 배웠던 내용에 새로운 과제

> **실제 게임과 유사 게임**
>
> 실제 게임과 유사 게임을 구분할 필요가 있다. 유사 게임이란 실제 상황과 매우 유사한 몇 가지 조건을 갖춘 게임으로, 지도사의 개입과 지도가 중요하다. 지도사는 시작과 중단을 통제하여 간단한 지도 활동을 실천하고 학습자와 상호작용한다. 반면, 실제 게임에서는 경기규칙에 따른다. 과제연습단계에서 바로 실제 게임 상황으로 이동하기보다는 그 사이에 중간단계인 유사 게임을 실시하면 효과적이다. 더 나아가 지도사는 유사 게임과 실제 게임 시 지도사가 원하는 방향으로 학습자의 운동수행을 안내하는 '촉발단서(단서어, 문구)'를 사용하는 것이 좋다.

를 통합시킬 수 있으며, 자동화를 목적으로 할 때 유용하다. 지도사의 임무는 학습자에게 할당된 과제를 지속적으로 수행하게 하며, 필요한 피드백을 제공해주기 위해 '적극적 감독'을 하는 것이다. 이때 일정 수준의 기능을 발휘하기 위해 필요한 연습 기회를 반복적으로 제공하고, 높은 성공률을 보일 때까지 과제를 반복적으로 연습하도록 한다.

3) 과제연습의 주시

주시활동이란 학습자의 학습 성취가 기준을 달성한 정도를 관찰하고 평가하는 공식적이고 비공식적인 방법을 말한다. 지도의 장면에서 이용되는 비형식적인 형태의 주시방법은 '적극적 감독'이며, 공식적 형태의 주시방법은 과제 체크리스트, 체력측정기록장치, 경기기록 등이다.

나. 연습 중 지도사의 행동

학습자의 연습활동을 운동 과제에 적극적으로 참여하는 시간으로 만들기 위해서는 비기여 행동을 없애고, 간접기여 행동을 필요로 하는 활동을 최소 시간으로 운영하며, 직접기여 행동을 높여야 한다. 학습활동 중 지도사의 행동은 여러 체육교수 이론 서적에서 공통적으로 다루어진다. 여기에서는 국내에 소개된 책들(강신복과 손천택 공역, 2008; 강신복·손천택·곽은창 공역, 1995; 손천택, 2010)에서 일반적으로 다루고 있는 내용을 중심으로 살펴본다.

1) 비기여 행동

비기여 행동은 수업내용에 기여할 가능성이 전혀 없는 행동이다. 소방 연습, 전달 방송, 학부모 등의 외부 손님과의 대화 등은 모두 실제 학습상황에서 일어날 수 있는 사건들이지만 수업에는 도움이 되지 않는다. 이러한 비기여 행동은 학습지도에 부정적인 효과를 가져온다. 따라서 지도사는 가능한 한 비기여 행동이 일어나지 않도록 해야 하며, 불가피한 경우 방해를 최소화해야 한다.

2) 간접기여 행동

간접기여 행동은 학습과 관련은 있지만 수업내용 자체에 직접 기여하지는 않는 행동이다. 스포츠 지도 상황에서 예측되는 이러한 지도사의 행동을 살펴보면 다음과 같다.

첫째, 부상당한 학습자의 처리 행동이다. 부상당한 학습자를 보살펴야 하는 책임은 지도사에게 있다. 다른 학습자에게 주는 방해를 최소화하는 방법으로 수행하며, 어떤 경우에도 부상당한 학습자가 방치되어서는 안 된다.

둘째, 과제 외 문제의 토론에 참여하는 경우이다. 지도사와 학습자 간에 이루어지는 다양한 주제에 관한 대화는 관계 형성에 도움을 준다. 학습자와 개인적인 대화를 피하는 것은 매정하고 무관심한 지도사로 오해될 수 있으므로 무시하거나 거절하지 말아야 한다. 그러나 과제의 문제에 관한 대화나 토론은 공식적인 수업이 시작되기 전·후에 이루어져야 한다. 과제 외 문제는 친절하고 신속하게 처리하고, 필요할 경우 수업이 종료된 후 토론해야 한다.

셋째, 용변과 물 마시는 문제 처리와 관련된 행동이다. 지도사의 허락 없이 화장실을 다녀오거나 물을 마시게 하지 않는 것이 가장 바람직하다. 지도사는 당연히 학습자가 학습장을 언제 떠났는지 알고 있어야 한다. 물론 이러한 문제를 처리하는 것은 수업에 필수적인 문제이지만, 학습에 도움이 되는 것은 아니다. 지도사는 이를 신속하게 처리해야 한다.

넷째, 학습 활동에의 참여와 경기 운영과 관련된 행동이다. 지도사가 학습자의 연습활동에 직접 참여하거나 경기 심판을 보는 경우가 있는데, 이러한 활동은 학습에 직접적으로 영향을 미치는 교수 행동이라 볼 수 없다. 동작이나 전략의 시범 혹은 동기 유발 목적으로의 참여는 가능하지만, 그 동안 나머지 학습자들은 지도사의 지도에서 외면당하고 있다는 것을 기억해야 한다.

3) 직접기여 행동

지도사의 직접기여 행동은 크게 지도행동과 운영행동으로 구분된다. 먼저, 지도행동은 운동과제를 직접 가르치는 교수행동이다. 지도행동은 과제의 수행방법 설명, 학습자의 과제수행 관찰, 학습자의 과제수행 도움, 운동과제의 수정 및 발전 등과 관련된 행동이다. 다음으로, 운영행동은 운동과제를 가르치는 데 도움이 되도록 학습 환경을 조성하는 교수행동이다. 운동과제를 수행할 수 있도록 교구, 학습자, 공간을 정리하거나, 학습자에게 교구를 사용하여 팀을 구성하도록 지시하거나, 학습자의 부적절한 행동을 제지하는 등의 행동이다. 이러한 교수행동들은 모두 학습자의 학습에 직접적으로 기여하는 행동이다. 성공적인 지도를 위한 구체적인 직접기여 행동을 살펴보면 다음과 같다.

① **안전한 학습 환경의 유지**

안전한 학습 환경은 항상 수업 전에 갖추어야 한다. 지도사는 안전한 학습 환경에서 학습할 수 있게 용구, 학습 공간을 정리하고 학습자들을 주의시킨다. 특히 학습 활동 중에는 안전문제에 항상 주의를 기울여야 한다.

② **과제의 명료화와 강화**

주어진 과제에 대해 지도사가 의도한 방향으로 학습자가 반응하지 않을 때, 또는 학습자의 과제 참여를 강화하기 위해 과제를 수정하여 설명할 필요가 있다.

③ **생산적인 학습 환경 유지**

생산적인 학습 환경을 유지하기 위해서는 목표 성취를 위한 시간 제공, 신호에 따른 과제 수행, 학습활동의 조직화 및 구조화 등의 전략이 필요하다.

④ 피드백의 제공

지도사의 피드백은 학습자의 성공적인 학습에 필수적인 교수행동이다. 다양한 피드백의 종류는 다음의 〈표 5-16〉과 같다.

표 5-16. 피드백의 종류

구분	피드백의 종류
피드백 제공자(정보의 출처)	• 내재적 과제: 본인 스스로 운동기능을 시도한 결과를 관찰하여 얻는 피드백 • 외재적 과제(보강적 피드백): 다른 사람이나 대리자에 의해 운동수행 정보가 제공됨
피드백 일치도	• 피드백이 연습과제의 핵심 요소와 얼마나 일치하는가에 대한 정도
피드백 내용 (피드백의 핵심정보와의 관련성)	• 일반적 피드백: 운동기능 자체와 관련 없음 • 구체적 피드백: 운동기능 정보와 관련이 있음
피드백 정확성	• 정확한 피드백: 운동수행 정보가 운동기능에 대해 정확히 설명 • 부정확한 피드백: 운동수행 정보가 운동기능에 대해 부정확하게 설명
피드백 시기 (피드백 정보가 전달되는 시점)	• 즉각적인 피드백: 수행 직후 제공되는 피드백 • 지연된 피드백: 수행 후 시간이 지난 후에 제공되는 피드백
피드백 양식 (보강 피드백이 제공되는 방식)	• 언어 피드백 • 비언어 피드백 • 언어와 비언어 형태가 결합한 피드백
피드백 평가 (운동수행 결과에 대한 만족/불만족 표시)	• 긍정적 피드백: 운동수행 결과에 대해 만족 • 부정적 피드백: 운동수행 결과에 대해 불만족 • 중립적 피드백: 만족과 불만족 표시가 불분명
교정적 특성 (실수 교정에 관한 정보와의 관련성)	• 비교정적 피드백: 교정적 정보는 제공하지 않고 잘못된 부분의 정보만 제공 • 교정적 피드백: 다음 수행 개선과 관련된 방법들을 함께 제공
피드백의 방향성 (피드백의 대상)	• 개별적 피드백: 학습자 한 명 한 명에게 • 집단 피드백: 수업에서 구분한 집단에게 • 전체 수업 피드백: 수업에 참여하는 모든 학습자에게

연구들에 따르면 효과적인 피드백 전략은 다음과 같다. 첫째, 피드백은 많을수록 좋다. 둘째, 일반적 피드백보다 구체적 피드백, 지연된 피드백보다 즉각적 피드백, 부정적 피드백보다 교정적 피드백이 효과적이다. 셋째, 언어적 피드백이나 비언어적 피드백 중 하나만 제시하는 것보다 두 가지를 결합한 피드백이 보다 효과적이다. 넷째, 초보 학습자에게는 동기유발과 그들의 노력을 인정할 수 있는 피드백도 필요하다. 다섯째, 학습 초기에 시범을 보인 것이나

많은 학습자들이 수행의 문제로 관찰되는 것은 전체 학습자를 대상으로 피드백을 제공하는 것이 좋다. 여섯째, 피드백의 내용, 과제의 초점 그리고 학습단서 간의 관계가 일치하는 것이 좋다. 이를 '일치 피드백'이라 하는데, 일치 피드백은 학습자들의 학습 초점과 직접 관계가 있는 운동수행이나 결과에 대한 정보 제공을 말한다.

⑤ 개인과 소집단을 위한 과제의 변화 및 수정

학습자가 자신의 능력 이상을 필요로 하는 과제를 학습할 때나 과제가 너무 쉬울 때는 도전 의식을 느끼지 못하므로 과제의 수행조건을 변화시켜야 한다(예: 공을 다루는 데 어려움이 있는 학습자들을 서로 가까이 이동하게 하거나, 공을 강하게 치지 않고 가볍게 치는 학습자를 뒤로 이동시킨다). 또한 경쟁적 상황(예: 게임 활동)을 경험하게 하기 위해 과제를 수정할 수 있다.

⑥ 학습자 반응의 관찰과 분석

학습자의 수행 모습을 관찰하는 것은 중요한 교수 기능 중 하나이다. 지도사는 학습자들에게 부여된 과제를 제대로 수행하고 있는지 관찰해야 한다. 이렇게 관찰된 내용은 안전을 유지하고 학습자에게 제공해야 할 피드백이나 과제 수정의 토대가 된다.

관찰할 때는 무엇을 관찰할 것인가를 구체적으로 알고 있을 때 효과적이며, 관찰의 위치가 중요하다. 좋은 관찰 위치란 모든 학습자를 관찰할 수 있는 위치이다. 또한 학습자 운동수행의 여러 측면을 관찰하기 위한 새로운 관찰 위치로 이동할 필요가 있으며, 관찰 위치가 학습자의 운동수행에 직접적인 영향을 미친다는 것을 기억해야 한다. 이와 함께 대집단 관찰❻은 계획에 따라 관찰될 때 보다 효과적이다.

다. 학습자 상호작용

지도사와 학습자의 상호작용 기능은 교육적 기능을 긍정적으로 달성하는 데 중요하다. 상호작용 기능은 지도사에 의한 의사전달뿐만 아니라 학습자의 의사를 수용하는 것과도 관련된다. 여러 연구들을 통해 학습자 상호작용의 다양한 전략들이 소개되고 있지만, 체육교수 상황에서 일반적으로 활용되는 학습자 상호작용 기법은 Siedentop의 저서에 잘 정리되어 있다(강신복과 손천택 공역, 2008). 이를 중심으로 살펴보면 다음과 같다.

> **대집단 관찰을 위한 계획**
> - 한 가지 측면에서 전체 학습자를 훑어보는 방법
> - 수준이 다른 학습자를 선택적으로 관찰하는 방법
> - 한 번에 몇 명의 학습자를 관찰하고, 이어서 다른 학습자를 선택하여 관찰하는 방법

1) 의사소통으로서의 상호작용

학습자와 의사소통할 때는 의사의 전달과 의사의 수용이라는 두 가지 측면을 모두 고려해야 한다. 연구를 통해 확인된 효과적인 의사전달과 의사수용 기능을 제시하면 다음과 같다.

먼저, 의사전달의 효과적인 수행을 위해 전략을 살펴보면 다음과 같다. 첫째, 말하는 사람의 주체를 분명히 하라. 둘째, 판단하려 하지 말고 기술하라. 셋째, 학습자의 입장 혹은 관점을 이해하라. 넷째, 타인의 감정에 민감하라. 다섯째, 언어적 단서뿐만 아니라 비언어적 단서에 유의하라. 이 5가지 전략에 유의하여 학습자에게 자신의 견해를 전달해야 한다.

다음으로는 의사수용의 효과적인 전략이다. 첫째, 전해들은 이야기를 정확하게 이해하기 위해 노력해야 한다. 학습자의 이야기를 의역해보는 것이 추천된다. 둘째, 주의집중 기술을 이용하는 것이 효과적이다. 셋째, 화자의 비언어적 단서에 유의하라. 넷째, 현재 자신이 경험하고 있는 감정이 메시지에 영향을 미친다는 것을 고려해야 한다. 지도사는 학습자의 이야기에 관심을 가지는 한편 이러한 전략을 활용해 그들의 이야기를 진심으로 들어주어야 한다.

이와 함께 의사소통의 장애요인으로는 명령이나 지시, 협박, 설교나 훈계, 시기상조의 충고나 해결책의 제시, 판단, 비판, 비난, 낙인, 심문이나 추궁, 화제의 전환 등이 있다. 또한, 지도사는 학습자와의 바람직한 의사소통을 위해 감정이입, 존중, 진실성, 따스함을 유지해야 한다.

2) 상호작용 기능 수행의 유의점

학습자와 상호작용할 때는 다음의 측면에 유의할 필요가 있다.

① 일관성 있는 상호작용

일관성 있는 행동을 보여주기 위해서는 두 가지 사실을 염두에 둘 필요가 있다. 첫째, 학습자에 대해 인정할 행동, 무시할 행동, 제지할 행동을 충분히 생각한 후에 결정한다. 둘째, 지도사가 학습자를 동등하게 대하느냐의 문제로서, 똑같은 행동범주에 속하는 행동을 했을 때 특별한 이유가 없는 한 모두에게 같은 대우를 해야 한다.

착한 지도사와 따뜻하면서도 잘 가르치는 지도사

유치원과 중학교 체육교사의 교수행동을 관찰한 결과, 체육교사들이 제공하는 피드백 중 약 85%가 부정적이거나 교정적인 피드백이었으며, 행동적 상호작용 역시 부정적이거나 교정적 상호작용이 전체의 약 95%를 차지했다(Quarterman, 1977). 거의 30년 전 그것도 외국에서 수행된 연구일지라도 스포츠를 지도하는 지도사들에게 시사하는 바가 크다. 한편, Cohen(1970)이 실시한 연구결과에 따르면, 학생들은 학습내용에 가장 큰 관심을 가지고 있는 반면, 교사들은 학생들 간의 좋은 인간관계에 가장 큰 관심을 두는 경향이 있다. 자신의 인간성을 통해 학생들에게 인기를 얻으려는 교사와 '마음 좋은 선생님'이란 호칭이 성공적인 교수라고 생각하는 교사들은 교수기능을 충실히 이해하지 못한다. 연구들에서 보듯이 체육교사는 차가운 이미지를 갖고 있다. 그렇다고 착한 지도사가 되는 것이 목표는 아니다. 왜냐하면 착한 지도사와 따뜻하면서도 잘 가르치는 지도사는 별개이기 때문이다.

② 중요한 학습자 행동에 관한 직접적 상호작용

중요한 학습자 행동을 결정할 때 지도사는 가르치는 사람의 관점에서만 결정하려는 경향이 있다. 예를 들어, 지시를 잘 따르는 것, 과제를 열심히 수행하는 것, 난이도 있는 과제를 완수하는 것 등을 중요한 학습자 행동으로 간주한다. 그러나 다른 측면에서 학습자의 입장도 검토할 필요가 있다. 일반적으로 처음에는 학습자의 관점으로부터 출발하여 점차 서로의 인간적 관계를 발전시켜 지도사가 교육적 환경에서 중요하다고 생각하는 것을 학습자가 이해할 수 있도록 만드는 것이 추천된다.

③ 과제와 상호작용의 일치

상호작용은 과제와 밀접한 관련성을 가지고 이뤄져야 한다. 상호작용 시 구체적 피드백을 포함할 필요가 있는데, 예를 들어, 학습자가 물구나무서기를 할 때 "너는 머리와 양팔의 위치가 좋고 다리도 곧게 뻗어 있어서 제대로 된 물구나무서기를 하고 있다."와 같이 구체적인 내용을 포함해 상호작용을 하게 되면, 학습자는 스스로 관심을 받는다고 느끼게 된다.

④ 수업 외 문제에 관한 학습자와의 상호작용

학습자는 지도사가 교육적으로나 개인적으로 자신에게 관심을 쏟고 있다는 것을 느낄 때 보다 발전된 인간관계를 하려고 한다. 특히 지도사가 수업 외적인 문제에 관해 학습자와 상호작용할 때 이러한 느낌이 더욱 높아진다. 그러나 이러한 개인적 상호작용은 수업시간 이외의 상황에 이루어져야 한다는 것을 기억해야 한다.

⑤ 학습지도와 인간관계의 개선을 위한 열정의 유지

대부분의 메시지는 지도사의 열정을 통해 전달된다. 학습자는 다음과 같은 지도사의 열정을 통해 지도사에 대한 신뢰를 보이게 된다. 첫째, 교과내용에 관한 열정, 둘째, 학습자의 운동기능을 발전시키려는 열정, 셋째, 학습자의 능력이나 선호 여부와 상관없이 학습자 모두에 대한 열정 등이다. 이러한 지도사의 열정은 학습자에 대한 긍정적인 기대를 갖되 그들과의 상호작용 과정에서 그러한 기대가 전해질 때 그 효과가 극대화된다.

⑥ 학습자의 감정과 정서에 기초한 지도사

학습자가 자신의 감정을 자유롭게 표현하고 지도사가 자신의 감정에 관심을 가져줄 때 지도사와 학습자 간의 진정한 상호작용이 일어날 수 있다. 따라서 지도사는 학습자가 자신의 감정을 표현하도록 격려해야 한다. 한편 때때로 지도사는 학습자의 부정적 감정 표현을 무시해야 할 때가 있는데, 필요 이상의 행동을 하는 학습자에게 꾸지람보다는 무시하는 것이 좋다고 판단될 때 그렇게 하는 것이 좋다.

5. IT의 효과적 활용

지식 기반 정보사회로의 변화와 다양한 매체의 발달은 지속적인 멀티미디어의 개발과 투자를 유도하였다. 더불어 교육용 멀티미디어의 발전을 가속화하여 교수·학습체계의 변화를 꾀하였고, 궁극적으로는 교수·학습 체제의 효율성을 높이는 데 많은 영향을 미치고 있다. 특히 활발한 신체의 움직임을 교육하는 스포츠 지도 상황에서는 정확하고 빠른 운동수행 정보를 제공해야 하기 때문에 다른 정적인 활동에서보다 멀티미디어 매체의 활용이 점점 더 중요해지고 있다. IT 매체는 이제 선택이 아니라 필수가 되고 있다.

가. IT 매체 활용의 효과

운동기능 연습에서 가장 어려운 점은 자신의 동작을 자신이 볼 수 없다는 것이다. 학습자 스스로 무엇을 교정해야 하는지 확인하기 어렵다는 것이다. 지도사 역시 학습자의 수준을 말이나 행동으로밖에 설명할 수 없어 지도의 어려움을 갖는다.

스포츠 지도 상황에서 활용 가능한 IT 매체로는 디지털카메라나 캠코더, 그리고 이 둘의 기능을 모두 갖고 있는 스마트폰 등이 있다. IT 매체는 실시간으로 운동수행 장면을 저장하고 재생할 수 있다. 뿐만 아니라 웹을 활용할 경우, 장소와 시간에 상관없이 수시로 확인할 수 있다는 강점이 있다. 교육 상황에서의 효과는 다음의 3가지 측면에서 살펴볼 수 있다.

1) 피드백 효과

첫째, 피드백의 양이 증가한다. 전통적인 지도 상황에서 피드백은 지도사에 의해 제공되지만, IT 장비를 활용할 경우 학습자 스스로, 동료 간, 그리고 웹상에서 피드백을 제공받는다. 둘째, 피드백의 정확성이 증가한다. 피드백의 제공 방식은 말과 행동 시범이 대부분이었다. IT 장비는 시각화된 정보를 제공해주며, 연속된 동작을 멈춰서 자세히 그리고 정확히 확인할 수 있다. 셋째, 즉시적인 피드백이 증가한다. IT 매체는 학습자의 수행 동작을 수행 직후 확인할 수 있게 해준다. 즉각적 피드백은 지연된 피드백에 비해 그 효과가 높다고 알려져 있다.

2) 학습자의 동기유발 효과

자신의 동작을 스스로 평가하는 과정은 수행의 자기 통제성을 높여준다. 또한 지도사가 없는 상황에서도 학습이 일어나기 때문에 학습 통제성도 높다. 무엇보다 전통적인 방식에 비해 호기심 같은 흥미를 이끌어낼 수 있다. 이를 통해 운동수행의 내적 동기가 강화된다.

3) 의사소통 효과

IT 매체에 저장된 정보는 지도사와 학습자 또는 학습자 간의 쌍방향 의사소통을 증진시킨다. 지도사는 학습자의 수행 동작을 가지고 소통할 수 있으며, 이때 학습자는 정확한 동작 이미지를 바탕으로 지도사에게 질문이나 자신의 의견을 피력할 수 있다. 또한 파트너가 수행하는 학습자를 촬영하여 서로 정보를 주고받을 수 있다. IT 매체를 통해 지도사와 학습자 그리고 학습자 간 학습내용을 중심으로 소통할 수 있는 가능성이 높아졌다.

나. IT 매체 활용 사례

운동이나 스포츠 활동에서 IT 매체의 효과는 크다. 그러나 스포츠 지도가 일어나는 공간이 운동장이나 체육관이라는 점에서 IT 매체의 활용은 제한적이다. 또한 IT 매체는 지식교육에서나 필요한 것이라고 치부해버리는 편견 역시 IT 매체 활용을 제약하는데, 예를 들어 학교 교실은 21세기 첨단 IT 매체가 설치되었지만, 운동장은 여전히 20세기의 모습 그대로다. 이러한 상황에서 스포츠 지도사가 IT 매체를 활용하는 것은 쉽지 않다. 여기서는 현재 제한적으로 이용되고 있는 활용 사례를 아이디어 수준에서 간단히 제시한다. 그러나 실제 활용은 상황 여건에 따라 풍성해질 수 있다. 따라서 IT 매체가 스포츠 지도 상황에서 유용하다는 점을 인식하며, 다양한 매체들의 활용 방안을 강구하여 실제 지도에 이용해보자.

- 디지털캠코더를 이용한 사례
  - 디지털캠코더를 이용해 높이뛰기의 연속된 수행 동작을 기록한다.
  - 기록된 자료를 노트북에 연결하여 파일로 저장한다.
  - 학습자는 자신의 수행 동작을 확인하여 피드백을 받는다.
- 디지털카메라를 이용한 사례
  - 단거리달리기 출발 자세를 디지털캠코더로 촬영한다.
  - 저장된 노트북에서 학습자는 자신의 동작과 이상적인 동작을 비교하며 피드백을 받는다.
- 스마트폰을 이용한 사례
  - 준비운동 시 스마트폰의 음악을 이용하는 경우(음악과 함께하는 준비운동): 수업 중 학습자가 가장 선호하지 않는 것은 준비운동이다. 전통적인 준비운동은 집합 후 운동장 돌기, 스트레칭, 보강운동 등으로 구성된다. 준비운동 시간에 들리는 소리는 반복되는 구령이다. 구령 대신 음악을 활용하면 보다 즐겁고 흥겨운 준비운동 상황이 연출된다. 달릴 때는 빠른 음악을, 스트레칭에서는 느린 음악을 활용하는 것이 좋다.
  - 연습 활동에서 스마트폰에 저장된 해당 종목 선수들의 동작이나 동영상을 이용하는 경우
  - 경기 상황을 녹화하여 팀별로 작전회의 자료로 이용하는 경우

- 무용수업에서 집단 창작물을 촬영하고 안무회의 자료로 이용하는 경우
- 촬영된 경기 장면이나 무용 발표 자료를 반의 모든 학습자가 함께 보며 축제로 이용하는 경우
• 웹을 이용한 사례
- 촬영된 동작이나 동영상 자료를 인터넷 카페에 올려 이용하는 경우
- 촬영 자료를 학부모의 메일로 전송하는 경우

6. 효과적인 관리운영

스포츠 지도를 할 때 지도사들은 다음과 같은 가정에 주의해야 한다. 첫째, 학습자는 신속하게 수업을 준비할 것이다. 둘째, 학습자는 계획된 수업에 자발적으로 참여할 것이다. 셋째, 학습자는 지도사의 요구에 따라 학습활동을 신속히 조직하고 수정할 것이다. 그러나 실제로는 그렇지 않다. 특히 나이가 어릴수록 그 정도는 더 심할 것이다.

스포츠 지도의 장면은 크게 지도 장면과 관리 장면으로 구분된다. 지도 장면에서 지도사가 하는 교수 행동은 준비운동, 과제 제시와 연습 활동, 피드백 제공, 평가 등과 같이 지도의 목적과 관련된다. 관리 장면에서 나타나는 교수 행동은 집합, 출석 확인, 줄 세우기, 대기, 과제에 참여하지 않는 등의 문제 행동을 보이는 학습자의 처리, 물을 먹거나 화장실에 가는 것 등과 같은 상규적인 학습자 활동에 대한 처리 등이다. 이러한 관리 행동은 지도의 목적과 직접적으로 관련되지 않지만 수업에서 언제나 일어난다. 즉, 최대한 빠른 시간에 처리될 때 정해진 수업시간에 더 많은 시간을 지도 활동으로 보낼 수 있다. 따라서 효과적인 지도를 위해 효과적인 관리 전략이 필요하다.

체육교수 이론 서적들은 체육수업의 효과적인 관리를 상규적 활동, 예방적 수업 운영, 수업 흐름의 관리, 학습자 관리 기술로 구분한다(강신복과 손천택 공역, 2008; 손천택, 2010). 서적들에서 다루어지고 있는 일반적인 관리 전략을 중심으로 스포츠 지도의 효과적 관리운영 전략을 살펴보면 다음과 같다.

가. 상규적 활동

상규적 활동은 한 타임의 스포츠 지도시간에 반복적으로 일어나는 활동이다. 예를 들어, 수업 시작, 출석점검, 화장실에 가거나 물을 마시는 행동 등이 있다. 또한 경기를 시작하는 행동도 이러한 행동에 포함할 수 있다. 이러한 활동의 특성은 매번 빈번하게 일어나고 그 상황도 유사하다는 점이다. 그렇기 때문에 기대되는 행동을 매번 새롭게 가르칠 필요가 없으며, 상규적 활동이 일어나는 사건을 루틴으로 확립하여 학습자에게 적용하면 학습 과제 시간을 증가시키는 데 도움이 된다.

나. 예방적 수업 운영

수업 운영 시간은 학습 지도 시 좀 더 구체적으로 운동수행이 이루어지지 않는 시간이다. 수업 운영 행동이 다음 정보 전달이나 활동 시작 전까지의 시간을 수업 운영 장면의 길이라고 한다. 이러한 수업 운영 시간은 수업 상황에서 중요하지만 쉽게 놓치기 쉽다. 이를 위해 지도사는 수업 운영 시간을 감소시키기 위한 계획적인 노력이 필요하다.

예방적 수업 운영 전략은 예측되는 문제 상황을 사전에 예측하고 규칙을 개발하여 수업 운영 시간을 최대한 줄이기 위한 노력이다. 특히 사전에 공시되기 때문에 지도사와 학습자 간의 불필요한 감정 소모를 줄이고, 긍정적 관리 행동을 일으킨다는 강점이 있다.

수업 운영의 효율성을 높이기 위해서는 다음과 같은 관리 기술이 필요하다.

- **최초 활동의 통제**: 수업에서 최초로 하는 활동을 명시적으로 제시하고 통제한다.
- **수업시간의 엄수**: 수업이나 각 활동의 시작과 종료 시간을 정확히 지킨다. 지도사가 시간을 엄수하는 모범을 보여줌으로써 학습자에게 책임감과 의무감을 심어줄 수 있다.
- **출석점검 시간의 절약**: 출석점검 시간을 절약할 수 있는 다양한 방법을 활용한다. 예를 들어, 학습자 스스로 자동적으로 출석 체크할 수 있는 방안을 강구한다.
- **주의집중에 필요한 신호의 교수**: 주의집중 신호를 명시화하고 반복적으로 연습한다.
- **높은 비율의 피드백과 긍정적인 상호작용의 활용**: 운영 시간을 줄이는 데 공헌한 학습자를 칭찬한다.
- **수업 운영 시간의 기록 게시**: 수업 운영 장면 중 특히 개선이 필요한 장면을 측정하고 게시한다. 예를 들어, 각 지도반의 대기 시간을 게시하여 다른 반과의 차이를 비교해보고, 경쟁심을 고취시킨다.
- **열정, 격려, 주의환기의 활용**: 지도사는 열정, 격려, 수업시간에 요구되는 올바른 행동 방법을 상기시켜줄 수 있는 피드백을 제공한다.
- **즉각적인 성과를 위한 수업운영 게임의 이용**: 필요하다면 수업 운영 시간 줄이기 등의 게임을

즉각적 활동(instant play)으로 수업 시작하기

"시작이 좋으면 끝도 좋다."는 말처럼 수업의 최초 활동을 어떻게 시작하는가는 수업 전반에 영향을 미친다. 또한 수업의 최초 활동을 통제하는 것은 수업 운영 시간을 관리하는 데도 긍정적인 영향을 미친다. 즉각적 활동은 일찍 학습자에게 신체활동에 참여하게 함으로써 자연스럽게 운동으로 수업을 시작하도록 한다.

- 특별한 시설이나 기구가 필요하지 않은 신체활동
- 5분 내에 마칠 수 있고, 지도사의 도움 없이 누구나 쉽게 할 수 있는 신체활동
- 대근육 신체활동이나 빠르게 움직일 수 있는 신체활동
- 학습자의 서로 다른 능력 수준에 적합한 신체활동
- 예: 공 던지고 받기, 변형된 태그 게임, 간단한 미니게임 등

통해 운영 행동 동기를 높일 수 있다.

다. 수업 흐름의 관리

수업 운영 행동은 학습자의 학습 시간이나 학습 기회를 높이는 데 있다. 즉, 부수적인 목적일 뿐 이것 자체가 목적은 아니다. 특히 부적절하거나 지나친 지도사의 운영 행동은 학습자의 수업 흐름을 방해하는 경우가 많다. 이를 위해 다음과 같은 교수 기술이 필요하다.

- 동시 처리: 최초 수업 활동의 여세를 유지하면서 수업에 방해되는 일들을 동시에 처리할 수 있는 능력이 필요하다. 예를 들어, 한 학습자에게 피드백을 주면서 눈짓 등의 비언어적 행동을 통해 문제를 일으키는 학습자를 처리한다.
- 학습 활동의 침해: 지도사의 지나친 개입이나 부적절한 시기에 임의로 학습자의 학습활동을 중단시키지 않도록 한다.
- 탈선: 지도사의 계획된 목표에서 탈선하지 않기 위해 노력해야 한다.
- 중도 포기, 전환-회귀: 학습자의 문제 행동을 지적하다가 갑작스럽게 다른 교수 행동으로 전환하지 않도록 한다.
- 과잉설명: 위험 행동이나 떠드는 행동을 하지 않도록 하는 게 목적이었다면 그 행동에 대한 지나친 훈육은 필요하지만 목표에는 부적절하다.
- 세분화: 집단을 세분화하는 것은 학습자의 책임감을 높이기 때문에 적용될 수 있다. 그러나 이때 대기 시간이 늘어날 수 있다는 점 역시 고려해야 한다.

수업 운영 기술을 향상시키기 위해서는 자신의 수업 운영 기술을 관찰하고 평가하는 것이 필요하다.

라. 학습자 관리 기술

학습자 관리의 핵심 특성은 적절한 행동을 많이 하게 하는 것이다. 적절한 행동은 교육 목표와 일치하는 학습자 행동[a] 정도로 정의된다. 일반적으로 수업에서 적절한 행동을 하는 학습자는 그렇지 않은 학습자에 비해 학습량이 많다. 물론 높은 학습량이 학습의 성공을 보장해주는 것은 아니지만, 성공의 가능성을 높여주는 것은 확실하다. 따라서 학습자 관리 기술은 수업의 목표를 달성하기 위한 필수적인 교수 기술이며, 적절한 행동과 부적절한 행동[b]에 대한 결정은 지도사가 한다.

관리는 군대식의 엄격한 분위기 속에서 이루어지는 대열 유지 같은 것은 아니다. 규칙에 따라 행동하도록 연습시키는 것(가치 중심)이 학습자 관리의 목표이다. 물론 벌도 유용하고 생산적인 행동으로 전환시키는 행동 관리에 필요한 기술이다. 그러나 행동 수정을 목적으로 벌을 가하는 것은 부적절하다(몰가치). 학습자 관리를 위해 벌을 줄 때는 감정의 개입 없이 중립적으로 주의 깊게 사용해야 하며 과시적이면 안 된다.

1) 학습자 행동수정의 기본 전략

지도사는 부적절한 학습자의 행동을 빠르게 수정시킬 수 있는 교수 기술이 필요하다. 그러나 학습자가 부적절한 행동을 할 때는 반드시 이유가 있을 것이라는 점 역시 유념해야 한다. 학습자 행동수정의 기본 원리는 다음과 같다.

- 구체적으로 진술하라: 지도사와 학습자가 수정하려는 행동이 무엇인지 이해할 수 있도록 한다.
- 행동수정의 수반성을 신중하게 처리하라: 행동을 수정했을 경우 어떤 긍정적 혹은 부정적 일들이 일어날 것인가와 같은 행동에 대한 결과를 명시해준다.
- 조금씩 변화시켜라: 비록 작지만 중요한 문제부터 변화시키려고 노력해야 한다. 지도사는 관찰을 통해 그 결과를 확인할 필요가 있다.
- 단계적 변화를 추구하라: 작고 지속적인 향상에 만족해야 한다.
- 일관성을 유지하라: "이렇게 행동하면 이렇게 된다(X=Y)."라는 식으로 학습자가 인식하도록 한다.
- 현재 수준에서 출발하라: 시급한 문제부터 시작해 점차적으로 그 폭을 넓혀간다.

학습자 행동의 유형[Williams & Anandam(1973)의 4가지 학습자 행동 유형]
- 과제 관련 행동: 수업내용과 활동에 참여하는 학습자의 모든 행동
- 적절한 사회적 상호작용: 학습 활동을 저해하지 않는 학습자와 교사 간 상호작용
- 과제에 무관심한 행동: 참여하지 않지만 다른 학습자를 방해하지 않음
- 방해 행동: 학습 활동을 방해하는 행동

적절한 행동과 부적절한 행동[Huber(1973)의 행동 특성 유형]

〈적절한 행동〉
- 교사의 설명과 시범에 주의를 기울인다.
- 교사의 지시가 있은 후 2초 이내에 그것에 응답한다.
- 지시된 장소로 이동한다.
- 자기 공간에서 연습한다.
- 지시에 따라 과제를 연습한다.
- 용구를 올바르게 사용한다.
- 다른 사람의 연습을 방해하지 않는다.

〈부적절한 행동〉
- 교사의 시범, 학습 지도를 하는 동안 집중하지 않고 불필요한 행동을 한다.
- 교사의 지시에 따르지 않거나 늦게 따른다.
- 지정된 장소로 이동하지 않는다.
- 배당된 용구를 난폭하게 취급하거나 어지럽힌다.
- 다른 학습자의 활동을 방해한다.

2) 적절한 행동의 향상에 필요한 기술

동기적 측면에서 학습자가 부정적 행동을 했을 경우 즉각적으로 지적하거나 교정을 요구하는 것보다 적절한 행동을 하였을 경우 칭찬과 격려를 했을 때 적절한 행동이 향상된다.

① 수업규칙을 분명히 하라

수업규칙은 효과적인 수업의 운영기초가 된다. 규칙은 학습자가 이해하기 쉽도록 간단하고 명료해야 한다. 규칙을 정하는 지침은 다음과 같다.

- 규칙의 문장은 짧고 직접적이며 긍정문 형태로 진술한다.
- 규칙의 수는 7가지 이하로 정한다.
- 긍정문 형태로 진술한다.
- 지속적인 검토와 기록이 필요하다.
- 학습자가 규칙을 상기할 수 있도록 안내한다.
- 적합한 언어로 기술한다.
- 지도사와 학습자가 함께 정한다.

② 긍정적 상호작용을 통해 적절한 행동을 유도하라

- 지속적인 긍정적 상호작용을 통해 좋은 수업 분위기를 유지해야 한다.

③ 다양한 방법을 사용하라

- 다양한 래퍼토리를 사용하여 학습자에게 적절한 행동을 요구한다.
- 긍정적인 피드백으로 학습자에게 긍정적 상호작용을 발휘하는 가운데 비언어적 상호작용을 함께 사용하면 더욱 큰 효과를 볼 수 있다. 왜냐하면 비언어적 상호작용이 보다 현실적이고 진실하게 느낄 수 있기 때문이다.

④ 부적합한 행동단서를 무시하고 긍정적인 상호작용을 하라

- 긍정적 수업 분위기만이 적절한 행동을 유발하고 부적절한 행동을 감소시킬 수 있다.

3) 부적절한 행동의 감소에 필요한 기술

부적절한 행동은 감소시키기 위해 필요한 기술은 다음과 같다.

① 부적절한 행동은 무시하라

다른 학습자에게 방해되지 않는 빈번한 부적절한 행동은 무시한다. 만약 수시로 반응하고 지속적으로 제재를 가한다면 수업 분위기가 부정적인 방향으로 흐를 수 있다.

② 언어적 제지를 효과적으로 이용하라

필요할 경우 무엇을 잘못하고 있는지 구체적으로 지적해주어야 한다. 또한 단호하게 학습자를 제지함으로써 지도사의 제지가 진심이라는 것을 알려주어야 한다. 비언어적 제지를 동반

할 수 있다. 예를 들어, 잠시 동안 위반자의 눈을 마주치거나 한 발짝 접근하는 방법 등이다. 즉각적으로 제지함으로써 문제 행동의 확산을 막을 수 있으며, 목표 학습자를 정확하게 확인하여 제지하여야 한다.

③ 구체적이고 효과적인 벌의 전략을 사용하라
- 삭제훈련: 부적합한 행동을 하지 않았을 때 보상을 주는 것이다.
- 적극적 연습: 부적절한 행동을 하였을 때 적절한 행동을 일정 횟수로 반복시키는 것이다.
- 퇴장: 위반행동의 벌로 일정한 시간 동안 게임 활동에 참가할 수 없도록 하는 것이다.
- 보상손실: 부적절한 행동을 했을 때 무언가 하나를 잃게 하는 것이다.

4) 행동수정 전략의 공식화

문제 행동으로 인해 수업 상황이 심각해져 특별한 주의가 필요할 때가 있다. 이때는 통제 기능보다 강력한 권위를 부여하는 행동수정 전략이 필요하다.

① 행동공표

행동공표는 개인, 집단 또는 전체의 수반성에 관한 공식적인 발표이다. 공표는 적절한 행동을 했을 때 얻을 수 있는 보상으로 진술되며, 보상의 수준은 바람직한 행동을 유발시킬 수 있을 정도로 충족해야 한다.

② 행동계약

학습자가 부적절한 행동의 정의, 보상의 결정, 수반성 확립 등의 과정에 직접 참여한다. 계약의 공정성을 증빙하기 위해 제3자의 서명으로 계약서가 작성되는 것이 좋으며, 이러한 과정에서 지도사와 학습자 모두 더 높은 책무성을 갖게 된다.

③ 바람직한 행동게임

부적절한 행동을 신속하게 감소시키는 데 자주 사용되며, 한 반을 팀별로 나누고 4~6개의 행동규칙을 정한다. 지도사가 행동규칙을 제대로 준수하고 있는지 점검하여 규칙을 잘 준수하는 팀에게 점수를 부여하고, 누적된 점수에 따라 승리 팀을 결정한다.

④ 대용보상 체계

일명 '토큰제'로서, 학습자가 적절한 행동을 통해 얻은 토큰으로 다양한 보상을 받을 수 있는 제도이다.

7. 안전 및 예방

안전한 학습 환경을 제공해주는 것은 모든 지도사의 중요한 책임이다. 위험이 수반되는 학습일수록 지도사는 안전수칙을 더욱더 강조해야 한다. 모든 스포츠 활동은 상해 위험이 있기에 더욱 요구되는 사항이다. 간혹 위험한 행동을 하는 학습자가 발견되면 즉각 중단시키고 왜 위험한지 구체적인 피드백을 주어야 한다. 지도사가 학습자의 학습에 가장 밀접하게 접근하는 방법은 학습자를 적극적으로 감독하는 일이며, 안전을 극대화하기 위한 전략은 다음과 같다.

① 학습장(체육관이나 운동장 등)에서의 안전규칙 개발 및 공지

다른 장소와는 달리 스포츠 활동을 하는 학습장에서 타인과 함께 운동하는 방법, 시설이나 기구의 적절한 사용법, 잠재적으로 불안전한 영역 또는 상황이 포함된다.

② 규칙 점검

안전규칙을 잊는 경우가 많으므로 학습자에게 안전규칙을 상기시켜준다.

③ 일관성 있는 관리

학습장에서 학습자가 안전하게 행동하면 체계적으로 보상한다. 반면 공지된 규칙을 위반하는 위험한 행동에 대해 벌을 주는 등 행동수정기법을 일관되게 적용한다.

④ 동료 경고 체계

학습자끼리 짝을 짓거나 소집단을 편성하게 되는 경우 지도사는 그 집단의 구성원에게 서로 친구들을 지켜보면서 안전을 위협하는 문제에 "조심해!"라고 외치도록 요청한다.

⑤ 학습자가 활동에 참여하기 시작할 때 감독하기

가장 쉽고 좋은 전략 중 하나는 새로운 연습 과제나 게임이 시작될 때 지도사가 지속적으로 학습자를 감독하는 것이다.

3장 세부지도 목적에 따른 교수기법

 학습목표

- 스포츠 지도의 교수 방향을 이해한다.
- 스포츠 지도를 위한 교수 전략을 이해한다.
- 세부 내용 영역별 지도방법을 알고 실천한다.

1. 스포츠 지도를 위한 교수 방향

학습자들에게 스포츠의 본질과 신체활동의 가치를 높여주기 위해서는 창의인성을 지향하는 교수·학습, 개인차를 고려한 수준별 교수, 자기 주도적 교수·학습 환경 조성 그리고 통합적 교수·학습 운영 방안 등이 요구된다.

가. 창의인성을 지향하는 교수·학습

최근 스포츠 지도의 방향은 스포츠에 참여하는 과정에서 일상적인 것을 새롭게 받아들이고, 신체활동을 통해 가치를 체득하도록 하며, 공동체 속에서 도덕적인 생활을 실천하는 데 관심을 기울이도록 한다. 아울러 스포츠 활동의 참여를 통해 학습자들에게 창의적으로 문제를 해결하고, 인성의 요소를 바르게 이해하며, 생활 속에서 실천할 수 있는 창의적인 교수·학습 환경을 조성해야 한다. 이러한 환경은 학습자들에게 주어진 문제를 탐색하고, 인지하고, 판단하여 적극적인 실천을 할 수 있는 자극제가 될 수 있다.

유정애 외(2012)가 제시한 신체활동에서 창의성과 관련된 핵심 역량 요소와 내용 기준은 창의성의 요소를 바르게 알고 실천하는 데 많은 도움이 될 수 있다. 그들은 스포츠의 본질과 특성을 고려한 창의성 관련 핵심 요소를 크게 4가지로 구성하였다. 즉, 표현적 창의력, 기술적 창의력, 전술적 창의력, 심미적 창의력이 이에 해당된다.

표 5-17. 스포츠의 창의성 핵심 역량 요소와 내용 기준

창의성 핵심 역량 요소	창의성 핵심 역량 내용 기준
표현적 창의력	기존의 내용을 부분적으로 수정하여 동작 등을 새롭게 표현할 수 있는 독창력 예) 줄넘기를 활용하여 혼자 또는 그 이상의 사람들이 동작을 새롭게 구성
기술적 창의력	스포츠에 존재하는 기술의 속성을 활용하여 신체활동에 적용하고 변형하는 것 예) 높이 떠오르는 테니스공을 힘차게 누르면서 스트로크 하는 변형 기술
전술적 창의력	스포츠에 존재하는 기술의 내용을 종합하여 다양하고, 창의적으로 전략과 전술을 활용하는 것 예) 신체활동에 많이 참여할 수 있도록 스포츠의 내용을 새롭게 구성하는 것
심미적 창의력	동작과 움직임을 활용하여 스포츠 활동을 새롭게 창작하거나 재구성하는 것 예) 모둠원들이 조형의 미가 드러나도록 무용을 새롭게 구성하는 일

나. 개인차를 고려한 수준별 교수

개인차를 고려한 수준별 교수는 학습자 개개인의 학습 능력, 적성, 흥미에 대한 개인차를 최대한 고려함으로써 개개인의 잠재력과 교육의 효율성을 극대화한 개별화 교수·학습 형태의 일종이다. 이와 같은 교수·학습에서는 과제 유형과 난이도를 달리한 교수·학습 활동을 조직하고 재구성해야 한다. 그리고 동일 과제에 대한 목표 수준을 달리 적용하여 학습 활동에서 소외되는 학습자들이 없도록 하는 것이 필요하다.

개인차를 고려한 수준별 수업에는 두 가지 접근방법이 있다.

첫째, 동일 목표를 달성하기 위해 과제의 수준을 달리하여 가르친다. 예를 들면 높이뛰기에서 높이가 다른 과제수준에 따라 높이뛰기 동작을 익힐 수 있다.

둘째, 같은 과제를 다양한 목표 수준에 도달하도록 가르친다. 예를 들면 팔굽혀펴기를 하여 근력을 기르는 체력활동을 할 때, 팔굽혀펴기라는 같은 과제에 대하여 5개, 10개, 15개 등의 다른 목표 수준으로 구별하여 과제를 수행할 수 있다.

다음은 이재용 외(2014, 123~124쪽)에서 발췌한 개인차를 고려한 수준별 수업의 내용으로 '스스로 조절할 수 있는 표적으로 보내기'에 관련된 내용이다.

> 학습자들은 수업에서 라켓과 셔틀콕을 하나씩 가지고 있다. 지도자는 학습자 각 개인에게 셔틀콕을 후프 안으로 쳐서 보내라고 하지만, 지도자는 그 후프로부터 학습자가 얼마나 떨어져 있어야 하는지 말해주지 않는다. 학습자들이 그들의 능력에 맞춰 어떻게 거리를 조절하는지 보도록 한다. 낮은 기능의 학습자들은 그들의 후프로부터 더 가까이에 서 있을 것이고, 높은 기능의 학습자들은 그

들의 후프로부터 멀리 서 있을 것이다. 여러 번 성공적으로 쳐서 보내면 더 멀리 물러서는 것이고, 여러 번 쳐서 보내기에 실패하면 후프 가까이 가서 셔틀콕을 쳐서 보낼 것이다. 여기에서는 기능이 좋은 학습자가 그렇지 못한 학습자보다 낮은 성공률을 기꺼이 받아들인다는 것에 주목할 필요가 있다.

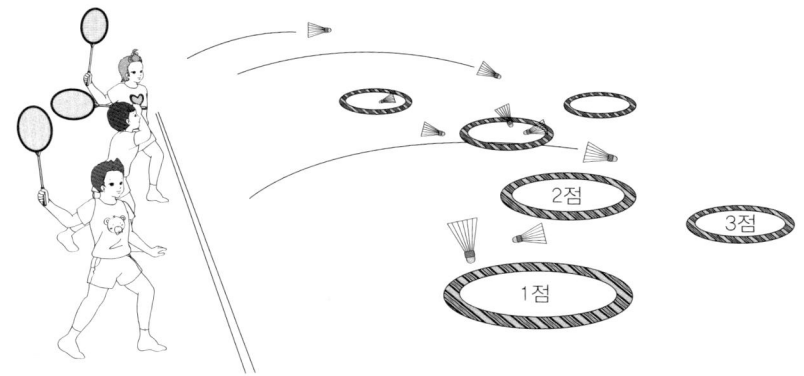

다. 자기 주도적 교수·학습 환경 조성

자기 주도적 교수·학습 환경은 지도자 중심의 학습 내용 전달 방식이 아니라 학습자들이 주도적으로 학습내용을 파악하고 주어진 과제를 스스로 해결하도록 하는 교수·학습 활동을 의미한다. 따라서 학습자들이 활동 속에서 각 내용 영역별 주요 개념들을 스스로 탐색하며 이해할 수 있도록 교수·학습 환경을 조성하는 것이 중요하다. 이처럼 학습자 스스로 과제를 해결하고 반성하는 교수·학습 과정이 자기 주도적 교수·학습의 특징이다. 지도자는 직접적인 시범이나 설명보다는 학습자들이 스스로 도전할 수 있도록 안내하는 역할을 수행해야 한다.

자기 주도적 교수·학습 환경의 개념을 적용하는 것은 스포츠 전 영역에서 가능하다. 예를 들면 건강활동에서 신체 인식을 위한 활동, 도전활동에서 달리기의 원리 이해 및 적용, 경쟁활동에서 게임 변형과 전략회의, 표현활동에서 표현 움직임 만들기·꾸미기, 여가활동에서 전통놀이의 의미 이해 및 탐색활동 등에 적용될 수 있다.

라. 통합적 교수·학습 운영

스포츠에서 학습자들이 신체활동을 총체적으로 이해하고 수행할 수 있도록 교수·학습 활동을 통합하여 운영할 수 있다. 스포츠 활동은 신체활동에 직접 참여하는 것을 기본으로 활동 속에서 관련 가치를 통합적으로 습득할 수 있도록 활동을 구성해야 한다. 축구를 예로 들면, 학습자들이 팀별로 패스 연습을 하고, 축구 관련 서적을 읽으며, 축구에 관한 지식을 얻을 수 있다. 또 경기장에서 축구 경기를 관람하거나 동영상을 보면서 규칙과 방법을 익힐 수도 있다. 그리고 게임이나 경기 상황에서 득점을 잘하기 위해 팀원들과 전략을 토론하는 방법도 활용할 수 있다.

2. 스포츠 지도를 위한 교수 전략

스포츠지도자들은 추구하는 목표, 가르칠 내용의 특성 그리고 학습자들의 특성을 고려하여 교수 전략을 선택하게 된다. 다만, 어떤 교수 전략을 선택하든지 간에 수업목표, 지도자의 교수방법과 선호도, 학습자들의 특성, 교육내용 그리고 맥락 등을 신중히 고려해야 한다. 신체활동에서 학습자들에게 활용할 수 있는 교수 전략으로는 상호작용 교수, 과제 교수, 동료 교수, 유도발견학습 그리고 학습자 설계 교수 등이 있다.

가. 상호작용 교수

상호작용 교수는 체육수업에서 사용되어온 가장 일반적인 접근 방법이다. 이 교수법에서 지도사는 학습자들에게 무엇을 해야 할지 말해주고, 그들이 무엇을 연습해야 할지 보여주며, 그들의 연습을 지도해줌으로써 학습자들의 반응을 이끌어내는 것이 중요하다. 특히, 상호작용 교수는 지도사가 학습자들에게 특정 기술을 가르치거나 그 기술을 특정한 방법으로 올바르게 수행하는 것을 목표로 할 때 효과적이다.

상호작용 교수는 다음과 같은 특성을 지닌다.

첫째, 지도사는 학습자들에게 학습 내용을 명확히 제시해야 한다. 이때, 중요한 단서와 함께 정확하게 시범을 보이는 것이 좋다. 예들 들어, 뜀뛰기 동작에서 착지에 중점을 두고 있는 지도사는 시범을 통해 부드럽고 안정된 착지와 발목, 엉덩이 그리고 무릎이 착지하기 전에 반드시 유연한 상태여야 한다는 점을 강조해야 한다.

둘째, 지도사는 설명과 지시를 분명하게 하고, 동작들의 단서를 자주 반복해야 한다.

셋째, 지도사는 구체적인 피드백을 제공해야 한다. 즉, 지도사는 연습을 할 때, 학습자들이 착지 전에 무릎과 엉덩이와 발목을 잘 구부릴 수 있는 방법에 대해 자세하게 말해주어야 한다.

상호작용 교수는 초임 지도사나 오랫동안 학습자를 가르쳐본 적이 없는 지도사들에게 효과적이다. 일단 지도사가 생산적인 학습 환경을 확립하면, 학습자 수준에서 가르치거나 과제 내 변형이 제공된 수업은 상호작용 교수 내에서 학습자 개인의 필요성을 충족시키기 위해 과제를 바꾸는 데 도움을 준다. 이 방법은 다른 접근법들보다 조직화하는 데 시간이 적게 걸리고, 학습자들을 1주일에 한두 번만 만나는 지도사들에게 효과적이다.

이 내용은 Graham, Holt/Hale와 Parker(2010)의 「Children Moving: A Reflective Approach to Teaching Physical Education」에서 발췌하여 수정·보완하였다.)

나. 과제 교수(스테이션 교수)

과제 교수는 학습자들이 서로 다른 과제들을 동시에 익히도록 하는 데 효과적인 교수·학습 전략이다. 이 접근 방법은 '스테이션 교수' 또는 '자기 확인'이라고도 한다(Mosston & Ashworth, 2000). 과제 교수는 학습자들이 이미 배운 적이 있는 기술을 실행할 때, 스스로를 평가할 때 또는 결과 지향적 작업을 수행할 때 효과적이지만, 새롭거나 복합적인 기술을 소개하는 데는 효과적이지 못하다. 예를 들어 "디스크를 열 번 던져서 숫자판을 맞히고 뒤로 물러나라."와 같은 명확한 목표가 있는 간단한 작업에 효과적이다.

과제 교수는 학습자들이 순서대로 줄을 서서 기다릴 공간이 필요하지 않기 때문에 공간과 장비의 제약을 보충해준다는 점에서 이점이 있다. 즉, 균형 잡기 단원에서 제한된 균형 잡기 보드와 균형 잡기 도구를 가지고 있으면 지도사들은 각각의 장비를 가지고 과제를 설정할 수 있고, 학습자들이 공간을 돌아가며 접하게 할 수 있다. 특히, 과제 교수는 학습자들이 넓은 공간을 활용하여 수업을 하거나 언어적 의사소통이 어려울 때 효과적인 방법이다.

다. 동료 교수

동료 교수는 복합적인 교육의 목적에 대해 간접적인 경험들을 제공하는 데 적합하다. 학습자들은 동료 교수를 통해 다양한 연습 기회와 충분한 피드백 그리고 인지적으로 기술을 분석할 수 있는 기회를 제공받을 수 있다. 그리고 학습자들은 다른 학습자들과 함께 활동하는 방법을 배우게 된다. 이 교수법은 짝이나 작은 모둠으로 팀을 만들어 서로를 가르쳐주는 방법이다. 지도사는 동료 교수의 과정에서 과제를 계획하고 그것에 대해 학습자들과 의견을 나눈다. 학습자들은 피드백을 제공하는 역할에 대해 추측해보고 기술의 시범을 평가한다. 보통 지도사는 먼저 시범을 보이고, 학습자들은 동료 지도사로서 필요한 만큼 그 시범을 반복하도록 한다.

동료 교수법을 효과적으로 이용하기 위한 방안은 다음과 같다.

첫째, 기술은 간단하고, 관찰을 위한 역할은 매우 명확해야 하며, 수행을 쉽게 측정할 수 있어야 한다.

둘째, 역할을 벽 또는 개인적인 역할 카드에 붙여서 동료 지도사가 그것을 기억할 수 있도록 한다.

학습자들은 성공적인 동료 교수를 위해 협동적 그리고 독립적으로 수행할 줄 알아야 한다. 그들은 다른 학습자를 가르치는 일을 진지하게 받아들여야 하고, 수행을 분석하는 것 이외에도 피드백을 제공해야 한다. 그러므로 학습자들은 신호들에 대해 반드시 알아야 하고, 기술이 어떠한지에 대해서도 알아야 한다. 지도사는 기술을 사용하는 학습자에게 피드백을 제공하기보다는 감독자의 역할을 수행하는 학습자가 수행자에 대하여 보고 있는 것이나 말하는 것에 대하여 피드백을 제공해야 한다.

동료 교수는 어떤 내용이든 다룰 수 있다. 무엇보다 기술이 단순하고, 관찰에 대한 명확한 기준이 존재하며 쉽게 측정될 때 적합한 교수 전략이다. 동료 교수는 기본적인 기술에서는 활용이 용이하지만, 역동적이고 전략적인 기술을 사용할 때에는 어려움이 따른다. 학습자들은 지도사가 되는 것을 즐기지만 전략이 성공적이기 위해서는 그들이 기술을 분석하고 피드백—지도사가 학습자들의 과제 발표를 통하여 그들을 도와주는 것—을 제공할 줄 알아야 한다.

라. 유도발견학습

유도발견학습—질문을 통하여 가르친다는 접근법(Siedentop & Tannehill, 2000), 인지적 전략(Rink, 2006) 또는 문제 해결—은 학습자들의 움직임 반응들이 보여주듯이 학습자들의 비판적 사고 기술을 용이하도록 하며(Cleland, 1994), 지도사나 다른 학습자들의 올바른 행위를 모방하기보다 그들 스스로 문제를 해결하도록 고안되었다. 유도발견학습은 학습자들의 흥미와 동기를 높이는 데 기여한다(Chen, 2001). 학습자 중심의 접근법에서 지도사는 발문을 통해 과제를 제공한다.

유도발견학습은 두 가지 형태가 있는데, 하나는 학습자들이 하나의 답을 찾도록 안내하는 수렴적 탐구이고, 다른 하나는 학습자들이 과제에 대하여 다양한 답을 찾도록 요구하는 발산적 탐구가 있다.

1) 수렴적 탐구

수렴적 탐구는 학습자들이 지도사가 묻는 질문들에 비슷한 정답을 발견하도록 안내한다. 그리고 지도사는 학습자들에게 하나 이상의 정답이 나오도록 안내한다.

Mosston(1981)의 기울어진 로프 기술을 설명하는 활동 순서는 수렴적 탐구의 좋은 예이다.

1단계: 두 명의 학습자에게 높이 뛸 수 있도록 줄을 높게 잡도록 한다. 그들은 주어진 높이로 똑같이 수평이 되도록 잡는다(예: 엉덩이 높이).

2단계: 학습자들에게 넘도록 한다. 그들이 넘기 전에 줄을 잡고 있는 학생들에게 모든 사람이 통과할 수 있도록 높이를 낮추라고 말한다.

3단계: 모든 사람이 그 높이를 통과한 뒤에 여러분이 "우리는 이제 무엇을 해야 할까요?"라고 물으면 "높여요, 높여요."가 대답이다(첫 번째 점프의 성공이 모두에게 계속할 수 있도록 동기를 부여한다).

4단계: 줄을 잡고 있는 학습자들에게 줄을 조금만 더 올리도록 한다. 점프를 다시 시작한다.

5단계: "이제는 무엇을 해야 할까요?" "올려요."라고 모든 학습자들이 대답할 것이다.

6단계: 줄을 두세 번 올리는 것은 새로운 상황이 연출된 것이다. 몇몇 학습자는 그 높이를 통과하지 못할 것이다. 일반적인 상황에서 이전 학습자들은 점프에서 제외되고, 몇몇 학습자들만 이를 계속할 것이다. 점프를 하는 학습자들은 점점 줄어들 것이다. 개개인의 차이가 현실로 다가온다.

모두를 위해 기회를 주려는 의도는 아직 일어나지 않았다.

7단계: 점프를 멈추고 학습자들에게 "우리가 모두 참여할 수 있으려면 줄을 어떻게 할까요?"라고 물어본다. 보통 학습자들은 두 가지 해결책을 제시한다. (a) "줄의 양끝을 높게 들고 가운데는 가라앉게 해요." (b) "줄을 기울여요! 한쪽 끝을 높게 잡고 다른 쪽은 낮게 잡아요."

이처럼 수렴적 탐구의 결과는 지도사의 질문에 크게 영향을 받기 때문에 지도사들은 성공적인 질문을 만들기 위한 방안을 미리 알고 있어야 한다.

첫째, 학습자들에게 원하는 대답을 이끌 수 있는 질문의 순서를 미리 결정하도록 한다.

둘째, 큰 차이를 보이는 것보다 작은 단계들이 연결되도록 질문한다.

셋째, 먼저 대답하지 말고 학습자들이 대답할 때까지 기다린다(적어도 10초에서 15초 정도).

2) 발산적 탐구

발산적 탐구에서는 지도사가 문제의 개요를 제시해주고 학습자들이 다양한 답변을 할 수 있도록 유도한다. 이 전략은 학습자들의 대안적 움직임을 발견하도록 한다. 전형적인 발산적 질문은 "후프(콘 위에 위치하는)의 아래쪽으로 이동할 수 있는 방법 3가지를 찾아보세요. 그리고 후프의 위쪽으로 이동할 수 있는 방법을 3가지 찾아보세요." 등이 해당된다.

지도사는 발산적 탐구에서 개인적 생각을 학습자에게 강요하지 말아야 한다. 이 전략에서 중요한 것은 단일화된 정답을 얻는 것이 아니라 다양한 반응들을 얻는 것이기 때문이다. 발산적 탐구에서는 학습자들에게 반응의 다양성과 창의성을 증진시키는 동시에 피드백도 함께 제공해야 한다.

발산적 탐구의 효과를 높이기 위해서는 다음 내용을 고려해야 한다.

첫째, 하나의 정답보다는 문제해결과 탐구를 권장하는 피드백을 제공해야 한다.

둘째, 학습자들이 순차적으로 조금씩 높은 단계로 도전할 수 있도록 질문(과제)을 구조화한다. 이를 위해 지도사는 가르칠 내용을 상세히 알고 있어야 하며, 다음에 어떤 활동을 해야 하는지도 알아야 한다.

셋째, 학습자들에게 즉각적인 반응을 제공하는 전문가가 되어야 한다. 지도사는 학습자들이 다른 해결책들을 모색하거나 다른 방법들을 시도함으로써 과제의 실행을 계속하도록 격려해야 한다.

넷째, 학습자에게 예시를 제시할 때는 여러 가지 다양한 답이 나올 수 있는 예시를 제공해야 한다. 즉 '뛰어서 공중에서 여러 가지 동작 만들기(The Jumping to Form a Body Shape During Flight sequence)'는 좋은 예시가 될 수 있다.

마. 학습자 설계 교수

학습자 설계(child-designed) 교수는 학습자들이 학습 활동의 중심이 되는 학습자 중심의 간접적인 접근이다. 이 전략에서 지도사들은 안내자 또는 멘토가 된다. 학습자들은 학습자 설계 교수를 통해 학습에서 중요한 과제를 능동적으로 수행할 수 있다. 학습자 설계 교수를 신중한 계획과 연습을 통해 잘 사용하게 되면 학습자는 자율권을 갖게 된다. 학습자들은 활동에 관심을 갖고, 그들의 발달단계에 적절한 활동을 고안하게 된다.

학습자 설계 교수가 생산적으로 작용하기 위해서는 학습자들이 높은 동기를 가지고, 자발적이고 독립적으로 행동하는 기능을 가지고 있어야 한다. 학습자들은 자신들에게 가능한 시간과 기자재의 사용법을 알고 있어야 한다. 지도사는 처음에 제시할 과제를 고안하는 데 능숙해야 하고, 학습자들이 스스로 결정하고 실수하는 모든 과정을 통해 스스로 행동할 수 있도록 지도해야 한다.

학습자 설계 교수는 기본 기능을 배우고 난 다음에 제대로 펼칠 수 있다. 학습자 설계 교수는 학습자들이 서로 다른 능력 수준에 있거나 절정에 달하는 활동을 하는 활발한 상황에 있을 때 유용한 교수·학습 전략이다.

3. 세부 내용 영역별 지도

학습자들은 스포츠를 통해 체력이나 운동 능력을 기르고, 자신과 주변 세계를 바르게 이해할 수 있다. 또한, 학습자들은 바람직한 품성과 사회성을 토대로 건강하고 활기찬 삶에 필요한 능력과 스포츠 문화를 창조적으로 계승하고 발전시킬 수 있다. 스포츠는 학습자들로 하여금 신체활동을 통해 세상을 이해할 수 있는 안목을 형성하는 데 중요한 역할을 한다. 세부 내용 영역별 지도에서는 건강, 도전, 경쟁, 표현 그리고 여가 수업을 위한 구체적인 지도 기법을 제시하였다.

가. 건강 수업을 위한 지도 기법

건강은 개인이 질병이나 결함 없이 몸과 마음의 평안을 유지할 수 있을 뿐만 아니라, 사회적으로도 조화로운 삶을 살아갈 수 있는 능력을 추구하는 데 필요한 요소이다.

1) 건강활동의 목표와 지도

건강활동의 목표는 건강에 대한 올바른 이해를 바탕으로 개인의 건강을 유지하고 증진하는 데 있다. 개인의 건강을 위해서는 운동 등의 개인적인 노력뿐만 아니라 환경오염, 안전사고를 막는 등 지역사회의 건강을 위한 노력도 중요하다. 따라서 자신의 생활습관 및 운동습관을 점검하여 건강관리 계획을 수립하도록 하고 환경오염, 안전사고 등의 예방에 관심을 두도록 한다.

이 내용은 정영린 외 5인(2013)의 「중학교 체육」 교사용 지도서의 내용을 발췌하여 수정·보완한 것이다.

또한, 신체적·정신적·사회적 건강의 통합에 관심을 집중해야 한다. 신체가 건강하면 정신적 건강에 긍정적인 영향을 주어 정신적 건강도 좋아지고, 정신적 건강이 좋으면 사회적 건강도 좋아진다. 반면, 사회적 건강 상태가 좋지 않으면 정신적 건강을 해치게 되고, 정신적 건강을 해치면 신체적 건강에도 문제가 생길 수 있다. 그렇기 때문에 건강하게 생활하려면 신체적 건강뿐만 아니라 정신적 건강, 사회적 건강에도 관심을 두어 통합적인 차원에서 관리하고 지켜야 한다(이종형 외 6인, 2013에서 재인용).

2) 스포츠 7330과 신체활동가이드라인 7560+ 실천하기

생활 속에서 스포츠를 실천하는 문화의 형성이 요구된다. 문화체육관광부와 국민생활체육회에서 전개하고 있는 스포츠 참여 범국민 캠페인으로 '7330'은 "1주일에 세 번 이상, 한 번 운동할 때마다 30분 이상 운동하자."는 뜻을 담고 있다.

학생 신체활동가이드라인 7560+는 성장기 청소년의 건강 체력 증진, 질병예방, 비만 감소를 위해서는 "7(1주일에), 5(5일), 60(하루에 60분 이상), +(누적해서) 운동하자."는 뜻이고, 실천 방법은 다음과 같다.

- 학교에 오갈 때에는 걸어서 다닌다.
- 아침시간을 활기찬 체조로 시작한다.
- 점심시간에는 산책을 하거나 친구들과 뛰어논다.
- 방과 후 학교스포츠클럽에 참여한다.

3) 건강체력의 구성요소별 운동 방법

체력은 건강체력과 운동체력으로 구분된다. 또 과거에는 모든 체력 요소의 향상을 중요하게 생각했지만, 최근에는 건강 유지를 목적으로 건강과 관련된 심폐지구력, 근력 및 근지구력, 유연성 등 건강체력 요소를 우선적으로 향상시켜야 한다는 생각이 지배적이다.

국내 사례
- 빈 교실을 활용하여 방과 후 건강체력교실 운영, 아침 걷기 운동(대구 상인고)
- 점심시간을 80분으로 연장하여 체육활동 참가(서울 우신고)

국외 사례
- 하루 최소 30분의 체육활동 시간 확보(캐나다)
- 주당 최소 5시간 체육활동 관련 시간 확보(영국)
- 신체활동 활성화 캠페인 및 프로그램(Active Schools, Sportfit) 운영(뉴질랜드)

① 심폐지구력 운동

심폐지구력은 걷기, 달리기, 수영, 자전거 타기, 계단 오르기 등과 같이 일정 시간 동안 지속할 수 있는 유산소운동을 통해 향상시킬 수 있다. 유산소운동을 할 때에는 무엇보다 운동 강도를 적절하게 결정하는 것이 중요하다. 강도가 너무 낮으면 운동의 효과가 낮고, 강도가 너무 높으면 오랜 시간 운동을 지속하기 어렵기 때문이다. 운동 강도를 결정할 때에는 주로 목표 심박수를 계산하는 방법을 활용한다.

표 5-18. 심폐지구력 증진 운동방법

심폐지구력 증진하기
• 운동 빈도: 1주일에 3회 이상 실시 • 운동 강도: 최대 운동 능력의 60~80% 정도로 실시 • 운동 시간: 20~30분 이상

표 5-19. 목표 심박수의 계산

목표 심박수 계산하기

• 목표 심박수 = 운동 강도 × (최대 심박수 − 안정 시 심박수) + 안정 시 심박수
• 최대 심박수 = 220 − 자신의 나이
예) 안정 시 심박수가 80회인 16세 학생이 최대 운동 능력의 60% 강도로 운동할 때의 목표 심박수 계산 방법
목표 심박수 = 0.6 × (204 − 80) + 80
           = 0.6 × 124 + 80
           = 154.4(약 154회/분)

심폐지구력 운동의 효과는 다음과 같다.

첫째, 심장질환 및 고혈압을 감소시키고, 지방을 소모하여 체지방을 감소시킨다.

둘째, 제2형 당뇨병(40세 이후 성인에게 많이 나타나며, 운동 부족 등의 환경적 요인이 크게 작용함)의 위험을 낮추고 혈당 조절을 돕는다.

셋째, 면역 기능을 향상시켜 감기, 유행성 독감, 바이러스성 질병 감염률을 낮춘다.

넷째, 혈관과 모세혈관을 튼튼하게 한다.

② 근력 및 근지구력 운동

근육의 힘은 무게를 이용하여 체력을 관리하는 방법인 웨이트 트레이닝을 통해 기를 수 있다. 웨이트 트레이닝은 팔굽혀펴기, 턱걸이 등과 같이 자신의 체중을 이용하는 방법과 아령, 역기 등의 기구를 활용하는 방법이 있다.

근력을 향상시키기 위해서는 운동 강도를 강하게 하고, 반복 횟수를 적게 하는 것이 좋다. 반면 근지구력을 향상시키기 위해서는 근력운동보다 운동 강도를 약하게 하고, 반복 횟수를 늘리는 것이 효과적이다.

표 5-20. 근력 및 근지구력 운동

분류	근력 운동하기	근지구력 운동하기
체중 이용 방법	• 운동 빈도: 1주일에 3회 이상 실시 • 운동 강도: 최대로 할 수 있는 횟수의 70% 정도로 실시 • 운동 횟수: 2~3세트 반복	• 운동 빈도: 1주일에 3회 이상 실시 • 운동 강도: 최대로 할 수 있는 횟수의 50% 정도로 실시 • 운동 횟수: 4~5세트 반복
기구 활용 방법	• 운동 빈도: 1주일에 3회 이상 실시 • 운동 강도: 최대로 할 수 있는 횟수의 60~80% 정도로 실시 • 운동 횟수: 2~3세트 반복, 1세트마다 10~15회 실시	• 운동 빈도: 1주일에 3회 이상 실시 • 운동 강도: 최대로 할 수 있는 횟수의 40~60% 정도로 실시 • 운동 횟수: 2~3세트 반복, 1세트마다 15~20회 실시

근력 및 근지구력 운동의 효과는 다음과 같다.

첫째, 육체적 업무수행 능력을 향상시키고, 상해의 위험을 줄인다.

둘째, 골밀도를 증가시켜 골다공증을 예방하고, 경추 및 요추의 부담을 덜어준다.

③ 유연성 운동

유연성은 신체의 각 관절이 움직일 수 있는 범위를 크게 해주는 스트레칭을 통해 기를 수 있다. 스트레칭은 근육이 긴장하지 않도록 몸의 힘을 빼고 정확한 자세로 실시해야 한다. 동작은 크고 천천히 하는 것이 효과적이다. 스트레칭을 하는 방법에는 혼자 또는 두 명이 하는 방법 그리고 기구를 활용하는 방법 등이 있다.

표 5-21. 유연성 증진 운동방법

유연성 증진하기
• 운동 종목: 주요 관절을 중심으로 10~12동작 선택하기 • 운동 강도: 근육을 서서히 늘리고, 긴장을 느끼는 단계에서 정지 자세 유지하기 • 반복 횟수: 10~30초간 × 2~3회 반복 • 운동 빈도: 매일(다른 체력운동을 할 때 준비운동과 정리운동으로 시행한다)

유연성 운동의 효과는 다음과 같다.

첫째, 평형성과 조정력이 향상된다.

둘째, 신체활동 수행 능력을 향상시키고, 좋은 자세를 갖도록 한다.

셋째, 혈액순환이 잘되도록 하고, 신체조직에 필요한 영양 공급 능력을 향상시킨다.

나. 도전 수업을 위한 지도 기법

도전은 자신과 타인의 신체적 기량에 도전하는 활동을 통하여 자신의 잠재력을 발견하고, 자신의 한계에 능동적으로 도전할 수 있는 능력 계발에 초점을 둔다. 도전의 대상을 기준으로 하여 기록도전, 동작도전, 표적·투기도전 등으로 구분할 수 있다. 기록도전은 속도도전 스포츠와 거리도전 스포츠로 나눌 수 있다. 동작도전 스포츠는 마루운동, 뜀틀운동, 철봉운동, 평균대운동 등이 있다. 그리고 표적·투기도전 스포츠는 표적도전과 투기도전으로 구분된다. 표적도전 스포츠에는 다트, 양궁, 게이트볼, 골프 등이 있다. 투기도전 스포츠에는 태권도, 씨름, 유도 등이 있다.

1) 도전 정신과 도전 활동의 가치

도전 정신은 어려움을 극복하고 목표를 이루기 위해 정면으로 맞서 기록을 경신하는 노력을 의미한다. 도전 활동은 도전 정신을 바탕으로 자신의 신체적 능력과 한계 그리고 타인의 신체적 기량에 도전하는 활동이다. 학습자들은 주어진 목표를 달성해가는 과정에서 자신의 신체적 기량을 향상시키고, 잠재력을 깨달을 수 있으며, 자신의 삶을 개척해나가는 정신적 힘을 고양할 수 있다.

2) 도전 목표[●] 세우기

목표는 개인이 성취하고자 하는 것을 의미한다. 대부분 스포츠 상황에서의 목표는 제한된 시간 내에 주어진 운동 과제를 수행할 수 있는 개인의 능력과 밀접한 관계가 있다. 도전 목표를 세울 때에는 내용과 강도를 생각해야 한다. 내용은 성취하고자 하는 결과를 의미하고, 강도는 설계한 목표를 달성하기 위해 투자하는 시간과 노력에 대한 정보를 말한다. 그렇기 때문에 도전 목표를 세울 때에는 내용과 강도를 바탕으로 세워야 한다.

3) 도전 스포츠의 수업 전략

도전 스포츠에서는 학습자들의 흥미와 발달단계를 고려하여 적절한 난이도의 학습 과제를 구성

도전 목표와 관련된 명언
- 로버트 J. 매케인: 목표가 없으면 성취도 없다.
- 찰스 칼슨: 가치 있는 목표를 향한 움직임을 개시하는 순간 당신의 성공은 시작된다.
- 데일 카네기: 도중에 포기하지 말라. 망설이지 말라. 최후의 성공을 거둘 때까지 밀고 나가라.
- 벤자민 디즈레일리: 성공의 비결은 목적의 불변에 있다. 하나의 목표를 가지고 꾸준히 나아간다면 성공한다.
- 생텍쥐페리: 계획 없는 목표는 한낱 꿈에 불과하다.

하여 제시해야 한다. 특히 다양한 과제를 해결하는 과정에서 문제 해결 능력, 상황 판단 능력 등의 창의적인 사고력을 기를 수 있도록 지도하는 것이 중요하다. 이러한 관점에서 도전 활동에는 다양한 수업 전략이 활용될 수 있다(조한무 외 11인, 2013에서 재인용).

첫째, 발산적 탐구 수업 전략을 활용한다. 운동기능을 향상시키기 위해서는 어떻게 해야 하는지, 더 좋은 방법은 없는지 등 자신의 현재 수준을 토대로 바람직한 운동수행의 질을 가져올 수 있도록 자신을 되돌아볼 수 있는 발문 전략을 활용할 필요가 있다.

둘째, 협동 학습 수업 전략을 활용한다. 협동 학습에 참여하는 학습자는 서로 학습의 촉진자가 되어 상호작용함으로써 학습에 도움을 주고받는다. 학습자들은 다른 사람과의 관계에서 배우고 다른 사람의 해석 방식을 고려할 수 있는 능력을 기르게 된다.

셋째, 자기 주도적 수업 전략을 활용한다. 각종 경기 관람, 방송, 인터넷 등의 다양한 매체를 활용하여 경기 감상의 경험을 제공하여 자기 주도적으로 문제를 해결하고 상황을 판단하는 능력을 향상시킬 수 있도록 지도한다.

넷째, 감상 수업 전략을 활용한다. 다양한 영상 자료나 친구들의 발표 장면을 감상하고 비교·분석하는 활동을 통해 학습자들에게 동기를 강화하고 도전의 가치인 자신감과 용기를 기를 수 있도록 지도한다.

다. 경쟁 수업을 위한 지도 기법

경쟁은 개인이나 집단 간의 능력을 서로 겨루는 상황에서 자기편과 협동하며 책임감을 갖고 최선을 다하되, 상대를 배려하며 정정당당하게 경기에 임할 수 있는 능력을 추구하는 데 필요한 요소이다. 경쟁의 과정에서는 기본적인 경기 수행 능력과 다양한 인지 전략을 기르는 데 초점을 둔다. 경쟁활동은 경쟁의 유형에 따라 영역형 경쟁, 필드형 경쟁, 네트형 경쟁 등으로 구분된다.

1) 경쟁 스포츠의 개념과 특성

경쟁 스포츠의 개념과 특성을 영역형 경쟁, 필드형 경쟁, 네트형 경쟁으로 구분하여 살펴보면 다음과 같다.

첫째, 영역형 경쟁은 주로 공을 가지고 상대 팀의 영역에 침범하여 골을 넣는 활동으로 모든 국가와 지역에서 행해지고 있으며 풋살, 넷볼, 플로어볼 등 새로운 방식의 경기들도 계속 생겨나고 있다. 영역형 경쟁활동을 잘하기 위해서는 다양한 경기 기능과 전략 및 전술을 알고 있어야 한다. 특히, 신체접촉이 많은 활동이기 때문에 페어플레이 정신을 갖고 경기에 임해야 한다.

둘째, 필드형 경쟁은 두 팀으로 나누어 공과 글러브를 가지고 던지고 받으며, 공을 배트나 손으로 치고 달리면서 공격과 수비를 번갈아하면서 승부를 겨루는 활동이다. 필드형 경쟁의 종류에는 야구, 소프트볼, 크리켓, 티볼, 발야구, 킨볼 등이 있다. 필드형 경쟁 스포츠는 팀 구성원 모두가 공격과 수비에 참여하기 때문에 개인에게 주어진 역할 수행이 경기에 많은 영향을 미치게 된다. 따라서 팀의 구성원으로서 경기 상황에서 자신의 역할을 바르게 알고 책임감 있게 실천하는 팀워크가 중요하다.

셋째, 네트형 경쟁 스포츠는 네트를 사이에 두고 개인 또는 팀으로 구성하여 라켓이나 손으로 공을 치면서 승부를 겨루는 활동이다. 이 활동에는 배구, 배드민턴, 탁구, 테니스, 족구, 프리테니스, 소프트 발리볼 등이 있다. 네트형 스포츠에서 단식경기와 복식경기를 즐기기 위해서는 개인의 경기 기능뿐만 아니라 파트너와 호흡을 맞추어 팀 전술을 구사할 수 있어야 한다.

2) 경쟁 스포츠의 수업 전략

경쟁 스포츠에서는 학습자들의 흥미와 발달단계를 고려하여 다양한 교수 전략을 적용해야 한다. 경쟁 스포츠를 지도할 때에는 부분적인 기능 습득에 중점을 두기보다는 다양한 게임이나 경기를 통해 문제 해결 능력, 상황 판단 능력 등과 같은 창의적 사고력을 길러주어야 한다(조한무 외 11인, 2013에서 재인용).

첫째, 게임(경기)-토의-게임(경기) 수업 전략을 적용한다. 학습자들은 게임(경기)을 하고 지도사는 관찰한다. 지도사가 경기를 관찰하면서 문제를 발견하면 게임(경기)을 멈춘다. 학습자들은 문제 상황에 대해 토의하고 필요할 때마다 게임(경기)을 변형한다. 그리고 다시 게임(경기)을 해본다. 이 지도 전략은 부분적 기능 습득이나 게임(경기)만 가르치는 것이 아니라 게임(경기) 상황에서 발생하는 다양한 문제 상황을 창의적으로 해결하기 위한 방안이다.

둘째, 학습자의 의사결정 능력과 창의성을 기를 수 있도록 확산형 수업 전략을 활용한다. 게임(경기)을 변형하거나 게임(경기)의 문제점을 발견했을 때 다음과 같은 확산형 질문을 할 수 있다.
- 이 게임(경기)을 더 잘할 수 있는 방법이 있나요?
- 이미 배웠거나 알고 있는 게임(경기) 중 이 게임(경기)에 적용할 수 있는 규칙은 무엇인가요?

셋째, 간접체험 학습은 자기 주도적 수업 전략을 활용한다. 각종 경기 관람 및 방송, 인터넷 등의 다양한 매체를 활용하여 경기 감상의 경험을 공유하도록 한다. 이를 통해 문제해결력과 상황 판단 능력을 향상시킬 수 있도록 지도한다.

3) 경쟁 스포츠에서 교수 전략의 활용

학습자들은 경쟁 스포츠를 배우는 과정에서 적절한 교수 전략을 활용하면 경쟁 스포츠의 내용을 보다 잘 이해하고, 적용할 수 있는 인지 능력을 함양할 수 있다. 다음은 교수 전략 중 손천택(2009, 275쪽, 294쪽)이 제시한 과제 교수(스테이션 교수)와 유도발견학습에서 발췌한 내용이다.

첫째, 배구에서 활용할 수 있는 과제 교수(스테이션 교수)의 예시이다.

* 지도사는 학습자들에게 "이제부터 단원의 매 시간 첫 15분은 지정한 스테이션에서 연습하도록 한다."라고 설명하고 수업을 시작한다. 각 스테이션에서 연습할 과제를 설명한다.
  - 벽을 향해 오버핸드 패스
  - 벽을 향해 서브
  - 파트너와 언더핸드 패스
  - 파트너가 토스해주는 공을 벽을 향해 스파이크
* 지도자는 각 과제를 검토하고 그것을 10회씩 실시하도록 안내한다. 학습자들은 짝과 함께 연습하면서 개인 기록 카드에 자신의 학습 진행을 매일 기록한다. 두 사람이 한 팀이 되어 한 개의 공을 가지고 스테이션에서 스테이션으로 이동하며 연습한다. 한 스테이션의 과제를 완수하고, 다음 스테이션으로 이동한다.

둘째, 테니스 포핸드 스트로크에서 활용할 수 있는 유도발견학습의 예시이다.

* 유도 과제: 학습자가 정확한 해법을 찾도록 유도한다.
  - 테니스 포핸드 스트로크를 연습할 때 체중을 뒷발에 두고 몇 번 연습한 다음, 체중을 앞발로 이동하면서 몇 번 연습한다. 체중을 어느 발에 두는 것이 더 효과적인지 탐색한다(지도사는 개인이나 파트너에게 과제를 전달하고 연습하도록 한 다음, 전체 학습자들을 다시 모아 결정한다).

라. 표현 수업을 위한 지도 기법

표현은 신체활동을 통하여 자신의 감정이나 생각을 적극적으로 드러내고, 이를 아름답게 꾸밀 수 있는 능력을 추구하는 요소이다. 학습자들은 신체활동 표현을 통해 심미적 요소를 이해하고 창의적으로 표현하며, 다양한 표현 유형과 문화적 특성을 감상할 수 있다. 표현의 대상을 기준으로 하여 심미 표현, 현대 표현, 전통 표현으로 구분할 수 있다.

1) 표현의 의미와 종류

표현이란 생각과 느낌을 신체 움직임으로 표현하고, 자신과 타인의 움직임을 감상하는 능력을 의미한다.

표 5-22. 표현의 의미와 종류

심미 표현	현대 표현	전통 표현
심미 표현 활동의 다양한 표현 방법을 익혀 작품을 창작·발표하고, 자신과 타인의 작품을 감상한다. 예) 피겨스케이팅, 다이빙, 싱크로나이즈드 스위밍, 리듬체조 등	우리나라 또는 외국의 대표적인 현대 표현 방법을 익혀 작품을 창작·발표하고, 자신과 타인의 작품을 감상한다. 예) 현대무용, 재즈댄스, 힙합댄스, 라인댄스, 댄스스포츠 등	우리나라 또는 외국의 대표적인 전통 표현 방법을 익혀 작품을 창작·발표하고, 자신과 타인의 작품을 감상한다. 예) 민속무용, 의식무용, 궁중무용 등

2) 표현 활동의 특성

① 심미 표현의 특성
- 기술미: 운동이나 무용에서 볼 수 있는 동작이나 기술의 아름다움으로, 체육이나 스포츠 미학이 주요 대상이 된다.
- 예술미: 신체 움직임은 시간, 공간, 흐름, 움직임과 신체 요인 등이 조합되어 일어난다. 따라서 움직임 활동은 공간과 시간 속에서 행해지는 동적 예술이라고 볼 수 있다. 체육활동의 한 부분인 신체활동에서 깊은 감동과 미의식을 느낄 수 있다.
- 형식미: 보편적으로 존재하는 미적인 법칙을 말하는 것으로, 다양한 운동 장면과 동작에서 찾아볼 수 있다.

② 현대 표현의 특성
- 창의적 표현을 추구하는 현대무용: 초기의 현대무용은 이전 시대의 무용을 뛰어넘는 혁신적인 새로운 장르로 등장하면서 기존 체제를 거부하는 성격을 지니고 있었으나, 오늘날에는 다양한 표현 방식을 서로 주고받으며 발전하고 있다.
- 현대적 리듬을 사용하는 표현 활동: 현대적 리듬의 공통적인 특징은 멜로디보다 리듬(비트)이 주도적인 역할을 한다. 록, 삼바, 힙합, 재즈 등 대중적이면서 현대에 유행하는 음악을 사용하면서 생활 속에서 활용되는 표현 활동이다.
- 기술적 표현력을 겨루는 스포츠 활동: 음악에 따른 율동미와 조화를 중요시한다. 기술적인 요소뿐만 아니라 표현력과 창의적 신체활동의 아름다움과 즐거운 감정을 표현한다.

③ 전통 표현의 특성

각 민족이나 지역에서 오랫동안 전해 내려오는 고유한 표현 활동인 전통 표현은 해당 민족이나 지역민의 가치관과 민족성, 전통문화 그리고 생활 모습 등을 이해하는 도구가 되며 다음과 같은 특성이 있다.
- 전통적이고 독창적이며 고유한 생활양식을 반영한다.

- 기후와 종교 및 역사적인 사건과 관계가 깊다.
- 가치관과 사회적 사상 등을 반영한다.

3) 표현 활동에서 교수 전략의 활용

다음은 손천택(2009, 286쪽)의 포크댄스를 협동학습으로 운영한 교수 전략에서 발췌한 내용이다.

* 이 단원은 중학생들에게 적용하여 협동학습의 효과성이 입증된 수업이다. 단원의 목표는 모든 학생들이 5가지 민속무용을 능숙하게 수행하는 것이다.
- 학생들을 5개의 모집단 모둠으로 나눈다. 전체 학생들에게 5가지 민속무용을 비디오로 보여주고, 자기 조의 모둠원에게 민속무용 한 가지씩을 연습하게 한다. 해당 모둠의 모둠원들은 5가지 민속무용 가운데 한 가지를 배워서 가르쳐야 한다. 각 모둠별로 연습이 끝나면 각 모둠원은 연습한 민속무용을 얼마나 잘했는지 한 가지씩 평가한 다음 그 점수로 각 모둠을 평가한다.
- 각 모둠에서 같은 민속무용을 선택한 학생들이 한 곳에 모여 서로 도와가며 선택한 민속무용을 학습한다. 이때 교사가 준비한 교재를 활용할 수 있다. 학습 집단의 각 모둠원은 다른 모둠원이 자기 모집단으로 돌아가기 전에 자기가 선택한 민속무용을 충분히 학습해야 한다.
- 학습 집단에서 자기가 선택한 민속무용을 충분히 학습하고, 각 모둠으로 돌아오면 준비된 음악과 설명서에 따라 자기 모집단 모둠원들을 가르친다.

마. 여가 수업을 위한 지도 기법

여가는 일이나 공부에서 벗어나 자유로운 시간에 스스로 참여하는 활동으로, 여가 활동에 참여하면 자신을 발견하고, 즐거움, 만족감, 성취감 등을 얻게 되어 행복한 삶을 사는 데 도움이 된다. 최근에는 많은 사람들이 여러 활동을 통해 서로 이해하게 되고 공통적인 생활 방식을 만듦으로써 자신들만의 공통된 문화를 형성해가고 있다. 따라서 학습자들은 자신에게 적합한 여가 활동에 적극적으로 참여하여 자신의 잠재 능력을 계발함과 동시에 건전한 여가문화를 조성해야 한다.

1) 여가문화의 유형

여가 활동의 한 형태로서 스포츠 활동은 현대인에게 부족한 신체활동을 보충해주고, 정서적 긴장을 이완해주며, 자아 성취의 욕구를 충족해줄 수 있는 가치 있는 활동이다. 특히, 인간의 욕구를 해소하고 성취감을 맛보도록 함으로써 정서적 안정성을 가져오고, 심신의 활력을 제공하게 된다. 따라서 여가를 즐길 때에는 혼자보다는 여럿이 함께할 수 있는 활동을 즐기는 것이 바람직하다. 여가문화는 문화예술 활동, 스포츠 활동, 취미오락 활동, 휴식 활동, 관광 및 기타 활동 등으로 구분할 수 있다(이종형 외 6인, 2013).

표 5-23. 여가문화의 유형

유형	특징	여가 활동의 예
문화예술 활동	심미적 감상이나 관찰 등을 하는 활동으로 창작의 즐거움을 얻고, 예술적 감각과 소질을 계발할 수 있다.	전시회, 영화감상, 연극, 콘서트, 사진 촬영 등
스포츠 활동	학습자들의 왕성한 신체활동 욕구를 충족하고, 건강 및 사회성을 기를 수 있다.	축구, 농구, 건강달리기, 인라인 롤러, 산악자전거 등
취미오락 활동	스트레스 해소와 즐거움, 친목 도모를 위해 친구들과 어울려 취미생활을 한다.	독서, 음악감상, 미술관 관람, 인터넷 검색 등
휴식 활동	자유롭고 조용한 시간을 즐기면서 지친 마음과 몸을 회복시킬 수 있다.	낮잠, 목욕, 사우나, 텔레비전 시청 등
관광 및 기타 활동	일상생활에서 벗어나 스트레스를 해소하고, 모험심이나 탐구 정신을 기르며, 견문을 넓히고 정서를 순화시킬 수 있다.	여행, 사회봉사, 종교 활동 등

2) 건전한 여가 활동의 실천 방법

여가 활동은 자신이 현재 속해 있는 환경에서 지속적으로 참여하는 것이 중요하다. 그러므로 지도사들은 학습자 자신이 원하는 바가 무엇이며, 무엇을 좋아하고, 무엇을 할 수 있는지에 대해 깊이 생각하고 나서 여가 활동에 참여할 수 있도록 지도해야 한다.

건전한 여가 활동의 실천 방법은 다음과 같다.

첫째, 가정에서는 시간과 종목을 고려하여 온 가족이 함께 참여할 수 있는 신체적 여가 활동을 한다.

둘째, 학교에서는 자유 게임 활동, 야외 활동, 사회적 활동, 스포츠클럽 등의 건전한 여가 활동에 스스로 참여한다.

셋째, 지역사회에서는 지역 주민과 서로 예의와 질서를 지키면서 지역에 갖춰져 있는 여가 시설을 최대한 활용하여 즐기도록 한다.

3) 여가 활동 지도의 전략

여가 활동을 위한 여가문화의 유형은 다양하나 신체활동 중심의 여가 활동 내용을 적극 활용할 필요가 있다. 이 과정에서 지도자들은 학습자들이 여가 활동을 바르게 이해하고 활발한 신체활동의 즐거움을 경험함으로써 신체적으로 활동적이고 정신적으로 긍정적인 사고와 생활 태도를 지닐 수 있도록 지도해야 한다. 예를 들어, 지도자들이 활용할 수 있는 '가족 여가 활동' 지도 전략 사례를 소개하면 다음과 같다.

첫째, 여가 활동 계획을 세울 때에는 자기 주도적 학습 전략을 활용하도록 한다. 가족과 함께 여가 활동을 할 때 좋은 점, 가족과 즐기기에 알맞은 여가 활동의 종류, 우리 가족과 함께하고 싶은 여가 활동을 차례로 생각해본다. 그리고 가족 구성원 모두의 형편을 고려하여 가족 여가 활동 계획을 자기 주도적으로 세울 수 있도록 단계적으로 안내한다.

둘째, 직접 체험 학습을 통해 가족과 즐길 수 있는 다양한 활동 방법을 익히도록 한다. 여가 활동을 통해 여가의 가치를 경험하고, 여가의 본질인 자유로움의 체득과 내적 동기 유발을 유도할 수 있도록 신체활동 교육이 필요하다. 체험을 통해 학습자들에게 여가의 의미를 전달하고 그 가치를 깨달을 수 있도록 한다.

셋째, 학습자들의 체험 기회를 넓히기 위한 시설을 안내한다. 학교 주변이나 지역사회의 체육시설이나 수련장 등을 미리 파악하여 적극 활용할 수 있도록 안내한다. 이론 위주의 여가 교육이 되지 않도록 직접 체험과 활발한 신체활동을 중심으로 운영하도록 한다.

넷째, 여가를 바르게 즐기기 위해서는 활동 전·중·후의 철저한 안전 지도가 중요하다. 안전에 대한 의식을 내면화하고, 이를 습관화하도록 하여 실제 여가생활 중에 적용할 수 있도록 한다.

바. 세부 내용 영역별 지도 시 고려사항

신체활동은 심동적·인지적·정의적 영역이 통합될 때, 참 좋은 사람을 만드는 데 기여할 수 있다. 이러한 측면에서 건강, 도전, 경쟁, 표현 그리고 여가 수업 등 세부 내용 영역별 지도를 할 때, 심동적 측면 이외에도 학습자들의 정서와 인지를 고양할 수 있는 인성교육과 감상교육 방안에도 관심을 기울여야 한다.

1) 인성교육

인성은 사람의 성품으로서 각 개인이 지니고 있는 사고와 태도 및 행동 특성을 의미한다. 구체적으로 감정적이거나 의지적 특성과 같은 정의적 측면을 가리키며, 개인의 독특하거나 두드러진 행위와 생각을 결정한다고 간주되는 심리적 복합이나 무의식적이거나 내현된 행동 성향을 의미한다(서울대 교육연구소 편, 1994). 인성을 인간 본성으로 이해할 경우, 인성교육은 학습자가 생태적으로 지니는 본성을 실현하도록 촉진하는 활동이라고 할 수 있다.

인간 본성에는 정서적 측면과 인지적 측면이 있기에 인성교육은 정서 및 인지의 측면 모두 포괄해야 한다. 무엇보다 인성교육은 전인적인 인간교육을 위한 필수적인 과정인 동시에 자기이해, 자기수용, 자기개방, 인간관계, 도덕성 함양, 가치관 확립 그리고 사회성 함양에 필수적이다.

① 인성교육의 방향

인성은 인격, 인성, 성품, 인품, 성격, 기질, 사람됨 등 여러 가지로 용어가 혼용되어 사용된다. 스포츠 현장에서 인성교육을 구현하기 위해 고려해야 할 조건은 다음과 같다.

첫째, 인성교육은 통합의 원리를 지향한다. 스포츠교육 현장에서 인간적인 덕성을 갖춘 인격체를 길러내기 위해 스포츠 현장에서 인성의 요소가 통합적으로 구현될 수 있도록 해야 한다.

둘째, 인성교육은 지속성을 지녀야 한다. 덕목 학습의 경우에 스포츠 현장 속에서 매일 학습되어야 한다. 한두 번의 교육은 연속성을 드러낼 수 없다. 특히, 지도자들의 머릿속에 인성교육의 지속성에 대한 의식이 항상 내재되어 있어야 한다.

셋째, 인성교육은 관계성을 중시해야 한다. 인성교육은 교수·학습 과정이나 교육자료 및 환경적 요인보다는 스포츠를 구현하는 과정에서의 인간관계, 즉 학습자 대 학습자, 학습자 대 지도사와의 관계 속에서 이루어진다. 따라서 인성교육은 스포츠 현장 내 구성원들 간의 신뢰적 관계의 구축이 무엇보다 필요하다.

넷째, 인성교육은 자율성의 원리를 지향한다. 학습자들이 인간적 덕성은 사실 자신의 자율성을 발휘하는 과정에서 생성된다. 인성교육은 학습자 개개인이 자기 스스로 올바른 도덕의식을 지니고 이를 실천해나가도록 돕는 교육이다.

다섯째, 인성교육은 체험을 요구한다. 학습자들이 스스로 덕목을 실천하고 체험할 수 있어야 한다.

② 인성교육의 구체적 지도 기법

Glover와 Anderson(2003)의 인성교육은 개인의 인성뿐만 아니라, 팀으로서의 인성도 기르기 위하여 신체활동을 위한 내적 동기유발과 열정의 조성을 위한 활동을 제공하고 있음을 밝혔다. 이러한 활동들은 신체활동의 증대뿐만 아니라 영예로운 스포츠 행위를 추구하도록 학생에게 도전감을 주고 그들을 결속하도록 한다.

지도사가 학생들에게 이러한 인성에 관한 덕목들을 가르치지 않거나 연습할 기회를 제공하지 않으면 어떻게 훌륭한 팀 동료가 될 것이며, 어떻게 훌륭한 스포츠를 행할 것인가? 현실 세계에서는 대부분의 학교체육뿐만 아니라 스포츠 조직들이 이러한 기능을 강조하지 않는 부분에 문제가 있다. 우리는 전문적인 체육교사로서 역할모델이 되어야 하며, 협동심이나 스포츠맨십을 보여주고 조장해야 한다.

게임(경기) 상황에서의 협동 학습 모형의 구조 활용하기와 책임감 가르치기의 내용은 인성교육의 실천에 많은 도움이 될 수 있다.

㉠ 게임 상황에서 협동 학습 모형의 구조 활용하기

협동 학습 모형(cooperative teaching model)은 전통적인 소집단 학습의 단점을 해결하고, 학습자 간에 협력적인 상호작용을 촉진하기 위해 긍정적 상호 의존, 개인적 책무성, 협동 기술, 집단 보상을 강조한 수업 방법으로 많은 연구가 진행되었다(고문수, 2012; 엄혁주·이대형·고문수, 2013; 이재용, 1998; Johnson & Johnson, 1989). 협동 학습 모형은 경쟁적인 학습이나 개인적 학습에서 일부 학습자만이 성공 기회를 얻을 확률을 줄이고, 모든 모둠원들이 자신의 능력에 맞는 과제와 역할을 수행함에 따라 균등하게 성공 경험을 갖도록 한다. 성공 경험은 바람직한 자아상과 학습 과제에 대한 긍정적인 감정을 지니도록 하여 자아 존중감, 사회성, 대인관계 개선, 타인 배려, 학습 태도 개선 및 학습 동기를 유발하도록 한다. 협동 학습 모형은 모든 학습자에게 동등한 학습 참여 기회를 보장하고, 지도사 중심이 아니라 학습자 중심의 수업을 함으로써 수업 방법의 민주화라는 측면에서도 의의가 있다.

협동 학습 모형에 적합한 수업 구조 전략으로는 모둠별 성취 배분(STAD), 팀 게임 토너먼트(TGT) 그리고 직소 방식 등이 있다(유정애 외 9인 공역, 2007). 결국 협동 학습 모형은 학습자들이 신체활동에 참여하면서 긍정적인 정서를 함양하면서 타인과의 관계를 유지하는 가운데 학습자들의 인성을 함양할 수 있는 요소를 담고 있다.

㉡ 책임감 가르치기

Hellison(2003)의 책임감 모형은 체육수업 연구에서 체육활동이 학습자들의 인성교육에 긍정적인 효과가 있다는 것을 증명하였다. 학습자들은 자기 자신의 복지와 타인과의 관계에 대한 책임을 지고 협동하는 것을 배울 필요가 있다. 이것은 학습자들에게 좀 더 상세한 지침을 제공해야 하는 것, 즉 가치를 가르치는 것을 뜻한다.

구체적으로 책임감 가르치기에서의 4단계 성취 목표는 다음과 같다.

첫째, 타인의 감정과 권리를 존중하기에 충분한 자기 통제력을 기른다. 둘째, 본 프로그램의 참여와 노력하는 태도를 기른다. 셋째, 자기 감독의 단계를 시키지 않아도 독립적으로 과제를 실행할 수 있다. 스스로 개인적 운동계획 세우기, 현재와 나중에 하고 싶은 것을 정하고 해야 할 것을 하기, 외부의 어려움을 극복하려고 노력하기 등을 포함한다. 넷째, 원만한 대인관계를 위해 타인을 배려하고 돕기 등이다.

물론 책임감을 갖도록 가르치는 것은 수업이나 활동 내용 골격의 구성에 필요하지만 항상 신체활동이나 게임활동에서 활발한 신체활동 자체가 가장 뚜렷한 특징이 되어야 한다. 따라서 신체활동에서 신뢰, 돕기, 문제 해결, 격려, 책임감 같은 구체적인 인성교육의 '주제'를 포함해야 한다. 일반적으로 이러한 '주제'를 도입 활동에 사용하는 것이 무난하며 이렇게 하면 체력, 기능 연습 및 정리 같은 수업의 나머지 부분의 초점은 정해지게 된다. 수업의 모든 단계에서 사회적 기능을 관찰하고 가능하면 관찰 빈도를 점검하며 정리단계에서 '격려하기', '칭찬하기', '돕기' 등의 사회적 기능을 사용한 정도를 언급해야 한다. 이러한 방식으로 신체활동을 구성하면 학습자들은 매 수업마다 긍정적인 초점에 집중하면서 참여하게 되어 긍정적인 경험을 하면서 수업을 마칠 수 있다.

2) 감상교육

스포츠는 인간의 움직임 욕구로부터 시작되었으며, 이러한 원초적인 욕구에서부터 우러나온 단순한 신체적 움직임은 하나의 문화로 자리 잡았다. 스포츠는 운동이라는 수단을 통하여 이루어지는 하나의 이야기라고 할 수 있다. 단순한 근육운동만이 아닌 시간 속에서 이루어지는 움직임의 연속이 어떠한 결과를 만들어내는 과정으로서 다양한 동작과 운동기술로 구성된 역동적 이야기이다. 이 이야기 속에는 실제적인 움직임을 통한 아름다운 선과 공간미가 있으며, 생동감이 있고, 희로애락이 있다.

감상교육은 이러한 스포츠의 특성을 학습자들로 하여금 올바르게 감상할 수 있는 능력을 길러주는 수업으로서 ① 흥미와 관심을 가지고 관련 스포츠의 특성과 방식을 이해하며, ② 선수의 표현 행위를 존중하고, ③ 저마다 가지고 있는 경기 자체에 대한 생각이나 느낌 등을 발표해보며, ④ 그 속에서 서로 다른 관점의 차이에 관해 토론하고 이해함으로써 신체를 통한 움직임, 경기에 대한 감상 능력을 높여준다는 면에서 여타의 수업과는 구별되는 특성이 있다.

① 감상 요소

신체활동과 관련된 감상 관점은 다양하다. 예를 들어 스포츠 경기는 물론이고, 스포츠 인물 감상, 스포츠 일화 감상, 전통 스포츠 감상, 각국의 스포츠문화 감상 등 여러 가지가 있을 수 있겠으나 여기에서는 신체활동 자체에 대한 감상 관점에 초점을 맞추어 감상 요소를 살펴보았다.

㉠ 신체 그 자체의 아름다움: 신체미

신체미란 신체가 지니고 있는 아름다움 그 자체를 말한다. 이를테면 체형, 근육의 발달 정도, 골격의 형성, 피부, 모발의 색깔, 신체의 비례 등 신체가 지니는 그 자체의 아름다움이 감상의 대상이다. 이것은 많은 사람들이 공통으로 느낄 수 있는 보편적인 미를 객관적인 기준으로 선정했을 때 아름다움의 차이를 평가할 수 있으며, 대표적으로 스포츠에서 육체미선수권

> 이 내용은 고문수(2010)의 「체육수업 어떻게 할까」에서 발췌한 내용을 수정·보완한 것이다.

대회를 들 수 있고, 비스포츠에서는 미인선발대회를 들 수 있다.

ⓒ 공간에서의 신체곡선: 곡선미

모든 스포츠는 육체를 도구로 한다. 따라서 육체의 미가 우선적으로 만들어지고 나서 기술을 더하여 습득하였을 때 그 표현은 보다 미적인 가치를 지니게 된다. 특히, 회전운동을 축으로 이루어지는 다양한 체조종목과 다이빙경기는 선수들의 유연미를 바탕으로 만들어내는 궤적의 곡선미를 감상하는 데 적합하다.

ⓒ 둘 또는 그 이상의 신체적 통일성: 정제미

정제(整齊)란 '획일 또는 정돈되어 가지런하다'라는 뜻으로 여럿의 육체가 마치 하나인 듯 움직일 때 또는 각기 다른 움직임이 전체적인 조화에서 하나의 통일성이 느껴질 때 드는 통일감으로 장중한 느낌을 주고, 그만큼 합일화에 대한 훈련의 어려움을 생각하도록 한다. 정제미는 우리가 미적 표현을 할 때 가장 쉽게 적용할 수 있는 것이지만, 그에 대한 이해는 그리 쉽게 다가오지 않으므로 리듬체조, 에어로빅, 수중발레, 피겨스케이팅, 다이빙 등에서 둘 또는 그 이상의 선수들이 하나의 동작을 동시에 수행하는 모습을 통하여 정제미를 이해한 후 실제 운동 장면에서는 맨손체조, 리듬체조, 에어로빅댄스 등의 수행을 통해 확인해볼 수 있다.

ⓔ 신체와 운동기구의 조화: 조화미

조화란 각 부분이 서로 다르지만 전체적으로 봤을 때 서로 잘 어울리고 적절한 것을 의미한다. 스포츠에서의 조화는 참으로 다양한 감상 요소를 제공한다. 선수와 복장의 조화, 음악과 동작의 조화, 팀원들 간의 능력의 조화, 선수 각 개인의 역할의 조화, 나와 상대 선수와의 조화 등 스포츠에서의 조화를 열거하자면 참으로 다양하다. 여기서는 스포츠에서의 많은 조화 중 신체와 운동기구와의 조화를 예로 들어 설명하고자 한다.

스포츠에서는 도구를 사용하여 승패를 가르는 경기가 많은데, 크게 4가지로 분류할 수 있다. 첫째, 고정된 기구를 이용하여 신체를 조작하는 경기로서 대표적인 스포츠로는 스포츠클라이밍, 기계체조가 이에 속한다.

둘째, 기구 자체가 몸의 일부처럼 활용되는 경기인데 대표적인 스포츠로 검도, 펜싱, 스키, 스노보드, 스케이팅 등이 이에 속한다.

셋째, 기구 자체에 움직임을 주는 것이 목적인 경기로서 대표적인 스포츠로는 리듬체조에서의 수구, 육상의 던지기 운동, 궁도, 볼링 등이 여기에 속한다.

넷째, 신체와 기구가 함께 역동적으로 움직이는 스포츠로 대부분의 구기운동이 여기에 속한다. 이와 같은 스포츠들은 신체와 운동기구가 특정한 조건에서 어떠한 조화가 이루어졌을 때 그에 맞는 독특한 멋이 있다고 할 수 있다. 선수의 움직임뿐만 아니라 기구 자체에서 만들어지는 표현미도 매우 중요한 감상요소가 된다.

ⓜ 신체활동의 안정과 균형 또는 불균형: 균형미

균형(均衡)이란 '상하좌우 혹은 방사형상이 같다'는 의미이지만, 신체활동에서의 균형미는 전체적인 합으로서의 균형을 의미한다. 신체의 모든 운동은 끊임없이 기존의 균형을 깨뜨리고 새로운 균형에 도달하는 움직임의 연속이다. 인체 동작의 앞뒤 연결과 균형, 훈련 중 강도와 밀도의 합리적인 배치, 신체 근육의 발달 정도는 모두 균형미를 평가할 수 있는 대상이다. 균형미를 감상할 수 있는 스포츠로는 크게 두 가지 형태가 있는데 먼저, 중심을 잘 유지해야 하는 스포츠로서 모글스키, 에어리얼스키, 피겨스케이팅, 서핑, 트램펄린 등이 있고, 서로의 중심을 깨뜨려야 하는 스포츠로는 씨름, 유도, 레슬링 등이 있다. 그 밖에 다양한 스포츠에서 해당 종목의 운동 특성에 맞는 균형미가 있다.

ⓑ 모든 스포츠에 독특하게 존재하는 형식: 형식미

현대의 수많은 경기종목들은 그들 나름대로 운동의 목적이 있고, 이러한 운동 목적은 그들만의 독특한 특정 형태를 갖도록 한다. 이러한 독특한 특징은 사람들로 하여금 그 스포츠를 좋아하거나 싫어하게 하는 동기를 가지게 한다. 축구를 좋아하는 사람 혹은 싫어하는 사람, 야구를 좋아하는 사람 혹은 싫어하는 사람, 농구를 좋아하는 사람 혹은 싫어하는 사람들은 바로 그 스포츠가 가지는 독특한 형식에 대한 감정 표현이다. 이러한 감정 표현은 해당 스포츠가 가지는 두 개의 구조 때문에 이루어지는데 하나는 내용이고, 다른 하나는 형식이다. 대개는 이러한 두 개의 구조를 좋아하거나 싫어하게 된다. 2010년 월드컵의 경우, 축구에 별로 관심이 없는 사람들도 모두 너나 할 것 없이 열광하며 좋아했던 기억을 떠올려보자. 이때 축구를 좋아했던 가장 큰 이유는 축구경기의 형식보다는 우리 선수들의 경기내용에 유인가가 더 높았기 때문이다. 실제로 월드컵이 끝나고 난 후 경기내용이 국내 팀들의 경기로 바뀌면서 월드컵 같은 열띤 관심이 없어진 것만 보더라도 그 사실을 알 수 있다.

한편, 조기축구회나 스포츠동호회 등에 참여하는 사람의 경우는 해당 종목이 가지고 있는 형식 자체에 유인가가 더 높다고 할 수 있다. 그들은 자신들이 좋아하는 스포츠 참여 자체에서 오는 만족, 즉 해당 스포츠의 형식에 매력을 느끼고 있으므로 내용의 변화에 상관없이 더 오래 스포츠를 즐길 수 있는 사람들이다. 따라서 스포츠 감상의 궁극적인 목적은 바로 간접 참여인 감상이라는 활동을 통하여 해당 스포츠의 즐거움을 느끼고 이러한 즐거움을 직접 참여로 이끌 수 있는 방향으로 이어지게 하는 것이 중요하다. 형식미 감상의 지도는 해당 스포츠가 지니고 있는 형식미를 가장 바르게 표현하는 스포츠 동영상 등을 부분적 또는 전체적으로 감상하는 부분으로부터 출발한다.

ⓢ 자신의 신체활동으로 직접 참여하는 느낌: 운동미(기술미)

스포츠 활동 자체는 감각적이고 직관적인 것으로 전체성이 강하다. 이것은 심정적 표현의 노력이 가미되어야 하며, 부분적 생명감이라기보다는 전체적 생명감의 표현이기 때문이다. 따라서 신체활동의 감상수업은 운동미(기술미)가 종착점이 되어야 한다. 운동미는 앞서 말한 곡선미, 정제미, 조화미, 균형미, 형식미 등을 포함하고, 지면 관계상 밝히지 못한 점층미, 율동미, 다양성과 단일성의 미 등이 종합적으로 함께 어우러졌을 때 진정한 신체활동의 감상적 안목이 완성된다고 볼 수 있다. 이것은 간접 활동으로서의 감상과 직접 활동으로서의 신체활동을 통해 느끼고 표현될 수 있는 것으로, 두 가지 경험이 모두 포함되었을 때 온전한 운동미를 학습했다고 할 수 있다. 스포츠문화의 참여는 관람과 수행의 양자가 모두 함께 이루어질 때만이 올바로 이해할 수 있다.

◎ 감상 중심 수업에서 주의해야 할 점

감상 중심 수업에서 주의해야 할 점은 관련 스포츠를 이해하는 데 있어서 단순히 경기규칙이나 경기용어를 암기하는 식의 학습지도나 호기심이나 볼거리를 제공한다는 식의 수업방식은 바람직한 감상수업이라고 할 수 없다. 이보다는 각 종목이 가지고 있는 특성과 선수들이 보여주는 경기모습에 따라 어떤 형태로 받아들이고 있으며 또 어떤 느낌을 주고 있는지를 알아보고, 그 스포츠가 탄생된 배경이나 발전된 과정을 통해 그 시대의 사상과 문화, 앞으로의 발전 가능성에 관해 생각해보고 스포츠문화인으로서 스포츠의 가치를 판단하고 존중하고 애호하는 태도를 기를 수 있도록 지도해야 한다.

② 감상수업의 단계

감상수업에서는 다음과 같은 교수ㆍ학습 단계를 가진다.

㉠ 함께 나눌 문제 확인

이 단계는 수업 시간에 학습자들이 학습할 목표를 확인하는 단계이다. 먼저, 제시한 학습 자료를 통하여 함께 나눌 학습문제를 자연스럽게 인식한다. 지도사는 필요한 정보를 안내하고 동기를 유발시켜 학습자들이 흥미와 관심을 가지고 수업에 참여할 수 있도록 수업을 진행한다.

㉡ 탐색

제시한 스포츠 종목을 보고 감상할 관점을 생각하여 제시하는 단계로서 해당 스포츠의 성격과 특징, 표현 방식, 표현 내용, 경기방법이나 규칙 등을 이해하고 그 속에서의 미적 요소와 원리, 기술이나 구성, 조화나 구조, 기법의 종류와 표현 수단 등을 생각하여 감상을 어떻게 할 것인지에 관해 구상하는 단계이다.

㉢ 감상

감상단계는 앞 단계에서 정한 감상 관점에 의하여 주어진 감상 종목을 감상하고 관찰하는 단계이다. 감상 종목의 성격과 특징, 표현 방식, 표현 내용, 미적 요소와 원리, 기술이나 구성, 조화나 구조, 기법의 종류와 표현 수단 등을 관찰하고 특징 있는 표현을 찾아서 나름대로의 자신의 느낌을 감상지에 기록한다.

㉣ 느낌 나누기

느낌 나누기 단계에서는 작성한 감상지를 상호 발표하고 토의하는 시간으로, 학습자들이 느꼈던 느낌 중에서 누구나 느낄 수 있는 보편적인 느낌이나 관점의 차이에서 오는 서로 다른 느낌 등을 상호 비교하고 이해함으로써 새로운 감상 관점을 세울 수 있는 단계이다. 이는 자신의 생각과 타인의 생각이 어떤 점에서 공통되는가와 어떤 점에서 다른가를 앎으로써 자신이 발견하지 못한 감상 관점이나 개념 등을 타인을 통해 새롭게 알 수 있다는 점에서 학습효과를 기대할 수 있다.

이 단계에서는 성격상 구성주의 학습원리가 적용되며, 초기 단계에서 개개인이 자신의 관점에 따라 구성한 감상지의 작성을 통해 개인의 마음속에만 있던 지식이 새롭게 외부로 표현됨으로써 새로운 지식의 생산자가 된다는 가치와 발표를 통하여 개인의 생각이 사회적 공동체 내에서 그 타당성과 관점의 차이를 비교하고 이해해볼 수 있도록 하는 기회를 제공한다는 점에서 과정의 중요성이 강조된다.

㉤ 정리하기

정리하기 단계에서는 그동안 발표되고 토론된 내용을 정리하여 공통점과 차이점은 무엇이며 그것은 어떠한 근거에서 그러한 비평이 나오게 되었는지 기록된 내용을 통해 정리하는 과정이다. 이 과정을 통해 학습자들은 감상한 스포츠의 종목에 대한 자신들의 생각이나 느낌이 경기를 연출하고 보여준 선수의 역할만큼 중요하다. 이는 또다시 개인에게 머물러 있는 것이 아니라, 타인들과 나누어 가짐으로써 더욱 발전하고 가치 있는 지식으로 다시 재정립된다는 사실을 알게 한다. 또한, 이러한 행위야말로 스포츠 자체의 매력을 향유하고 스포츠문화의 동참자로서 제 역할을 다한다는 점을 주지시키는 단계이다.

㉥ 평가

감상이라는 주관적인 행위를 객관적으로 평가한다는 것은 참으로 어려운 일이나 감상수업은 이것을 통해 얻고자 하는 학습 목표가 있어야 평가가 가능하다. 이를테면 감상하는 학생의 바람직한 태도나 감상의 대상이 되는 스포츠 종목의 이해 정도, 스포츠 속에 담겨 있는 경기 요소를 찾아내어 분석하는 능력, 자신의 감상 소감을 조리 있게 표현하는 능력, 다양한 관점을 이해하고 다시 자기의 지식으로 내면화할 수 있는 능력 등이 그것이다.

표 5-24. 감상지를 활용한 평가 방법(예시)

점수	내용	대통 (4점) 매우 그렇다	통 (3점) 그런 편이다	보통 (2점) 미흡 하다	약통 (1점) 그렇지 않다	점수
감상 종목의 이해 정도	감상 종목의 명칭을 정확하고 구체적으로 알고 있는가?					
	경기 종목의 성격과 특성을 파악하고 있는가?					
	감상 종목의 기술 구현 또는 기술 이름을 정확한 명칭으로 기술하고 있는가?					
	경기규칙과 경기방법을 정확하게 이해하고 있는가?					
미적 요소 분석능력	감상 종목의 표현 수단과 방식을 자신의 관점에서 비평하고 있는가?					
	감상 종목의 독특한 특징을 찾아내어 비평하고 있는가?					

VI부
스포츠교육의 평가론

스포츠교육의 평가는 일반적으로 교수학습 활동계획 시 학습지도과정의 일부로 생각해왔지만, 최근에는 교육 프로그램을 계획하거나 강습의 중요한 부분으로 다루고 있다. 교육평가에 대한 최근의 관심은 생활체육 교육 현장에서도 학습자의 학습목표에 대한 실제적 평가를 강조하고 있다.

1장 평가의 이론적 측면에서는 평가의 개념과 목적, 평가의 단계와 기능, 평가의 양호도와 평정체제 같은 이론적 지식을 살펴본다.

2장 평가의 실천적 측면에서는 평가의 모형 및 기법을 통해 스포츠 지도 현장에서 교육평가를 수행하는 데 도움이 될 수 있는 구체적인 방향과 실천 방법을 살펴본다.

1장 평가의 이론적 측면

 학습목표

- 평가의 개념과 목적을 이해한다.
- 평가의 단계별 기능의 차이를 이해한다.
- 평가의 양호도와 평정체제에 대해 이해한다.

1. 평가의 개념과 목적

스포츠지도사에게 평가는 교육 현상의 가치를 판단하여 교수-학습의 의사결정에 도움을 주기 위한 활동이다. 또한 교육평가는 교수-학습의 목표가 얼마나 잘 달성되었는지를 모니터링할 수 있는 기회를 제공하며, 교수-학습의 결과로서 지도사와 학습자의 행동 변화를 측정하기 위한 자료수집 활동이다. 따라서 교육평가는 학습자의 성취도에 대한 질적인 판단과정과 교육과정 등과 같은 평가 대상의 가치, 질, 효과를 결정하는 과정이다.

가. 평가의 개념

평가(evaluation)와 유사한 개념으로는 측정(measurement), 사정(assessment), 검사(test) 등이 있다. 측정(measurement)은 평가보다 먼저 생긴 개념으로, 일정한 양을 기준으로 하여 같은 유형의 양에 수치를 부여한다. 이때, 측정수치는 가치판단이 배제되며, 평가과제의 일부에 포함된다. 사정(assessment)은 스포츠지도사가 의사결정을 하기 위해 다양한 방법으로 자료를 수집·해석·활용하는 과정을 의미한다. 검사(test)는 특정 사실이나 일의 상태 또는 물질의 구성 성분을 조사하여 옳고 그름과 낫고 못함을 판단하는 일이다. 평가(evaluation)는 측정보다 포괄적인 개념으로 교육과정, 스포츠지도사의 교수활동, 교육환경 등과 같은 평가 대상의 가치를 판단하는 과정이다.

평가의 과정은 〈그림 6-1〉과 같이 구분할 수 있으며, 판단이라는 본질적 속성을 지니고 있다. 평가는 평가 대상에게 가치를 부여한다는 의미를 지니며, 가치판단은 평가를 측정이나 검사 같은 활동과 구분해주는 본질적인 특성이다.

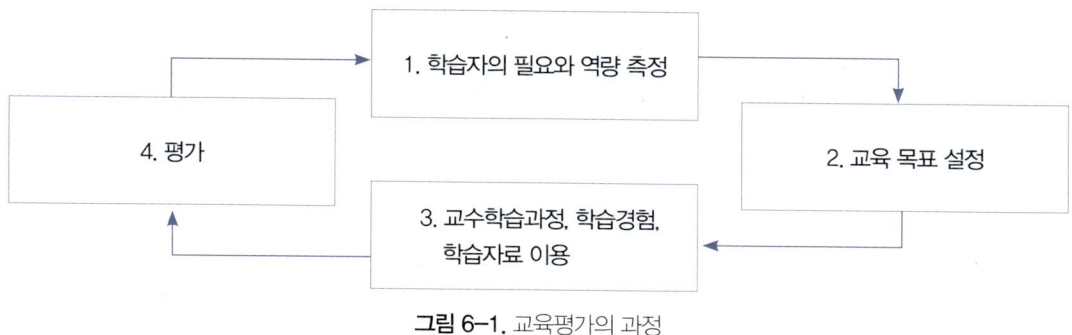

그림 6-1. 교육평가의 과정

나. 평가의 목적

측정이나 검사가 가치중립적 활동이라면, 평가는 가치지향적 활동이다. 이러한 평가의 진정한 목적은 평가 대상에 대한 자료를 수집·분석·보고하는 것보다 지도사의 교육활동을 개선하는 데 있다. 이에 스포츠지도사는 학습자에게 학습 진도 및 학습 상태에 관한 정보, 학습자의 동기유발에 관한 정보, 교수의 효율성 판단 정보, 학습자의 목표와 학습 진행 상태에 관한 정보, 지도하고 있는 프로그램 또는 교육과정에 관한 정보, 집단 편성의 효율성을 높일 수 있는 정보 등을 제공받을 수 있는 환경을 조성해주어야 한다. 따라서 스포츠지도사는 평가 방향을 설정할 때, 교육 프로그램과의 연계성, 평가 내용의 균형성, 평가 방법의 타당성과 신뢰성 확보를 통하여 생활체육에 참여하는 다양한 계층과 욕구를 지닌 학습자의 개인적 역량을 고려해야 한다.

표 6-1. 평가의 목적

지도사의 교육활동 개선
교수-학습의 효과성 판단
학습자의 운동수행 참여 및 향상 동기 촉진
학습자의 학습상태와 학습지도에 관한 정보 제공
학습지도 및 관리운영의 효율성을 위한 집단 편성
학습자 역량 판단을 통한 이수 과정 선택 정보 제공
교육 프로그램 또는 교육과정의 적합성과 적절성 확인
교육 목표에 따른 학습 진행 상태 점검과 지도활동 조정

스포츠지도사에게 교육평가는 교육활동에 대한 피드백이며, 평가 목적을 달성하기 위한 수단으로 활용되는 것이 바람직하다. 즉, 교육 프로그램에 대한 스포츠지도사의 판단 자료로서 학습자에

게 그 활동을 계속하게 할 것인지, 중단시킬 것인지, 아니면 부분적으로 수정·보완해서 적용할 것인지에 대한 의사결정 자료가 된다. 이러한 관점에서 평가는 결정지향적인 활동이며, 평가를 실시하는 것보다 어떻게 결과를 활용할 것인가에 비중을 둔다.

2. 평가의 단계와 기능

스포츠지도사가 교육 현장에서 활용해야 하는 교육평가는 크게 형성적(formative) 기능과 총괄적(summative) 기능으로 구분할 수 있다. 형성적 평가는 진행 중인 교육 프로그램이나 교육과정을 개선·보완하는 데 필요한 정보를 수집 및 제공한다. 총괄적 평가는 특정 교육 프로그램이 종료된 후에 그 효과를 최종적으로 판단하는 역할로 학습자 성취도 판정, 지도사 책무성 판단, 학습자 자격 부여 등의 목적으로 활용된다. 따라서 교육평가는 학습자에게 발생한 가치 있는 변화의 주요 요인을 찾아내고 그것을 보다 발전적으로 활용하는 것이다.

가. 평가의 단계

평가(evaluation)를 실시하는 단계는 평가목적, 평가영역, 평가모형에 따라 달라질 수 있지만, 일반적으로 스포츠지도사가 지도 현장에서 학습자를 대상으로 실시할 수 있는 평가단계는 〈그림 6-2〉와 같이 진행된다.

그림 6-2. 평가의 단계

1단계(평가목적 결정): 평가의 내용과 방법은 평가목적에 따라 결정되므로 스포츠지도사는 교육평가에 있어 가장 먼저 평가목적을 확인하여 결정한다.

2단계(학습성과 확인): 1단계의 평가목적을 달성하기 위해 스포츠지도사는 학습자의 학습 성과를 구체적으로 확인·진술·분류한다.

3단계(평가도구 제작): 스포츠지도사는 평가목적 달성에 필요한 자료나 정보를 효과적으로 수집할 수 있는 도구를 제작하거나 선정한다.

4단계(평가자료 수집): 스포츠지도사는 제작한 평가도구를 학습자 등과 같은 평가 대상에게 실시하여 필요한 정보와 자료를 수집한다.

5단계(평가자료 분석): 스포츠지도사는 평가도구로 수집한 정보와 자료를 양적이나 질적으로 분석 또는 해석한다.

6단계(평가결과 보고): 스포츠지도사는 분석한 평가결과를 평가 대상자에게 설명하고 향후 보완해야 할 사항에 대해 논의한다.

7단계(평가결과 활용): 스포츠지도사가 1단계의 평가목적 달성을 위해 활용하는 단계이며, 평가결과의 특징을 분석하여 교수-학습 방법의 개선에 활용한다.

나. 평가의 기능

평가에 관한 입장은 일반적으로 측정관, 평가관, 총평관으로 구분하여 살펴볼 수 있다. 측정관(measurement)은 인간의 행동 특성을 항상성 측면에서 안정된 것으로 보고 표준과제, 표준문제 등 집단을 바탕으로 만들어진 규준자료에 근거하여 수치를 부여하고 의미를 해석한다. 따라서 점수의 신뢰성·객관성 유지 등이 주요 핵심이며, 부여한 수치는 선발·분류·예언·실험 등에 이용된다. 평가관(evaluation)은 인간의 행동 특성을 안정성이 없고 언제나 변화한다는 관점으로 본다. 그러므로 평가도구의 내용타당도에 관심을 두며, 교육목적 달성에 관한 증거를 수집하고자 한다. 또한 학습자의 행동 변화와 이를 위해 투입된 교육과정, 지도행동, 교수자료 등의 효과를 검증하고자 하며, 환경을 주요 변화 요인으로 본다. 총평관(assessment)은 개인과 환경의 상호작용에 관심을 두며, 객관화된 검사 이외에 자기보고법, 관찰, 면접, 자유연상법 등을 사용하여 예언·실험·분류 등에 활용한다.

스포츠지도사가 활용할 평가(evaluation)의 기능은 설정한 교육목표가 학습자에게 타당한 평가인지, 학습자의 학습경험 선정과 조직 측면에서도 교육목표를 달성할 수 있는지 등 교육의 모든 과정에서 이루어진다. 최근에 와서는 학습자의 교육목표 성취도를 향상시키기 위해 교육 전에 이루어지는 진단평가, 교육 중에 이루어지는 형성평가, 교육 후 이루어지는 총괄평가로 구분하여 평가의 기능으로 활용된다. 이와 같이 교육과정에서 활용할 수 있는 평가기능을 3가지로 구분하여 살펴보면 다음과 같다.

1) 진단평가

진단평가(diagnostic evaluation)는 스포츠지도사가 지도활동이 시작되는 초기에 지도전략을 수립하기 위한 기초자료를 얻고, 효과적인 지도방법과 적합한 학습방법을 결정하기 위해 학습자의 기초능력 전반을 진단하는 평가이다. 즉, 학습자가 성취하고자 하는 학습목표 달성을 위한 출발점 행동이 얼마나 잘 준비되어 있는지를 확인하는 과정이다. 〈표 6-2〉에서 제시된 바와 같이 진단평가의 역할은 첫째, 학습자가 학습을 시작하기 전 학습목표에 따른 수준 정도를 결정한다. 둘째, 지도(teaching)가 이루어질 때 투입되는 것으로 학습자가 학습상황에서 계속적인 오류 상황을 발생

시킬 때의 적절한 의사결정을 하도록 한다. 셋째, 출발점 행동의 진단에 따라 지도전략이 극대화될 수 있도록 학습자를 일정한 상황 속에 놓아두고자 할 때 실시한다.

표 6-2. 진단평가의 역할

진단평가의 역할
학습 전 학습목표에 따른 학습자 수준 결정
지도과정에서 학습자의 계속적인 학습 오류에 대한 적절한 의사결정
지도전략의 극대화를 위해 학습자를 일정한 상황에 의도적으로 머무르게 유도

이에 따른 3가지 진단기능으로는 첫째, 현재 학습과제와 관련된 선행학습의 오류를 진단하고 이에 대한 교정을 위한 기능, 둘째, 현재 학습과제를 학습자가 얼마나 미리 달성하고 있는지를 파악하기 위한 기능, 셋째, 학습자의 흥미, 성격, 적성, 학업성취 등에 따라 지도전략을 구상하기 위한 기능이 있다. 스포츠지도사가 현장에서 학습자와 상담 시 활용할 수 있는 진단평가를 소개하면 〈표 6-3〉과 같다.

표 6-3. 진단평가 설문지 예시

공통 설문 항목				
번호	설문 내용			
1	준비된 개인 기본장비를 모두 체크해보세요.	① 라켓	② 신발	③ 운동복
2	배드민턴 강습 시 희망하는 강습 형태를 선택하세요.	① 1~2인 강습	② 4인 강습	③ 상관없음
3	배드민턴을 최근 3년 내 강습 받은 경험이 있나요?	① 있다	② 없다	
개별 설문 항목				
번호	설문 내용			
4	포핸드 그립을 안정적으로 잡을 수 있는가?	① 그렇다	② 보통	③ 아니다
5	백핸드 그립을 안정적으로 잡을 수 있는가?	① 그렇다	② 보통	③ 아니다
6	8방향 전환 스텝을 할 수 있는가?	① 그렇다	② 보통	③ 아니다
7	강습과 관련해 기타 의견과 건의사항을 적어주십시오.			

2) 형성평가

형성평가(formative evaluation)는 교수-학습활동이 진행되는 과정에서 학생에게 피드백을 주고, 교육 프로그램이나 교육과정을 개선하며, 지도방법을 개선하기 위하여 실시하는 평가이다. 따라서 〈표 6-4〉에서 제시된 바와 같이 형성평가의 역할은 첫째, 강습의 교수-학습활동 피드백과 교정에 있다. 둘째, 교육목표에 기초하여 교수-학습 과정의 개선이 이루어질 수 있도록 한다. 셋째, 교수-학습활동이 유동적인 시기에 지도내용과 교수-학습활동 개선에 있다.

표 6-4. 형성평가의 역할

강습의 교수-학습활동 피드백과 교정
교육목표에 기초한 교수-학습 과정 개선
교수-학습활동의 유동적 시기에 지도내용과 교수-학습활동 개선

표 6-5. 형성평가 설문지 예시

공통 설문 항목							
번호	설문 내용	매우 그렇다	그렇다	보통이다	아니다	전혀 아니다
1	강습내용의 난이도가 높았는가?					
2	강습환경이 쾌적하고 안전하다고 생각하는가?					
3	강습활동에서 요구하는 체력수준을 견디기 어려운가?					
개별 설문 항목				
번호	설문 내용	상	중	하
4	시범과 설명이 강습내용을 이해하는 데 적절하다고 생각하는가?			
5	지도사의 비언어적 지도행동이 자신의 학습행동 몰입에 도움이 되는가?			
6	금주 강습내용 중 이해하기 어렵거나 습득하기 힘든 내용은 무엇인가?			
7	강습환경이나 모둠 편성과 관련하여 건의사항이 있으면 적어주십시오.			

이에 따라 스포츠지도사는 형성평가 계획 시 몇 가지 고려해야 할 사항이 있다. 첫째, 형성평가는 학습내용 중 중요한 학습요소를 모두 포함해야 한다. 둘째, 행동목표에 따라 선택형, 단답형, 배합형 등을 다양한 문항 형식을 혼용할 수 있다. 셋째, 선수학습 문항의 답을 제시하는 것이 상위학습 문항을 학습하는 필요조건이 되도록 문항 위계를 구성한다. 넷째, 형성평가 분석은 학습자가 학습요소의 달성 여부 또는 습득 여부의 기준에 따라 판단한다. 마지막으로 형성평가의 분석은 문항에 대한 학습자 반응의 피드백을 반드시 제공한다. 이와 같이 스포츠지도사가 현장의 교수-학습 과정에서 활용할 수 있는 형성평가의 예시는 앞의 〈표 6-5〉와 같다.

3) 총괄평가

총괄평가(formative evaluation)는 일정한 분량의 학습과제나 활동 기간이 끝난 후, 학습자의 학업성취도 수준을 종합적으로 판단하기 위해 실시하는 평가이다. 스포츠지도사는 총괄평가를 통해 학습자의 성취도를 판단하여 다음 학습으로의 도전과 성공에 대해 조언할 수 있으며, 집단 내와 집단 간의 학습 효과를 비교할 수 있다. 그리고 스포츠지도사 스스로의 지도활동을 개선할 수 있는 구체적인 자료를 수집할 수 있다. 따라서 〈표 6-6〉에서 제시된 바와 같이 총괄평가의 역할은 첫째, 일정 기간 내 학습자의 학업성취도를 종합적으로 판단하게 한다. 둘째, 집단 내와 집단 간의 학습 효과 비교를 통하여 차후 학습에 대한 계획과 예측을 할 수 있게 한다. 셋째, 지도사의 교수활동 개선에 대한 구체적인 정보를 제공한다.

표 6-6. 총괄평가의 역할

학습자의 학업성취도에 대한 종합적 판단
학습효과 비교를 통한 차후 학습 계획과 예측
지도사 교수활동 개선에 대한 구체적인 정보 제공

이에 따라 스포츠지도사는 총괄평가 계획 시 몇 가지 고려해야 할 사항이 있다. 첫째, 총괄평가는 학습자 성취도와 교수-학습활동의 효과성을 연계하여 판단할 수 있도록 한다. 둘째, 평가 빈도가 적은 대신에 단위평가의 시간은 형성평가에 비해 길어야 한다. 셋째, 평가목표를 일반화와 전이 가능성이 있도록 포괄적이고 가시적인 것으로 설정한다. 넷째, 전체 교육목표를 모집단으로 하여 문항표본을 골고루 하여 난이도를 30~70%로 구성하고, 평균 난이도는 50%로 설정한다. 스포츠지도사가 학습자의 학업성취도 판단과 자신의 지도활동을 개선할 수 있는 자료 수집을 위한 총괄평가의 예시는 〈표 6-7〉과 같다.

표 6-7. 총괄평가 설문지 예시

공통 설문 항목					
번호	설문 내용	매우 그렇다	그렇다	보통이다	아니다	전혀 아니다
1	테니스 코트 청결상태와 안전 확보가 되어 있나요?					
2	학습자에 대한 지도사의 친화력 노력에 만족하세요?					
3	지도사의 강습 전문성과 지도방법에 만족하세요?					

		교육목표 달성도			
번호	설문 내용	미흡	초보	우수	탁월
4	테니스의 경기규칙과 게임 용어를 설명할 수 있다.				
5	포핸드 스트로크 시 스플릿 스텝을 사용하고 있다.				
6	포핸드 스트로크 랠리 시 데드존에 70% 이상 넣을 수 있다.				
7	정해진 테니스 게임 에티켓을 준수하면서 연습한다.				

학습성과 관련 설문					
번호	설문 내용	학습성과 달성도			
		미흡	초보	우수	탁월
8	라켓의 스윗스퍼트에 공을 임팩트 시킬 수 있는 능력				
9	스플릿 스텝으로 스트로크 타이밍을 맞출 수 있는 능력				
10	포핸드 스트로크 시 안정적인 사이드스텝을 할 수 있는 능력				
11	타 강습생과 친화력 있게 표현하며 활동할 수 있는 소통능력				

학습성과와 교육 내용의 관련도 설문					
번호	학습성과	교육 내용	학습성과와의 관계		
			무관	보통	밀접
12	라켓의 스윗스퍼트에 공을 임팩트 시킬 수 있는 능력	지도사가 토스해주는 공을 네트 넘어 데드존까지 보낼 수 있다.			
13	스플릿 스텝으로 스트로크 타이밍을 맞출 수 있는 능력	지도사가 토스해주는 순간 스플릿 스텝으로 스트로크 할 준비를 한다.			
14	포핸드 스트로크 시 안정적인 사이드스텝을 할 수 있는 능력	지도사가 좌우 토스해주는 공을 사이드스텝을 이용하여 스트로크 한다.			
15	타 강습생과 친화력 있게 표현하며 활동할 수 있는 소통능력	수강생과 항상 눈을 마주치며 인사하고, 이름 불러주기			

기타 설문	
16	강습과정에서 이해하기 어렵거나 습득하기 힘든 내용은 무엇이었는가?
17	강습과 관련하여 기타 의견이나 건의사항이 있으면 적어주십시오.

스포츠지도사가 교육 프로그램에 따라 활용할 수 있는 평가기능을 비교하여 살펴보면 〈표 6-8〉과 같다.

표 6-8. 평가기능별 차이점

평가기능	내용
진단평가	교육 프로그램 실시 이전에 참여자의 특성을 점검하는 평가활동으로, 학습자 또는 참여자의 정보를 수집하고 교육 방향을 설정·수정하며 학습장애의 원인과 정도를 파악하기 위한 기능
형성평가	교육 프로그램이나 지도방법의 개발단계에서 이루어지는 과정 중심의 평가활동으로, 지도방법과 과정, 결과의 향상과 효율을 증진시키는 방향으로 프로그램과 지도방법과 수정하기 위한 기능
총괄평가	교육 프로그램과 지도방법을 적용한 이후 학습자들의 성취도를 포함한 프로그램의 효과 및 효율성 등의 결과를 종합적으로 판단하기 위한 기능

3. 평가의 양호도와 평정체제

스포츠지도사가 교육평가를 위해 우수한 데이터를 수집하고자 한다면, 우수한 데이터를 도출할 수 있는 우수한 측정도구를 활용해야 한다. 그렇다면 측정도구의 '우수함'을 판단하는 기준은 무엇일까? 그것은 바로 측정도구의 타당도와 신뢰도다. 따라서 스포츠지도사가 우수한 측정도구를 사용하고자 한다면, 측정도구의 타당도와 신뢰도에 대한 개념 및 검증방법을 반드시 이해하고 있어야 한다. 여기에서는 측정도구의 양호도인 타당도와 신뢰도에 대한 개념 및 작동원리를 살펴보면서 신뢰도와 타당도를 측정하는 다양한 방법을 소개하고자 한다. 또한 스포츠지도사가 평가목적에 따라 검사를 실시한 후, 학습자에 대한 평점과 평정체제는 비교를 통해 작성한다. 이때 스포츠지도사는 학습자와 비교할 대상을 타 학습자, 설정된 기준, 적성, 노력, 향상도 등으로 평정체제를 설정할 수 있다.

가. 평가의 양호도

1) 타당도

측정도구의 타당도란 스포츠지도사가 측정하고자 하는 것을 측정도구가 정확하고 적합하게 측정하는지에 관한 정도이다. 그래서 타당도는 스포츠지도사가 평가목적에 적절한 측정도구를 선택하고자 할 때 반드시 고려되어야 할 사항이다. 예를 들어 스포츠지도사가 배드민턴 초보 입문자의 수준을 진단하고자 할 때, 중급 수준의 진단 문항으로 수준을 평가하면 평가목적에 따른 타당도는 낮을 것이다. 따라서 측정도구가 측정결과에 따라 특정한 결정을 하기 위해 유용하게 사용되려면,

검사의 타당도를 높이는 것이 필수이다. 교육현장에서 평가목적에 따른 측정도구의 타당도를 결정하기 위해 많이 활용하는 것이 내용타당도, 준거타당도, 구인타당도이다.

① 내용타당도

내용타당도는 검사문항이 측정하려고 하는 내용을 얼마나 잘 대표하고 있는지의 정도이다. 검사문항이 내용을 잘 대표한다면 그 검사문항의 내용타당도는 높은 것이다. 내용타당도는 내용전문가가 논리적 사고와 분석 과정을 통해 검사문항이 측정하고자 하는 내용을 제대로 측정하고 있는지를 판단함으로써 평가된다. 스포츠지도사는 학습자의 성취도 검사에 대한 내용타당도를 고려할 때, 교수-학습과정에서 설정했던 교육목표를 측정도구가 얼마나 충실히 측정하고 있는지를 판단해야 한다.

스포츠지도사는 측정도구의 내용타당도를 높이기 위해 다음의 사항을 확인해야 한다. 첫째, 모든 검사문항이 내용영역의 범위를 벗어나지 않도록 해야 한다. 둘째, 검사문항이 내용영역의 특성을 대표하여야 한다. 셋째, 검사문항이 영역의 특성을 일반화할 수 있을 정도로 충분해야 한다. 넷째, 문항의 난이도가 학습자 집단의 특성에 비추어 적절해야 한다. 다섯째, 내용전문가의 관점에서 볼 때 문항과 척도 제시가 적절하도록 전문가의 판단을 통해 확인해야 한다. 이상과 같이 내용타당도가 내용전문가의 주관적 판단에 의존하기 때문에 수량화되지는 않지만, 평정자 간 합치도를 응용한 모형을 활용하여 내용타당도 계수를 산출할 수도 있다.

② 준거타당도

준거타당도는 측정도구의 측정결과가 준거가 되는 다른 측정결과와 관련이 있는 정도이다. 미래의 측정결과와의 연관성을 '예측타당도'라고 하고, 현재의 다른 측정결과와의 연관성을 '공인타당도'라고 한다. 예측타당도는 측정결과가 미래의 행동을 정확하게 예측할 수 있는 정도를 나타내는 준거관련타당도 지수이다. 준거변인이 미래에 있으므로 한 검사도구의 예측타당도를 측정하기 위해서는 일정한 시간이 경과해야 한다. 예를 들어, 테니스 영재선발 검사라는 측정도구가 테니스 선수에게 필요한 운동감각 능력이나 체력 향상을 예측하는 타당도가 있다고 할 때 여기서 사용되는 준거는 테니스 영재선발 후의 운동감각 능력이나 체력 향상 기록이 되며, 테니스 영재선발 검사에서 높은 점수를 얻은 학습자가 선발 후 성공적으로 테니스 경기력이 높아져갈 때 테니스 영재선발 검사 도구의 예측타당도는 높다고 할 수 있다. 예측타당도는 한 시기의 검사점수와 일정 기간 이후의 준거 간의 상관계수에 의하여 추정되며, 상관계수가 클수록 예측의 정확성이 커지고 오차는 적어진다. 공인타당도는 검사결과가 이미 타당성을 인정받고 있는 다른 검사결과와 일치하는 정도로 검사의 타당도를 추정한다. 예측타당도와 다른 점은 준거점수가 미래의 측정결과가 아니라 현재의 측정결과라는 점이다. 따라서 동일한 시기에 시행된 두 검사결과 간의 상관관계에 의하여 공인타당도 수준을 파악한다. 예를 들어, 스포츠지도사가 제작한 학습자의 인성검사도구를 새로 개발하였을 때 검사목적에 충실한 정도를 점검하기 위해 교육현장에서 널리 사용되고 있는 미네소타 다면적 인성검사(Minnesota Multiphasic Personality Inventory: MMPI) 같은 인성검사 결과와의 관계를 비교분석하여 새로 제작한 검사의 공인타당도를 판정할 수 있다.

③ 구인타당도

측정도구가 재려고 하는 심리적 특성에 대해 조작적 정의를 내리고, 조작적 정의를 기준으로 측정하고자 하는 심리적 특성의 구인을 얼마나 제대로 측정하고 있는가를 나타내는 타당도 유형이다. 즉, 학습자의 창의력을 측정할 때 민감성, 이해성, 도전성, 개방성, 자발성 그리고 자신감의 구인으로 창의력이 구성되어 있다는 조작적 정의에 근거하여 스포츠지도사가 문항을 제작하고 이로써 창의력을 측정하였다면, 실제로 그 측정도구가 이런 구인을 어느 정도 측정하고 있는지 확인하는 과정을 의미한다. 이때 구인타당도를 추정하는 절차는 첫째, 측정하고자 하는 심리적 특성에 대하여 조작적 정의를 내린다. 둘째, 구인과 관련된 이론에 근거하여 구인을 측정할 수 있는 검사문항을 제작한다. 셋째, 측정대상에게 검사를 실시한다. 넷째, 대상의 응답자료를 분석하여 과연 검사가 측정하고자 하는 구인을 측정하였는가의 관계를 파악한다. 이러한 구인타당도를 수량화하기 위해서는 상관계수법, 실험설계법, 요인분석 등 다양한 통계적 방법이 적용된다.

타당도는 검사를 통해 측정하고자 하는 속성을 얼마나 정확하게 측정하고 있는지가 중요하며, 타당도가 아무리 높아도 그 검사의 신뢰도보다 높을 수는 없다. 따라서 타당도는 없으나 신뢰도가 높은 측정도구는 있을 수 있지만, 신뢰도 없이 타당도만 있는 측정도구는 측정도구로서 의미가 부족하다.

2) 신뢰도

우리가 누군가를 신뢰할 수 있는 사람이라고 하는 것은 시·공간에 관계없이 늘 일관된 태도나 행동을 보이는 예측 가능한 사람일 것이다. 측정도구 역시 시간의 경과에 관계없이 반복 가능하며, 일관성 있는 측정결과를 도출할 수 있다면 이 측정도구는 높은 신뢰도를 갖고 있는 것이다. 높은 신뢰도를 갖는 측정도구는 특정한 구성이나 개념을 측정할 때, 측정오류(measurement error), 즉 관찰값 오류(observational error)가 적은 관찰값(observed score)을 도출한다. 여기서 측정오류란 측정 대상에 대한 참값(true score)과 측정 대상의 관찰값 간 차이로 정의할 수 있다. 참값은 측정에서 오류가 없을 때 얻을 수 있는 완전한 기댓값이고, 관찰값은 측정도구를 통해 실제로 측정한 값이다. 참값은 항상 변하지 않기 때문에 결국 신뢰도는 측정오류 변화량에 의해 결정된다. 그러나 이 개념은 현실적으로 참값을 알 수 있는 방법이 전혀 없기 때문에 실용적 측면에서 신뢰도를 측정할 수 있는 방법에는 검사-재검사, 동형검사, 내적 일관성이 있다.

① 검사-재검사

검사-재검사 신뢰도 추정방법은 시간차를 두고서 개념이나 변인 측정을 두 번 실시해 두 관찰값의 차이로서 신뢰도를 측정하는 방법이다. 두 관찰값의 차이가 적으면 신뢰도가 높고, 차이가 크면 신뢰도가 낮은 것으로 판단한다. 이 추정방법은 검사에 있어 두 시기 간의 간격이 너무 긴 경우 그 사이에 서로 다른 경험 때문에 어떤 사람은 배우고, 어떤 사람은 잊어버리게 되어 이러한 종류의 변화가 크면 클수록 신뢰도는 사실보다 낮게 나올 수 있다. 반면에 재검사를 즉시 또는 단기간 내에 실시하면 피검사자는 검사를 반복할 가능성이 크므로 이렇게 추정된 신뢰도 계수는 사실보다 높게 나올 수 있다. 따라서 이 방법은 검사기간에 따라 원래의 신뢰도를 과대 또는 과소평가될 수 있다. 그러므로 기분, 건강, 동기 등 개인에 관계되는 모든 요인에 의한 일상의 변화는 신뢰도 계수에 영향을 주며, 검사 간의 기간이 길 때에는 학습이나 훈련 등이 동시에 영향을 주게 된다.

② 동형검사

동일한 구인을 측정하는 두 개의 검사지를 개발하여 이로부터 나온 점수들 간의 상관관계를 구하여 신뢰도를 추정하는 방법이다. 이때 두 개의 검사지는 동일한 구인을 측정하는 수많은 문항들로부터 무선 표집된 것으로 가정한다. 동형검사의 추정은 검사-재검사 신뢰도 추정과 두 가지 측면에서 유사성을 갖는다. 첫째, 동일한 집단에 대한 두 번의 검사를 실시한다. 둘째, 검사 참여의 동기, 피로도, 연습효과 등과 같은 요인에 의해 영향을 받는다. 그러나 동형검사 신뢰도는 또 한 가지 오차변량의 원인으로 문항추출상의 오차가 있다. 즉, 측정 받는 대상들의 능력과는 관계없이 어느 한쪽의 검사에서 더 좋은 점수를 받을 가능성이 있다. 이와 같은 동형검사 신뢰도 추정의 가장 큰 어려움은 두 종류의 검사를 개발해야 한다는 데 있으며, 이로 인한 시간과 경제적인 측면의 비용이라는 한계점이 있다.

③ 내적 일관성

하나의 측정도구 내 문항들 간의 연관성 유무, 즉 내적으로 일관성이 있는지 없는지를 파악함으로써 측정문항의 신뢰도를 추정하는 방법이다. 이 방법은 주로 크론바흐 알파(Cronbach α)라는 통계량을 사용하며, 도출한 통계량이 .70 이상(일부 문헌에서는 .60 이상일 때)이면 측정문항들 간에 내적 일관성이 있는 것으로 판단한다. 만일 특정 문항이 다른 문항들과 연관성이 매우 낮을 경우에는 내적 일관성을 높이기 위해 특정 문항을 제거할 수도 있다. 이때 하나의 검사는 여러 개의 부분검사로 이루어질 수 있고, 개별문항도 하나의 검사로 보는 전제하에서 신뢰도 추정이 이루어진다. 하나의 검사 안에서 일관성을 분석하기에 검사-재검사나 동형검사 신뢰도 추정처럼 두 번에 걸친 자료수집이 불필요한 것이 시간적·경제적 측면에서 유리한 점이다.

앞에서 제시된 신뢰도와 타당도에 대한 개념을 〈그림 6-3〉과 같이 양궁과녁을 이용해 도식화하면 좀 더 쉽게 이해할 수 있을 것이다.

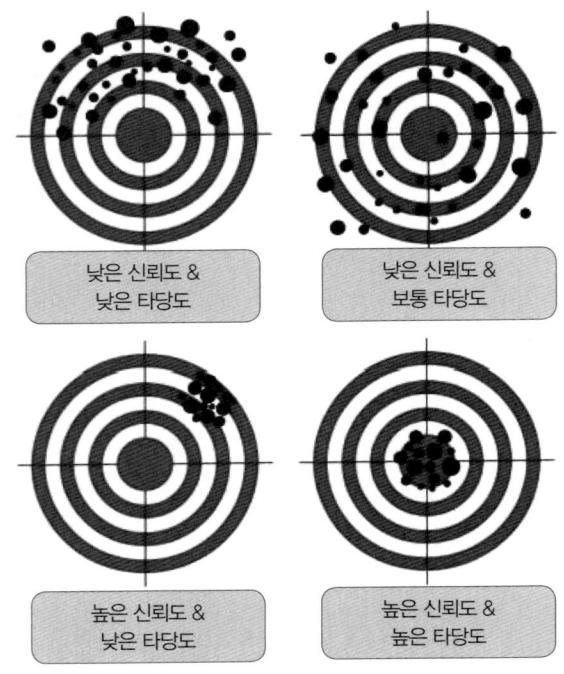

그림 6-3. 신뢰도와 타당도 간의 관계

나. 평정체제

1) 타 학습자와의 비교

학습자의 학습결과를 정상분포에 따라 평점을 부여한다는 것은 학습자의 성취가 같은 강습을 받는 타 학습자의 성취와 비교하여 어떠한가에 따라 평점이 부여된다는 것을 의미한다. 이러한 평정체제의 장점은 평점 부여를 위한 결정이 단순하다는 것이다. 학습자의 성취 정도의 분할 기준에 대해 스포츠지도사로 하여금 고민하게 만들지 않는다. 교육 프로그램 참여 전에 이루어진 진단평가에 의해 수준이 비슷한 학습자들로 강습반이 구성되었다면, 평점에 따른 타 학습자와의 비교는 학습자의 개인 역량의 정도를 제공하는 정보가 될 수 있을 것이다.

2) 설정된 기준과의 비교

스포츠지도사 또는 전문 기관에서 설정한 기준과 비교를 통한 평정체제는 모든 학습자들이 설정 기준을 통과할 수 있거나 통과하지 못할 수 있다. 이러한 평정체제에서는 개별 학습자의 성취정도가 타 학생들과의 비교보다는 규정된 성취기준 또는 수행기준에 달성했는지의 여부가 중요하다. 이러한 체제에서는 학습자의 노력 정도에 따라 높은 평점을 받을 수 있으며, 평점 부여 또한 단순하다. 뿐만 아니라 지도효과를 향상시키기 위해 노력하는 스포츠지도사에게는 시간이 흐르면서 기능이나 수준이 향상되는 것을 직접 확인할 수 있다. 그러나 이러한 평정체제의 단점은 학습자의 특성과 수준 등을 고려하여 각 단계별 성취기준을 정하기가 쉽지 않다는 것이다.

3) 적성과의 비교

적성이라는 것은 잠재적 역량 또는 능력의 또 다른 이름이다. 이러한 평정체제에서 스포츠지도사는 학습자를 타 학습자와 비교하거나 설정된 기준에 도달시키려고 무리한 지도방법을 적용시키지 않을 수 있다. 그러나 이러한 평정체제에서 스포츠지도사는 학습자에게 학습자 자신과의 비교를 통하여 자신의 성취 정도가 스스로의 잠재능력에 얼마나 근접시켰는지를 확인해주는 것이 중요하다. 즉, 높은 적성을 보이거나 잠재적 능력을 갖춘 학습자가 높은 성취를 보이면 높은 평점을 부여한다. 또한 보통의 적성을 지닌 학습자가 보통의 성취를 보인다면 이 역시 높은 평점을 부여하는 것이다. 따라서 이와 같은 평정체제는 상대적 성취와 절대적 성취에 대한 관점과는 다른 평정체제이다.

4) 노력과의 비교

학습자의 성취 정도를 노력의 정도와 비교하는 체제는 성취를 적성과 비교하는 평정체제와 비슷할 수 있다. 보통 정도의 성취도를 나타냈지만, 많은 노력을 기울인 학습자에게는 높은 평점을 부여한다. 반면에 보통 정도의 성취도를 나타냈지만 별로 노력을 기울이지 않은 학습자에게는 낮은 평점을 부여한다. 이와 같이 스포츠지도사가 노력에 따라 학습자의 평점을 부여하는 것은 학습 속도가 느리거나 동기부여가 되지 않은 학습자에게 동기를 부여할 수 있는 장점을 지니고 있다. 그러나 이러한 평정체제를 객관화하여 수용하려는 학습자들은 불공정하거나 학습자 자신을 낮춰 봐주는 것으로 받아들여 내적 동기를 상실하는 경우도 있다. 스포츠지도사는 이와 같은 평정체제를 활용하기 위해서는 학습자의 특성과 성향을 파악하여 적용하는 것이 필요하다.

5) 향상도와의 비교

학습 시점과 종료 사이의 향상 정도를 비교하는 평정체제이며, 가장 많은 향상을 보인 학습자에게 가장 높은 평점을 부여한다. 그러나 학습 시점에 수준이 높았던 학습자에게는 동기 부여에 한계점이 있는 평정체제이지만, 초보자와 운동능력이 상대적으로 약한 아동이나 여성들에게는 적합한 평정체제일 수 있다.

    이와 같이 다양한 평정체제를 어떤 교육적 상황에서 활용할 것인가에 대한 결정은 스포츠지도사의 몫이다. 대부분의 스포츠지도사들은 설정된 기준과의 비교가 평정 본연의 목적, 즉 학습자 성취에 대한 피드백에 가장 적합하다는 것에는 동의할 것이다. 성취기준이 설정되면 학습자는 다양한 비교를 통하여 동기를 유발시키고 학습에 대한 몰입을 이끌어낸다. 따라서 스포츠지도사들은 하나의 평정체제를 활용한 지도보다는 복수의 평정체제를 활용하여 지도하는 것이 학습자와 보다 효율적인 소통을 이끌어갈 수 있을 것이다.

2장 평가의 실천적 측면

 학습목표

- 평가의 4가지 관점을 이해할 수 있다.
- 평가모형의 특성과 차이를 이해하고 적용할 수 있다.
- 평가 기법의 특성과 차이를 이해하고 적용할 수 있다.

1. 평가의 모형

평가모형이란 평가목적을 효과적으로 달성하기 위하여 특정 탐구방식을 적용하여 평가방법 및 절차를 체계화해놓은 것이라고 정의할 수 있다. 따라서 평가모형은 복잡한 평가현상을 구체적으로 파악하는 데 매우 유용한 정보를 제공해주는 역할을 한다. 이러한 평가의 모형이 형상화된 개념적 구조를 지니기 위해서는 측정으로서의 평가, 목표-결과의 일치도 결정과정으로서의 평가, 전문적 판단과정으로서의 평가, 응용연구로서의 평가라는 교육평가의 4가지 관점을 이해해야 한다. 이러한 관점을 중심으로 여러 가지 평가모형 중에서 목표 중심 모형, 운영 중심 모형, 참여자 중심 모형에서 대표적인 평가모형을 살펴보고자 한다.

가. 교육평가의 관점

교육평가에 대한 최초의 정의는 20세기 초에 교육학과 심리학에서 연구된 측정이론을 바탕으로 이루어졌다. 측정과 평가는 동일한 개념으로 혼용되어오다가 1930년대 이후부터 측정보다 평가의 개념이 널리 사용되었다. 이에 측정으로서의 평가에 대한 관점은 과학적 측정기법을 적용함으로써 객관적이고 신뢰할만한 평가 자료를 제공할 수 있는 이점을 가지고 있다. 측정도구는 수학적·통계적으로 조작이 가능하여 규준이나 준거를 포함한 자료 제시가 가능하다는 장점이 있다. 그러나 측정에 토대를 둔 평가 관점은 검사자료 개발, 검사, 점수화, 결과 해석 등 많은 소요 시간과 경제적 손실이 요구되는 단점과 판단의 준거가 상대적 성격을 띠고 있어 불명확하다는 것이다. 즉, 평가결과의 추출과정과 성격이 이해되지 못하면 측정된 수치에 의미를 부여하기 어렵다는 것이다.

두 번째 관점은 목표-결과의 일치도 결정과정으로서의 평가이다. 이 관점에서 강조하는 것은 바람직한 행동 변화를 가져올 교육 프로그램이라면 진술된 수업목표와 학습자들의 학습결과가 일치한다는 것이다. 이러한 평가적 관점은 스포츠지도사에게 교육목표를 명확하게 개념화할 수 있도록 하며, 교육목표에 대한 강조는 교육 프로그램의 성공 여부를 판단할 수 있는 명확한 증거를 제시한다는 점에서 매우 의미가 있다. 그러나 교육목표를 측정 가능하도록 세부적으로 진술하다 보니 중요한 목표를 간과하거나 중요하지 않은 목표를 부각하는 경우가 생겨날 수 있으며, 학습자의 행동결과를 너무 강조하면 평가 준거 설정 시 학습자의 학업성취도 결과에 의존하는 경향이 발생한다. 이러한 과정에서 지도사의 만족도, 학습자의 요구, 비용-효과성 등의 요소가 등한시될 수 있다. 따라서 과정평가에 있어 가치 있는 자료수집이 어려워지고, 교육 프로그램의 수정이나 피드백의 기회를 잃게 된다.

세 번째 관점은 전문적 판단과정으로서의 평가이며, 앞에서 제시된 두 가지 관점에 비해 평가자료에 이미 가치판단이 포함되어 있다는 가정을 한다. 그래서 교육 프로그램 운영의 효과성 평가를 한다면 현장방문을 평가의 실천적 원칙으로 강조한다. 따라서 전문가로 구성된 평가단은 교육 프로그램 운영을 종합적으로 분석한 후, 전문적 식견으로 운영의 효과성에 대한 판단을 하게 된다. 이러한 평가 방법의 장점은 평가활동 수행이 비교적 용이하고, 다양한 질적·양적 변인을 고려할 수 있으며, 짧은 시간에 평가결과를 도출해낼 수 있다. 그러나 평가결과의 객관성과 신뢰성을 의심받거나, 판단의 준거가 애매하거나, 평가의 결과를 다른 프로그램이나 기관에 일반화하기에 어렵다는 단점이 있다.

네 번째 관점인 응용연구로서의 평가는 연구 수행과정을 평가의 과정에 그대로 적용하고자 한다. 즉, 연구의 기본단계인 자료 수집, 자료 분석, 자료 해석, 결과 도출의 단계를 평가과정에 그대로 차용하고 있다. 이러한 관점은 스터플빔(Stufflebeam, 1971)에 의해 실험연구와 평가연구의 차이점으로 다음과 같이 한계성이 제기되고 있다. 첫째, 과학적 연구법이 자연현상을 제한된 범위 내에서 일반적인 법칙을 찾는 것이라면 평가연구는 교육현장에서 가장 효율성이 높은 대안탐색의 근거를 마련하는 것이다. 둘째, 실험연구는 실험자의 의도가 자료 분석의 결과에 어느 정도 개입되지만, 교육평가는 실제 환경에서 일어나는 변인들 간의 상호작용을 평가하는 것이다. 셋째, 실험연구는 실험연구 과정이 마무리되어야 결과자료를 얻을 수 있으나, 교육평가는 교육 프로그램 평가활동이 수행되는 동안에도 부분적인 결과 자료를 모아 필요 시 프로그램의 효율성을 높이는 데 즉시 반영시킬 수 있다. 넷째, 실험연구에서는 한 집단에 하나의 실험처치를 하고 결과를 평가하지만, 교육상황에서는 하나의 프로그램에만 고착하여 효과를 찾기가 어렵다. 다섯째, 실험연구에서는 통제변인을 통하여 동등한 실험집단을 구성하지만, 교육상황에서는 집단구성이 무작위로 이루어지므로 통제변인의 효과가 상대적으로 낮다. 여섯째, 실험연구와 달리 평가연구에서는 학습자의 특성이 편포되어 있으며 집단 간 변량도 매우 다를 수 있다. 일곱째, 실험연구보다 평가연구의 교육상황이 훨씬 복잡한 의사결정 상황에 놓여 있다는 것이다.

나. 교육평가모형

교육평가에 있어 평가해야 할 과제나 문제의 성격에 따라 특정한 평가모형을 선택적으로 지정하는 것은 단순한 과정이 아니다. 스포츠지도사가 교육 프로그램에 대한 평가활동을 수행하고자 할 때 특정 평가모형을 선정한 근거나 합리성이 있어야 한다. 따라서 교육평가 시 평가문제에 적절한 평가모형을 선정하여 평가를 실시하고 그 결과를 분석하는 과정이 평가의 실효성을 결정하는 핵심이다. 그러나 평가모형들은 어떻게 평가를 수행해야 하는지에 대한 세부적인 설명이 없으나, 평가모형 선정작업 자체가 교육 프로그램을 어떻게 평가해야 하는가에 대한 가치판단을 내포하고 있다. 그러므로 평가모형을 선정하는 방법은 스포츠지도사의 평가 상황에 맞게 평가모형을 수정하여 적용하면 된다. 하지만 모든 평가모형을 마음대로 수정하여 사용해서는 안 된다. 어떤 평가모형은 독특한 평가문제나 평가 상황을 고려하여 개발된 것이므로 유사 조건에 적용해야 문제해결력을 높일 수 있다. 교육평가모형은 평가 상황에 따라 목표 중심, 운영 중심, 소비자 중심, 전문가 중심, 반론 중심, 참여자 중심으로 분류하여 적용할 수 있다.

목표 중심에는 Tyler의 평가모형, Metfessel과 Michael의 평가모형, Provus의 불일치 평가모형, Hammond의 합치유관모형이 있다. 운영 중심에는 Stufflebeam의 의사결정 평가모형, Alkin의 CSE모형이 있으며, 소비자 중심에는 Scriven의 탈목표모형, CMAS 체크리스트가 있다. 전문가 중심에는 Eisner의 교육적 감식안과 비평모형이 있으며, 반론 중심에는 Wolf의 법정 판결모형, Weiss의 정치적 협상모형이 있다. 참여자 중심에는 Stake의 반응적 평가모형, Parlrtt와 Hamilton의 조명적 평가모형, Guba와 Lincoln의 자연주의 평가모형이 있다. 본 교재에서는 여러 가지 평가모형 중에서 비교적 일반적인 성격을 띠고 널리 적용되고 있는 목표 중심인 Provus의 불일치 평가모형, 참여자 중심인 Stake의 반응적 평가모형, 운영 중심인 Stufflebeam의 의사결정 평가모형이라는 3가지 평가모형을 중심으로 특징과 차이점을 살펴보고자 한다.

1) Provus의 불일치 평가모형(목표 중심)

프로버스(Provus, 1971)의 평가모형은 프로그램의 기준과 수행수준 사이의 차이를 규명하여 교육 프로그램의 개선이나 효율화를 위한 정보 수집에 근본 취지를 두고 있다. 이 평가모형은 〈표 6-9〉와 같이 다섯 단계의 평가활동을 전개한다.

표 6-9. Provus의 불일치 평가모형의 활동 단계

단계	평가 활동
1단계	– 교육 프로그램 개요의 요약정리 – 교육 프로그램 투입, 전개, 산출 등에 종합적인 정보 수렴 – 수집 정보와 산출결과를 교육 프로그램의 목적이나 정의와 비교 – 수행수준과 교육목표 사이의 불일치 발생 시 교육목표 수정
2단계	– 교육 프로그램의 수정 및 실행 여부 확인을 위한 현장관찰 – 수행수준과 교육목표 사이의 불일치 발생 시 교육목표 재수정
3단계	– 교육 프로그램의 중간 성취목표 달성 확인 – 학습자의 행동 변화 방향 확인(형성적 평가개념) – 불일치 시 프로그램 또는 목표 수정
4단계	– 교육 프로그램 구성요소의 최종 교육목표 성취 정도 확인 – 사전·사후 행동 변화, 실험통제 집단결과 비교(총괄적 평가개념)
5단계	– 반드시 적용하는 단계는 아닐 수 있음 – 실험적인 교육 프로그램과 기존 프로그램의 비교 – 상황적 변화에 따른 효과 파악

평가단계에서 확인된 불일치 정보는 다음 교육상황으로 전환되기 전에 교육 프로그램의 교정 또는 기준 교정을 결정하는 것이 중요하다. 만약 각 단계에서 설정한 기준을 학습자가 성취하지 못할 경우에는 교육 프로그램의 전면 수정을 검토해야 한다.

2) Stake의 반응적 평가모형(참여자 중심)

스테이크(Stake, 1967)는 평가의 본질을 교육 프로그램이나 지도 자료 같은 평가대상의 가치를 여러 측면에서 체계적으로 분석하는 것이라고 했다. 이 평가모형에서의 교육 프로그램 운영절차는 〈표 6-10〉과 같이 세 단계를 거쳐 이루어진다.

표 6-10. Stake의 반응적 평가모형의 활동 단계

단계	평가 활동
선행조건	– 사전학습 경험, 사전 학업성취도 수준, 흥미, 태도, 적성 등의 자료 수집
실행과정 (상호작용)	– 스포츠지도사와 학습자 간의 본격적인 상호작용을 통해 교육 프로그램 목적 성취 – 라포르 형성 활동, 토론, 대화 등을 통한 상호작용 전개
결과 측면	– 학습자의 능력, 학업성취도, 태도 변화 등 결과에 관심 – 학습결과 및 학습효과 분석할 때 장기적–단기적, 인지적–정의적, 개인적–집단적 측면 고려한 결과분석·제시

이 평가모형에서 제시된 3가지 측면에 대한 평가자의 행위 또는 기능을 기술단계(descriptive phase)와 판단단계(judgemental phase)로 구분하고 있다. 기술단계에서는 3가지 측면(선행조건, 실행과정, 결과 측면) 간에 어느 정도의 논리적 관련성을 유지하고 있는지를 검토하고, 3가지 측면에서 의도된 것과 관찰된 것 간의 합치 정도를 심사하고, 3가지 측면에 대하여 관찰한 결과들이 어느 정도 일관성을 유지하고 있는지를 확인한다. 이때 교육 프로그램의 문제점을 점검하기 위해서는 3가지 측면의 논리적 불일치, 의도된 것과 관찰된 것 간의 불합치와 불일관성을 파악한다. 그리고 판단단계에서는 상대적 또는 절대적 비교방법을 사용하여 교육 프로그램의 가치와 장점을 분석한다.

3) Stufflebeam의 의사결정 평가모형(운영 중심)

스터플빔(D. L. Stufflebeam, 1971)이 제안한 의사결정 평가모형은 타일러의 목적달성 여부에 초점을 둔 목표 중심 평가모형의 대안으로 제시된 모형이다. 이 평가모형에서는 평가 주체자에게 교육 프로그램 개선과 관련하여 운영의 올바른 의사결정을 위한 정보 제공과 그 결정이 갖는 장점과 단점을 파악할 수 있도록 해준다. 이러한 교육적 의사결정에 관련되는 정보를 제공하기 위해 〈그림 6-4〉와 같이 상황평가(context evaluation), 투입평가(input evaluation), 과정평가(process evaluation), 산출평가(product evaluation)의 4가지 측면으로 구분하여 평가모형을 설명하고 있다. 일반적으로 'CIPP 평가모형'이라고도 한다.

그림 6-4. 스터플빔의 의사결정 모형 평가 방식

스터플빔은 교육 프로그램 개선을 위한 의사결정을 계획과 관련된 결정(상황평가), 구조화와 관련된 결정(투입평가), 교육실천을 위한 결정(과정평가), 그리고 차기 계획과 순환을 위한 결정(산출평가)으로 구분하였다. 〈표 6-11〉에 제시된 바와 같이 상황평가는 스포츠지도사에게 교육활동이 이루어질 환경과 상황을 보다 명확하게 이해시켜주고, 학습자에게 충족되어야 할 필요와 요구가 무엇인지를 알려주며, 교육을 통해 추구해야 할 일반적인 목적과 구체적인 목표를 확인해주는 활동을 한다. 투입평가는 스포츠지도사에게 설정한 교육목표를 성취하기 위해 지도활동에서 사용되어야 할 필요한 수단과 절차에 대한 정보를 제공해준다. 과정평가는 스포츠지도사가 계획한 교육 프로그램이 실제로 교육현장에 투입되었을 때 원래의 의도대로 전개되고 있는지를 파악하여 정보를 제공하는 것으로, 교육 프로그램의 문제점과 효율성을 점검하는 데 유용하다. 산출평가는 스포츠지도사에게 교육 프로그램의 성취결과를 측정하고 해석하기 위한 정보를 제공하는 목적으로 이루어진다.

표 6-11. Stufflebeam의 의사결정 평가모형의 단계별 활동

단계	평가 활동
상황평가	상황적 조건을 통한 평가문제 발견 및 확인
투입평가	교육 프로그램과 지도체제의 효능성 확인 및 평가
과정평가	교육 프로그램 설계상의 결점 파악과 문제해결 탐색
산출평가	교육 프로그램의 장·단점을 종합적으로 심사

의사결정 평가모형은 목표 중심 평가모형과 같이 교육의 산출에만 초점을 두는 평가에 비해 교육과정의 전반적인 측면에 대한 평가를 시도함으로써 스포츠지도사에게 교육 프로그램 개선과 관련된 의사결정에 도움이 되는 정보를 제공할 수 있다는 장점이 있다. 반면, 교육상황에 따른 스포츠지도사의 교육적 가치판단을 의사결정자에게 위임한다는 점에서 평가의 기능과 범위를 정보 수집과 그 정보를 의사결정자에게 제공하는 데 제한하고 있다는 한계점이 있다.

표 6-12. Provus, Stake, Stufflebeam 평가모형 비교

평가의 일반 개념	평가모형		
	Provus	Stake	Stufflebeam
상호작용	상호작용	상호작용	×
중도 성취목표	중도 성취목표	즉시목표	도구적 목표
투입평가	1단계	선행조건	2단계
과정평가	실행단계	목표와 실행의 합치 정도	과정단계
산술평가	4단계	결과 측면	4단계
프로그램 정의	프로그램 정의단계	논리적 유관성	투입단계
평가표준 설정	각 단계	상대적-절대적	×
목표설정	프로그램 정의	교육의도	×
판단단계	1~5단계	기술행위 마친 후	×
상황평가	×	×	상황평가
선행조건 고려	×	선행조건 고려	×

4) Provus, Stake, Stufflebeam의 평가모형 비교

스포츠지도사가 교육평가를 위한 최적의 의사결정을 내리는 데 필요한 정보나 유용한 평가결과를 얻고자 할 때, 평가자의 의도에 적합한 평가모형을 찾기는 쉽지 않다. 따라서 교육현장에서의 평가요구에 적합한 평가모형을 적용하기 위해서는 교육 프로그램의 목적과 상황에 적절한 평가모형과 부합시키는 것이 최선의 방법이다. 앞의 〈표 6-12〉는 다양한 평가모형 중에서 목표 중심과 운영 중심, 그리고 참여자 중심의 대표적인 평가모형의 특징과 차이점을 기본적인 평가 개념의 준거에 따라 제시하고 있다. 이와 같은 분석표를 이용하면 교육현장에서 보다 적합한 평가모형을 선택할 수 있는 안목을 제공할 수 있을 것이다.

2. 평가의 기법

스포츠 지도 현장에서 교육평가는 평가 기준에 따라 준거지향 평가와 규준지향 평가로 분류한다. 준거지향 평가의 경우에는 교육목표나 학습내용의 숙달수준에 대한 정보를 얻고자 하는 것이고, 규준지향 평가에서는 학습한 내용의 질적 수준에는 관심이 낮고, 어느 학습자가 학습 성취도가 우수한가를 비교하는 데 초점을 두게 된다. 따라서 준거지향 평가에서는 교육내용 자체가 평가 준거인 반면에 규준지향 평가에서는 학생 간의 능력비교가 기본적인 평가 논리이다. 또 다른 평가 기준으로 주목받고 있는 자기지향 평가는 학습자의 내적 동기를 유발하기 위한 평가 기준으로 학습자 스스로 학습에 대한 의욕을 높임으로써 성취한 수준을 평가한다. 이와 같은 평가 기준을 고려하여 스포츠지도사가 교육평가 시 활용할 수 있는 다양한 평가 기법으로는 체크리스트, 평정척도, 루브릭, 관찰, 학생일지 등이 있다.

가. 평가 기준
1) 준거지향 평가

스포츠 지도 현장에서 준거지향 평가에 대한 목적은 무엇을 배웠는지 명확하게 진술시키려는 것이다. 준거지향 평가는 내용 면이나 과정 면을 모두 포함하는 것으로, 사전에 스포츠지도사가 설정한 학업수행 준거나 행동 준거에 학습자가 도달하였거나 행동을 보여주었을 때, 교육목표가 달성되었다고 한다. 이러한 결과해석이 가장 적절한 프로그램 설계는 개별화 프로그램이나 지도체제이다. 준거지향 평가는 개인에게 자격 또는 면허를 부여하거나 선발을 위한 심사 등과 같이 실제적인 결정을 내리는 데 자주 이용된다. 준거지향 평가의 절대적 준거 적용은 학습자 집단의 검사점수 분포를 고려하지 않고 개인의 성취도를 설정된 준거나 척도에 비교하여 평가결과를 해석한다. 따라서 준거지향 평가는 학생들이 알아야 할 지식과 기술을 알고 있는지, 또는 모르고 있는지를 따지는 데 주안을 두는 평가 방법이다. 주어진 교육목표의 달성 정도를 기준으로 하여 각 학생의 성취도를 평가하는 방법이며, 교육목적 이외의 다른 내용도 성취도의 평가 기준으로 사용될 수 있으나, 준거지향 평가에서는 교육 또는 수업목표를 평가준거로 하고 있기 때문에 준거지향 평가를 흔히 '목표지향 평가'라고도 한다.

2) 규준지향 평가

규준지향 평가는 한 학습자의 학업성취도를 학습자 상호간의 상대적 비교를 통해 성적을 결정하는 평가방법이다. 한 학습자의 성취가 얼마나 바람직한가 하는 정도는 주어진 집단의 점수분포인 규준에 의해 결정된다. 주어진 집단의 점수 분포상 상대적인 위치에 따라 그 성취가 얼마나 바람직한지에 따라 주어진 상대적 평점은 상대적인 해석만 할 수 있을 뿐, 평점의 절대적인 의미가 분명치 않다는 문제가 있다. 예를 들어 '수'의 평점은 그 평점을 받은 학습자의 학업성취도가 그 학습자가 속한 학급(학습자 수 60명의 경우)에서 최상위 10% 이내, 또는 최상위 6명 이내에 든다는 사실만을 우리에게 알려줄 뿐이다. 그 학습자가 어떤 교육 프로그램에서 실제로 무엇을 어느 정도로 학습했는지를 밝혀주지 못하고 있다. 선발이 목적이 아닌 주어진 교육목표의 달성도가 목적인 기관수업에 있어서 평가가 갖는 여러 가지 단점 때문에 최근에는 절대기준평가의 방향으로 평가태도가 바뀌는 경향을 보이고 있다. 따라서 이 평가는 상대적인 정보만 줄 뿐 목표달성도에 관한 정보를 주지 못하는 단점과 아울러 지나친 경쟁이라는 비교육적 동기유발의 문제, 지적 성취에 있어서 계급의식의 강조 등 여러 가지 비교육적인 영향을 주고 있다는 것이 지적되고 있다.

3) 자기지향 평가

자기지향 평가는 자신의 능력이나 특성을 스스로 판단하는 활동을 말한다. 이 평가는 개인이 자기 자신의 행동을 평가하는 한 방법으로 자신의 능력이나 특성을 스스로 판단하는 평가활동을 의미한다. 경쟁적인 상황에서 객관적인 평가가 요구되는 경우에는 주로 타인에 의한 평가가 요구되지만, 개인의 발달이나 문제해결을 위해서는 자기이해를 위한 자기평가가 효과적이며, 심리적 문제해결을 위한 자기분석이나 성취도 측면의 자기평가가 널리 활용되고 있다.

나. 평가 기법

1) 체크리스트

체크리스트는 특정 행동, 특성 등을 나열한 목록이다. 체크리스트는 쉽게 제작할 수 있을 뿐만 아니라, 사용하기에도 매우 편리하다. 따라서 스포츠지도사가 어떤 사건이나 행동 발생 여부의 신속한 확인을 하기 위해 주로 사용한다. 체크리스트를 이용한 자료수집에서는 어떤 행동의 발생 여부를 '예/아니오'로 답하지만, 운동기능의 질적인 측면을 평가하는 경우에는 우수, 보통, 미흡 등의 평가도 가능하다. 또한 체크리스트는 관찰도구나 질문지로 활용된다. 관찰도구로서 체크리스트를 활용하면, 관찰자는 연구대상의 행동을 관찰하고 그 결과를 해당 항목에 표시한다. 질문지로서 활용하면, 응답자가 자신의 행동이나 성격특성과 일치하는 항목에 표시한다. 체크리스트는 제작하기가 용이한 반면, 좋은 목록을 구성하기 위해서는 세심한 주의가 요망된다. 〈표 6-13〉은 스포츠지도사가 교육현장에서 간단히 활용할 수 있는 체크리스트 예시이다.

표 6-13. 체크리스트 예시

운동기능	배드민턴의 백핸드 하이클리어
Y / N	백핸드 스트로크 시 타점이 적절한가?
Y / N	리스트 콕(wrist cock)을 하고 있는가?
Y / N	백핸드 스트로크 시 썸업(thumb up)을 하고 있는가?
Y / N	백핸드 스트로크 시 팔꿈치를 펴서 스트로크를 하는가?

체크리스트에서 가장 중요한 것은 목적에 부합되는 적정수의 항목들로 구성해야 한다는 것이다. 체크리스트는 잡다한 정보보다는 적합한 정보를 얻기 위한 노력의 일환이다. 제작하기가 용이하다고 해서 무작정 다수의 항목들을 포함하는 것은 지양해야 한다. 사용 목적을 충실히 고려하여 포괄적으로 항목을 산출하되, 특별한 이유가 없다면 중복되는 내용이 없도록 항목을 배타적으로 구성해야 한다. 그리고 관찰자나 응답자가 체크리스트에 표시할 때 애매모호함이 없도록 문장진술이나 용어 사용에서 명확성을 기해야 한다.

2) 평정척도

행동의 질적 차원을 양적으로 수집하기 위해 개발한 도구였으나, 스포츠교육에 도입되면서 행동의 적절성, 운동기능의 향상 정도, 운동기능의 형태적 특성 등에 관한 자료를 수집하기 위한 도구로 사용되고 있다. 평정척도는 관찰 가능한 불연속 행동을 관찰하는 데 적합하다. 일반적으로 선택점이 많을수록 행동이나 특징을 보다 정확하게 나타낼 수 있지만, 선택점이 많으면 신뢰성이 떨어지며, 선택점이 적으면 신뢰성은 높지만 정보의 정확성이 떨어진다. 교육현장에서 자주 사용하는 평정척도는 3단계, 5단계 척도이며, 〈표 6-14〉처럼 학습자가 스스로 운동기능을 평가하기 용이한 평가 도구이다.

표 6-14. 평정척도 예시

교육환경 만족도	매우 만족	만족	보통	불만족	매우 불만족
테니스 코트 청결 상태는 어떠한가?					
테니스 코트 시설 관리 상태는 어떠한가?					
연습공간 및 연습시설 활용 측면은 어떠한가?					
야간 강습 시 테니스코트 조명의 밝기 정도는 어떠한가?					

3) 루브릭

루브릭은 구성주의적 관점에서 학습자의 수행을 평가할 때 효과적인 평가 도구로 인정받고 있을 뿐만 아니라 루브릭을 통하여 학습자들은 학습 결과로 무엇이 구체적으로 요구되는지 파악할 수 있다. 다시 말해 루브릭은 평가자들에게는 평가 시 활용할 수 있도록 각각의 수행 수준의 특징에 대한 정보를 명세화하여 제공하며, 학습자에게는 자신들이 어느 정도의 수준인지에 대해 분명한 피드백을 제공하여 향후 수행 능력을 위하여 무엇이 필요한지에 대하여 분명하게 알 수 있게 해 준다. 더 나아가 루브릭을 통하여 학습자들은 스스로 평가과정에 참여할 수 있게 되어 학습의 초점이 무엇인지 분명히 알고 자기 주도적으로 학습할 수 있게 된다. 루브릭이 효과적이려면 〈표 6-15〉와 같이 수행 역량을 전체적으로 조망하고 각각의 수행 수준에 맞추어서 세분하고 자세하게 묘사해야 한다. 루브릭을 제작하는 과정은 먼저, 정확하게 무엇을 평가할 것인지 확인하고, 평정척도와 점수 분포를 분명히 한 후 각각의 수행 수준에 대해 그 수행 수준의 독특한 특징을 편견 없이 서술해야 한다. 마지막은 검토 단계로서 수행 수준의 연속성을 제대로 고려하고 있는지, 동일한 기준을 적용하고 있는지, 수행 수준 간의 구별은 명확한지, 각 수행 수준에 대한 점수 부여는 신뢰성이 있는지를 검토하여 수행한다.

표 6-15. 루브릭 예시

지도행동	미흡	초보	우수	탁월
지도방법 및 전략	지도방법과 전략이 대부분 교육목표에 부합하지 못함	일부 지도방법과 전략이 교육목표에 적절함	대부분의 지도방법과 전략이 교육목표에 적절함	지도방법과 전략이 교육목표에 따라 다양하고 적절하게 전환
의사소통	지도사의 어휘나 지시사항이 부적절하거나 모호함	지도사의 어휘가 모호하지만 지시사항은 정확하게 전달	지도사의 어휘나 지시사항을 명확하고 정확하게 전달	학생들이 이해하기 어려운 부분을 미리 예측하여 정확한 어휘와 지시로 전달

4) 관찰

일반적으로 사물의 실태를 객관적으로 파악하기 위하여 주의 깊게 살펴보는 것을 의미하지만, 철학적 관점에서의 관찰은 인식의 기초로서 적극적인 의도를 가지고 살펴보는 것을 말한다. 과학적 관점에서의 관찰은 관찰대상·관찰시기·관찰방법을 사전에 명확히 해두는 것을 필요로 하는데, 이러한 점에서 우연적 관찰과 구별된다. 따라서 수량화하는 일, 객관적 사실과 관찰자의 해석을 혼동하지 않도록 하는 일, 관찰의 결과를 일반화함에 있어서는 충분한 자료를 얻어서 다른 관찰자와의 협의를 거친 다음에 결정하는 일 등을 매우 중요시한다. 스포츠교육에서 관찰은 경기관람, 촬영영상, 경기영상 등을 통해 이루어진다. 이때 스포츠지도사는 〈표 6-16〉과 같이 교육현장에서 관찰을 지도할 때 다음과 같은 사항들을 고려해야 한다. 첫째, 관찰 목적을 분명히 할 것. 둘째, 관찰 문제를 분명히 설정할 것. 셋째, 관찰 대상을 결정할 것. 넷째, 관찰 장면을 선정할 것. 다섯째, 관찰 기간을 결정할 것. 여섯째, 관찰하려는 행동이나 행동 단위를 명확히 정의할 것. 일곱째, 기록의 형식을 정할 것. 여덟째, 관찰자의 위치와 피관찰자에게 끼칠 영향을 고려할 것.

표 6-16. 관찰지 예시

농구 경기 관찰지	
1. 관찰 목적: 컷 인 플레이 상황	5. 관찰 기간: 전·후반 경기
2. 관찰 문제: 기습공격 상황	6. 관찰 행동: 컷 인 플레이
3. 관찰 대상: 기습공격 시 공 없는 공격자의 움직임	7. 기록 형식: 설명문 형식과 상황 도식
4. 관찰 장면: 기습공격 장면	8. 관찰 위치: 경기장 센터라인 근처

5) 학습자 일지

학습자 일지는 학습자의 학습 진행 및 학습 내용을 상세히 기록한 문서이다. 학습 목표 및 주제에 맞게 학습 내용을 요약하여 정리하고, 추가적인 학습 과제나 예습내용을 함께 작성토록 한다. 따라서 학습자 일지는 어떤 활동에 참가하거나 활동한 후 특성을 드러내는 것을 기록하는 데 유용하게 사용할 수 있다. 스포츠지도사는 학습자로 하여금 그날의 학습이 끝나면 학습 소감이나 지도사의 의견을 함께 적어 학습자 일지를 관리하도록 교육한다. 학습일지의 형식은 정해져 있지 않으므로 다양한 학습에 맞게 사용할 수 있으며, 하루의 식사량과 하루에 물을 얼마나 마셨는지 등을 기록하는 것도 학습자 일지에 포함시킬 수 있다. 학습자 일지는 자기 기록이며, 자신이 기록한 자기 정보의 정확성을 확인하는 데 유용하다. 스포츠지도사는 학습자 일지를 통하여 학습자 스스로 자신의 정보를 수집·정리할 수 있는 기회를 제공함으로써 자신을 이해하고 반성할 시간을 갖도록 지도하는 것이 필요하다. 다만 학습자 일지 작성이 자발적으로 이루어지지 않을 경우에는 〈표

6-17〉과 같이 기록 기간을 길지 않게 하는 것이 바람직하다.

표 6-17. 학습자 일지 예시

학습자 일지
1. 주제: 3주 동안 자신의 식습관과 1일 음용한 식음료 양을 매일 기록하시오.

6) 학습자 면접과 설문지

스포츠지도사가 교육현장에서 학습자를 효율적으로 지도하기 위해서는 학습자에 대한 정보를 가능한 한 다양하게 수집해두는 것이 좋다. 이 과정에서 학습자들의 생각이나 감정에 관한 정보를 얻는 가장 효과적인 방법은 지도사가 학습자에게 직접 물어보는 것이다. 지도사는 설문지나 면담을 통하여 교육 프로그램 등에 관한 학습자의 생각을 알 수 있다. 이와 같이 학습자를 상담하면서 구하는 학습자 정보는 교육현장에서 부딪히는 다양한 문제를 원만하게 풀어갈 수 있는 좋은 자원이 된다. 뿐만 아니라 새로운 교육 프로그램을 기획하거나 지도사의 전문성 함양을 위해 좋은 밑거름이 된다.

표 6-18. 학습자 상담지 예시

학습자 상담지
1. 골프를 배우는 이유는 무엇인가? 　　탐사: 골프가 재미있는가? / 골프에 대한 학습목표가 있는가? / 가족 중에 골프를 즐기는 사람이 있는가?

Ⅶ부
스포츠교육자의 전문적 성장

이 단원에서는 학교체육, 생활체육, 전문체육 분야에서 일하는 체육 전문인의 자질은 무엇이며, 이러한 자질이 어떻게 개발될 수 있는지에 대하여 살펴본다.

1장에서는 스포츠교육 전문인의 자질을 학교체육, 생활체육, 전문체육으로 나누어 살펴본다.

2장에서는 스포츠교육 전문인으로서 장기적인 계획을 가지고 성장하고 발달하기 위한 학습 방법에 대하여 살펴본다.

1장. 스포츠교육 전문인의 전문적 자질

> **학습목표**
> - 학교체육 전문인의 전문적 자질과 구성요소를 이해한다.
> - 생활체육 전문인의 전문적 자질과 구성요소를 이해한다.
> - 전문체육 전문인의 전문적 자질과 구성요소를 이해한다.

1. 스포츠교육 전문인의 전문적 자질 개발

스포츠교육 전문인이란 학교체육, 생활체육, 전문체육의 영역에서 체육(스포츠, 피트니스, 엑서사이즈) 활동을 지도하는 사람으로, 체육에 대한 전문적인 지식과 기능을 가지고 있는 사람을 의미한다. 이와 같은 스포츠교육 전문인에게 필요한 지식, 기능, 태도 및 심성은 어떠한 것이 있는지를 학교체육, 생활체육, 전문체육 영역에 대하여 살펴보고 전문인의 발달단계에 따라 어떠한 방식으로 지속적으로 전문성을 개발해나갈 수 있는지를 살펴보도록 한다.

가. 학교체육 전문인의 전문적 자질

학교체육 전문인의 자질이란 학교에서 체육을 가르치는 전문가로서 요구되는 자질 및 능력으로, 이는 크게 지식, 수행, 태도로 구분된다(한국교육과정 평가원과 한국스포츠교육학회, 2008). 한국교육과정평가원과 한국스포츠교육학회(2008)는 학교체육지도자에게 필요한 8가지 자격기준을 제시하고 있는데, 여기에는 지식, 수행, 태도의 3가지 측면이 모두 포함된다. '지식'은 인지적인 측면으로 학교체육 전문인으로서 알고 있어야 할 것이고, 이러한 앎을 가르침의 현장에서 실천할 수 있는 능력이 '수행'이며, 바른 성품과 인성을 함양하고, 이를 행동과 '태도'로 보여줄 수 있는 자질이 요구된다고 할 수 있다. 한국교육과정평가원과 한국스포츠교육학회가 제시한 학교체육 전문인의 자질을 지식, 수행, 태도의 3가지로 구분해보면 〈그림 7-1〉과 같다.

학교체육 전문인의 지식적 측면의 자질은 학습자 이해(기준 2)와 교과에 대한 지식(기준 3)을 포함하며, 수행적 측면의 전문성은 교육과정 운영 및 개발(기준 4), 수업 계획 및 운영(기준 5), 학습 모니터 및 평가(기준 6), 협력관계 구축(기준 7)을 의미하고, 태도적인 자질은 교직인성 및 사명감(기준 1)과 전문성 개발(기준 8)을 포함한다.

1장 스포츠교육 전문인의 전문적 자질

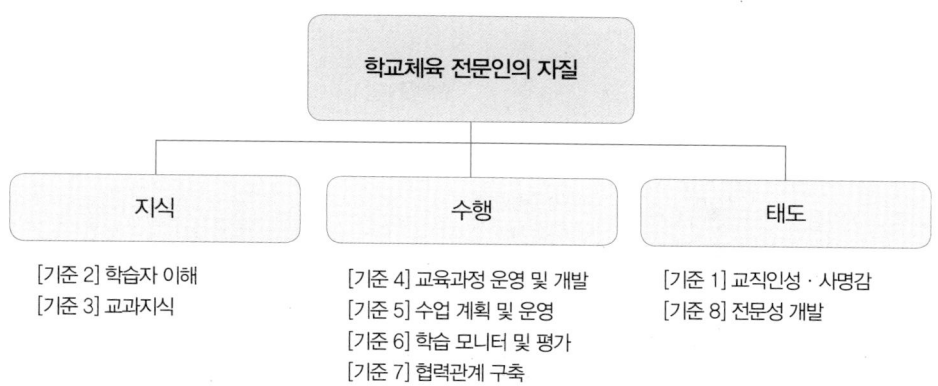

그림 7-1. 학교체육 전문인의 자질의 범주

1) 학교체육 전문인의 전문적 자질의 종류 및 구성요소

학교체육 전문인이 가져야 할 자질은 크게 8가지이다. 이는 ① 교직인성·사명감, ② 학습자 이해, ③ 교과지식, ④ 교육과정 개발·운영, ⑤ 수업 계획 및 운영, ⑥ 학습 모니터 및 평가, ⑦ 협력관계 구축, ⑧ 전문성 개발이다. 이들 각 범주에 대한 세부적인 자질은 다음의 〈표 7-1〉과 같다.

① 학교체육 전문인의 인지적 자질

학교에서 체육을 가르치는 전문인이 가지고 있어야 할 지식적인 측면의 자질을 '인지적 자질'이라고 한다. 학교체육 전문인의 자질 기준에 따르면, 학습자 이해(기준 2)와 교과 지식(기준 3)이 인지적 전문성에 해당된다. 가르치는 사람으로서의 학교체육 전문인이 가장 잘 알아야 할 대상 중의 하나는 가르치는 대상인 학생이다. 학생들의 발달과 차이, 학생들의 선행학습 정도나 학습 동기와 요구의 파악은 매우 중요하다. 학생들이 정규 체육수업 상황에 있을 때와 방과 후 학교체육 프로그램에 있을 때, 혹은 학교스포츠클럽에 참여할 경우 이들의 배움에 대한 동기는 다를 수 있다. 정규 체육수업에서는 교육과정에 따라 배움에 목적을 둔다면, 학교스포츠클럽의 경우에는 자신이 좋아하는 스포츠에 집중하여 다양한 실제 게임을 해볼 수 있는 실전 경험에 참여하는 것이 참여 동기가 될 수 있다. 이러한 학생의 참여 동기 및 요구에 대한 지식은 가르치는 사람에게 매우 중요하다.

또 다른 지식은 가르치는 내용에 대한 지식이다. 이는 체육에 대한 이론과 실기에 대한 지식, 체육교과의 기반이 되는 학문적 지식으로서 스포츠심리학, 스포츠사회학, 체육사 등 다양한 체육학 지식 분야가 포함된다. 이러한 인지적 자질은 학교체육 전문인이 효율적으로 가르칠 수 있는 일을 수행하는 기반이 된다.

표 7-1. 학교체육 전문인의 자격 기준표(한국교육과정평가원과 한국스포츠교육학회, 2008에서 수정하여 제시함)

영역 (대범주)	전문적 자질의 기준	세부 내용
교직인성 ·사명감	[기준 1] 학교체육 전문인은 건전한 인성과 가르치는 일에 대한 사명감을 갖는다.	1. 학교체육 전문인은 교육공동체 구성원 모두를 존중하고 차별 없이 대한다. 2. 학교체육 전문인은 가르치는 일의 국가·사회적 영향을 인식하고 업무에 솔선수범한다. 3. 학교체육 전문인은 학생의 신체활동 생활화 및 건전한 체육문화 및 복지 정착에 노력한다.
학습자 이해	[기준 2] 학교체육 전문인은 학생 개인의 특성과 신체활동 학습 및 발달 정도를 이해한다.	1. 학교체육 전문인은 학생의 신체, 인지, 사회, 정서 발달 정도 및 차이를 이해한다. 2. 학교체육 전문인은 학생의 선행학습 내용 및 방식, 학습 동기 및 요구를 이해한다. 3. 학교체육 전문인은 학생의 개인적 특성과 환경을 이해한다.
교과 지식	[기준 3] 학교체육 전문인은 학교체육 전문인에 관한 전문지식을 갖는다.	1. 학교체육 전문인은 체육교과의 실기와 이론에 대한 전문적인 수행 및 이해 능력을 갖는다. 2. 학교체육 전문인은 체육교과의 기반이 되는 학문의 지식을 폭넓게 이해한다. 3. 학교체육 전문인은 체육교과와 기반이 되는 학문의 최신 지식을 지속적으로 탐구한다.
교육과정 개발·운영	[기준 4] 학교체육 전문인은 체육교과, 학생, 교육상황에 적합한 교육과정을 개발, 운영한다.	1. 학교체육 전문인은 체육과 교육과정의 구성 원리와 내용체계를 이해한다. 2. 학교체육 전문인은 체육과 교육과정을 학생, 학교, 지역의 특성 및 상황에 적합하게 재구성한다. 3. 학교체육 전문인은 체육과 교육과정의 운영 과정 및 결과를 분석하고 개선한다.
수업 계획 및 운영	[기준 5] 학교체육 전문인은 체육수업을 효과적으로 계획, 운영한다.	1. 학교체육 전문인은 체육교과의 목표, 학생수준, 학습여건에 적합한 수업을 계획한다. 2. 학교체육 전문인은 다양한 수업방법, 활동, 자료, 매체를 활용하여 수업을 효과적으로 운영한다. 3. 학교체육 전문인은 학생의 체육 학습 요구를 진단하고 적절한 지원을 제공한다.
학습 모니터 및 평가	[기준 6] 학교체육 전문인은 학생의 신체활동 관련 학습을 관찰하고 평가한다.	1. 학교체육 전문인은 평가 목적 및 내용에 적합한 관찰·평가 방법을 이해하고 적용한다. 2. 학교체육 전문인은 관찰·평가 결과를 학생에게 제공한다. 3. 학교체육 전문인은 관찰·평가 결과를 체육수업 개선에 활용한다.
협력관계 구축	[기준 7] 학교체육 전문인은 교육공동체 구성원들과 협력관계를 구축한다.	1. 학교체육 전문인은 신체활동의 사회, 문화, 정치, 경제적 맥락을 이해한다. 2. 학교체육 전문인은 교육공동체 구성원들의 참여와 협력을 유도, 유지한다. 3. 학교체육 전문인은 교육공동체 구성원들과의 자원, 정보 교류에 주도적으로 참여한다.
전문성 개발	[기준 8] 학교체육 전문인은 전문성 개발을 위해 끊임없이 반성하고 실천한다.	1. 학교체육 전문인은 자신의 교육 실천을 비판적으로 반성하고 연구하며 개선한다. 2. 학교체육 전문인은 연수 프로그램, 프로젝트, 워크숍 등에 적극 참여하여 전문성 개발에 노력한다. 3. 학교체육 전문인은 현실에 안주하지 않고 평생 학습하고 노력한다.

② 학교체육 전문인의 수행적 자질

학교체육 전문인으로서 가져야 할 수행적 자질은 학습자를 직접적으로 지도하는 데 필요한 능력이다. 학교체육 전문인의 수행적 자질은 교육과정 개발 및 운영, 수업의 계획 및 운영, 학습의 평가, 협력관계 구축의 4가지로 나뉜다.

수업의 계획 및 운영은 프로그램의 목표, 학습자의 수준, 학습 여건에 맞도록 적합한 수업을 계획할 수 있는 능력, 다양한 수업 방법, 활동, 자료 및 매체를 활용하여 효과적으로 수업을 운영할 수 있는 능력, 학습자의 요구에 따라 적절한 도움과 지원을 해줄 수 있는 능력을 포함한다.

학습의 평가는 평가 목적 및 내용에 적합한 평가 방법을 이해하고 적용할 수 있는 수행 능력이다. 평가는 크게 학습의 한 과정으로서 학습을 더 잘할 수 있도록 돕는 평가(assessment for learning)와 학습 결과의 평가(assessment of learning)로 나뉘는데, 이러한 두 가지 평가를 적절히 사용할 수 있는 능력이 요구된다. 또한 평가의 결과를 학생과 공유하고 이러한 결과를 자신이 가르치는 활동을 개선하는 데 사용할 수 있어야 한다.

최근 들어 협력관계 구축의 중요성이 매우 강조되고 있는 실정이다. 학교체육 전문인은 체육교사, 스포츠강사, 학부모들의 참여와 협력을 유도하여 가르침의 효과가 최대화되도록 노력해야 한다. 최근 들어, 학교체육은 체육교사 일변도에서 학교스포츠클럽을 지도하는 스포츠강사, 방과 후 학교 프로그램 지도자, 학교운동부 등 다양한 방식을 포괄하는 방향으로 전개되어나가고 있다. 이러한 맥락에서 학교체육 전문인에게 협력관계를 구축하여 다양한 맥락에서 이루어지는 체육 활동을 잘 조율해내고 가르침의 효과를 극대화할 수 있는 자질은 그 어느 때보다 중요하다고 할 수 있다. 또한, 학교 체육지도는 다양한 학교체육 정책이 학교라는 한정된 시설과 공간에 투입됨에 따라 시설과 공간에도 제약을 가지고 있기 때문에 지역사회와 협력관계를 맺어 지역사회의 시설을 사용할 수 있도록 유관기관과 생활체육 단체와도 협력관계를 유지할 수 있는 능력이 요구된다.

③ 학교체육 전문인의 인성적 자질 및 태도

학교에서 이루어지는 체육활동의 궁극적인 목적은 신체적·정신적·사회적으로 잘 조화된 전인(全人)을 양성하는 데 있다. 이를 위해서는 체육을 지도하는 지도자의 인성적인 자질과 태도가 무엇보다 중요하다. 학교체육지도자의 인성은 배우는 학습자에게 모범이 되어야 한다는 점에서 중요할 뿐만 아니라 인성을 함양할 수 있는 방식으로 체육을 가르쳐야 한다는 점에서도 중요성을 갖는다. 학교체육 전문인의 인성적 자질 및 태도는 교직인성·사명감(기준 1)과 전문성 개발(기준 8)을 포함한다.

교직인성·사명감은 건전한 인성과 가르치는 일이 개인적인 측면뿐만 아니라 국가·사회적으로 중요한 일임을 인식하고 업무에 최선을 다할 수 있는 능력, 교육공동체의 구성원 모두를 존중할 수 있는 능력, 학생들이 신체활동을 생활화하여 학교에서뿐만 아니라 일상생활 속에서 꾸준히 실천할 수 있도록 돕고, 아울러 건전한 체육문화의 정착에 기여할 수 있어야 한다.

학교체육 전문인으로서 가져야 할 또 다른 자질은 지속적인 전문성 개발을 위해 노력하는 태도이다. 지식과 정보가 빠르게 변화하는 시대에 학교체육 전문인은 자신의 전문성 개발을 위해 부단히 노력해야 한다. 특히, 자신의 실천을 점검하고 지속적으로 개선하고자 하는 의지를 가지고 연구하는 태도를 견지해야 한다. 아울러, 전문성 개발을 위한 다양한 연수 프로그램, 프로젝트, 워크숍에 참여하여 새로운 아이디어를 배우고 이를 가르치는 일에 반영하도록 해야 한다. 이는 결국, 학교체육 전문인이 가르치는 사람이지만 또한 평생 학습자(lifelong learner)로서의 역할을 해야 함을 의미한다.

2) 학교체육 전문인의 전문적 자질 개발

학교체육 전문인의 전문적 자질은 대학의 관련학과에서 이루어지는 직전교육(pre-service education)과 현직에서 이루어지는 현직교육(in-service education)으로 나누어진다. 직전교육은 학교체육지도자로서 갖추어야 할 인지적·수행적·인성적 자질 및 태도를 가장 체계적으로 준비시키는 과정으로, 주로 대학의 교육과정을 통하여 이루어진다. 하지만 직전교육으로 학교체육지도자가 되기 위한 모든 자질을 충분히 갖춘다고 보기는 어렵다. 직전교육은 신규 지도자로서의 기본적인 역량을 갖추는 데 초점이 있고, 지도자로서의 지속적인 성장과 발달은 현직교육을 통하여 꾸준히 이루어져야 한다.

현직교육은 학교체육지도자가 평생에 걸쳐 끊임없이 배워야 하는 학습자(lifelong learner)로서의 역할을 강조한다(Makopoulou & Armour, 2013). 일회적이거나 단기적으로 교육을 받는 것으로 그치는 것이 아닌 생애 전반에 걸쳐 적합한 교육을 받아야 할 필요가 있음을 주장한다. 그러한 과정은 전문적 자질을 구성하는 인지적·수행적·인성적 자질 및 태도와 직결되며, 이와 관련하여 지도자의 생애를 몇 단계로 구분하여 교육받아야 할 내용을 세분화하여 제시하고 있다. 대표적으로 Katz(1972)는 지도자로서 직업에 입문하는 첫 해를 생존(survival) 단계, 그 이후부터 강화(consolidation), 갱신(renewal), 성숙(maturity) 단계로 이어지는 네 단계로 구분하고 각 단계에 따라 달라지는 지도자의 특성 및 관심 요구를 〈표 7-2〉와 같이 정리하였다.

생존 단계에는 지도자들이 새로운 환경에 적응하고, 교수 상황에서 직면하게 되는 여러 가지 문제에 대처하며, 효율적 수업을 위한 기술적인 능력의 향상이 주된 관심 사항이다. 강화 단계는 학교 적응을 마치고 수업 상황에 더욱 집중하게 됨으로써 학생 개개인의 요구와 능력에 관심을 가지

표 7-2. 학교체육지도자의 경력 단계에 따른 특성(Katz, 1972의 분류를 재구성함)

단계	경력	특성 및 관심
생존 단계 (survival)	0~1년	• 교수 상황에서의 당면 문제에 관심 • 자신의 교수 능력과 열정에 대하여 자문을 하게 됨 • 이들이 학교생활에 잘 적응할 수 있도록 조력하는 것이 필요함
강화 단계 (consolidation)	2년	• 학생 개개인의 요구를 생각하게 됨 • 학생의 특성과 지도 전략을 공유할 수 있는 기회 제공 필요 • 경력이 있는 동료 지도자나 다른 전문가의 성공 사례가 도움이 될 수 있음
갱신 단계 (renewal)	3~4년	• 가르치는 일에 조금씩 자신감을 갖게 되며, 이전에 했던 교수 방법에 지루함을 느끼면서 새로운 아이디어를 찾기도 함 • 새로운 자극을 위한 학회나 워크숍에 참석하는 경우가 있음 • 다른 지도자들과 공식적·비공식적 네트워크 형성
성숙 단계 (maturity)	4년 이후	• 티칭과 아동에 대한 자신의 교육관, 신념에 대한 자문을 하기 시작함 • 복잡한 교수 상황에서 비롯되는 의미를 이해하고자 함 • 국가·사회적 요구에 대한 적절성을 탐구하게 됨 • 폭넓은 경험(독서, 학회 발표 등)이 관점의 변화와 확장에 도움이 됨 • 같은 단계에 있는 다른 지도자들과 의견을 나누며 어려움을 극복할 필요가 있음

게 되는 시기이다. 이 시기는 지도자의 시행착오를 줄이고 전문적 발전을 유도할 수 있는 주변 동료들의 조력이 필요한 시점이다. 갱신 단계에서는 자신의 수업에 대하여 어느 정도 자신감을 가짐으로써 보다 새로운 교육 방법, 교육 내용에 서서히 관심을 가지기 시작한다. 이것을 위해 세미나, 연수, 학회 등 다른 지도자들과 교류할 수 있는 공식적·비공식적 과정에 참여함으로써 네트워크를 형성해나간다. 자발적인 교사들이 모여 주도하는 프로젝트 과정을 통해 성장의 계기를 마련하기도 한다. 마지막으로 성숙 단계에서는 보다 본질적이고 근원적인 수준에서 자신의 교육활동을 반추하고 더 나은 관점, 교육관을 갖기 위한 움직임을 시작한다. 지식과 경험의 확장을 위한 다방면의 전문성 개발 활동에 참여하기도 하며, 그러한 과정에서 자신과 같은 단계에 있는 여러 지도자들과 어려움을 공유하고, 해결방안을 모색하며 성장해나간다. 이러한 학교체육지도자의 전문성 개발의 흐름을 보기 쉽게 정리하면 다음의 〈그림 7-2〉와 같다.

이와 같이 경력 단계에 따른 전문성 신장의 변화를 통해 유추해볼 때, 학교체육지도자들은 저마다 다양한 경력 단계 중 어느 한 단계에 속하며, 각 단계별로 필요로 하는 능력이나 자질이 다를 수 있다. 따라서 학교체육지도자는 자신이 어느 단계에 있는지, 어떠한 배움이 새롭게 필요한지를 정확히 이해하고 그에 적합한 학습 방법을 선택하는 것이 무엇보다 중요하다고 할 수 있다.

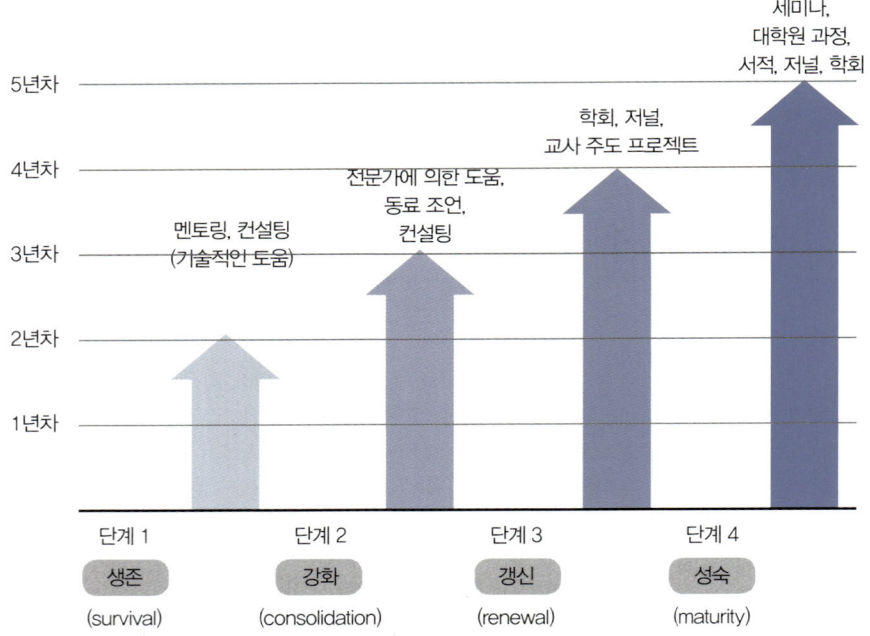

그림 7-2. 학교체육 전문인의 단계별 전문성 신장 방안

　모든 학교체육지도자들이 지금까지 설명한 전문성 개발 단계에 따라 순차적으로 성장하는 것은 아니다. 단계 간의 순서 차이도 발생할 수 있고, 경력 단계가 1년씩 정확하게 맞아떨어지지 않는 경우도 발생할 수 있다. 다만 지도자가 자신의 교직 생애에 걸쳐 지속적으로 전문성을 개발(Continuing Professional Development: CPD)해야 한다(Armour, 2013)는 뚜렷한 지향점을 가지고, 학습자의 태도로 자신의 현 단계에 무엇이 부족하고 무엇이 필요한지, 그것을 어떠한 방법으로 개발해야 하는지를 명확히 인지하는 것이 중요하다.

나. 생활체육 전문인의 전문적 자질 개발

1) 생활체육 전문인의 전문적 자질의 종류 및 구성요소

　생활체육지도자는 학교체육과 전문체육 이외의 생활 속에서 유아부터 노인에 이르기까지 모든 사람을 대상으로 하여 신체활동을 생활화하여 평생체육 활동을 영위하도록 지도하는 전문인이다(김선희, 2004).

　평균수명의 증가와 건강에 대한 일반인들의 관심이 증폭되면서 전 생애에 걸친 신체활동의 생활화가 관심을 받고 있다. 이에 발맞추어 생활체육지도자의 역할 또한 유례없이 강조되고 있는 시점이다. 생활체육지도자들이 이러한 요구에 부응하기 위해서는 생활체육 지도에 필요한 전문적 자질을 갖추고 지속적으로 개발하려는 노력이 필요하다. 생활체육지도자가 전문인으로 갖추어야 할 전문 능력은 인지적 자질, 기능적 자질, 인성적 자질이다(김상홍·정명수, 2001; 김선희, 2004; 김선희, 2009; 문병일, 2011; 배성우, 2014).

① 생활체육 전문인의 인지적 자질

인지적 자질은 생활체육 전문인이 갖추어야 할 전문지식과 관련된 자질이다. 생활체육지도자는 단순히 '무엇을 가르칠 것인가?'와 관련된 지도 내용 지식뿐만 아니라 '누구를(지도 대상 지식)', '어떻게(지도방법 지식)' 가르칠 것인가에 대한 지식을 고루 갖추어야 한다. 더불어 참가자 및 클럽을 관리하기 위한 지식과 관련 정책 및 법령에 대한 이해도 함께 요구된다. 먼저 생활체육 전문인은 생활체육에 관련된 법제적 지식을 가지고 있어야 한다. 생활체육 전문인은 「생활체육진흥법」 같은 관련 법령이나 「스포츠비전 2018」 같은 국가수준의 정책 및 추진과제를 파악하여 생활체육의 방향을 이해하고 스스로 철학적·사회적 의미를 부여해야 한다. 또한, 이러한 법령과 정책이 생활체육 현장에 줄 수 있는 혜택에 대한 정보를 함께 수집하여 충분히 활용하여야 한다.

인지적 자질에서 가장 큰 비중을 차지하는 것은 지도에 관련된 지식으로 이는 지도 대상, 지도 내용, 지도방법 지식으로 나눌 수 있다. 지도 대상에 관련된 지식으로 생활체육 전문인은 유·청소년, 성인, 노인 등 다양한 참가자에 대한 이해가 있어야 한다. 특히 이들이 왜 체육 프로그램에 참여하고 싶어 하는지 체중감량, 스포츠기능 향상, 사회적 관계의 확장 등 다양한 참가자의 요구사항을 파악할 수 있도록 참가자를 이해할 수 있는 지식을 갖추어야 한다.

또 유·청소년체육 전문인은 성장, 노인체육 전문인은 노화 등 참가자의 신체발달 및 퇴행과 관련된 전문지식에 해박하여야 한다. 여기에 참가자의 심리·사회적 특성을 고려한 운동수행 및 학습 성향에 대한 올바른 이해가 더해질 때 코칭를 위한 견고한 지식 토대가 마련된다. 지도내용 지식으로는 해당 종목과 관련된 기술, 전술 같은 종목에 관한 전문 내용지식과 지도에 필요한 스포츠심리학, 영양학, 해부학, 생리학, 역학에 관련된 적절한 스포츠과학 지식이 요구된다. 지도방법 지식으로는 동작 시범, 발문 등의 교수기법, 운동수행평가와 같이 종목에 관계없이 갖추어야 할 일반 지도지식과 종목별로 상이하게 나타나는 참여단계별 정체 현상이나 슬럼프를 해결하거나 조언해줄 수 있는 종목특수적인 지도지식이 있다.

마지막으로 지도가 이루어지는 장소나 상황과 관련된 관리지식이 있다. 생활체육 전문인은 해당 종목과 관련된 시설, 운동기구를 배치하고 관리함에 있어 필요한 지식과 종목별로 예상되는 운동 상해나 안전사고에 대한 예방 및 대응지식을 면밀히 알아두어야 한다. 또한, 참가자의 운동수행능력 향상과 참여 지속을 위한 면담자의 역할을 위해 기본적인 상담지식도 갖추어야 한다.

표 7-3. 생활체육 전문인의 인지적 자질 및 구성요소

구성요소		세부 내용
법제적 지식		생활체육 관련 국가 정책 및 법령에 관한 지식
지도 대상 지식		참가자의 요구 파악을 위한 사회·문화적 배경지식
		참가자의 신체 발달에 대한 이해
		참가자의 심리, 사회적 특성에 따른 학습 성향에 대한 이해
지도 내용 지식	종목 전문 내용 지식	스포츠기술, 전술, 신체활동의 테크닉에 관한 지식
	스포츠과학 지식	스포츠심리학, 영양학, 생리학, 해부학, 운동역학 지식
지도 방법 지식	종목 전문 방법 지식	종목 참여단계별 고원현상 해결에 필요한 지식
		종목 기술 동작의 관찰 및 분석에 관한 지식
	일반 교수 지식	시범, 발문, 유도발견 등 교수기법 지식
		참가자 수행관찰 및 평가 지식
관리 지식	안전관리 지식	운동상해 예방 및 관리, 안전사고 대응 지식
	시설관리 지식	시설, 운동기구의 배치 및 관리 지식
	커뮤니케이션	참가자를 대상으로 한 운동 상담 기본 지식

② 생활체육 전문인의 기능적 자질

기능적 자질은 생활체육 지도 상황에서 발휘되는 전문적 능력이며, 전통적으로 생활체육지도자 교육에서 우선적으로 강조되어왔던 자질이다. 과거에는 지도 능력이 가장 중요한 자질로 꼽혔으나 최근에는 참여자의 동기와 특성을 반영한 지도 프로그램 개발과 클럽 운영 및 관리 능력이 생활체육 전문인의 자질로 부상하고 있다. 생활체육 전문인의 기능적 자질의 요소와 세부 내용은 〈표 7-4〉와 같다.

생활체육 전문인의 기능적 자질로서 요구되는 것은 프로그램 개발 능력으로, 이는 교사의 교육과정 같은 자신만의 고유한 지도 계획(teaching/coaching plan)을 통하여 드러나게 된다. 생활체육 전문인은 참여자의 동기, 요구에 부응하고 연령, 수준 등의 특성을 반영한 프로그램을 개발할 수 있어야 한다. 따라서 종목 지도에 대한 자신의 아이디어나 노하우를 바탕으로 프로그램을 계획하고 운영할 수 있는 능력이 요구된다.

기능적 자질에서 무엇보다 중요한 자질은 다름 아닌 지도 능력이다. 지도 능력은 크게 종목과 관련된 종목 지도 능력과 종목에 관계없이 통용되는 일반 지도 능력으로 구분된다. 먼저, 종목 지도 능력으로는 가르치는 운동종목의 기능을 능숙하게 구사할 수 있는 실기 능력과 종

목 특성에 따른 단계별 지도 능력 등이 있다. 일반 지도 능력에는 지도 장면에서 발휘되는 표현력, 언어적/비언어적 피드백 능력, 참여자에게 목표를 부여하고 동기를 유발하는 능력이 포함되어 있다.

최근 생활체육동호회 및 클럽의 활성화로 주목받고 있는 관리 능력은 생활체육지도자에게 새롭게 요구되고 있는 능력이며, 앞으로 그 중요성이 더욱 강조될 분야이다. 관리 능력은 회원관리, 조직관리, 안전관리, 시설관리로 구분할 수 있다. 평생체육의 관점에서 생활체육지도자에게 우선적으로 요구되는 역할은 회원의 지속적인 스포츠 참여를 유도하는 능력이다. 생활체육 전문인은 회원들과 의사소통 및 상담 등을 통하여 평생체육의 조언자의 역할과 회원 간 네트워크를 조직하여 스포츠를 통한 대인활동의 안내자 역할을 수행하여야 한다. 더불어 지역, 대상, 공간의 특수성을 고려한 동호회의 운영 능력이 필요하며, 이에 수반되는 홍보 및 행정 업무를 추진할 수 있는 역량이 요구된다. 끝으로, 주로 임대 형태로 사용되는 체육관 시설 및 종목별 기자재를 효율적으로 관리하는 노하우와 운동 전·중·후에 예상되는 각종 안전사고 대응능력도 갖추어야 한다.

표 7-4. 생활체육 전문인의 기능적 자질 및 구성요소

구성요소		세부 내용
프로그램 개발 능력		참여자의 요구 파악능력 및 민감성
		참여자의 특성을 반영한 프로그램 개발 능력
		종목 특성을 고려한 프로그램 개발 능력
지도 능력	종목 지도 능력	종목을 지도할 수 있는 실기 능력
		종목을 단계적으로 지도할 수 있는 전문적 지도 능력
		기술동작 관찰 및 분석 능력
	일반 지도 능력	참여자 수준을 고려하여 지도할 수 있는 표현력
		시기적절한 언어적·비언어적 피드백 능력
		목표부여 및 동기유발 능력
관리 능력	회원관리 능력	회원의 참여 지속을 관리할 수 있는 능력
		회원과의 의사소통 및 상담 능력
		회원 간 네트워크 형성 및 개발 능력
	조직관리 능력	현장 특성에 맞는 클럽 조직 및 프로그램 운영 능력
		클럽 홍보 및 마케팅
		클럽 행정처리 능력
	안전관리 능력	안전사고 대응력, 구급처치 능력
	시설관리 능력	운동시설 및 기자재 관리 능력

③ 생활체육 전문인의 인성적 자질

생활체육 전문인은 학교체육 전문인이나 전문체육 전문인과 달리 유아부터 노인까지 다양한 연령을 대상으로 지도해야 한다. 따라서 생활체육지도자는 국민의 평생체육 동반자로 참여자의 신체 및 정신 성장, 노화에서 비롯되는 지도상황의 장애요소와 다양한 참여자의 개인차를 이해하고 포용할 수 있는 인성을 갖추어야 한다. 인성적 측면은 체육인, 교육자, 전문가, 서비스생산자 같은 생활체육 전문인의 다양한 정체성 및 역할과 상당한 관련성을 지닌다. 생활체육 전문인의 인성적 자질과 구성요소는 〈표 7-5〉와 같다.

생활체육 전문인은 체육인으로서 스포츠의 가치를 존중하고 스포츠맨십부터 스포츠인권에 이르는 다양한 스포츠 윤리규범을 준수하여야 한다. 특히, 도덕성 발달이 결정적으로 이루어지는 시기에 있는 유·청소년 생활체육지도자는 스스로 올바른 체육인의 본보기를 보여야 하며, 성 차별 같은 스포츠인권 문제를 깊이 있게 생각하는 자세를 지녀야 한다.

표 7-5. 생활체육 전문인의 인성적 자질 및 구성요소

역할	인성적 자질	세부 구성요소
체육인	스포츠윤리 의식	종목 스포츠맨십부터 스포츠인권에 이르는 윤리규범을 준수하는 자세
	스포츠 가치지향성	스포츠가 지니는 가치를 인정하고 존중하는 태도
교육자	배려	참여자를 향한 경청, 이해, 공감, 감정인식 능력
	상호존중	지도자와 참여자가 서로 존중하며 교육에 임하는 태도
	리더십	참여자에게 명확한 목표를 부여하고 코칭을 주도할 수 있는 능력
전문가	반성적 사고	자신의 실천을 반성하고 끊임없이 전문성을 향상시키려는 노력
	책임감	전문가로서 자신의 능력과 판단에 대한 믿음을 바탕으로 책임감을 갖고 지도하는 태도
	혁신	지도 현장에 대한 문제의식과 개선의지
서비스생산자	고객지향성	고객으로서 참여자의 요구를 발견하고 충족시키려는 노력
	친절 및 겸손	친절한 태도로 참가자를 상대하고 겸손한 자세로 참가자의 불만과 애로사항에 목소리를 기울이는 자세

또한 교육자로서 생활체육 전문인은 운동기능의 높고 낮음의 차별을 두지 않고 항상 참여자의 이야기를 경청하고 지도상황에서 드러나는 참여자의 다양한 감정을 인식하며 긍정적으로 반응할 수 있어야 한다. 또한, 참여자에게 신뢰를 얻을 수 있도록 명확한 목표를 부여하고 계획한 대로 가르침을 이끌어갈 수 있는 리더십을 발휘하되, 생활체육 전문인 역시 지도를 통

해 배움의 기회를 가지므로 항상 참여자를 존중해야 한다.

인성적 자질은 생활체육지도자가 전문인으로 인정받기 위해 반드시 요구되는 자질이다. 생활체육 전문인은 현실에 안주하지 않고 자신의 지도에 대한 반성적 사고를 통해 전문성을 끊임없이 향상시키려고 노력하여야 한다. 또한 전문가로서 자신감과 더불어 지도대상과 지도에 대한 책임감을 높여야 한다. 이러한 책임감은 생활체육 전문인이 일하는 현장의 문제점을 찾고 개선하려는 혁신의 의지와도 연결될 수 있다.

또한, 생활체육 전문인은 서비스생산자로서의 역할을 담당하기 때문에 생활체육 참가자를 고객으로 상대하는 경영마인드를 필요로 한다. 참가자의 요구를 파악하고 충족시킬 수 있는 질 높은 서비스를 제공해야 하며, 항상 밝은 얼굴과 긍정적인 언어로 친절을 베풀어야 회원들의 참여 지속을 유도할 수 있다. 또, 참가자의 불만 또는 애로사항을 경청하고 해결하려는 태도는 서비스 수요자인 참가자의 만족을 유발하여 좋은 생활체육 전문인의 이미지를 구축할 수 있다.

2) 생활체육 전문인의 전문적 자질 개발

생활체육 전문인도 학교체육 전문인과 마찬가지로 대학에서 관련 교육을 이수한 후, 스포츠교육 현장에서 티칭과 코칭을 적절하게 수행하는 능력과 자질이 가장 우선적으로 요구된다고 할 수 있다. 이들이 직전교육을 통해 습득한 지도 기술이나 지식을 현장에 적용하는 과정에서는 적잖은 시행착오를 겪게 마련인데, 이러한 과정에서 현장의 맥락에 적응하고 자신의 지도 능력을 발전시켜나가는 절차가 이루어진다. 현직교육은 이러한 과정을 보다 촉진시키고 나아가 지도자의 전문적 자질을 향상시키는 데 중점을 두는 교육이라고 할 수 있다. 생활체육 전문인의 현직교육(inservice education)은 임번장(2008, p. 347)의 정의에 따르면, 해당 종목의 지도자 자격을 소지하고 채용된 지도자에게 직무에 대한 적응 능력 길러주기 위해 제공하는 교육, 그리고 전문 능력의 함양을 위해 자발적이거나 의무적으로 이루어지는 제반 교육으로 설명할 수 있다.

생활체육지도자의 현직교육은 학교체육지도자의 경우와 마찬가지로 지도자 개개인이 서로 다른 경력 단계, 지식과 경험을 가지고 있기 때문에 그에 따른 요구와 관심사를 반영할 필요가 있다. 이에 대하여 김경숙과 김선희(1999)는 생활체육지도자들의 현직교육 프로그램 개발을 위한 요구분석을 실시한 바 있으며, 각 발달단계에 따른 관심사를 다음의 〈표 7-6〉과 같이 제시하였다.

생활체육지도자의 생존(survival) 단계에서는 지도자 자신이 속한 환경, 적용해야 하는 프로그램의 운영 및 동호인 관리에 많은 관심을 가지다가 강화(consolidation) 단계에서는 프로그램의 내용들을 어떻게 효율적으로 지도할 것인가에 점차적으로 관심을 갖게 됨을 알 수 있다. 이후 갱신(renewal) 단계에서는 보다 전문적인 지식, 그리고 동호인의 개별적인 특성에 주목하게 되고 성숙

(maturity) 단계에 이르러 이것이 보다 심화되면서 아울러 지도자로서의 개인적인 가치관과 신념에 이르기까지 서서히 관심 영역이 확장되고 있음을 확인할 수 있다.

이와 같이 발달단계별로 다소 차이를 보이고 있는 생활체육지도자의 관심사는 그들의 현직교육 프로그램을 계획하고 실행하는 데 있어 많은 시사점을 줄 수 있다. 지도자의 전문적 능력을 고양시키기 위한 지도방법은 여러 가지로 소개되어왔으나, 김선희(2004)의 연구에서 현장연구, 동료코칭, 스터디 그룹 같은 전문성 신장 방법이 구체적으로 제시된 바 있다.

표 7-6. 생활체육지도자의 발달단계별 관심사(김경숙 · 김선희, 1999. p. 92를 수정 · 보완함)

단계	영역	내용
생존 (survival)	수업운영 관리	체육 프로그램에 참여하는 동호인의 수
		프로그램의 기획과 운영
		스포츠센터의 운영 계획에 따른 동호인 관리, 지도
	정보수집	동호인 개개인의 특성 및 운동능력 파악
	상호작용	건강 및 체력에 대한 상담
강화 (consolidation)	지도법	지도 내용
		지도 내용을 전달하는 방법
		체계적인 지도 기술
		대상별 지도법
갱신 (renewal)	전문지식	안전사고 예방 및 대처
		체육의 이론적 지식과 실제적 지식의 접목
		새로운 지도법 습득 및 적용
	정보수집	동호인의 개별적 운동능력 관찰
	상호작용	프로그램 발전을 위한 상담
성숙 (maturity)	전문지식	응급처치 및 건강 관련 지식
	상호작용	동호인들로부터의 인정
	자질	인격적 성숙, 지도자의 가치관과 신념

① 현장연구

현장연구는 지도자가 속해 있는 교육 환경의 맥락적 특성을 가장 잘 반영할 수 있다는 장점이 있다. 현장연구를 수행하는 지도자가 자신이 실제로 속한 교육 환경에서 수행하는 자기 반성적 탐구의 형태이기 때문이다. 현장연구의 주된 특징은 지도자가 코칭 프로그램을 계획하고 자신의 실행을 반성하여 다음의 실행을 개선하는 것에 있다. 현장연구는 일반적으로 다음과 같은 다섯 단계를 포함한다(Bailey, Curtis & Numan et al., 2001; Guskey, 2000).

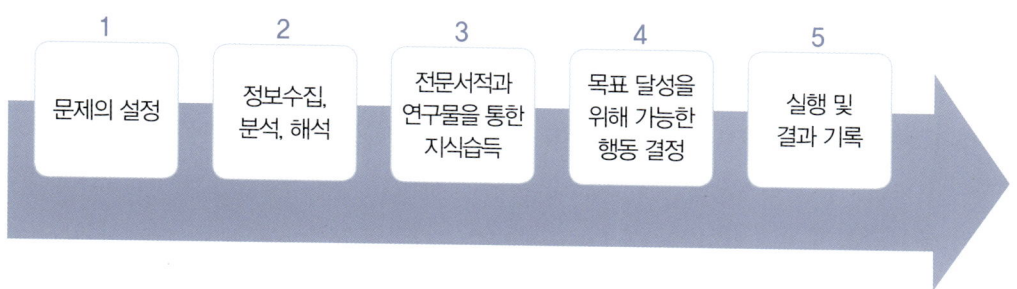

그림 7-3. 현장연구의 5단계

② 동료코칭

동료코칭은 지도자와 동료 상호 간에 코칭 개선을 목적으로 실시하는 상호 배움의 과정이다. 동료 간에는 서로의 코칭을 관찰하여 피드백을 제공하고, 코칭 상황에 대하여 대화를 통한 문제점과 해결 방안의 탐색이 이루어지며, 이를 통해 상호 성장하는 경험을 맛볼 수 있다. 동료코칭의 방식은 일대일로 만나서 행해지는 경우도 있지만, 다수가 모여 토론이나 세미나에 참여하는 방식도 가능하다. 동료코칭의 절차는 다음과 같이 다섯 단계를 거치는 것이 일반적이다.

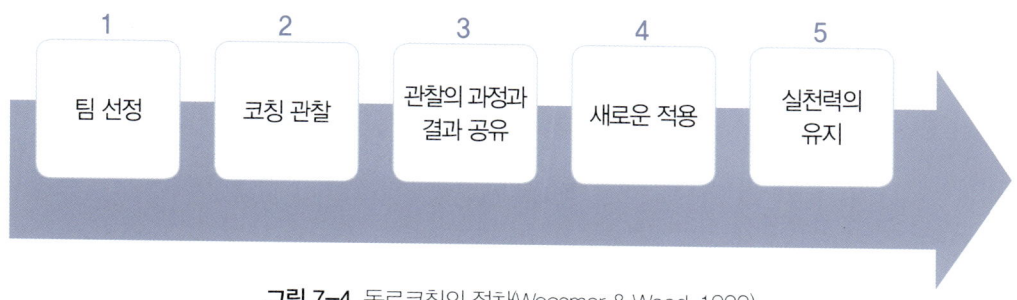

그림 7-4. 동료코칭의 절차(Weasmer & Wood, 1999)

③ 스터디 그룹

스터디 그룹은 생활체육 현장에서 스포츠센터 내의 부서를 중심으로 가장 많이 이루어지고 있는 교육 방법 중의 하나이다(김선희, 2004). 스터디 그룹의 운영 방법은 다양하다. 동일한 주제를 가지고 소그룹 토의 형태로 진행하는 방법, 센터 프로그램 운영에 관한 이슈를 전체가 함께 고민하는 세미나, 각 소그룹별 관심 주제를 탐구하고 발표하여 서로 공유하는 월례회 방식 등 센터의 상황에 맞게 다양한 방법으로 접근이 가능하다. Guskey(2000)는 스터디 그룹을 조직할 때 동질적 집단 혹은 이질적 집단의 한 가지만 운영할 것이 아니라 스터디 주제에 따라 성격을 달리할 필요성을 제기하기도 하였다.

다. 전문체육 전문인의 전문적 자질 개발

전문체육 전문인은 엘리트 선수를 대상으로 탁월한 수행을 하도록 돕는 역할을 하는 데 있다. 선수의 승리와 성과는 전문체육 전문인의 지도 능력이나 자질을 평가하는 기준이 되기도 하지만, 최근에는 승리와 성과 못지않게 선수들을 심리적·신체적·사회적으로 온전한 사람으로 성장하게 돕는 선수 중심의 코칭(athlete-centered coaching)에 관심이 증가함에 따라 이러한 역할을 담당해야 할 전문체육인의 역할이 더욱더 크게 부각되고 있는 추세이다(Potrac, Brewer, Jones, Armour & Hoff, 2000).

1) 전문체육 전문인의 전문적 자질 영역

미국스포츠체육협회(National Association for Sport and Physical Education: NASPE)에서는 코치들이 지녀야 할 자질을 8개의 전문 영역, 40개의 행동표준, 127개의 행동특성으로 제시하고 있다. 이를 참고하여 전문체육인이 지녀야 할 전문 영역을 제시하면 다음과 같다.

표 7-7. 전문체육인의 전문적 자질 영역(NASPE, 2006)

전문영역	내용
전문영역 1	철학 및 윤리
전문영역 2	안전 및 상해 예방
전문영역 3	신체적 컨디셔닝
전문영역 4	성장 및 발달
전문영역 5	지도법 및 커뮤니케이션
전문영역 6	운동기능 및 전술
전문영역 7	조직과 운영
전문영역 8	평가

① 전문영역 1: 철학 및 윤리

코치는 선수의 발달을 위한 확고한 철학을 가지고 있어야 하며, 이러한 철학은 코칭의 전 과정에 스며들 수 있어야 한다. 또한 코칭의 전 과정을 통하여 윤리적으로 행동하고 이러한 행동을 선수들에게 모범적으로 실천하며 가르칠 수 있어야 한다.

② 전문영역 2: 안전 및 상해 예방

코치는 안전사고에 대비하여 적절히 대처할 수 있는 응급처치 기술을 가지고 있어야 하며, 연습 또는 시합 중에 발생할 수 있는 잠정적인 위험요인을 파악하고 이를 예방할 수 있도록 조치를 취할 수 있어야 한다. 또한 부상이나 사고로부터 생길 수 있는 선수들의 심리적인 문제를 인지하고 적절히 대응할 수 있어야 한다.

③ 전문영역 3: 신체적 컨디셔닝

코치는 선수가 안전하게 운동할 수 있도록 운동과학의 원리를 적용한 체력훈련 프로그램을 설계하고 최적의 수행을 위한 상태를 유지할 수 있도록 해야 한다.

④ 전문영역 4: 성장 및 발달

코치는 선수의 개인적 성장 및 발달의 정도를 알고 있어야 하며, 이를 바탕으로 하여 각각의 선수들이 최적의 신체적·기능적·정서적 발달을 이루어낼 수 있도록 개별화된 학습환경을 조성하고 연습과 시합 전략을 달리할 수 있어야 한다.

⑤ 전문영역 5: 지도법 및 커뮤니케이션

코치는 선수들이 긍정적 학습 경험을 가질 수 있도록 연습활동을 계획하여 실행해야 한다.

⑥ 전문영역 6: 운동기능 및 전술

코치는 팀 멤버들을 효과적이고 성공적인 그룹으로 만들기 위해 가르치는 종목과 연관된 기능과 전술을 개발하고 적용할 수 있어야 한다.

⑦ 전문영역 7: 조직과 운영

코치는 대회관리 및 운영, 재정관리, 인력관리, 문서관리 등 조직과 관리에 대한 전문성을 가지고 있어야 한다.

⑧ 전문영역 8: 평가

코치는 팀의 전 영역에 대하여 평가를 내릴 수 있는 적절한 평가 기법의 활용과 이를 통하여 선수, 코치 자신, 스태프들을 체계적으로 평가할 수 있어야 한다.

2) 전문체육지도자의 전문적 자질의 행동표준

전문체육 전문인의 전문적 자질의 행동표준은 다음의 〈표 7-8〉과 같다.

표 7-8. 전문체육 전문인의 행동표준(NASPE, 2006)

영역		행동표준
[영역 1] 철학 및 윤리	표준 1	선수 중심의 코칭 철학을 개발하고 실천하라.
	표준 2	스포츠를 통해 배운 긍정적 가치를 찾아내고, 본보이고, 가르쳐라.
	표준 3	스포츠 프로그램에 참여하고 있는 모든 사람에게 개인적·사회적·윤리적으로 책임 있는 행동들을 가르치고 북돋우라.
	표준 4	스포츠 프로그램의 모든 과정과 측면에서 윤리적 행동을 솔선수범하라.
[영역 2] 안전과 상해 예방	표준 5	안전한 시설을 제공함으로써 부상을 예방하라.
	표준 6	모든 보호용구가 잘 준비되어 있고, 제대로 고쳐져 있고, 적절하게 활용되고 있음을 확인하라.
	표준 7	환경적 상황을 잘 지켜보고 필요하다면 활동 참여를 적절히 조정함으로써 참여자들의 건강과 안전을 확실히 하라.
	표준 8	선수들을 위험에 처하게 만드는 물리적 환경을 사전에 파악하라.
	표준 9	부상을 정확히 파악해서 즉각적이고 적절한 응급조치를 취하라.
	표준 10	예방, 조처, 관리를 모두 포함하는 잘 짜인 스포츠 건강관리 프로그램을 운영하라.
	표준 11	부상이 가져다주는 심리적 측면의 문제들을 찾아내어 조처하라.
[영역 3] 신체적 컨디셔닝	표준 12	운동생리학과 운동역학적 원리들을 올바로 활용하는 기술훈련, 체력단련, 회복 프로그램을 설계하라.
	표준 13	최적의 신체적·정신적 수행과 건강상태 유지를 위하여 영양섭취를 올바로 할 것을 가르치고 권장하라.
	표준 14	약물복용을 금지하고 약물에 관한 올바른 정보를 제공하라.
	표준 15	부상으로부터 회복한 후 시합에 전격적으로 참여할 수 있도록 체력훈련 프로그램을 준비하라.
[영역 4] 성장 및 발달	표준 16	발달에 따른 변화가 운동기술을 배우고 발휘함에 어떤 영향을 미치는가를 다룬 지식을 현장에 활용하라.
	표준 17	긍정적인 스포츠 체험을 맛보고 신체활동에 평생 참여하도록 북돋움으로써 선수의 사회적 성장과 정서적 성숙을 더욱 조장하라.
	표준 18	선수들이 성숙해가면서 책임감과 리더십을 배울 수 있는 기회를 제공하라.
[영역 5] 지도법 및 커뮤니케이션	표준 19	선수의 특성과 프로그램의 목표에 잘 맞는 긍정적인 학습환경을 제공하라.
	표준 20	선수와 프로그램을 위한 목표를 설정하고 계속 지켜보라.
	표준 21	열의를 지속시키고, 피로를 감소하고, 최고 수행을 발휘할 수 있도록 시즌훈련이나 연간훈련에 근거해서 연습을 잘 조직하라.

영역		행동표준
[영역 5] 지도법 및 커뮤니케이션	표준 22	필요한 자원들과 실제 연습시간을 최대화할 수 있도록 일일연습을 계획하고 실천하라.
	표준 23	선수의 발달과 수행발휘를 강화시키는 적합한 지도방법들을 활용하라.
	표준 24	시합능력을 향상시키고 시합불안을 감소시키는 심리기술들을 가르치고 활용하라.
	표준 25	선수 개개인이 보다 잘 배우고, 팀이 전체적으로 성공을 거두고, 스포츠 참여가 즐거운 것이 될 수 있도록 효과적인 의사소통 기술을 활용하라.
	표준 26	선수들의 경기발휘능력과 만족감을 높일 수 있는 적절하고 효과적인 동기유발 기술들을 실제로 보여주고 활용하도록 하라.
[영역 6] 운동기능 및 전술	표준 27	현재 가르치는 종목과 연관된 단위기능, 복합기능 그리고 테크닉들을 습득하라.
	표준 28	선수들의 연령 및 기술 수준에 적합한 시합 전략과 전술을 찾아서 개발하고 적용하라.
	표준 29	연습과 훈련을 계획하고, 시합을 대비하고 경기를 분석할 때 다양한 방법을 활용하라.
[영역 7] 조직과 운영	표준 30	대회관리 및 운영에 있어 효율성을 보여줘라.
	표준 31	스포츠 프로그램에 대한 홍보활동에 참여하라.
	표준 32	프로그램에 적합한 인력자원을 잘 활용하라.
	표준 33	프로그램에 필요한 재정자원을 잘 활용하라.
	표준 34	비상사태 시 행동계획을 세우고, 실천하고, 문서화하는 작업을 진행하라.
	표준 35	스포츠 프로그램 관련 모든 정보, 문서, 기록을 잘 관리하라.
	표준 36	코칭 관련한 모든 법적 책임사항과 위기관리절차를 이행하라.
[영역 8] 평가	표준 37	설정된 목표에 비추어 수행결과를 효과적으로 평가하는 기법을 활용하라.
	표준 38	시즌의 목표에 비추어 선수들의 열의와 개별 선수의 실력수준을 평가하는 다양한 방법을 사용하라.
	표준 39	포지션과 역할을 알맞게 배분하고 개별 선수 각각에 적합한 목표를 설정하기 위하여 효과적이고 개관적인 방식으로 선수들을 평가하는 방법을 사용하라.
	표준 40	코치 자신과 스태프들을 평가하는 객관적이고 효과적인 방식을 활용하라.

3) 전문체육인의 전문적 자질 개발

전문체육인의 역할은 매우 세분화되어 있어 완전히 이해하기가 쉽지 않지만(Nash, Collins, 2006), 주로 엘리트 선수의 경기력 향상과 관련된 역할을 수행한다. 선수의 경기력을 향상시키는 일, 즉 경기에 관련된 지도자의 지도 능력은 매우 중요하다(이창섭·이정흔·남상우·여정권, 2008). 왜냐하면 어떠한 코칭을 하느냐에 따라 선수의 잠재력의 발현 정도나 경기수행에 차이가 나타나고, 이는 경기의 결과에 영향을 미치기 때문이다(조욱상·전병관, 2011). 이러한 역할에 대한 평가는 선수의 각종 대회나 국제경기의 입상순위, 메달성적 등에 의해 이루어진다. 한편 전문체육인의 일은 운동기능을 향상시키는 것에만 국한되지 않는다. 운동기능 지도를 중심으로 다른 종류의 다양한 업무를 수행하기도 한다. 예를 들어 각종 대회나 경기와 관련된 행정업무, 사무적 문제나 선수의 사회적 규범을 준수하도록 하는 일, 학생선수로서 최소한의 성적을 유지하게 하는 일이 그것이다(최의창, 2010; 조욱상·전병관, 2011). 따라서 전문체육인의 전문적 자질의 개발은 엘리트 선수의 경기력에 영향을 미칠 수 있는 제 요인을 파악할 수 있는 능력과 이를 향상시킬 수 있는 지도 능력, 그리고 다양한 경기 외적인 행정업무 수행능력을 어떻게 함양하는가와 밀접한 관련이 있다.

① 전문체육인의 발달단계

전문체육인은 다양한 전문적 자질을 가지고 있으며, 다만 전문체육인의 경험과 연령 등에 의해 그 수준이 구분될 수 있다(최의창, 2010). 이와 같은 전문체육인의 전문적 자질은 정규 코치교육에서 배울 수도 있고, 코칭을 하며 다른 코치들로부터 보고 배울 수도 있다(Jones, Armour & Potrac, 2003). 코칭은 복잡한 사회문화적 맥락 안에 자리 잡고 있는 상호 보완적인 관계에 대해 학습하는 것이기 때문이다(Cushion, Armour & Jones, 2003).

전문체육인의 발달단계의 구분은 나라마다, 종목마다 차이가 있을 수 있다. 미국의 경우, 미국스포츠체육협회에서는 수준별로 초보코치(basic coach), 중급코치(intermediate coach), 마스터코치(master coach)로 구분하고 있다. 뉴질랜드는 '뉴질랜드 코칭전략'을 바탕으로 제안된 코치발달체계에서 초보코치(beginning coach)에서 숙련코치(mentor, coach trainer, specialist skills)로 발달하는 것으로 파악하고 있다. 영국의 경우, 선수의 대상 및 발달단계와 코치의 숙련 정도에 따라 발달단계를 구분한다. 우선 선수의 발달단계는 4단계, 즉 아동기 단계, 일반참가 단계, 고급향상 단계, 최고기량 단계로 나누어져 있으며, 코치는 선수 발달단계에 맞춰 각각 초급코치, 레벨 2 코치, 중견코치, 마스터코치의 4단계로 구분하고 있다. 캐나다는 참가자의 기능 수준에 따라 코치의 발달단계를 구분하는데, 참가자의 기능수준은 3단계, 지역스포츠 영역, 경기대회 영역, 운동지도 영역으로 나누어져 있으며, 특히 전문체육인에 해당하는 경기대회 영역의 코치는 입문, 개발, 고급의 3가지 발달단계로 구분된다.

표 7-9. 전문체육인의 발달단계

나라	코치 발달단계				선수 수준 구분
미국	초보코치		중급코치	마스터코치	구분 없음
뉴질랜드	초보코치			숙련코치	연령별
영국	초급코치	레벨 2 코치	중견코치	마스터코치	연령별
캐나다	입문		개발	고급	참여수준별

이상과 같은 외국의 사례에서 알 수 있는 것은 전문체육인의 발달은 입문 시기를 거쳐 점차 숙련자(마스터)의 수준으로 단계적으로 발달되며, 선수 수준(연령별 혹은 참여수준별)에 따라 각 단계마다 요청하는 전문체육인의 자질이 다르다는 것이다.

② 전문체육인의 발달단계에 따른 전문성 신장계획

㉠ 입문단계

전문체육인으로의 입문은 대학에서 관련 교육을 이수하거나 종목별 협회 차원의 연수를 통해 이루어질 수 있다. 대학이나 협회에서는 전문체육인에게 직무에 대한 적응 능력을 길러주기 위해 핵심지식과 과목을 구성하여 제공해야 한다. 이와 관련해 영국의 리즈메트로폴리탄 대학의 사례는 도움이 될 수 있다. 영국의 리즈메트로폴리탄 대학은 2006년 영국의 새로운 코치정책에 맞춰 설계된 교육 프로그램으로, 새로운 정책과 관련된 연구를 바탕으로 다음과 같은 핵심지식을 선정하였다(정현우·김진희, 2013).

표 7-10. 입문단계 코치의 핵심지식 영역

핵심지식 영역	내용
참여자 발달	선수 및 스포츠 참여자의 생리·심리·교육적 변화
스포츠교육과정	스포츠를 가르치기 위한 스포츠 관련 지식 및 프로그램
코칭교육학	코칭의 교육학적 이해
문화와 맥락	코칭이 이루어지는 문화 및 사회적(정책, 정치적 변화) 환경
연구와 코치개발	코치 관련 이론 및 코칭 분석 능력, 코치 실무를 위한 능력

리즈메트로폴리탄 대학에서는 이와 같은 핵심영역을 선정하고 대학 3년간 각 영역에 대한 이론 과목을 이수하고, 학교와 지역클럽에서의 현장실습을 토대로 핵심 역량을 개발하도록 교육과정을 구성하였다.

ⓒ 개발단계

전문체육인은 입문단계의 교육을 통해 습득한 지도 기술이나 지식을 현장에 적용하는 과정에서 많은 시행착오를 겪을 수 있다. 하지만 이러한 과정은 필연적이며, 이를 통해 이론과 실제를 비교하게 되고, 자신의 지식을 현장 맥락화할 수 있으며, 이러한 과정을 거쳐 지도 역량이 발전하게 된다. 개발단계의 교육은 이러한 과정의 시행착오를 최소화하며, 동기를 강화하는 과정이라고 할 수 있다.

개발단계의 교육은 형식적 방식, 비형식적 방식, 무형식적 방식의 형태로 진행될 수 있다. 형식적 방식은 어떤 단체나 기관에서 지속적이고 체계적인 과정을 통해 교육적인 의도로 프로그램을 제공하여 이루어지는 교육을 말한다. 자격증의 유지, 보수를 위한 국가나 협회 차원의 의무적인 교육이나 학사, 석사, 박사과정이 이에 해당한다. 비형식적 방식은 일상의 생활을 해나가면서 그 속에서 배움이 얻어지는 방식, 일을 수행하는 과정에서 주변 환경에 노출되면서 의식적·무의식적으로 알게 되는 방식을 의미하며, 이러한 방식은 통상적으로 경험적 학습이라고도 불린다(최의창, 2010). 무형식적 방식은 형식적 교육의 범위 밖에서 진행되는 조직화되고 체계화된 교육활동을 말한다. 주로 특정집단에게 필요한 특정 교육을 전달할 때 활용되는 방식으로 코칭 컨퍼런스, 세미나, 워크숍, 클리닉의 형태가 그 예가 될 수 있다.

ⓒ 고급단계

전문체육인은 입문단계와 개발단계를 거쳐 자신만의 지도 철학과 기술을 발달시키게 된다. 고급단계의 교육은 개발단계의 형식적·비형식적·무형식적 방식과 크게 다르지 않으나, 형식적 방식의 교육보다는 비형식적 방식의 반성적 자기 개발의 비중이 높아진다고 할 수 있다. 고급단계의 전문체육인은 자신의 지도활동에 대한 주도적 반성을 통해 신념과 지도 철학이 강화되는 시기라고 할 수 있다. 자신의 지도 철학과 경험을 입문단계나 개발단계의 코치에게 전수해주는 동료코칭의 방식 혹은 자신의 코칭 방법과 방식에 대한 학문적 접근을 통한 현장연구의 방식을 통해 고급단계 전문체육인의 전문성이 신장될 수 있다.

2장 장기적 전문인으로서의 성장 및 발달

📖 **학습목표**

- 장기적 전문인으로서의 발달 모형을 이해한다.
- 장기적인 안목에서 전문인으로 성장하기 위한 형식적·무형식적·비형식적 학습 방법을 이해한다.

1. 장기적 체육전문인의 발달 모형

    학교체육, 생활체육, 전문체육의 모든 영역에서 일하는 전문인들은 모두 전문인으로서의 자질과 역량을 가지고 있다. 하지만 이러한 자질과 역량은 지도자의 경험과 지식, 자신의 성장에 대한 노력에 따라 차이를 보이게 된다. 다른 전문인들과 마찬가지로 체육전문인들도 장기적으로 성장하면서 전문성을 신장하게 된다. 미국스포츠체육협회에서는 체육전문인의 경험과 지식, 능력에 따라 코치는 초보코치(basic coach), 중급코치(intermediate coach), 마스터코치(master coach)로 분류하여 각각의 단계에 맞는 교육 내용을 제공하고 있다. 이러한 코치의 분류는 '누구'를 가르치는가에 따라 가르치는 대상에 의하여 만들어지는 것이 아니라 각각의 학교체육, 생활체육, 전문체

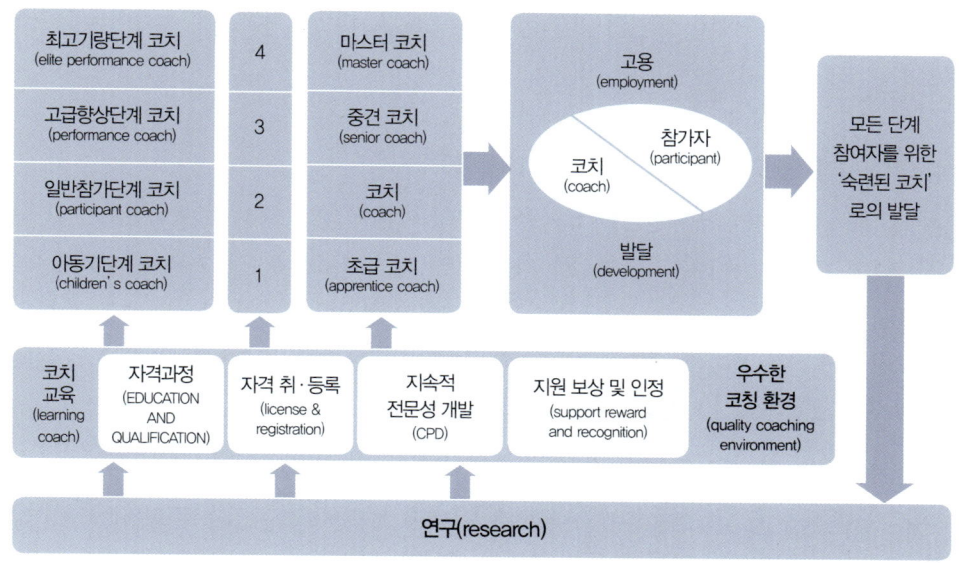

그림 7-5. 영국의 코치 발달 모형

육이라는 각각의 섹터 안에서 이루어진다고 보아야 한다.

일례로 영국의 '코치 발달 모형(Coach Development Model)'은 '선수 발달 모형(Participant Development Model)'과 밀접한 관련을 맺은 채로 개발되었다. 운동 활동 참여자(선수)의 대상적·발달적 특징에 근거하여 그 단계수준의 운동을 제대로 지도할 수 있는 코치들을 구분하는 방식을 취하였다(그림 7-5 참조). 우선, 선수대상 및 발달단계 구분은 4단계로 이루어져 있는데 아동기(children) 단계, 일반참가(participation) 단계, 고급향상(performance development) 단계, 최고기량(high performance coaching) 단계로 나누어져 있다. 이 각각의 단계에서 개인코치는 초보자로 시작하여 마스터 수준으로 자신의 코치 기량을 향상시켜나간다. 이에 따라 코치의 자격급수도 레벨 1 초급코치(apprentice coach), 레벨 2 코치(coach), 레벨 3 중견코치(senior coach), 레벨 4 마스터코치(master coach)의 4단계로 되어 있다. 이러한 본격적인 코치가 되기 이전에는 코칭 분야에 입문해서 본격적으로 전문코치직을 맡기 전에 간접적 활동이나 기타 관련 체험을 하게 된다.

우리나라에서도 유소년체육지도자, 생활체육지도자, 노인체육지도자, 경기지도자 등 다양한 대상을 지도하는 체육전문인들이 있고, 각각의 영역에서 체육전문인들은 자신의 경험과 지식에 따라 2급 지도자에서 1급 지도자로 전문성을 향상시켜나갈 수 있다. 이러한 전문성의 신장은 단기간에 이루어지는 것이 아니라 평생에 걸친 학습에 의하여 이루어진다고 볼 수 있다.

2. 스포츠교육 전문인으로서의 성장

스포츠교육 전문인의 성장은 형식적 성장, 무형식적 성장, 비형식적 성장의 3가지로 나누어 이루어진다.

가. 형식적 성장

형식적 성장은 형식적인 체육전문인 교육을 통하여 이루어진다. 형식적 체육전문인 교육이란 고도로 제도화되고, 관료적이며, 교육과정에 의하여 조직된 교육으로 성적, 학위 또는 자격증을 부여하는 교육이다(Mallet, Trudel, Lyle & Rynne, 2009). 이러한 형식적 교육은 대규모적으로 기관에 의하여 이루어지는 특징을 가지고 있다. 대규모적으로 코치의 자격증을 부여하는 형식적 교육이 전 세계적으로 증가하는 추세에 있다. 영국의 코치 자격증 프로그램(the United Kingdom Coaching Certificate), 캐나다의 코칭 자격 프로그램(National Coaching Certificate Program), 호주의 코치 자격 인증제도(the National Coach Accreditation System), 미국체육스포츠협회의 코치 자격증 제도가 모두 형식적 교육의 예이다. 이외에도 대학의 학위과정에서 제공되는 교육, 생활체육 전문인이나 학교체육 전문인, 경기지도자들을 교육하기 위한 대학의 교육 프로그램이 형식적 성장에 해당된다.

이러한 형식적 교육은 표준화된 교육과정을 통하여 코치들이 배워야 할 공통의 지식을 체계적으로 전달할 수 있으며, 평가가 용이하다는 장점이 있다. 하지만 이러한 형식적 교육 프로그램이 체육전문인 교육에 그다지 효과적이지 못하다는 비판도 있다(Cushion, Armour & Jones, 2003).

나. 무형식적 성장

일상적으로 바쁜 업무를 수행해야 하는 체육전문인들에게 형식적 교육의 참여는 쉬운 일이 아니다. 따라서 단기간의 세미나, 워크숍, 컨퍼런스 참여 같은 무형식 교육은 체육전문인들에게 유용한 학습 기회가 된다. 무형식 교육은 공식화된 교육기관 밖에서 행해지는 조직적인 학습의 기회로서 비교적 단기간에 자발적으로 이루어진다. 무형식적 교육은 지속적이면서 광범위하게 이루어질 수 있다. 비록 무형식적 교육이 형식성은 떨어진다고 할지라도 더 많이 아는 지식을 가진 누군가에 의하여 배울 수 있는 포럼의 기회를 제공한다는 특징을 가지고 있다. 형식적 교육, 무형식적 교육, 비형식적 교육이 연계선상에 있다고 할 때, 무형식적 교육은 형식적 교육에 더 가까운 선상에 있다고 볼 수 있다(Mallet et al., 2009). 무형식적 교육의 예로는 코칭 컨퍼런스, 세미나, 워크숍, 클리닉 등이 있으며 형식적 교육과 유사한 점이 있으나 소수의 특정 그룹에 맞추어져 있고, 정규적인 수업의 형식을 취하지 않는다는 점에서 다르다.

다. 비형식적 성장

비형식적 성장은 일상적인 경험으로부터 얻는 배움의 형식이다. 비형식적 학습은 과거의 선수 경험, 비형식적인 멘토링, 실제적인 코칭 경험, 동료 코치나 선수들과의 대화에서 얻을 수 있다. 자기 주도적인 학습(self-directed learning)은 비형식적 학습과 거의 바꾸어 쓸 수 있는 말이다(Merriam & Caffarella, 1999). 이외에도 인터넷을 검색하거나 코칭 매뉴얼 읽기, 독서, 저널이나 코칭 잡지 구독, 스포츠과학에 관련된 비디오 시청, 코칭 세션에 대한 비평, 자신 혹은 다른 사람의 코칭을 녹화하여 분석하는 것이 해당된다.

실제적으로 코칭의 경험이 전문성의 성장에 도움을 준다는 메커니즘은 경험 중에서, 경험에 대한 반성을 통해 이루진다고 할 수 있다(Gilbert & Trudel, 2001). 이러한 경험적 학습(experiential lerarning)은 코칭을 하는 과정에 대한 반성(reflection-in-action), 코칭 후 곧바로 이루어지는 반성(reflection-on-action), 행위에 대한 회상적 반성(retrospective reflection on action)에 의하여 이루어진다.

또 하나의 비형식적 학습은 과거의 선수 경험으로부터 나온다. 실제로 엘리트 코치이든지, 자발적인 청소년 스포츠 코치이든지 코치의 역할에 대한 학습은 주로 자신의 선수 경험에서부터 시작된다. 이러한 경험은 스포츠의 규칙, 절차, 기술에 대한 지식을 갖게 하고 자신이 가르치는 선수들을 더욱더 공감을 갖고 이해하게 하는 장점이 있다. 하지만 이러한 경험의 유용성은 보다 면밀하게 점검될 필요가 있으며, 모든 경험이 긍정적인 학습을 가져온다고 할 수는 없다. 모든 경험이 학습으로 연결되는 것은 아니다. 체육전문인은 문제를 발견하고 이러한 문제를 해결하기 위한 전략을 탐색하고, 이를 실행하여 평가해나가는 반성의 과정을 통하여 경험을 학습으로 연결할 수 있다(Trudel & Gilbert, 2006).

참고문헌

1부. 스포츠교육학 개관

- 강신복(2009). 현대 스포츠교육학의 이해. 레인보우북스. 4.
- 강준호(2005). 스포츠산업의 개념과 분류. 체육과학연구. 16(3). 118~130.
- 권민정(2012). 학교스포츠클럽 정책의 전개과정 분석 및 교육적 담론. 한국체육학회. 51(4). 321~333.
- 김경숙(2003). 스포츠교육과 사회체육. 한국스포츠교육학회지. 10(3). 41~63.
- 김대진(2012). 스포츠교육학총론. 교육과학사. 34.
- 김종선·정청희(1981). 체육원리. 동화문화사.
- 박정준(2011). 스포츠는 인성을 길러줄 수 있는가? 스포츠 인성교육의 이론적. 경험적 근거와 과제. 교육과정연구. 29(3). 173~202.
- 방열(2003). 전문체육과 스포츠교육학의 이해. 한국스포츠교육학회지. 10(3). 29~40.
- 신현규(2011). 스포츠의 정의(definition)를 찾아서. 한국체육철학회지. 19(1). 110.
- 유정애(2007). 체육과 교육과정 총론. 대한미디어. 16.
- 최의창(2014). 스포츠티칭교육학에서 스포츠코칭교육학으로. 2014 한국스포츠교육학회 추계 학술대회 원고. 1.
- 최의창(2013). 코칭이란 무엇인가?―인문적 스포츠 코칭론 탐구―. 레인보우북스. 1~2.
- 최의창(2009). 전인지향적 체육교육론으로서의 인문적 체육교육: 탐색적 분석. 한국체육학회지. 48(6). 243~260.
- 최의창(2003). 스포츠교육학. 도서출판무지개사. 6.
- Bailey, R., Armour, K., Kirk, D., Jess, M., Pickup, I. & Sanford, R. (2009). The educational benefits claimed for physical education and school sport; An academic review. Research Papers in Education. 24(1). 1~27.
- Conant, J. (1963). The Education of American Teacher. New York: McGraw-Hill.
- Fraleigh, W. (1966). The perplexed processor. Quest. 7. 7~14.
- Getman, G. N. (1962). How to develop Your child's intelligence. Luverne, MN: Authur.
- Hagg, H. (1978). Sport pedagogy: Content and methodology. Baltimore: University Park Press.
- Hills, A. (1998). Scholastic and intellectual development and sport. In K. M. Chan & L. Micheli(Ed). Sports and children. Champaign, IL: Human Kinetics.
- Hoffman, S. J. (2005). Introduction to Kinesiology. Champaign, IL: Human Kinetics.
- Jewett, A. & Mullan, M. (1977). Curriculum Design: Purposes and Processes in Physical Education Teaching ―Learning. Reston, VA: AAHPERD.
- Linder, K. (2002). The physical activity participation-academic performance relationship revisited. Pediatric Exercise Science. 14. 155~169.
- Locke, I. (1977). Reaching on Teaching physical education: New hope for a dismal science. Quest. 28. 2~16.
- Sage, G. (1988). Sports participation as a builder of character? The World and I. 3. 629~641.

참고문헌

2부. 스포츠교육의 정책과 제도

- 경기도교육청(2014). 학생선수 학습보장 제도 운영 계획. 경기도교육청 체육건강과 2014년 1월.
- 교육과학기술부(2011). 체육과 교육과정. 교육과학기술부고시 제2011-36호.
- 교육인적자원부(2007). 체육과 교육과정. 교육인적자원부고시 제 2007-79호[별책3].
- 교육인적자원부(2007). 학교스포츠클럽의 활성화 방안. 내부자료.
- 국가법령정보센터 홈페이지. http://www.law.go.kr. 검색일자 2015년 1월 26일.
- 국민생활체육협의회(2004). 국민생활체육리포트. 국민생활체육협의회.
- 국민체육진흥법(2015년 1월 1일 시행).
- 국민체육진흥법시행령(2015년 1월 1일 시행).
- 국민체육진흥공단 홈페이지. http://www.kspo.or.kr. 검색일자 2015년 1월 16일.
- 김동현(2013). 학생선수의 학습권 보장제, 이대로 안전한가? 스포츠동지, 2013년 3월 6일.
- 대한체육회 홈페이지. http://www.sports.or.kr. 검색일자 2015년 1월 16일.
- 문화체육관광부(2013). 동네 자투리땅 '작은 체육관' 변신, 낙도엔 스포츠버스 운행— '국민생활체육진흥 종합계획' 스마일 100프로젝트 가동—. 문화체육관광부 보도자료, 2013년 11월 14일.
- 문화체육관광부・국민체육진흥공단 체육과학연구원(2013). 체육지도자 자격제도 개편 공청회(자격검정・연수분과) 발표자료, 9~12. 2013년 6월 21일.
- 문화체육관광부(2014). 2015년부터 새로운 체육지도자 자격제도 시행—「국민체육진흥법 시행령」 개정안 국무회의 통과—. 문화체육관광부 보도자료, 2014년 7월 1일.
- 문화체육관광부(2014). 2015년부터 새로운 체육지도자 자격제도 시행—「국민체육진흥법 시행령」 개정안 국무회의 통과—. 문화체육관광부 보도자료, 2014년 7월 1일.
- 서지영・김기철・유창완・김택천・허현미(2014). 학교스포츠클럽 활동의 교육 성과 분석. 한국교육과정평가원 연구보고 RRC 2014-11.
- 서효석(2014). 소외계층의 참여를 위한 생활체육 정책의 필요성. 음성신문(주), 2014년 5월 8일자.
- 서혜미(2010). 새로운 신조어—스포츠 바우처를 아시나요? 스포츠동지, 2010년 11월 8일.
- 유정애・서지영・장용규・김기철・권민정・최선희(2007). 초・중학교 체육과 교육과정 해설연구. 한국교육과정평가원 연구자료 CRC 2007-18.
- 정문현(2014). 국가 체육지도자 양성과정 전면개편……보다 다양하고 전문화된 능력 요구. 중도일보, 2014년 10월 27일.
- 조미혜・오수학(2004). 체육과 교육과정과 평가. 무지개출판사.
- 학교체육진흥법시행령(2015년 1월 1일 시행).
- 허현미・김선희(2008). 학교스포츠클럽의 역할 및 활성화 방안. 한국사회체육학회지, 33. 347~364.
- e—나라지표. http://www.index.go.kr. 검색일자 2015년 1월 15일.
- SBS Golf 뉴스(2012년 12월 12일). K리그가 제시한 유소년 신체활동 프로그램 '기지개'란? . 검색일자 2015년 1월 29일.

3부. 스포츠교육의 참여자 이해론

- 교육부 홈페이지(2014) http://www.moe.go.kr/.
- 국민생활체육회 http://www.sportal.or.kr/.
- 경기지도자 연수교재 편찬위원회(1992). 1급 경기지도자 연수교재(전공 I 스포츠심리학). 한국체육과학연구원 경기지도자 연수원.

- 김경숙(2002). 독일의 스포츠클럽과 생활체육. 프리드리히 에베르트 재단
- 김경숙 · 주성순 · 김도연 · 최지현(역). 움직임교육의 이해(2010). 서울: 대한미디어.
- 김병준 외 9명(2007). 코칭과학. 대한미디어.
- 김선희(2009). 누가 좋은 코치인가?: 이상적인 코치의 자질. 한국체육학회지, 48(2), 183~194.
- 김선희(2010). 청소년 스포츠 진흥을 위한 스포츠교육 지도자 양성: 코치교육의 실천적 대안. 한국스포츠교육학회 춘계 학술대회 자료집, 45~62.
- 김진희 외 7명(2006). 스포츠 지도의 이해. 대한미디어.
- 김진희 · 김선희 · 조미혜 · 최희진(2007). 실천적 전문인을 위한 코치교육: 교육자로서의 비평과 시사점. 코칭능력개발지.
- 뉴스데일리: http://www.newdaily.co.kr/news
- 대한체육회 홈페이지. http://www.sports.or.kr/koc.sport.
- 문화체육관광부(2014). 2015년부터 새로운 체육지도자 자격제도 시행—「국민체육진흥법 시행령」 개정안 국무회의 통과—. 문화체육관광부 보도자료, 2014년 7월 1일.
- 수원일보 http://www.suwon.com/news/
- 스포츠 둥지 www.sportnest.kr/
- 스포츠동아 http://sports.donga.com
- 오스트리아 정부 공식 사이트 http://www.ausport.gov.au/
- 이인화 · 김진희(2010). 코치연수 프로그램의 국제 비교. 코칭능력개발지,12(3), 47~56.
- 이용석 · 김은영(2014). 생활체육지도자. ㈜시대고시기획.
- 위키백과: http://ko.wikipedia.org/wiki/
- 체육백서(2013). 문화체육관광부.
- 체육인재육성재단: http://www.nest.or.kr/
- 최의창 (2007). 생활체육: 피트니스, 웰니스, 홀니스. 스포츠과학, 101, 57~65
- 최의창(2009). 스포츠 페다고지: 전인적 체육지도자와 그가 하는일. 한국스포츠인류학회, 7(3), 1~18
- 최진영(2001). 체육행정 조직원의 전공별 구분에 따른 전문성에 관한 연구. 국민대학교 스포츠산업 대학원 석사논문.
- 호주 이야기 http://cafe.naver.com/goodaus.cafe
- 1급 생활체육지도자 연수교재(2000). 체육과학연구원 생활체육지도자 연수원.
- 3급 생활체육지도자 연수교재(2009). 생활체육지도자 연수원.
- Cassidy, T., Jones, R. & Potrac, P(2004). Understanding Sports Coaching. 김진희 외 7명 옮김(2006). 스포츠 지도의 이해. 서울: 대한미디어.
- Martens, R (2004). Successful Coaching. 김병준 외 9인 공역(2007). 코칭과학. 서울: 대한미디어.
- Paul G. Schempp(2006).Teaching Sport and Physical Activity by Paul G Schempp. 유정애 · 임현주 옮김. 스포츠교육 개론. 서울: 대한미디어.

4부. 스포츠교육의 프로그램론

- 강성식(2008). 생활체육 이론과 실천. 서울: 대경북스.
- 고양시재활스포츠센터 홈페이지 http://www.gosports.or.kr/. 검색일자 2015년 1월 14일.
- 교육과학기술부(2011). 체육과 교육과정.
- 교육부(2013). 학교스포츠클럽 운영 매뉴얼. 교육부 내부 자료.

참고문헌

- 교육부, 울산광역시, 중앙대학교 학교체육연구소(2013). 중학교 학교스포츠클럽활동 지도교원용 수업자료-스포츠강사 및 일반교사용. 중학교 학교스포츠클럽 활동 개선 방안 연구 자료집.
- 국민생활체육회 홈페이지 http://www.sportal.or.kr/index.do. 검색일자 2015년 1월 10일.
- 김경숙(2000). 사회체육지도자론. 서울: 대경북스.
- 김경숙·주성순·김도연·최지현(역)(2010). 움직임교육의 이해. 서울: 대한미디어.
- 김병수·이동호·류호상(2012). 대학축구선수의 자기관리행동과 스포츠자신감과의 관계. 코칭능력개발지, 14(3), 34~41.
- 김선희(2007). 청소년 스포츠에 대한 반성과 실천적 대안:전인적 청소년스포츠. 코칭능력개발지, 9(3), 53~63.
- 김양례·김상훈·원영신·이수연·주성순(2012). 노인시설의 체육프로그램 현황 분석 및 활성화 방안. 체육과학연구원.
- 김은미·이종연(2013). 대학생의 자기성찰과 자기통제 간의 관계에서 자아방어 기제의 매개 효과. 상담학연구, 14(3), 1939-1959.
- 김진희(2011). 선수중심 코칭에 대한 코치의 역할과 자질. 코칭능력개발지, 13(1), 49~55.
- 김혁출·심성섭(2014). 생활체육학 총론. 서울: 숭실대학교 출판국.
- 대구벌종합스포츠센터 홈페이지 http://www.dgsports.org. 검색일자 2015년 1월 14일.
- 문화체육관광부(2010). 2009 체육백서. 서울: 문화체육관광부.
- 문화체육관광부(2012). 2011 체육백서. 서울: 문화체육관광부.
- 문화체육관광부(2013). 2012 체육백서. 서울: 문화체육관광부.
- 박남환·신흥범(2012). 통합접 관점에서 본 엘리트 스포츠 코칭. 코칭능력개발지, 14(3), 61~69.
- 박영권(2013). 하나로 수업 체력 올리go, 인성 올리go. 2013 체육교육한마당 자료집, 107~118.
- 박현·류병관·윤병곤·정진욱·원영신·노용구·박수정·김영숙·김병준(2013). 3급 생활체육지도자 연수교재. 체육과학연구원 생활체육지도자연수원.
- 서울시교육청(2013). 2013 학교체육운영매뉴얼. 체육건강과-2286(2013. 2.18).
- 위성식·권연택(2010). 사회체육학 총론. 서울: 대경북스.
- 위성식·성영호·이제홍·백광(2010). 최신 사회체육 프로그램론. 서울: 대경북스.
- 유정애(2007). 체육교육과정총론. 서울: 대한미디어.
- 유정애(2013). 체육과 교재연구 및 지도법. 서울: 대한미디어.
- 유정애·김선희(2007). 왜 스포츠 문화 교육인가?. 한국체육학회지, 46(4), 169~181.
- 체육인재육성재단(2012). 학교운동부 코칭의 이론과 실제. 학교운동부지도자직무교육 교재.
- 최의창(2012). 전인적 선수 발달과 인문적 코칭-교육활동으로서 스포츠 코칭의 목적과 방법 재개념화. 한국스포츠교육학회지, 19(2), 1~25.
- 최의창(2014). 전인적 청소년 교육을 위한 스포츠 활용: 최근 국제 동향과 학교체육에의 시사점. 아시아교육연구, 15(3), 247~276.
- 충청북도교육청(2014). 2014학교체육업무계획. 충청-2014-39.
- 학교스포츠클럽리그운영지원센터(2013). 학교스포츠클럽 리그 운영 길잡이-학교스포츠클럽을 통한 윤리·인성지도. 서울: 학교스포츠클럽리그지원운영센터.
- 허현미·김기철·김승기·김택천·정상익(2013). 스포츠강사 연수교재. 대한체육회.
- 허현미·김선희(2007). 학교스포츠클럽 활성화 방안 연구. 교육과학기술부 정책 연구과제.
- Cassidy, T., Jones, R. & Potrac, P. (2004). Understanding Sports Coaching. 김진희 외 7명 옮김(2006). 스포츠지도의 이해. 서울: 대한미디어.
- http://www.sportscoachuk.org/resource/identifying-excellent-coaching-practice-along-sporting-pathway.

- http://en.wikipedia.org/wiki/Citrus_Bowl_(game) 검색일자 2014년 11월 10일.
- Martens, R. (2004). Successful Coaching. 김병준 외 9인 공역(2007). 코칭과학. 서울: 대한미디어.
- Rink, J. (2009). Designing the Physical Education curriculum Promoting Active Lifestyles. 손천택 외 4명(2011). 활발한 신체활동을 위한 체육교육과정 설계. 서울: 무지개사.
- Rose, L. (2013). The Ten commandments for Youth Sports. Endgame Seminars.
- Rossman, J. R. & Schlatter, B. E. (2005). Recreation Programming. Sagamore Publishing.
- Schempp, P. (2003). Teaching Sport and Physical Activity. 유정애·임현주(2006) 공역. 스포츠교육개론. 서울: 대한미디어.
- Sports Coach UK (2012). Identifying Excellent Coaching practice along the Sportting Pathway, Research brefing No. 3: The Adult coaching Environment, 2012. 7.
- Zimmer, R. (2008). Handbuch der Bewegungserziehung. Breigau: Verlag Herder.
- Zimmer, R. & Hunger, I. (2001). Kindheit in Bewegung. Schorndorf: Verlag Karl Hofmann.

5부. 스포츠교육의 지도방법론

- 강신복·손천택 공역(2008). 체육교수이론. 서울: 보경문화사.
- 강신복·손천택·곽은창 공역(1995). 증보 체육학습교수법. 서울: 보경문화사.
- 고문수(2010). 체육수업 어떻게 할까. 파주: 이담북스.
- 고문수(2012). 초등체육수업론. 파주: 교육과학사.
- 서울대 교육연구소 편(1994). 교육학 용어사전. 서울대 교육연구소.
- 손천택(2009). 체육교수학습론. 보경문화사.
- 엄혁주·이대형·고문수(2012). 협동 게임수업이 초등학생의 운동기능과 정의적 발달에 미치는 영향. 한국체육교육학회지, 17(4), 43~56.
- 유정애(2002). 좋은 체육수업에 관한 질적 분석. 한국스포츠교육학회지, 9(2), 124~154.
- 유정애·이충원·신기철·김선희·최희진·김윤희·김원정·조남용·김종환·문도순(2007). 체육수업모형. 서울: 대한미디어.
- 유정애 외(2012). 핵심역량중심의 체육과 창의·인성 수업모델 개발 연구. 한국과학창의재단.
- 이재용(1998). 체육교육을 통한 인성교육 적용 방안 연구. 한국교과교육학회지, 2(1), 201~227.
- 이재용··이제행·김신규·전세명·천지애 역(2014). 모두를 위한 체육 가르치기. 대한미디어.
- 이종영·김종욱·정동식·이병근·박경석·정세미·국태식(2013). 중학교 체육. 서울: 천재교육.
- 정영린·정영수·홍석표·김선일·박승하·주지원(2013). 중학교 체육. 서울: 천재교과서.
- 조한무·이강순·김재운·고문수·김재욱·김재중·김학기·이현승·이언주·전현정·조성익·황순광(2013). 초등학교 체육 지도서 3~4 ①. 서울: 천재문화.
- 최의창(2010). 인문적 체육교육과 하나로 수업. 서울: 무지개사.
- Chen, W. (2001). Description of an expert teacher's constructivist oriented teaching: Engaging students' critical thinking in creative dance. Research Quarterly for Exercise and Sport 72, 366~75.
- Cleland, F. (1994). Young children's divergent movement ability: Study II. Journal of Teaching in physical Education 13, 228-41.
- Cohen, A. (1970). Technology: Thee or me. Educational Technology, 10, 57~60.
- Glover, D. R. & Anderson, L. A. (2003). Character Education. Champaign, IL: Human Kinetics.
- Graham, G., Holt/Hale, S. A. & Parker, M. (2010). Children Moving: A Reflective Approach to Teaching Physical

- 참고문헌

Education. 8th ed. New York: McGraw-Hill.
- Hellison, D. (2003). Teaching responsibility through physical activity. Champaign, IL: Human.Kinetics. 이재용 · 정진홍 역(2007). 스포츠와 책임감 가르치기. 서울: 대한미디어.
- Huber, J. (1973). The effects of a token economy program on appropriate behavior and motor task performance of educable mentally retarded children in adapted physical education. Unpublished doctoral dissertation. Department of Physical Education, The Ohio State University.
- Johnson, D. & Johnson, R. (1989). Learning together and alone. Englewood Cliffs, NJ: Prentice-Hall.
- Mosston, M. (1981). Teaching physical education. 2nd ed. Columbus, OH: Merrill.
- Mosston, M. & Ashworth, S. (2000). Teaching Physical Education. Benjamin Cummings.
- Quarterman, J. (1977). A descriptive analysis of physical education teaching in the elementary school. Unpublished doctoral dissertation. Department of Physical Education, The Ohio State University.
- Rink, J. (2006). Teaching physical education for learning. 5th ed. St. Louis, MO: Mosby.
- Siedentop, D. and D. Tannehill. (2000). Developing teaching skills in physical education. 4th ed. New York: McGraw-Hill.
- Williams, R. & Anandam, K. (1973). Cooperative Classroom Management. Columbus, Ohio: Merrill.

6부. 스포츠교육의 평가론

- 곽영순 · 강호선(2005). 교사평가 수업평가. 서울: 원미사.
- 박성익(1999). 수업방법탐구. 서울: 교육과학사.
- 박승배 외 역(2002). 효과적인 교수법 4판. 서울: Prentice Hall.
- 서울대학교 교육연구소(1995). 교육학용어사전. 서울: 학지사.
- 손천택(2009). 체육교수학습론. 서울: 보경문화사.
- 심영택 외 역(2002). 강의개혁을 위한 교실 평가 기법 50가지. 서울: 한국문화사.
- 장택원(2012). 세상에서 가장 쉬운 사회조사방법론. 서울: 커뮤니케이션북스.
- 전상규(2011). 사회조사 분석사 조사방법론 Ⅰ · Ⅱ. 서울: 시대고시기획.
- 조용개 · 신재한(2011). 교육실습 수업시연 수업연구를 위한 교실수업전략. 서울:학지사.
- 최현철(2008). 사회통계방법론. 서울: 나남.
- 한국교육평가학회(2004). 교육평가용어사전. 서울: 학지사.
- Stufflebeam, D. L. (1971). Educational evaluation and decision making. Ithaca, IL: Peacock.

7부. 스포츠교육자의 전문적 성장

- 김경숙 · 김선희(1999). 사회체육지도자 현직교육 프로그램 개발을 위한 요구분석. 한국여성체육학회지, 13(2), 89~101.
- 김상홍 · 정명수(2000). 사회체육지도 이론과 실제. 서울: 대경북스.
- 김선희(2004). 사회체육전문인의 전문능력 향상을 위한 현직교육 프로그램 개발. 한국체육학회지, 43(3), 349~363.
- 문병일(2011). 사회체육지도방법론. 광주: 전남대학교출판부.
- 배성우(2014). 생활체육 스포츠지도사의 역량모델 개발. 한국스포츠산업 · 경영학회지, 19(5), 149~165.
- 이창섭 · 이정흔 · 남상우 · 여정권(2008). 지도자의 지도요인에 대한 운동선수의 태도 분석. 한국체육학회지, 47(4),

63~75.
- 임번장(2008). 사회체육개론 (제2개정판). 서울: 서울대학교출판부.
- 정현우·김진희(2013). 영국의 대학 코치교육 분석 및 시사점. 코칭능력개발지, 15(4), 3~11.
- 조욱상·전병관(2011). 한국과 미국의 엘리트 선수 양성을 위한 전문코치양성 프로그램에 관한 문제점 고찰. 한국체육과학회지, 20(6), 857~867.
- 최의창(2010). 야구코치발달론. 베이스볼아카데미 연수 자료집.
- 한국교육과정평가원, 한국스포츠교육학회(2008). 전공과목의 교사자격 기준 개발과 평가 영역 상세화 및 수업 능력 평가를 위한 워크숍 자료집.
- Armour, K. M. (2013). Sport pedagogy: An introduction for teaching and coaching. London: Pearson Education Limited.
- Bailey, K., Curtis, A. & Numan, D. (2001). Pushing professional development: The self as source. Ontario: Heinle and Heinle.
- Cushion, J. C., Armour, K. M. & Jones, R. L. (2003). Coach education and continuing professional development: Experience and learning to coach. Quest, 55, 215~230.
- Gilbert, W. D. & Trudel, P. (2001). Learning to coach through experience: reflection in model youth sport coaches. Journal of Teaching in Physical Education, 21, 16~34.
- Guskey, T. (2000). Evaluating professional development. CA: Sage.
- Jones, R. L., Armour, K. M. & Potrac, P. (2003). Constructing expert knowledge: A case study of a top-level professional soccer coach. Sport Education and Society, 8, 213~229.
- Katz, L. G. (1972). Developmental stage of preschool teachers. Elementary School Journal, 73(1), 50~54.
- Makopoulou, K. & Armour, K. (2013). Physical education teachers' career-long professional learning: getting personal. Sport, Education and Society, 16(5), 571~591.
- Mallet, C. J., Trudel, P., Lyle, J. & Rynne, S. B. (2009). Formal vs. informal coach education. International Journal of Sport Science & Coaching, 4(3), 325~341.
- Merriam, S. B. & Caffarella, R. S. (1999). Learning in adulthood. (2nd ed.). San Francico, CA: Jossey-Bass.
- Nash, C. & Collins, D. (2006). Tacit knowledge in expert coaching: science or art? Quest, 58, 465~477.
- National Association for Sport and Physical Education (2006). National standards for sport coaches: Quality coaches, quality sports (2nd ed.). Reston, VA: Author
- Potrac, P., Brewer, C., Jones, R., Armour, K., Hoff, J. (2000). Toward an holistic understanding of the coaching process. Quest, 52(2), 186~199.
- Trudel, P. & Gilbert, W. (2006). Coaching and coach education. In D. Kirk, D. Macdonald & M. O'Sullivan(Eds). The Handbook of Physical Education. London: Sage Publication.
- Weasmer, J. & Wood, A. (1999). Peer partnering for change. Kappa Delta Pi Record, 36(1), 32~34.

찾아보기

[ㄱ]

- 간접기여 행동 ·········· 188
- 간접체험 ·········· 18
- 감상 ·········· 228
- 감상교육 ·········· 224
- 감상수업 전략 ·········· 215
- 감상요소 ·········· 224
- 감상수업의 단계 ·········· 227
- 개방기능 ·········· 181
- 개별화 지도 모형 ·········· 152
- 개인교사 ·········· 161
- 개인적·사회적 책임감 지도모형 ·········· 167
- 개인차를 고려한 수준별 교수 ·········· 204
- 건강활동 ·········· 19, 20, 211
- 검사 ·········· 232
- 검사-재검사 ·········· 243
- 경쟁 ·········· 215
- 경쟁 스포츠 ·········· 215
- 경쟁활동 ·········· 215
- 계획안 ·········· 171
- 곡선미 ·········· 225
- 과제 교수 ·········· 207
- 과제 제시 ·········· 182
- 관광 및 기타 활동 ·········· 220
- 교과지식 ·········· 97
- 교육 ·········· 11
- 교육과정 ·········· 26
- 교육 모형 ·········· 147
- 교육평가 ·········· 232, 247
- 교육평가모형 ·········· 249
- 구인타당도 ·········· 242 구조 ·········· 148
- 국민생활체육대축전 ·········· 134
- 국민체육진흥기금 ·········· 56
- 국민체육진흥법 ·········· 45, 54
- 국민체육진흥정책 ·········· 47, 55
- 권한 위임 ·········· 167
- 규준지향평가 ·········· 254
- 균형미 ·········· 226
- 근력 및 근지구력 ·········· 212
- 기록도전 ·········· 214
- 기법적 차원 ·········· 170
- 기술미 ·········· 218, 227
- 기술적 창의력 ·········· 204

[ㄴ]

- 내용 분석 ·········· 174
- 내용타당도 ·········· 241
- 내적일관성 ·········· 243
- 네트형 경쟁 ·········· 216
- 노인스포츠 ·········· 129
- 느낌 나누기 ·········· 228

[ㄷ]

- 도전 ·········· 214
- 도전 목표 ·········· 214
- 도전 정신 ·········· 214
- 도전 활동 ·········· 214
- 동료 교수 ·········· 207
- 동료 교수 모형 ·········· 160
- 동료코칭 ·········· 275
- 동작도전 ·········· 214
- 동형검사 ·········· 243
- 동호인 리그전 ·········· 108, 126, 131
- 동호인체육 ·········· 51

[ㄹ]

- 루브릭 ·········· 256

[ㅁ]

- 맥락 분석 ·········· 174

모둠별 성취 배분 ··· 223
목표 분석 ··· 175
문제 해결 ··· 208

[ㅂ]

발달적 내용 조직 ·· 179
발산적 탐구 ··· 209
발산적 탐구 수업 전략 ································ 215, 220
비기여 행동 ··· 188

[ㅅ]

사정 ··· 232
사회성 ·· 116, 121
상규적 활동 ··· 196
상호작용 교수 ··· 206
생애주기별 발달특성 ··· 74
생애주기별 인간발달 특성 ····································· 75
생애주기별 평생체육 활동 ····································· 81
생활스포츠지도사 ··· 68
생활체육 ············· 45, 86, 89, 98, 107, 108, 109, 110
생활체육 전문인 ·· 268
설계도 ·· 148
성인스포츠 ················ 109, 110, 118, 125, 136, 142
성인스포츠코칭 ··· 136, 142
세련 ··· 180
소외계층체육 ·· 51
수렴적 탐구 ··· 208
수업 ··· 26
수업진도 ·· 152
스터디 그룹 ··· 275
스테이션 교수 ··· 207
스포츠 ·· 11
스포츠강사 ·· 42, 66
스포츠교육 ·· 10, 11, 23
스포츠교육 모형 ·· 157
스포츠교육지도사 ··· 64
스포츠교육학 ·· 25
스포츠교육 학습자 ·· 72
스포츠교육 행정가 ·· 83
스포 리그 ·· 157
스포츠문화 ····························· 101, 102, 103, 104
스포츠 인성 ··· 104

스포츠지도사 ·· 48, 57
스포츠지도 전문인 ·· 67
스포츠 활동 ··· 220
신뢰도 ·· 242
신체를 통한 교육 ·· 12, 14
신체미 ·· 224
신체운동학 ··· 24
신체육 22
신체의 교육 ·· 12, 13
신체적 가치 ·· 15
신체활동 ··· 12
신체활동가이드라인 ·· 211
신체활동 지식 ··· 19
심미 표현 ··· 218
심미적 창의력 ··· 204
심법적 차원 ··· 170
심폐지구력 ··· 212

[ㅇ]

양호도 ·· 240
여가 활동 ··· 220
여가문화의 유형 ·· 220
영역형 경쟁 ··· 215
예방적 수업 운영 ·· 197
예술미 ·· 218
요구분석 ··· 112, 113, 117
요구조사 ··· 111, 112
운동미 ·· 227
움직임교육 ··· 119
유도발견학습 ··· 208
유연성 운동 ··· 213
유소년스포츠 ··· 119
유아스포츠 ··································· 118, 119
응용 ··· 180
이해 중심 게임 수업 ·· 166
인권 ··· 34
인성 ··· 221
인성교육 ·· 221
인성교육의 방향 ·· 222
인지발달 ·· 121
인지적 가치 ·· 17
인지적 전략 ··· 208

찾아보기

[ㅈ]

자결적 움직임 · 121
자기 주도적 교수·학습 환경 · 205
자기 주도적 수업 전략 · 215
자기지향평가 · 254
자기 확인 · 207
자아발달 · 121
장기적 체육전문인 · 283
장애인스포츠 · 133
전문스포츠지도사 · 69
전문체육 · 116, 133, 136
전문체육 전문인 · 276
전문체육인의 발달단계 · 280
전문체육 전문인의 행동표준 · 278
전문체육 프로그램 · 239
전술 게임 모형 · 165
전술적 창의력 · 204
전이 · 167
전통 · 170
전통 표현 · 218
접합식 · 171
정리하기 · 228
정의적 가치 · 16
정제미 · 225
조화미 · 225
주도성 · 149
주제 · 149
준거지향평가 · 253
준거타당도 · 241
지도자교육 · 27
직장체육 · 51
직소 방식 · 223
직전교육 · 266
직접 교수 모형 · 150
직접기여 행동 · 189
직접체험 · 18

[ㅊ]

책임감 · 167
책임감 가르치기 · 223
책임감 모형 · 223
청소년스포츠 · 122

청소년스포츠 · 109, 110, 118, 139, 140
청소년스포츠코칭 · 136, 139, 140, 141, 142
청소년스포츠 프로그램 · 122, 123, 124
체육과 교육과정 · 38, 39
체육교육 · 11
체육교육전문가 · 64
체육교사 · 41, 65
체육수업 · 96, 97, 98
체육수업 모형 · 148
체육전담교사 · 42
체크리스트 · 254
총괄평가 · 238
축제화 · 158
취미오락 활동 · 220
측정 · 232

[ㅋ]

코치 발달 모형 · 284

[ㅌ]

타당도 · 240
탐구 수업 모형 · 163
터 · 170
통합 · 167
통합식 · 171
통합적 교수·학습 운영 · 205
투기도전 · 214
특수체육교실 · 134
팀 게임 토너먼트 · 223

[ㅍ]

패 · 170
평가 · 228, 232
폐쇄기능 · 181
평정척도 · 255
표적도전 · 214
표현적 창의력 · 204
표현활동 · 19, 21
프로그램 개발 기획 · 111
프로그램 계획 · 111
프로그램 목적 · 111, 114, 125, 130

프로그램 목표 · 115
프로그램 유형 · · · · · · 108, 109, 110, 119, 120, 123, 127, 131, 134
프로파일 · 150
피드백 · 190
필드형 경쟁 · 216

[ㅎ]

학교스포츠클럽 · · · · · · · · · · · 96, 100, 101, 102, 103, 104
하나로 수업 · 170
학교스포츠클럽 · 30
학교스포츠클럽 활동 · 42
학교체육 · 83, 96
학교체육 전문인 · 262
학교체육진흥법 · 40
학문화 운동 · 23, 24
학생선수 · 59
학습단서 · 184
학습 영역 · 149
학습자 상태 · 72
학습자 설계 교수 · 210
학습자 행동수정 · 199
학습 참여 기회 · 150
현대 표현 · 218
현장연구 · 274
현직교육 · 266
협동 학습 수업 전략 · 215
협동 학습 모형 · 154, 223
형성평가 · 234
형식미 · 218, 226
확대 · 179
호울링 · 29
훈련 · 12
훈육 · 12
휴먼무브먼트 · 23

[A~Z]

Bailey · 15
Bookwalter · 14
Hellison · 23
Hetherington · 14
Siedentop · 23

저자소개

손천택(Ⅵ부)
국민대학교 체육교육과 학사
서울대학교 대학원 체육교육과 석사
오하이오주립대학교 박사
현) 인천대학교 사범대학 체육교육과 교수

김경숙(Ⅳ부)
이화여자대학교 체육대학 체육학과 학사
이화여자대학교 대학원 체육학과 석사
독일 Bayreuth대학교 스포츠과학부 스포츠교육학 박사
현) 이화여자대학교 건강과학대학 체육과학부 체육과학전공 교수

조순묵(Ⅱ부)
서울대학교 체육교육과 학사
한국교원대학교 대학원 체육교육과 석사
서울대학교 대학원 체육교육과 박사
현) 한국교원대학교 초등교육과 교수

조미혜(Ⅲ부)
서울대학교 체육교육과 학사
서울대학교 대학원 체육교육과 석사
국민대학교 대학원 이학박사
현) 인하대학교 사범대학 체육교육과 교수

류태호(Ⅴ부)
서울대학교 체육교육과 학사
서울대학교 대학원 체육교육과 석, 박사
현) 고려대학교 체육교육과 교수

최의창(Ⅰ, Ⅶ부)
서울대학교 학사, 석사
조지아대학교 박사
현) 서울대학교 체육교육과 교수

홍석호(Ⅵ부)
한국체육대학교 학사, 석사
경상대학교 대학원 체육교육과 박사
현) 성결대학교 사범대학 체육교육과 교수

고문수(Ⅴ부)
경인교육대학교 학사, 석사
인천대학교 대학원 체육학과 박사
현) 경인교육대학교 체육교육과 교수

김현식(Ⅴ부)
　　한국체육대학교 학사, 석사, 박사
　　현) 한국체육대학교 교수

류춘옥(Ⅲ부)
　　한국체육대학교 체육학과 학사
　　한국체육대학교 대학원 스포츠심리학 석사
　　인하대학교 대학원 체육학과 박사
　　현) 학익여자고등학교 교사, 인하대학교 체육교육과 겸임교수

김선희(Ⅳ부)
　　이화여자대학교 체육대학 체육학과 학사
　　이화여자대학교 대학원 체육학과 석, 박사
　　현) 목포대학교 체육학과 교수

박정준(Ⅰ부)
　　서울대학교 체육교육과 학사
　　한국교원대학교 대학원 체육교육과 석사
　　서울대학교 대학원 체육교육과 박사
　　현) 인천대학교 사범대학 체육교육과 교수

이옥선(Ⅶ부)
　　서울교육대학교 졸업
　　서울대학교 석사
　　노스캐롤라이나대학교 박사
　　웨스턴 일리노이대학교 교수
　　현) 서울대학교 체육교육과 교수

김기철(Ⅱ부)
　　서울교육대학교 학사, 석사
　　한국교원대학교 대학원 체육교육과 박사
　　현) 한국교육과정평가원 부연구위원

주성순(Ⅳ부)
　　이화여자대학교 사회체육학과 학사
　　독일체육대학교 체육학 석사, 박사
　　현) 고려대학교, 이화여자대학교 강사

이규일(Ⅴ부)
　　서울대학교 학사, 석사
　　고려대학교 대학원 체육교육과 박사
　　현) 경북대학교 체육교육과 교수